赛达破产法丛书

总主编 李曙光

NEW HORIZON OF BANKRUPTCY LAW:
COEXISTENCE AND INTEGRATION OF BANKRUPTCY LAW
AND RELEVANT LEGAL DEPARTMENT

破产法新视阈

破产法与相关部门法的共生与融合

张钦昱 著

法律出版社
LAW PRESS·CHINA

北京

图书在版编目(CIP)数据

破产法新视阈:破产法与相关部门法的共生与融合 /
张钦昱著. -- 北京 : 法律出版社,2021(2024.7 重印)
(赛达破产法丛书)
ISBN 978-7-5197-5781-6

Ⅰ. ①破… Ⅱ. ①张… Ⅲ. ①破产法-研究-中国
Ⅳ. ①D922.291.924

中国版本图书馆 CIP 数据核字(2021)第 145139 号

赛达破产法丛书	破产法新视阈:破产法与相关部门法的共生与融合 POCHANFA XINSHIYU:POCHANFA YU XIANGGUAN BUMENFA DE GONGSHENG YU RONGHE	张钦昱 著	责任编辑 薛 晗 田 浩 装帧设计 马 帅

出版发行 法律出版社
编辑统筹 法商出版分社
责任校对 晁明慧
责任印制 胡晓雅
经　　销 新华书店

开本 710 毫米×1000 毫米 1/16
印张 30.25 **字数** 420 千
版本 2021 年 8 月第 1 版
印次 2024 年 7 月第 2 次印刷
印刷 北京建宏印刷有限公司

地址:北京市丰台区莲花池西里 7 号(100073)
网址:www.lawpress.com.cn
投稿邮箱:info@lawpress.com.cn
举报盗版邮箱:jbwq@lawpress.com.cn
销售电话:010-83938349
客服电话:010-83938350
咨询电话:010-63939796

书号:ISBN 978-7-5197-5781-6
定价:126.00 元

凡购买本社图书,如有印装错误,我社负责退换。电话:010-83938349

专家委员会

Expert Consultative Committee

“赛达破产法丛书”总序

李曙光

2012年10月，国际破产协会（INSOL）年会在荷兰海牙召开。我携弟子张钦昱与会，并在会后与当时在荷兰马斯特里赫特大学留学的另一位学生陈夏红会合，仨人结伴同游伊比利亚半岛。当航班在里斯本波尔特拉机场降落，我们一行在机场大厅寻找出口，不期然间看到了一个与英文exit并列的葡萄牙语单词：Saída。这是我们认识的第一个葡萄牙语词汇，显而易见，它就是出口的意思。这个葡萄牙语单词，拼写和发音都近乎汉语拼音，我们一下就记住了。我一直在为自2008年5月创建的足球队寻找一个合适的正式队名，随着葡萄牙、西班牙的旅程次第展开，我们一路聊着足球，突来灵感，Saída，配上“赛达”的汉语音译，不就是我们需要的足球队队名吗？真是“踏破铁鞋无觅处，得来全不费工夫”。

足球，作为一种最受人们喜爱的游戏，以其符合人性的天真自由的理念与严谨公平的规则成为最好的市场经济模拟。所有的类足球运动游戏与市场经济，实际上都不能缺了“出口”。市场经济的“出口”就是市场退出，就是“破产”。

Saída，“赛达”的内涵是丰富的：

“赛”——可以理解成比赛、竞赛。市场经济是一套理想的经济交易与选择体系，也是一种竞争性游戏。这种游戏的魅力在于它是一种自由的比赛，一群自由的企业，一群自由的组织，一群自由的个人，可以自由选择参与其中的竞赛，也是一种充斥专业活力与创意冒险的竞争。

“赛”，也可以理解赛道或者规则。自由也有天花板，市场经济自由竞争是在规则支撑下的有序竞争、良性竞争。要实现市场经济自由竞争的理想，公平竞争的规则不可缺位，优胜劣汰的淘汰机制则是游戏吸引力的题中应有之义。

市场经济中任何自由的企业与个人，一方面要努力工作，创新冒险，去赢得竞赛；另一方面，也必须接受失利失败的可能。足球比赛与市场经济的压力与残酷性也表现在这方面。而这一点，恰恰是破产，这个文明社会法治框架下主体退出的商业安排，对这种压力与残酷性能提供一个最好的 Saída。

"达"——可以解释成到达、抵达。在足球世界中，球员参与比赛的目的就是去赢得比赛，要赢得比赛，必须要有球技与体能作基础，这是参与一项竞争运动的门槛与前提。在市场经济中，任何市场主体参与竞争，也是有行业门槛与合理目标的，为了抵达这个目标，市场主体需要专业能力，需要卧薪尝胆，需要殚精竭虑。恰当的目标，能够激发每一个市场主体的创造力，能够为市场主体提供绵延不绝的驱动力，能够延续市场主体基业长青的生命力。反之，因各种因素，市场竞争失败，则要及时止损，有序破产清算退出，以待来日东山再起。

"达"，也可以理解成通达、练达。球员在球场上要眼观六路，耳听八方，要有大场意识，球能传递出去。不仅要对自己的位置自负其责，而且要有补位意识。一个失球，虽可能是队友犯错引发的，但能补位而未补，则导致整个球队的失败。市场经济更是充满竞争，危机四伏，危中有机，机中藏危。主体视野开阔，具有大局观与系统思维，不能本位主义，更不能团队如散沙。也需要市场主体具有"世事洞明皆学问、人情练达即文章"的圆润。惟其如此，才能在波诡云谲的市场竞争中，立于不败之地。即便遇到挫折，陷入困境，也可即时重整，采取有效的拯救措施，转危为机。

无论如何，Saída，"赛达"与破产法是非常契合的。破产法作为市场经济的基本法，关注和研究的就是市场主体的"出口"问题。破产法的制度与程序设计，无论是破产清算后彻底退出市场，还是重整与和解后重新焕发活力，无非是为陷入困境的市场主体提供各种各样的"出口"，为充满无限可能的市场主体寻找出路。Saída"赛达"，通过公正公平的竞赛而达到，通过自由开放的出口而到达，这不正是破产法的内在精神吗?

中国破产法的实施恰逢中国传统经济结构性调整以及国际贸易大变局时代。如何应对这一经济与国际贸易大变局，面对经济结构调整如潮涌来的大挑战，对世界范围内的破产法理论与中国破产重组前沿问题的研究就显得尤为必要。为进一步整合中国破产法理论界与实务界研究力量，法律出版社法商分社社长薛晗提议将国内同行的优秀作品汇集成中国政法大学破产法与企业重组研究中心出品的精品丛书，我欣然同意，并力主将丛书命名为“赛达破产法丛书”。

我希望在不久的将来，“赛达破产法丛书”能够成为破产界同行阅读优质文献、分享顶级作品的平台之一。由此，感谢并期待各位同行的襄助和支持!

是为序。

序

首先祝贺钦昱新著《破产法新视阈》的出版。这本专著讨论的主题很有涵盖性，它的副标题显示了这一点：破产法与相关部门法的共生与融合。我对此主题很感兴趣。藉此写序机会谈谈我对破产法与其他法关系的看法。

破产法与其他法的关系问题一直是个有意思的话题。

在国家立法领域，破产法被视为社会经济生活中一部与其他法律不很相关但又不可或缺的法；在法学教育领域，破产法被视为法律体系中的部门法，许多法学院把它当作一门选修课在上；在法学学科领域，破产法被视为民商法中商法的一部分，跟担保法、票据法地位一样；在司法领域，破产法被视为程序法，破产法庭或法官往往在意债务人进入重整、和解与破产清算何种程序；而在法律实践领域，管理人、债权人、债务人等利益相关人又把破产法当作一个可以综合解决产权、合同、债务清偿. 实体更生或死亡的特别法。

毫无疑问，在国家法律系统中，特别是市场经济法律体系中，破产法是一部基本法，也可以说是市场经济的宪法。首先，破产法与市场经济运行相关。与市场经济运行相关的法律规则群可以分为三类，即市场主体进入的法律，如公司法、合伙企业法等；市场交易方面的法律，如合同法、证券交易法等；市场退出方面的法律，如破产法、企业注销法等。破产法是市场经济运行的底线法、出口法。其次，破产法与市场经济产权法律体系相关。产权的界定与保护是市场经济交易的前提与基石，没有产权的界定与保护，人们就不会有创业冒险与创新的热情和激励，反过来说，没有公平竞争与优胜劣汰，没有破产机制，产权界定与确认就失去了意义，产权交易流动的基础就不顺畅也不牢靠。最后，破产法与市场经济监管法律相关。市场监管主要监管各要素市场，如金融市场、科技市场、房地产市场、劳动力市场、产品食品市场、医疗医药市场，这些要素市场的监管，目的是防止与打击这些市场可能出现的假冒伪劣、坑蒙拐骗等行为，保证市场交易的信用。但没有市场退出机制，没有破产法，市场的信用垃圾就不能得到及时有效的扫除，就不会实现市场出清。

具体到上述基础性法律体系涉及的部门法，与破产法的交集就更密切了。这里就谈谈两部法与破产法的关系。

一是担保法与破产法的关系。

一套设计科学且可操作性强的担保制度，对于破产中担保债权的实现很具现实价值。破产法中探讨担保问题的前提是明晰担保的内涵，这在《民法典》和《担保法》中均未有显性规定，比如在《民法典》第411条，宣告破产是浮动抵押财产确定的事由之一。在此情况下，管理人是否还能就确定的担保物，依据《企业破产法》第18条挑拣履行相关合同？又或者同一担保物上设立了固定抵押担保，两者受偿的先后顺序如何确立？再比如融资租赁，是否能视为一种动产担保合同，在允许管理人就该合同行使挑拣履行权的同时，当管理人选择保留该特定物时，相对人是否能够就此物获得优先受偿？当《企业破产法》与《担保法》在现阶段均相对滞后，难以完全回应实践的情况下，需要在修法安排中加强考量，厘清破产法中担保债权的内涵与外延，确保有担保债权人得到应有的保护。因此，细化破产法中的优先权划分就很重要。破产法中还涉及诸如船舶优先权、建筑工程款优先权类型，这些优先权种类并未为《企业破产法》纳入，导致与担保债权在破产清偿顺序上存在可争议性。同时，现行破产法也未明晰担保债权与共益债权和破产费用的优先地位，这可能会影响到担保债权的优先性。细化优先权类别有利于加强担保债权实现的操作性，避免因法律的模糊与冲突导致债权人权利难以得到充分的保护。对只能满足担保债权而后无产可破的债务企业的清算，特别是职工债权的清偿，有学者主张从担保债权人利益中切出一块，司法中这样处理就要很谨慎，最好是由政府建立破产公益基金的方式来解决。

二是刑法与破产法的关系。

我国《刑法》中关于破产犯罪的规定集中在第162条，列举有三项罪名："妨害清算罪""隐匿、故意销毁会计凭证、会计账簿、财务会计报告罪""虚假破产罪"。无论是从对破产犯罪行为的认定，还是从破产行为的处罚上看，《刑法》中现有的关于破产犯罪的规定，都不足以发挥对于破产犯罪行为人的震慑作用。具体而言，《刑法》现有规定有以下四点不足：

第一，对妨碍破产实施的行为规制有疏漏。《刑法》第162条中所规定的针对会计账簿等妨害行为主要发生在破产前，"虚假破产罪"所规定的行为也主要指债务人在破产前就已实施的"隐匿财产、承担虚构的债务或者以其他方法转移、处分财产"行为，这使得对破产中实施的妨碍行为缺乏规制。"妨碍清算罪"所规定的情形发生于破产程序进行中，但其也仅适用于清算环节，而非重整、和解等其他环节。现有规定还缺乏对其他主体正确履行程序或者行使权利时，除现有"妨害清算罪"外其他妨碍行为，比如消极行为的规定，使得故意阻碍破产程序进行的债务人得以逍遥法外。此外，除债务人以外的其他主体，例如管理人、债权人等，也可能成为妨碍破产程序顺利进行的行为人，理应同样受到刑法的规制。

第二，对债权人的非法催债行为未有约束。由于个人破产制度的缺失以及受传统债权债务观念的影响，现实中即使是诚实债务人也可能难以获得他人的谅解和豁免，债务人有时反而处于弱势地位。债权人以超过一定限度、甚至以私人暴力手段催债的行为是对债务人合法权益的侵犯，是对破产制度的践踏，是对法律公信力的存疑，应受到刑法强制力的约束。

第三，对破产企业高管的责任规定不明确。企业，特别是上市公司的破产，高管人员是否需要承担责任？什么情况需要承担刑事责任？这些问题都需要在刑法中予以明确。如果不对高管人员的严重失职、贪污、甚至是滥用职权致使企业破产的情形加以威慑惩罚，将使得高管人员不当行权，损害债权人，乃至中小股东的利益，更将动摇破产制度赖以实施的信用根基。

第四，对破产犯罪行为的处罚规定不到位。《刑法》第 162 条中三项罪名的刑罚，有期徒刑最高不过 7 年，罚金最多不过 20 万，这样的刑罚程度显然难以对实施逃废债者施加足够的威慑力，不适应社会的发展变化。较低的违法成本使得刑法中针对破产犯罪的惩罚大打折扣，给不诚信者以可趁之机。

破产法的实施离不开社会的信用土壤，以公法之强制力有效惩治蓄意破坏信用基础的债务人，有助于惩戒逃废债行为，推动破产法的有效实施。完善破产犯罪规制体系，应当从以下三个方面着手：

其一，区分虚假破产和破产欺诈，强化破产过程妨碍行为规制。虚假破产应以是否达到破产原因作为界分依据，破产欺诈则应以是否构成民法和破产法上的欺诈行为作为判断标准。应对现行《刑法》中虚假破产罪的适用主体、行为规范和法定刑等作出调整。无论真假破产，都可能存在破产欺诈行为。区分虚假破产与破产欺诈行为，并在此基础上，就虚假破产和破产欺诈社会危害程度的不同做出不同力度的处罚，有利于推动正确认识破产制度，打击逃废债行为。

其二，明确破产程序中不同主体刑事责任范围，确立底线思维。《企业破产法》第 125 条规定，“企业董事、监事或者高级管理人员违反忠实义务、勤勉义务，致使所在企业破产的，依法承担民事责任”。第 131 条进一步指出，“违反本法规定，构成犯罪的，依法追究刑事责任。”刑法对《企业破产法》的转致适用却语焉不详。同时，须对破产犯罪适用的“高级管理人员”范围加以明确，像失职罪、滥用职权罪的主体，多为“国有公司、企业、事业单位人员”。其他性质企业的高管人员同样有可能实施破产犯罪行为，实践中，上市公司高管人员的行为往往更具有社会影响力，更应受到规制。破产程序中的其他主体，如债权人、破产管理人等也可能做出超过法律限度范围的行为，其在破产犯罪中的刑事法律责任需要明确。

其三，应加强对破产管理人等相关主体刑事责任的完善。针对滥用破产程序以及妨碍破产程序的行为应予以刑法制裁，完善妨害清算罪、徇私舞弊造成破产亏损罪、隐匿、故意销毁会计凭证、会计账簿、财务会计报告罪与破产法的衔接。

其四，运用法经济学思维分析破产犯罪行为，适度提高破产犯罪刑罚力度。适当的刑罚制度，才能正确地发挥刑法的社会作用。对于破产犯罪行为，一方面可以通过提高自由刑的年期，进一步震慑意欲实施逃废债者；另一方面，应综合运用成本收益分析等经济学手段，确定合理的罚金比例，既要达到惩治犯罪作用，又要确保后续破产程序的正常进行。

建立完整的破产犯罪刑法规制体系，实现对破产全过程和破产程序各主体的覆盖，对于推进破产法的有效实施具有重大意义，破产法的实施现状要求其应当与刑法合力惩治破产犯罪，才能充分发挥破产机制在市场经济中的作用。

钦昱的《破产法新视阈：破产法与相关部门法的共生与融合》一书，比我上面讨论的领域更为广泛，视野更为开阔。在新书中，他不仅讨论了破产法与宪法、与《民法典》诸编的关系，讨论了破产法与公司法、金融法、财政法、税法的关系，还讨论了破产法与反垄断法、劳动法、环保法、诉讼法的关系，甚而讨论了破产法与司法和营商环境法治的关系。尤其难能可贵的是，这些讨论都是从某个部门法的一个小专题切入，如在宪法部分探讨的是破产歧视与反歧视，在合同法部分探讨的是重整计划制定权的归属，在环保法部分探讨的是环境债权的清偿问题，这些讨论，不仅深化了破产法的细节研究，而且使得破产法与相关部门法的共生与融合关系具有扎实可信性。

“师傅领进门，修行在个人”，钦昱在我的学生中，属于不怎么愿意出头露面的那种。但他天资聪颖，才气过人，尤其是他平时心神泰然，静若处子。

其埋头读书、闷声做学术的功夫，现在许多青年学者绝难做到。他脑勤手也勤，曾创下两年发表15篇论文，其中包括10篇C刊论文的记录，而且篇篇皆是学术高质量，确有“面壁十年图破壁”“不写文章一句空”的劲头。值此钦昱新书出版之际，我希望他始终保持这种功夫与劲头，在学术征途中行稳致远，佳作井喷。是为序。

李曙光

2021年8月暑期於蓟门法大

目　录

第一章　破产法与宪法：以破产歧视与反歧视为视角

人们谈“破”色变，畏惧破产带来的声誉受损和家庭成员的指责，宁愿逃废债也不愿申请破产，造成大量债务人“应破不破”。破产者成为负面标签，遭到人们的唾弃。① 健康破产文化起到的保障破产者卸载负累重新启程、实现市场主体优胜劣汰、促进信用经济良性循环及社会资本不断累积的巨大效果，仍未充分展现。本章视图正视及回应破产歧视问题，通过爬梳破产歧视的类型，阐释反破产歧视的正当性，扬弃域外反破产歧视的经验，得出应当建立破产中立原则的结论，并据此原则设计破产法内部和外部合力消除破产歧视的具体进路。

一、“破产污名”观下破产歧视的表现

（一）破产原罪论下债务人的加重惩罚

早期破产法带有浓厚的羞辱债务人底色。在古希腊，破产法强迫债务人头顶篮筐，坐于闹市；在意大利，资不抵债的债务人会在众目睽睽下，赤身裸体地于广场上被特制的石头击打臀部；甚至在17世纪的苏格兰，破产的债务人仍被要求每天都身穿特制的一半黄色一半棕色的衣服。② 债务人拖欠债务一直被视作犯罪行为。自1542年起，英国便要求欠债不还的债务人面临牢狱之灾，1623年《英国破产法》规定，对隐藏资产的债务人，会砍掉他的一

① 本章所称的破产者泛指经历过破产程序或正处于破产程序的自然人、法人、非法人组织。

② Rafael Efrat, The Evolution of Bankruptcy Stigma, 7 *Theoretical Inquiries in Law*, 365, 370 (2006).

只耳朵。[①] 在破产去刑罚化的当今，破产现象被视作一种“恶”的论调挥之不散。作为亘古不变的自然法，“欠债还钱”的认知镌刻于人们的基因，逾期偿付被视作挑战社会道德底线、破坏市民社会基本秩序的可耻行为。一旦债务人适用破产程序，便能够破除重重债务枷锁，这显然与人们朴素的价值观相悖。纵然法律免除了债务人的偿债义务，人们坚信债务人乃是将破产程序作为逃废债的工具，背信弃义，偏离了社会期望。[②]

人们要求惩治破产企业的诉求过于强烈，以至于清算、分割、拍卖企业资产已然不能满足人们的心理预期。人们对债务人的质疑情绪蔓延开来，甚至要求剥夺它们的部分经营资格或行为资质，令其无法获得宝贵的生产资源或生活能力，快速被淘汰出局，遑论破产人是偶发原因抑或有意欠债不还。在弄潮公司诉联邦通讯委员会一案中，联邦通讯委员会拍卖私人通讯波段，获得波段许可的经营者须在十年内向联邦通讯委员会分期交纳许可费。拍卖协议中注明，若被许可人拖延支付任意一期许可费，许可协议将自动作废。出价最高的弄潮公司在交纳首期许可费后，因资金周转不畅无法支付第二期许可费，进入破产重整程序。联邦通讯委员会反对重整计划草案，称弄潮公司的波段运营许可作废。[③] 暂不论破产法的自动中止与待履行合同的相关原理，许可的失效将不利于企业整合既有资产，受损的是债权人、债务人、出资人、雇员、管理人等组成的命运共同体。[④] 在另外一起个人破产案件中，阿道夫·佩雷兹驾驶的汽车在亚利桑那州发生交通事故，致使行人受伤。因赔偿数额巨大，阿道夫·佩雷兹未参加保险，遂申请个人破产。法院依据破产法规定，免除阿道夫·佩雷的侵权之债。但是，依据亚利桑那州交通法，逾期履行相关义务是吊销驾驶员驾照的合法理由之一。亚利桑那州的交通管

---

① Paul Ali, Lucinda O'Brien & Ian Ramsay, Short a Few Quid: Bankruptcy Stigma in Contemporary Australia, 38 *University of New South Wales Law Journal*, 1575, 1580 (2015).

② See Martin Ryan, *The Last Resort: A Study of Consumer Bankrupts*, Avebury, 1995, p. 56.

③ FCC v. NextWave Pers. Communs., Inc., 537 U. S. 293 (2003).

④ 参见张钦昱：《重整计划制定权归属的多元论》，载《社会科学》2020 年第 2 期。

理部门据此吊销阿道夫·佩雷兹的驾照。[①] 破产法旨在给予债务人一个不受既往债务羁绊的机会，而注销驾照的行为则明显与上述目标相悖。

（二）破产耻感文化下债务人的地位降等

因破产而生的羞耻感始终与破产企业或个人形影相随，债务人就是“失败者”的观念深入人心，破产者的名号使其社会地位显著降低。破产耻感文化对破产人的不公平对待表现为显性与隐形两个方面。

1. 显性破产耻感与行业准入障碍

显性破产耻感源自科层制组织对债务人的歧视性待遇。社会组织一般是大中型企业或官方机构，它们的做法代表社会的主流价值观，它们对破产人的歧视性标注相当于社会对破产人违约行为的正式宣判。最为典型的显性破产耻感表现为社会组织对破产人增设准入门槛，比如禁止或限制债务人从事特定行业或获得某些资质。澳大利亚金融安全管理局是澳大利亚破产法的主要执法机构，其发布的报告指出，建筑业、二手交易市场的监管者以及会计师协会、律师协会、注册税务师协会等对执业者破产经历方面的限制要求屡见不鲜。[②]

显性破产耻感又分为由强制性规则和由任意性规则所触发的两种类型。由强制性规则引发的显性破产耻感是指有关规则强令债务人在一定期间里不得从事相关职业。禁止从业的期间有时仅包括破产程序持续期间，有时则持续至债务被免除之日，在一些极端情况下甚至包括债务人免责的数年后。比如，澳大利亚法律规定，债务人在债务免除前不得担任议员，机动车经销商、修理员，羊毛、兽皮和毛皮经销商，公司董事，还规定债务人在申请不动产中介资格前的 3 年内不得有债务未免责。[③] 由任意性规则引发的显性破产耻

---

① Perez v. Campbell, 402 U. S. 637 (1971).

② Australian Financial Security Authority, Employment Restrictions, https://www.afsa.gov.au/insolvency/cant-pay-my-debts/employment-restrictions.

③ Commonwealth of Australia Constitute Act (Cth) s. 44; Motor Dealers and Repairers Act 2013 (NSW) s. 25; Wool, Hide and Skin Dealers Act 2004 (NSW) s. 9; Corporation Act 2001 (Cth) ss. 206A－206B; Property, Stock and Business Agents Act 2002 (NSW) s. 16.

感是指执法者有自由裁量权，有权就个案判定债务人的从业资质。比如，澳大利亚法律规定，注册会计师必须是一个“合适且恰当”（fit and proper）的人，至于何为“合适且恰当”，注册会计师协会将依据申请人是否有过破产经历、还债情况等综合判断。① 再如，申请人在成为建筑师前的5年内不曾破产，但申请人穷尽一切合理努力却仍难逃破产的厄运除外。②

2. 隐性破产耻感与资格剥夺风险

隐形破产耻感，是指债务人是否曾经或正在适用破产程序，并非禁止或限制其行业准入或获得资质的必要条件，但会影响其得到相关资质。隐性破产耻感主要源自信息披露的特殊要求。一些行业的监管规则要求申请准入者必须披露与破产相关的信息，但并未规定这些破产信息是否会影响其行业准入。比如，教师、从事教育的临时雇员、教育管理人员及教育辅助人员，须及时向教育部门披露进入破产程序的事实；交通运营公司须在7日内向订票平台报告其申请破产的情况。③ 纵然不是决定性因素，这些附加要求给从业人员能否获得相关资质平添些许阴影。一些机构在发布招聘通知或制定内部治理的章程时，也会在法律法规外自行加码，要求雇员披露破产信息。比如，没有法律法规限制破产者申请加入加拿大北领地警察局，但该地警察局一般会在招募指南注明：债务人须经破产免责或经破产宣告逾5年，或能证明其具有较好的道德水平。④

雇主对破产雇员施加的额外歧视性标准，是雇主综合各种因素做出的决策。在破产者难为社会包容的社会背景下，充斥着破产者的企业会被人们质疑为不吉利，客户怕沾染晦气而唯恐避之不及，这无可避免地影响了企业的形象、运转和营收。“失败者”的标签与破产者如影随形，破产者能力羸弱、

---

① Institute of Chartered Accountants Australia Bylaws 10（a），12.

② Queensland Building and Construction Commission Act 1991（Qld）ss. 56AC，56AD.

③ Teaching Service Act 1980（NSW）s. 92A；Education（School Administrative and Support Staff）Act 1987（NSW）s. 7B；Passenger Transport Regulations 2009（SA）regs. 9（1）（a），15（1）（d）.

④ Nicola Howell & Rosalind Mason，Reinforcing Stigma or Delivering a Fresh Start：Bankruptcy and Future Engagement in the Workplace，38 *U. N. S. W. L. J.* 1529，1555（2015）.

不善经营、不谙世故、言而无信的乌云笼罩在雇主心中，令雇主“有罪推定”地认为破产者与岗位不匹配，应当将其辞退或不予雇佣。此外，教师等岗位有较高的道德标准要求，破产者往往因被认为有违诚信准则而被唾弃。

（三）软预算约束下国家援助的差异对待

作为我国首部破产法，颁布于1986年的《企业破产法（试行）》已然体现出国有企业与民营企业在适用破产程序方面的差异。该法仅适用于国有企业，盖因破产法能够调动和增强国有企业的活力，促进经济发展，而民营企业的财产与经营者个人财产的界限也较难划清。[①]《企业破产法（试行）》与其说是促进国有企业的优胜劣汰，不如说是保护国有企业免遭市场出清的不利后果。比如，企业的破产申请须经上级主管部门同意，行政机关对重要企业有救助义务以防止其破产。随着1992年《最高人民法院关于适用〈中华人民共和国民事诉讼法〉若干问题的意见》的颁布，民营企业适用破产程序的短板被补齐，但是国有企业仍在破产程序中享有优待。国务院自1994年起对一定区划的国有企业采取政策性破产，旨在鼓励国有企业通过减员增效等方式优化资本结构，挽救濒临破产的企业。比如，政策性破产规定国有企业土地使用权的处置费用应当首先用于职工安置，而在民营企业的普通破产程序中，企业的土地使用权会作为破产财产，按照债权人会议通过的破产财产分配方案分配。

政策性破产基本结束后，我国国有企业破产案件结案数量呈明显下降趋势。[②] 行政机关实施的软预算约束是其中一个重要因素。软预算约束的概念由亚诺什·科尔奈（Janos · Kornai）提出，用于刻画行政机关对企业的经营活动无限兜底，扭曲资源配置的现象。[③] 经营不善的企业退出市场本是市场

---

① 参见顾培东：《破产法教程》，法律出版社1995年版，第47页。

② 参见张钦昱：《软预算约束视角下破产清算程序之反思及重构》，载《法商研究》2016年第3期。

③ 参见邹瑾、崔传涛、顾辛迪：《救助预期与地方政府隐性债务风险——基于城投债利差的证据》，载《财经科学》2020年第9期。

的铁律，行政机关不应强加干预。但是，出于政绩或声誉等多重考虑，行政机关往往会对危如累卵的企业注资、减税、重组，使得它们免受市场出清之困。实践中，行政机关的软预算约束最常适用于国有企业。国有企业一般是大中型企业，任凭其在市场消失将导致当地生产总值锐减、财政收入流失、失业率飙升、维稳压力陡增，这迫使行政机关对它们施以援手。对于一些早已丧失造血功能，如血栓般在经济体系内阻碍资源优化配置的“僵尸企业”，再对它们继续输血，会浪费稀缺的社会资源，小微企业也因被压抑而难以发展壮大。[①] 无论经营状况好坏，国有企业都能坐享“大而不能倒”（too big to fall）带来的红利，甚至在资不抵债时仍能高枕无忧，安然渡过危机。反观其他企业则须遵从“看不见的手”机制，即所谓的硬预算约束，需要在日常投入大量的人力和资金预防风险，还会因一着不慎满盘皆输，不得不灰头土脸地退出市场。因所有制形态不同而遭遇不同的破产处境，滋生了减损信用经济的不良行为，成为诱发市场竞争疲软的动因，损伤了推动企业创新的动力。

二、宪法基本权利观下反破产歧视的理由

破产法是市场经济的宪法，没有破产机制就不存在市场体制，市场在资源配置中也无法起到决定性作用。[②] 破产法无处不在地彰显着宪法特征，破产法致力于体现宪法的价值观。以宪法的基本观念，特别是最能体现宪制精髓的基本权利检视破产法的不公平现象可水到渠成。[③]

（一）反破产歧视与平等权的一体两面

“现代的社会，无论从哪一方面看，除了平等的信条外，再没有别的基础。”[④] 平等权在保护人们受到歧视性对待方面发挥了重要作用。平等包括形

① 参见张钦昱：《僵尸企业出清新解：强制注销的制度安排》，载《法学杂志》2019 年第 12 期。

② 参见李曙光：《宪法中的“破产观”与破产法的“宪法性”》，载《中国法律评论》2020 年第 6 期。

③ 基本权利在性质上分为平等权和自由权两类。

④ ［法］皮埃尔·勒鲁：《论平等》，王允道译，商务印书馆 2007 年版，第 5 页。

式平等和实质正义。前者又称为机会均等，要求社会须为每个成员满足自身利益、追求自我发展、实现自我完善，提供平等的条件，即人人均享有平等的机会去实现目标；后者又称为结果平等，是指在有充分理由时，立法者应对不同的人群采取适当合理的差别对待措施，使较少受惠者获得最大利益，弥补不同人群的差距。[①] 两种平等观均要求正视破产引发的歧视问题。

1. 形式平等对破产歧视的天然排斥

以债务奴役、对人执行、以刑代偿为标志，破产法自诞生伊始便站在债务人的对立面，全力支持债权人实现债权。在"推翻那些使人成为受屈辱、被奴役、被遗弃和被蔑视的东西的一切关系"[②] 后，市民社会勃兴发展，孕育出彰显独立气质的私法。私法剥去了披在人们身上林林总总的外衣，使交易双方注意力聚焦于人的内核与交易资质。早期大陆法系的主要国家采取商人破产主义，破产法成为商法的重要组成部分，蕴含平等主义的气质。平等主义要求债权人与债务人被不偏不倚地对待，破产法遂由债权人至上主义迈向兼顾债务人利益救济主义的新阶段。人权运动的遍地开花也使得立法者检讨债权人利益中心主义的正当性，债务人权益被忽视的风气得到扭转。1706年英国《安妮法案》首次引入破产免责条款，规定一旦诚信的债务人披露其财产状况并移转全部财产，在经历相关程序后，可无须对负债承担责任。作为一项对债务人给予充分尊重的法律制度，破产免责制度是划分现代破产法与传统破产法的"分水岭"，被视为现代破产法的灵魂所在。[③] 此外，自由财产范围的扩大化、自愿破产的鼓励也在表明破产法宗旨的变迁。

歧视破产者违反了不得施加"差异性影响"（disparate impact）的平等准则。"差异性影响"是指一个实践做法因年龄、性别、民族等原因对他们产

① 参见［美］约翰·罗尔斯：《正义论》，何怀宏、何包钢、廖申白译，中国社会科学出版社1988年版，第302～303页。

② 马克思：《〈黑格尔法哲学批判〉导言》，载《马克思恩格斯选集》（第一卷），人民出版社1995年版，第9页。

③ 参见项焱、张雅雯：《从破产有罪到破产免责：以英国个人破产免责制度确立为视角》，载《法学评论》2020年第6期。

生了显著的负面影响。[①] 在劳动领域，不得施加"差异性影响"准则具象为雇主不得因人的自然禀赋、社会原因之经济地位和职业身份等原因，对雇员区别对待。如果雇主能够证明其歧视性行为源于雇员不佳的工作表现，该歧视性行为便能够被法律豁免，除非雇员证明雇主还能够采取一个影响更小的歧视性做法。毕竟，作为遴选手段的归类事由应与雇主存在市场理性相契合，否则，当雇主把与完成工作内容缺乏联系的标准作为雇员遴选标准时，将逾越市场理性的底线。[②] 在两起案件中，美国平等机会劳动委员会质疑雇主查看应聘者的信用历史记录，违反了不得施加"差异性影响"准则。[③] 纵然法院因美国平等机会劳动委员会无法证明歧视行为具有普遍性，即雇主对所有破产雇员均实施同样的歧视行为而判决其败诉，但越来越多的法院和学者认为破产歧视行为违反了形式平等准则。[④]

2. 实质正义对破产歧视的特殊规制

当代法律之主流，乃由尊重个人本位之法律，至尊重社会本位之法律社会化现象。[⑤] 受害者在面对财大气粗的污染企业时、势单力薄的雇员在面对利欲熏心的雇主时、逐蝇头小利的消费者在面对垄断霸权的电商平台时，往往处于弱势地位。[⑥] 人类社会已经转变为"坦率地承认人在各方面的不平等及其结果所产生的某种人享有富者的自由而另一种人遭受穷人和弱者的不自由、根据社会的经济的地位以及职业的差异把握更加具体的人、对弱者加以保护的时代"。[⑦] 法律的重心也随之转移到了对弱者的保护，即那些在大企业

---

① 42 U. S. C. § § 2000e－2（kX1）（A），（B），（C），2000e－2（kX2），（3）.

② 参见刘小楠：《反歧视法讲义：文本与案例》，法律出版社2016年版，第37页。

③ EEOC v. Freeman，778 F. 3d 463（4th Cir. 2015）；EEOC v. Kaplan Higher Educ. Corp.，748 F. 3d 749（6th Cir. 2014）.

④ See Terrence Cain，The Bankruptcy of Refusing to Hire Persons Who Have Filed Bankruptcy，91 *AM. BANKR. L. J.* 657，680（2017）.

⑤ 参见赵红梅：《私法与社会法——第三法域之社会法基本理论范式》，中国政法大学出版社2009年版，第31页。

⑥ 参见张钦昱：《新型权利之检讨与义务之勃兴——群体性权利的视角》，载《思想战线》2021年第1期。

⑦ ［日］星野英一：《私法中的人》，王闯译，中国法制出版社2004年版，第71～72页。

面前是经济或社会力量弱小、仅靠个人的能力最终难以与之对抗而达到自己愿望的人。[①] 私法社会化的时代转换，破产法保护的法益面临调整。自重整制度于1978年创设并纷纷被各国援用后，这种趋势越发明显。不再执拗于肢解债务人，重整制度的任务是拯救企业，促进其复兴。为了留存债务人的运营价值，维系破产财团整体利益，重整制度抑制债权人回收债权的冲动，将债权人的利益置于次要地位。债务人的破产污名标签，使得破产者处于更为不利的地位。破产法应当实现从契约到身份的变革，对破产者适度照顾，防止他们的潜在权益受到伤害。

能力人权观同样要求对破产者特殊照顾。阿玛蒂亚·森认为，人们的“可行能力”不同，将带来收入、财富或者资源方面的实质差异。衡量“可行能力”的重要因素是“功能性活动”，具体指个人状态的各个部分——特别是人们在过一种生活时成功地做或成为的各种事物，它直接决定着人们的生活水平。[②] 比如，有破产者、应届毕业生和自愿选择赋闲在家的企业家处于待业状态，看似他们均因没有收入而境遇平等，但实际上由于能力差别，他们选择工作的余地迥异：应届毕业是在期待更好的工作机会，企业家是为了享受闲适的生活，而破产者因既往的资金周转能力、盈利能力、运营能力不足，处于“社会学死亡”的境地。“主张对所有人都予以平等考虑实际上也暗含着赞成对处于不利地位的人予以不平等的对待。”[③] 真正的平等必须通过能力的平等才能实现。[④] 政策制定者应考虑对破产者“赋能”，通过调整就业、资质获取等公共政策，提高破产者的“可行能力”。

（二）反破产歧视与自由权的二律悖反

个人自由为先于国家而存在的人权，当为一切人民所享有，国家的目的

---

① 参见张钦昱：《论公平原则在重整计划强制批准中的适用》，载《法商研究》2018年第6期。

② 参见谭亚莉：《理念与制度：基于实践视野的经济正义研究》，西南财经大学出版社2016年版，第82页。

③ ［印］阿玛蒂亚·森：《论经济不平等：不平等之再考察》，王利文、于占杰译，社会科学文献出版社2006年版，第224页。

④ See Amartya K. Sen, *Inequality Reexamined*, Cambridge University Press, 1992, p. 7.

便是保护个人对生活、自由和财产的自决权。[①] 人生来自由，并不是说人们的自由没有边界。对权利的剥夺必须具备正当理由，具体包括程序意义的正当程序和实质意义的正当程序。程序意义的正当程序是指法院在剥夺公民自由时，应当严格遵守法定程序，比如及时告知被告于己不利的行为、被告有机会获得听证和抗辩的机会等。[②] 实质意义的正当程序要求法律对权利予以实质性保护，法律不得成为剥夺公民正当权利的工具。[③] 债权人享有对其财产自由拥有、使用、管理、处分的财产权，可径直追索破产者的债务。雇主出于企业自身利益最大化的考量，有选择雇员的自由。那么，债权人和雇主的经济自由权能否成为剥夺破产者就业、资质获得等权利的正当程序理由呢?

基本权利存在价值位阶秩序。[④] 生存权是所有基本权利的前提，具有绝对优先的地位。对破产者反歧视乃基于对破产者生存权的维护，禁止对破产者歧视的做法可以对抗债权人和雇主的经济自由权。随着经济形势走低，越来越多的雇员申请个人破产，其中大部分都不再是为雇主喜闻乐见的年轻人。有统计显示，美国56%的个人破产者年龄在35岁至54岁，55岁至65岁以及64岁以上的个人破产者数量激增。[⑤] 年龄因素本已使得中老年雇员处于不利地位，如果再因破产因素将他们驱逐出就业市场，将使得背负沉重家庭负担、精力不足、培育新技能困难的他们雪上加霜。基本权利既是个人对抗国家的“主观防御权”，还是公权力必须遵守的“客观价值”。[⑥] 行政机关对基本权利不仅不得侵犯，还应承担保护基本权利的义务。行业资质恰是在破产者偿付债务后，保障破产者维持生计的救命稻草。行政机关不能剥夺行业资

---

① 参见［英］安东尼·德·雅赛：《重申自由主义》，陈茅等译，中国社会科学出版社1997年版，第1页。

② U. S. CONST. amend. V.

③ See Robert Lawless, Realigning the Theory and Practice of Notice in Bankruptcy Cases, 29 *Wake Forest L. Rev.* 1215, 1225－27 (1994).

④ 参见李震山：《基本权利之冲突》，载《月旦法学杂志》1995年第1期。

⑤ Jina Kim Yun, The New Danger of Being Fired: Section 525 (b)'s Disproportionate Effect on Older Workers and a Call to Amend, 7 *NW. J. L. & Soc. POL'y* 196 (2012).

⑥ 参见张翔：《基本权利的规范建构》（增订版），法律出版社2017年版，第295页。

质，而应尽可能地为破产者利用行业资质快速复苏创造有利条件。

破产法旨在减轻“诚实而不幸”的债务人所背负的令人窒息的重负，令破产者免受过往商业失败梦魇的困扰，能够轻装上阵，重新出发。破产法应当保障债务人作为人的基本尊严和重获人格发展的机会。《德国基本法》第20条所确立的“社会国”原则，意味着无论如何都要保障债务人符合人类尊严的基本条件。① 对破产者的歧视乃基于破产者在免责前的不佳表现，而对债务人是否曾受到破产程序的保护在所不问。在歧视者看来，破产者即使成功解除身上的债务枷锁也徒劳无功，这显然违背了作为破产法试金石的重新开始政策。② 更为重要的是，历经涅槃的破产者本就一贫如洗，缺乏证明自己能力的宝贵资源，若再让他们遭受不公正待遇，他们将很快再次坠入资不抵债的深渊。

三、比较法视阈下反破产歧视的类型

对破产者的歧视并非一概被禁止，只有那些关乎破产者重新启航的至关重要歧视行为才值得被审慎对待，具体包括对破产者是否许可相关资质、是否剥夺其劳动资格以及是否对其实施国家援助等行为。以下结合《美国破产法》第525条③和欧盟等相关规则，将破产歧视的规制类型化。

（一）对破产者资质授予歧视的规制

资质对破产者甘之如饴，是破产者再生的重要依托。掌握公共资源、代表社会公共利益的行政机关应做到一碗水端平，给予破产者同样的申请获批及续期的机会。《美国破产法》第525（a）条即要求行政机关不得因某人是破产者而在案件开始之前或案件听证过程中，否决、撤销、延迟或拒绝向他

---

① 参见张翔：《破产法的宪法维度》，载《中国法律评论》2020年第6期。

② Robert C. Yan, The Sign Says Help Wanted, Inquire Within-But It May Not Matter If You Have Ever Filed (or Plan to File) for Bankrutpcy, 10 *AM. BANKR. Inst. L. REV.* 429, 432 (2002).

③ 限于篇幅和我国当前个人破产立法的发展阶段，本章不探讨《美国破产法》第525（c）条规定的禁止歧视申请助学贷款的破产者的相关行为。

们批准或续展执照、许可证、特许证、专营证或其他类似授权，或者对他们不予聘任、结束劳动关系或附加雇佣条件。比如，在一起案件中，债务人在重整计划中注明税款将于5年内分期偿还。在重整计划批准后，债务人拟实施土地翻新工程，行政机关却以其尚未完全缴纳税款而拒绝批准。① 因在许可证审批事项时歧视了债务人，行政机关的行为应被予以纠正。

资质的外延较为模糊，能否扩充资质的范畴存在争议。在斯托尔兹诉布拉特尔伯勒县房产管理部门一案中，斯托尔兹与其家人一直居住在保障性住房内，住房由布拉特尔伯勒县房产管理局拥有并管理。在逾期支付房租数月后，房产管理局向法院提起了对斯托尔兹的驱逐程序。在法院拟做出签发恢复房屋占有的强制执行令（writ of possession）的前2天，斯托尔兹申请个人破产。斯托尔斯在重整方案中承诺将会补交拖欠的所有房租，但房地产管理局执意驱逐斯托尔兹。② 本案中，房地产管理局与斯托尔兹签订的是租赁协议，不属于资质范畴。鉴于住房由行政机关部门提供，该协议可解释为房地产管理局以收取租金为前提，准许租户占有和使用公共住房的行政合同。更为重要的是，以廉价租金居住在保障性住房的权利仅能从房产管理局获得，这对斯托尔兹走出破产程序，重新开始生活至关重要。因此，租赁协议属于广义的资质范畴，可以认定房产管理局对斯托尔兹实施了破产歧视行为。与上述案件类似，精致服务公司与巴克斯代尔空军基地签订了食品服务协议，但在得知精致服务公司申请重整后，空军基地旋即终止履行协议。③ 经调查，为促使中小企业发展，空军基地依照相关规定没有经过招投标程序，便与其属意的中小企业签署协议。若举行招投标程序，精致服务公司因无法与大型企业竞争而无法中标。由此，食品服务协议相当于特许经营资格，空军基地违反不得歧视破产者的规定。在其他一些案件中，法院恪守字面含义，并未扩充资质的范围。比如，处于重整程序的债务人因逾期缴纳社会保险费，致

---

① Atl. Gulf Cmtys. Corp. v. Tax Collectors, 163 B. R. 216 (S. D. Fla. 1994).

② Stoltz v. Brattleboro Hous. Auth. , 315 F. 3d 80 (2002).

③ In re Exquisito Services, Inc. , 823 F. 2d 151 (5th Cir. 1987).

使社会保险机构提高了保险费率。[①] 考虑到债务人受到的处罚与资质无关，且社会保险机构施加的处罚与行为人是否进入破产程序无关，社会保险机构因而没有实施歧视债务人的行为。

资质范畴的争议在本质上是破产者利益与债权人利益孰优孰劣的问题。如果赞成扩充资质的范畴，即偏向破产者利益，将有利于他们重新起步；反之则意味着向债权人适度倾斜。比如在斯托尔兹诉布拉特尔伯勒县房产管理局案中，斯托尔兹在申请个人破产后，破产管理人并未及时履约或提供履约担保。依据待履行合同的原理，协议被视为解除，房产管理局当然可取回房产，但房产管理局的行为又会因违反破产歧视的规定而无效。面对待履行合同条款与反歧视条款的冲突，对资质进行扩充还是限缩解释就会对各方当事人的利益至关重要。实践中，因资质的授予方是行政机关而非一般债权人，持自由派观点的法官会做出对行政机关不利的判决，对权力较为隐忍的法官则会采取相反做法。[②]

（二）对破产者就业歧视的规制

就业歧视是反歧视法规制的核心对象，反就业歧视法还应对破产者给予关注。《美国破产法》第525（b）条规定，雇主不得对破产者解除雇佣关系或在雇佣过程中施以歧视。其中，雇佣过程中的歧视情形，包括雇主在提职加薪、职责范围、纪律处分等方面对破产者差别对待。

值得探讨的问题是，雇主能否对尚未发生劳动关系的破产者实施歧视行为。《美国破产法》对上述问题避而不答：相较于第525（a）条，第525（b）条有意遗漏了曾经或正在破产的应聘者能否成为法律保护对象的规定。这引发较大争论。一派观点认为，雇主的歧视行为或者有利于自身发展，或者实施概率较低，不予干涉利大于弊。具体而言，一些雇主认为拥有良好财务履历的雇员更负有责任感。比如在零售行业，未曾陷入财务困境的雇员实

---

① In re Rees, 61 B. R. 114 (BC DC 1986).

② Elizabeth A. Bronheim, Interpreting Section 525 (a) of the Bankruptcy Code, 7 *Bankr. Dev. J.* 595, 604 (1990).

施小偷小摸等违法行为概率较低。据统计，零售行业每年因雇员监守自盗损失 300 亿美元。[①] 另一派观点认为，破产与否无法代表应聘者真实状况。债务人并非一概因经营不善而破产，还可能因患病、离异等外部因素返贫。除极少数诸如客户资金管理等职位外，大量低级别的工作岗位，比如卡车司机、图书馆员、健身教练等，与应聘者曾经或现在的财务状况几无关联，利用破产作为用人标准违反了比例原则。[②] 何况破产者可能知耻而后勇，利用曾经的失败经验帮助企业避开潜在的发展风险与经营陷阱，或有更好的工作表现。

就业自愿原则（employment-at-will）与重新出发原则的冲突是引发破产的应聘者能否被歧视争议的根本原因。就业自愿原则肇始于 19 世纪末自由放任的经济氛围，其含义是雇佣关系可因任意一方当事人的意志而推定为终止，赋予雇主在不违反法律法规的前提下拒绝雇佣应聘者的权利。[③] 重新出发原则倡导应赋予破产者一个全新的开始。债务人已因破产程序资产清零，再对其在申请就业时施加不必要的歧视，是一种重复处罚行为。因歧视而难觅工作的破产者，再次破产的概率陡增。禁止在应聘工作时歧视破产者乃是重新出发原则的题中之义。

随着私法公法化的发展趋势以及社会法学派的影响，就业自愿原则发生了松动，以社会公共政策为代表的例外规定突破了就业自愿原则的本意。自愿就业原则重新被表述为，在不违背社会公共利益的前提下雇主可与雇员解除劳动关系。作为历次破产法改革的主线之一，重新出发原则能够有效促进债务人转机重生，保护弱势债务人的切身利益，促进经济活力，是实现社会公共利益的典型代表。该原则要求在破产者应聘工作时应对其网开一面，不去关注包裹在他们身上的破产“外衣”。

---

① Andrew Martin, As a Hiring Filter, Credit Checks Draw Questions, *N. Y. TIMES*, Apr. 9, 2010.

② See Samantha Orovitz, The Bankruptcy Shadow: Section 525 (B) and the Job Applicant's Sisyphean Struggle for a Fresh Start, 29 *EMORY BANKR. DEV. J.* 553, 585 (2013).

③ See Michael D. Moberly, Contemplating the Recognition of a Common Law Tort for Wrongfully Refusing to Hire Bankruptcy Debtors, 22 *AM. BANKR. Inst. L. REV.* 431, 458 (2014).

（三）对国家援助歧视的规制

对陷入破产境地的危困企业施以援手，是争议最大的一种国家援助样态。[①] 如果企业无法生产出质优价低的产品，该企业所聚集的资源不如转移至更具生产效率的其他经营者，特别是当经济形势处于下行通道时，缩水的市场仅能承担为数不多的企业，效率低下的企业将首先退出市场，倘若两个企业效率差不多，企业将不得不壮士断腕。对企业的国家援助会导致量价反向变动机制失效，企业迎合消费者的奖励机制不复存在。国家发展和改革委员会等十三部委联合印发的《加快完善市场主体退出制度改革方案》指出，完善司法与行政协调机制，行政机关应积极解决破产过程中维护社会稳定、经费保障、企业注销等问题。破产企业亟待国家援助，但矫枉过正往往会触及不当限制市场竞争的红线。[②] 关键的问题不在是否该对破产企业实施国家援助，而是国家援助该如何公平地实施，以免产生预算软约束问题。欧盟的国家援助制度为公平对待受困企业提供了较好的制度范本。

《欧洲联盟运作条约》（Treaty on the Functioning of the European Union）在第7编“竞争、税收及相关法律”第1章“竞争规则”第2节中用3个条文规定国家援助制度。一般情况下，国家援助受到严格约束，比如第107条第1款明确，“除非另有规定，由成员国或通过任何国家资源对企业或其产品给予援助，扭曲或威胁了竞争，与共同体市场相抵触”。在符合第107条第2、3款列举的少数情形下，国家援助措施才被认定为合法。其中，第2款列举的社会援助、灾害援助和分裂国家的援助的行为属于重大事由，成员国的援助行为一旦符合该款规定，便属于绝对的合法行为；第3款列举的5项行为，欧盟委员会拥有较大的自由裁量权，须在考虑地区范围、项目类型、经

---

① See Miguel Angel, BolsaFerruz & PhedonNicolaides, An Economic Assessment of State Aid for Restructuring Firms in Difficulty: Theoretical Considerations, Empirical Analysis and Proposals for Reform, World Competition 37, No. 2, p. 210 (2014).

② 参见张钦昱：《破产法与反垄断法的异化与共生》，载《法学评论》2021年第3期。

济绩效等因素后得出准许与否的判断。[①] 特别地，对危困企业的国家援助因属于第3款第3项“为促进某些经济活动或经济领域的发展”，属于被有限允许实施的范畴。2014年，欧盟委员会颁布《对危困非金融企业拯救与重组的国家援助准则》（以下简称《拯救与重组准则》），详细规制受困企业的国家援助制度。

欧盟的国家援助制度并不以所有权的不同而对企业区分对待，亦不以企业规模的差异为救助程序启动的标准。国家援助仅以企业的亏损情况为程序启动的考量因素，这消弭了民营企业和中小企业被歧视对待的命运。在符合社会公共利益维护、必要有效和比例原则的条件时，一国采取的国家援助措施方能被欧盟委员会批准。成员国必须找到企业引发社会危机或对市场造成影响的原因，比如该企业倒闭将导致大量裁员、地区经济危机、提供的关键服务无法被竞争对手取代、消费者享受的持续性服务被打断、其他企业跟随其倒闭或核心技术流失。一国需要比对未接受国家援助的相似危困企业的处境，以证明行政机关干预的合理性。如果由市场自主调节效果更佳，国家援助就没有实施的理由。国家援助应具实效，特别是一国能够证明若不给予企业国家援助，将致使其被出售、清算。拯救援助金额应当被限缩在维持受困企业最多6个月运营的范围内，具体数额需要遵循《拯救与重组准则》附件1的复杂公式计算得出。《拯救与重组准则》采取“风险—损失”分担原则，要求除行政机关的公共资金对企业救助外，股东、债权人也要对危困企业有所贡献。行政机关与企业自身双剑合璧，能够加强内部人对企业管理层的监督，避免董事、高管采取激进措施的道德风险，减少外部干预对竞争的扭曲。股东和债权人分担的部分应当与国家援助的效果相匹配，比如国家援助提升了企业的净资产价值，那么要求股东增资、实施“债转股”和企业对外增发股份便是恰当的方法。另外，股东和债权人分担的部分应当是实际投入而非许下的空头支票，一般认为它们对危困企业全部的贡献率超过50%是启动国

---

① 参见郑鹏程：《对政府规制的规制——市场统一法律制度研究》，法律出版社2012年版，第132～134页。

家援助的前提。

四、破产中立原则下我国反破产歧视机制的构建

（一）确立破产中立原则

应当将破产中立确立为一项基本原则，在法律层面激扬浊清，唤醒人们对破产法积极效用的正确认识。破产中立是指，在资质获取、准入许可、经营活动、受困企业援助等方面，行政机关、社会团体、市场主体等应当对破产者与非破产者等量齐观，不得因破产者曾经或正在经历破产程序而对他们区分对待。不局限于《美国破产法》较为狭隘的破产反歧视范围，破产中立的适用对象应当拓展为与破产程序相关的任何歧视行为。应聘工作的破产者由此属于破产中立原则的当然辐射领地。破产中立原则不仅要求公权力部门平等看待内资与外资、国有资本与民营资本的破产者，也要求企业在面对其他市场主体时确保他们不会因破产因素受到不公正待遇。破产中立原则实现了提升个人尊严、优化配置企业人力资源、确保宏观经济长期可持续发展以及保障社会正义和凝聚力等功效。

引入破产中立的理想进路是在《宪法》中增加相关条款，将破产者与非破产者的平等纳入公民基本权利中的平等权内涵。立法者可在劳动法、行业监管法等部门法中识别出破产者，明确他们的实际地位、身份特征和切实需求，以结果公平为目标，赋予他们更多的资质获取、就业等权利。比如，《行政许可法》在第 5 条规定，符合法定条件、标准的，申请人有依法取得行政许可的平等权利，行政机关不得歧视任何人。一般从性别、年龄、种族、宗教信仰、学历、籍贯等方面阐释《行政许可法》中公平原则的适用对象，《行政许可法》还在第 15 条将公平原则具化为禁止地域歧视。[①] 应当将行政许可申请人能否作为破产者，作为行政机关设定和实施行政许可时予以排除考量的因素。再如，《劳动法》明确规定，“劳动者就业，不因民族、种族、

① 参见张树义：《行政许可法简明读本》，国家行政学院出版社 2004 年版，第 24 页。

性别、宗教信仰不同而受歧视”，《就业促进法》还对残疾人、传染病病原携带者、农村劳动者有着公平就业的保护。作为就业歧视高发领域，对破产者就业的特别保护机制也应尽快纳入劳动法律法规。

在破产法总则中设立破产中立原则，是贯彻破产法“公平清理债权债务”“保护债权人和债务人的合法权益”宗旨的必然选择。可在《企业破产法》及未来出台的个人破产立法的总则中规定，任何破产者不得受到不合理对待。这也是2006年《韩国债务人重整及破产法》在第32－2条新增的内容。《企业破产法》及未来出台的个人破产立法的其他部分不仅不能出现歧视破产者的规定，还应当在资质授予、劳动就业、国家援助方面规定对破产者公平保护的条款。

（二）编织反破产歧视的内部安全网

1. 淡化破产者标签

在仍然对“破产”较为忌惮的社会背景下，将资不抵债的债务人一概称为破产者，是对其中“诚实而不幸”债务人的实质不公正。《企业破产法》注意到措辞的潜在影响，在大部分场合将具有贬义色彩的破产者表述为中性含义的债务人。不过，《企业破产法》在总则第6条仍然规定，追究破产企业经营管理人员的法律责任。相较于法律责任章节中，第125条表述为“企业董事、监事或者高级人员”以及第129条“债务人的有关人员”，总则部分出现的责任追索条款显得不合时宜，加深了破产者及相关人员需要承担责任的刻板印象。

《企业破产法》在破产清算程序中，明确规定“债务人被宣告破产后，债务人称为破产人，债务人财产称为破产财产……对债务人享有的债权称为破产债权”。破产财产和破产债权名称的变化情有可原，因它们在性质、目的和范围上均有别于破产宣告前的债务人财产与债权。至于债务人称谓的变化，立法者指出，盖因破产人私法上的权利和公法上的资格受到法律上的限制。[①]

---

① 参见《中华人民共和国企业破产法》起草组：《〈中华人民共和国企业破产法〉释义》，人民出版社2006年版，第313页。

但是，债务人与破产人是同一主体，破产法的诸多规定已然体现对破产者控制能力、诉讼能力的约束，称谓的变化不仅难以起到市场风险的警示作用，对债权人利益的保护也没有发挥实质作用，反倒让破产者笼罩在他人有色眼镜的阴影之中。

2. 增设反破产歧视措施

破产法应当构建如下措施，因应破产中立原则的顶层设计，搭建我国反破产歧视的安全网。

第一，增设行政机关反破产歧视措施。无论是资格资质授予、工作招聘待遇、帮扶危困企业，行政机关应责无旁贷地做到对破产者与非破产者一视同仁。

第二，增设市场主体反破产歧视措施。《企业破产法》预设劳动者为受害者，在破产申请、债权申报、共益债务、受偿顺位等方面多对劳动者照顾有加。遗憾的是，《企业破产法》与劳动者有关的 11 个条款无一例外地属于财产权领域，对劳动者的人身尊严方面鲜有涉猎。应当构建劳动者不得受到雇主不公平对待的相关条款。

反破产歧视的对象应被限定为大中型等“核心设施”。企业享有用工的自由选择权，《劳动合同法》也规定订立劳动合同应当遵守“平等自愿、协商一致”的原则，在一般情况下企业可凭借自身偏好，差别对待劳动者，追求利润的最大化。一旦企业能够对雇员施加决定性影响，该企业便相应承担不得歧视雇员的义务。对劳动者能够施加决定性影响的企业一般在社会经济的关键节点中扮演重要角色，常常以大中型企业的面目出现，具有经济权力。不同于行政权力，经济权力并非来自行政机关的委托，而是源于对劳动者的控制能力。控制重要生产资源和销售渠道的企业具有市场力量，其与劳动者之间的劳动契约关系不再平等。因对企业形成依赖性，劳动者对企业的差别待遇没有议价空间，只得被迫接受企业的“惩罚”。为了纠正这种实质不公平的雇佣关系，具有经济权力的企业实施的歧视行为应被纠正。

3. 过滤破产歧视条款

违背破产中立原则又缺乏合理理由的歧视条款，应从《企业破产法》中祛除。《企业破产法》对破产者的典型歧视条款是第 15 条第 1 款第 4 项。如果说其他几项尚与债务人财产清理、债权人保护关联而相对合理的话，第 4 项“未经人民法院许可，不得离开住所地”的规定显然越界。破产法律关系较为复杂，不乏历经数年的破产案件，相关人员在破产程序终结之日前，每次须获法院许可方能离开住所地，这样的规定既不切实际，也有干预过度之嫌。与此对应，《企业破产法》的法律责任仅有 7 条，居然专用一条规定债务人相关人员擅离住所地的法律责任，即“人民法院可以予以训诫、拘留，可以依法并处罚款”，这意味着相关人员可被采取强行关押的强制措施。因资不抵债的财产问题牵连到人身自由受限，属于过罚不当，也涉嫌违反宪法的“公民的人身自由不受侵犯”要求。

应当检讨一些学者提出的加强破产歧视的立法建议。比如，在《深圳经济特区个人破产条例（草案建议稿）》中，有学者提出法院在裁定受理破产申请后，应当通知邮政部门将邮寄给债务人的邮件送至管理人，管理人有权打开阅览债务人的邮件。[①] 该建议为保证破产程序顺利展开与清算财产的安全，不惜以牺牲破产者的通讯自由为代价，未免得不偿失，不予采纳当在情理之中。

（三）筑牢反破产歧视的外部防火墙

对私有部门发生的破产歧视行为，可通过赋予受歧视者诉权的方式实施监督。破产法应当畅通破产歧视受害者的救济渠道，方便他们及时有效地追索侵权人。《美国破产法》赋予法院能够对受害者施加衡平救济权（equitable remedies），通常包括金钱赔偿与恢复工作岗位两种方式。[②] 作为大陆法系国家，我国需要在破产法中明确受害者能够获得的具体救济措施，比如能否获得精神损害赔偿等特别救济方法。除传统私益诉讼路径外，美国可通过集团诉讼一并解决破产者群体被歧视的问题。在我国将来允许歧视类案件可提起

---

① 卢林：《深圳经济特区个人破产条例草案建议稿附理由》，法律出版社 2016 年版，第 206 页。

② See Douglass G. Boshkoff, Bankruptcy-Based Discrimination, 66 *AM. BANKR. L. J.* 387, 416 (1992).

公益诉讼的前提下，可令公益组织向破产歧视行为人追究相应的法律责任。执法机关也应承担对侵犯破产者权益行为的监督检查、制止、调查和处罚等职责。

对行政部门实施的具体破产歧视行为，受歧视者可通过提起行政复议或行政诉讼等机制予以纠正。对行政部门实施的抽象破产歧视行为，即在规范性文件中具有对破产者不公平对待的条款，传统上是依据《立法法》，由具有权限的人大及常委会或行政机关，改变撤销规章及规章级别以上的规范性文件；依据《行政诉讼法》，由行政相对人请求法院对规章以下的规范性文件进行审查。鉴于存在抽象行政行为对利益影响较小，人大及常委会或行政机关启动监督缺乏动力，行政相对人无法在未受到歧视行为侵害而径行要求审查规范性文件，且行政诉讼仅为事后救济的监督方法等弊端，应当建立一套简便易行、富有效率的事前监督机制，纠正破产歧视行为。公平竞争审查机制正是符合上述要求的抽象行政行为监督机制。为规范行政机关出台排除、限制竞争的政策措施，清理废除妨碍竞争的规定和做法，我国于 2016 年建立公平竞争审查机制，对产业发展、招商引资、资质标准等涉及市场主体经济活动的规章、规范性文件和其他政策措施，实施自我审查与联席会议监督。没有实施公平竞争审查的规范性文件不得出台，具有排除、限制竞争效果的应当不予出台，或调整至符合相关要求后出台。《国务院关于在市场体系建设中建立公平竞争审查制度的意见》（国发〔2016〕34 号）在规定市场准入和退出的审查标准时，仅要求不得设置不合理和歧视性的退出条件，在商品和要素自由流动、影响生产经营成本、影响生产经营行为的审查标准上并未明确规制对破产者的反歧视审查。应当允许在救助条件，资质申请要件，就业禁入期间、职业领域、人员范围等方面，对规范性文件是否公平对待破产者实施公平竞争审查。

余 论

古希腊神话中，西西弗斯周而复始地把巨石推上山顶，又目睹巨石滚下山去。没有比徒劳无功更为严厉的惩罚了。好不容易逃离破产深渊的债务人，如果任由他们受到歧视而不予保护，他们便会如西西弗斯般不断陷入失败的恶性循环，破产法的立法宗旨遭到重创。

反对破产歧视，还需要社会信用体系协同并进。其一，建立信用修复机制。破产重整后的企业和历经破产程序的自然人，在债务结构、资产运营方面全面革新，成为事实上的新生企业。由于统一社会信用代码及主体资格并未变更，致使既往的不良公共信息、不良贷款信息、债务催收记录仍然延续，对重生后的债务人有失公允，也使得破产法对债务人的吸引力大打折扣。应对经过一定期间、责任全面履行、经过申请和审批程序的债务人，由税务部门、市场监管部门和金融机构修复债务人的信用记录，不再列入相关系统的黑名单，实现企业的信用再建。[①] 其二，保护破产信息。破产信息不应与债务人相伴终生，破产者不能因一着不慎而永被钉在耻辱柱上。应为破产裁决可被公众查询和获取设立期限、主观目的等限制性条件。个人的破产信息应成为隐私权的保护客体。雇主为招募员工向征信机构索取应聘者的信用报告时，破产信息应被排除在基本信息之外，除非雇主能够合理证明破产信息与职位性质及履职表现具有显著关联。[②] 其三，对恶意破产者实施信用惩戒。破产申请与逃废债不可同日而语，应当宽严相济地分类处置破产者。破产法应对诚信的破产者大展宽容保护之旗，不仅不予惩处，还应秉持破产免责主义，尽力挽救。对跑路、失联、赖账的失信债务人，破产法则应严惩不贷，执法者应利用大数据和信息技术对他们的财产一网打尽，并采取联合信用惩戒，使得恶意破产者“一处失信，处处受限”。

---

① 参见何永川等：《信用修复国际比较研究》，载《征信》2021 年第 2 期。

② Lea Shepard, Toward a Stronger Financial History Antidiscrimination Norm, 43 *Bos. C. L. Rev.*, 1695, 1748 (2012).

第二章　破产法与物权法：以特殊财产处理与一般程序规则为视角

第一节　非经营性资产在企业破产时的处理

新千年伊始，著名经济学家大卫·克兰德（David Colander）宣布了新古典经济学的死亡，理由之一就是新古典方法所采用的完全理性假设的失败，以及有限理性在经济学中逐渐成为可接受的假设。① 即使在理解了经济学家所使用的“理性”一词是客观的而非主观的含义之后，人类行为是理性的这一经济学基本假设仍然与日常生活的经验和观察相矛盾。② 与完全理性相反，有限理性假设认为现实生活是复杂的，事物具有不稳定性和不可确知性，人类受自身生理心理的限制，难以穷尽所有行为可并预见所有行为后果。正是因为有限理性，人们才需要集团、制度与组织，需要分工协作、契约与法律，以应付个人在复杂性、不确定性面前的理性不足。同时也因为人的理性认识的局限性，注定了相关社会规则并不完美，需要不断完善。

企业破产时该如何处理非经营资产也概莫能外。无论是《企业破产法》还是《企业国有资产法》等法律规则中，均没有涉及处理企业破产时非经营性资产的一般性规定。而套用经营性资产的解决方式，又无法从本

---

① David Colander, The Death of New Classical Economics, *Journal of the History of Economic Thought*, Vol. 22, No. 2, p. 127 (2000).

② 参见［美］理查德·A. 波斯纳：《法律的经济分析》，蒋兆康译，中国大百科全书出版社1997年版，第19页。

质上解决处理非经营性资产过程中各方主体的利益冲突。由于非经营性资产的处理直接涉及职工利益和社会利益，妥善解决该问题更具有其意义。鉴于此，在本章第一部分简要介绍非经营性资产的基本概念、特点和历史沿革基础之上，第二部分集中探讨指导企业破产时处理非经营性资产的宏观理念。第三部分梳理目前实践中的处理方法，找出亟待解决的漏洞。第四部分在前面论述的基础上，试图提出我国处理企业破产时非经营性资产的建议。

一、非经营性资产的界定

（一）非经营性资产的概念

国有资产即国家所有的财产和财产权利，按用途分类可分为经营性、非经营性国有资产和资源性资产等形态。[①] 其中，非经营性资产是指企业资产中所列，国家划拨形成，非用于企业生产经营的资产。[②] 非经营性资产种类繁多，形式多样，包括职工住房、学校、托幼园（所）、医院等非营利性设施及其附属的公用设施。按照功能性质的不同，非经营性资产可划分为两种类型：第一种是承担社会公益功能的资产，比如普通中小学、供水供电、供暖等公共设施；第二种是承担职工生活服务功能的资产，比如职工住房、公务用车等。

非经营资产具有使用目的的非增值性、资金来源的单一性和使用效益的社会性等特征。首先，非经营性资产非以增值为使用目的。顾名思义，非经营性资产不是用来商品生产经营的资产，其在使用过程中并不以增值甚至保值为目的，只是表现为单纯的非生产性消费过程。其次，非经营性资产的资金来源较为单一。非经营性资产来源于国家拨备这条单一渠道，资金来源稳定充裕的同时也限制了其不能通过使用资产获利，不能通过发行股票和债券

---

① 参见王全兴、樊启荣：《关于国有资产法基本理论的探讨》，载《经济法论丛》1999 年第 1 期。

② 参见《北京市破产企业非经营性资产移交暂行办法》（2002 年）第 2 条第 2 款。

等方式募集资本，也不能实现从简单再生产到扩大再生产的扩展。最后，非经营性资产的使用需要具有社会性。非经营性资产由国家作为信用的背书人，没有获利的压力，使用非经营性资产产生的效益就自然不是直接以经济成果的形式体现出来，而必须以服务职工或全社会利益为导向。

（二）非经营性资产的沿革

非经营性资产往往涵盖了具有公益性的资产，带有时代改革的缩影。非经营性资产的产生源于“企业办社会”的理念。在计划经济体制下，国有大中型企业兴建了职工住房、医院、中小学校、疗养院等等机构和其他公共设施，承担了正常生产经营之外的职责，背负了产前产后服务和职工生活福利、社会保障等社会职能。其直接效果是每个企业都成为一个小社会，企业为职工提供了“从摇篮到坟墓”的一揽子社会福利。应该承认，国有企业这种大包大揽的经营管理思路，在当时发挥了特定的功效，不仅使得一些国有企业从无到有、从小到大，支撑着国家的经济命脉，也在一定程度上体现了社会主义制度的优越性。企业为职工及其家属解决了后顾之忧，使得职工无须过于担忧生活中的琐碎问题，全心全意工作，对促进经济增长发挥了巨大的乘数效应，也对维护正常社会秩序和政府的社会管理起到了重要作用。

但是承担着大量社会职能的国有企业与其说是独立的市场经营主体，不如说是一个行政单位的缩影。企业与政府的职能错位占用了企业大量的资金和资源，生产效率低下，人浮于事，有违于公平价值目标和现代企业改革目标的实现。其一，从经济效益的维度，企业要兴建幼儿园、医院等各项公共设施，大量资金投入不可避免，而且有的还不止一次。这些公共设施主要以企业内部职工为服务对象，不以营利为目的，导致这些设施不仅不能自负盈亏，还需要企业不断投入资金以弥补亏空。资金的大量占用使得企业的再生产难以为继，企业的精力浪费在“副业”的事实使得其在竞争中背上包袱，发展缓慢。当企业陷入困境时，这些非经营性资产不仅不能带来收益，反倒是还要继续投入资金继续维持，尾大不掉。其二，从社会公平的维度，企业内部的公共设施并不为全民共享，福利的“二次分配”导致了社会的不公平。一些掌握优质资源的企业财大气粗，所建的公共设施水平较高。这些高档设施享有诸多税收和政策上的优惠，却打着服务社会的旗号为本企业职工提供隐形福利。这不仅使得能力较差的企业望尘莫及，也使得体制外的职工变相受到不公平对待。

二、企业破产时非经营性资产处理的理念

非经营性资产的处理既可能面临职工权益保障问题，又可能面临着国有财产或公益财产的权益维护问题。本章认为，处理企业破产时非经营性资产应该把握实质正义的理念。

“正义是社会制度的首要价值”。[①] 在实现了从身份到契约的转变后，随着自由观念的勃兴，起跑线上机会均等的形式公平理念逐渐为人们所接受，各国宪法通过确立“人格具有平等性”的基石，进而演进出所有权神圣、契约自由和行为能力的理念。[②] 形式公平理念典型地体现在企业与职工的关系中，比如马克思就曾断言，“劳动力的买和卖是在流通领域或商品交换领域的界限内进行的，这个领域确定是天赋人权的真正乐园。那里占统治地位的只是自由、平等，所有权和边沁”。[③] 形式公平理念在破产程序中亦有体现，事先设计完备的申请主体、申请程序和分配规则使得债权人之间可以平等和放心地享有破产法律赋予他们的权利，市场经济的信用平台保证了当事人无序的械斗得以避免，破产程序得以高效率低成本地完成。

但是形式公平理念受到了实质正义理念的挑战。贫富差距和人与人之间社会、经济方面实际上的不平等，法律的中心也随之转移到了对弱者的保护，

---

① 参见［美］约翰·罗尔斯：《正义论》，何怀宏等译，中国社会科学出版社1988年版，第3页。

② 参见［日］大须贺明：《生存权论》，林浩译，法律出版社2001年版，第33页。

③ 参见［德］卡尔·马克思：《资本论》（第1卷），中共中央马克思恩格斯列宁斯大林著作编译局译，人民出版社1975年版，第199页。

即那些在大企业面前是经济、社会力量弱小、仅靠个人的能力最终难以与之对抗而达到自己愿望的人。破产法也汲取了实质公平的养分，社会政策说或损失分担说逐渐成为关于破产制度机能的主流学说。① 社会政策说认为债务人之破产，应视为社会经济上之不幸现象，不能以法律禁止破产现象之发生，只能就已发生之破产请求其善后之策。债务人财产之不足，各债权人难以获得其清偿，必须使得多数债权人平等分担，以避免人们因贫富差距过大所导致的社会不稳定。破产预防制度的孕育而生使得破产法向社会利益的促进又迈出了坚实的一步。“任何企业都很难说仅仅是债权人和企业所有者的集中焦点，它同时也是其他相关主体利益的集合体。企业破产之时，除了债权人和所有者之外，雇员、供应商、顾客或者消费者以及政府等都可能不同程度地遭受消极的影响。”②

实质正义理念要求在处理非经营性资产时要充分维护职工权益。企业的破产清算打破了职工的“铁饭碗”，体制内长期相对封闭的环境削弱了其再次迎接挑战的能力。职工的社会保障缺位以及名义上承担了职工安置职责的政府实际上对充分补偿和安置失业职工力不从心，不仅使得“钱从哪里来，人往哪里去”成为最大的一个问题，也使得一贯受到“低工资，高就业”政策影响的职工不具备承受破产风险的经济实力，一夜之间成为弱势群体。需要运用法律的艺术适度对职工的权益作出部分倾斜，最大限度地减轻困境企业给利益相关人和社会带来的成本，促进社会资源的合理再分配，提高社会效率。依法优先保护劳动者权益，是破产法律制度的重要价值取向，也是保障民生、维护稳定的重要手段。在破产程序中要注重保障民生，切实维护职工合法权益需要从细节出发，充分发挥各方力量在案件受理之前先行化解可能因职工债权引发的社会矛盾，防止出现大规模群体事件，避免对社会稳定

---

① 破产制度的机能，尚存在交易安全说、共同担保说、共同损害说等。参见陈计男：《破产法论》，台北，三民书局2005年版，第1～3页；陈宗荣：《破产法》，台北，三民书局1986年版，第3～5页。

② 韩长印：《企业破产立法目标的争论及其评价》，载《中国法学》2004年第5期。

造成不利影响。此外，政府也应当承担起相应的责任，否则对于盈利时利润上交，亏损时责任自担的企业和员工也不甚公平。

实质正义理念也要求在处理非经营性资产时要注意把握社会整体利益优先于个体利益的原则。必须将一项追求效益的行为置于社会整体效益之中去认识和评价，只有符合社会整体效益的行为才能得到肯定。[①] 当资源分配与利用的效果仅仅对使用人获益而对整个社会的发展产生零效应甚至是产生负面效应时，相关权力机构应该对该配置作出否定性评价并及时对其进行干预或调整，以服务于社会的协调和发展。于是在非经营性资产的处理中，也需要同时考虑社会整体利益，通过制度选择和设计将个体的利益拓展到一个更为广阔的空间，在保障个体权益的同时，最大化社会整体利益。应该看到，社会整体利益所追求的不是一般而言的经济成果的最大化，而是宏观经济成果和长远经济利益。[②] 这要求我们以发展的眼光考虑非经营性资产的命运，实现公共产品的最优配置。

三、企业破产时非经营性资产的现行处理方法及缺陷

随着国有企业体制改革的深化，党和政府越来越认识到剥离非经营性资产的重要性。党的十四届三中全会提出要“减轻企业办社会负担”。2004 年 11 月，国务院国有资产监督管理委员会、劳动和社会保障部、财政部、国家税务总局四部门联合召开的国有大中型企业主辅分离辅业改制交流分析会上，国务院国有资产监督管理委员会领导提出“分离企业办社会职能工作取得重要进展，国有企业的历史负担正在逐步解决”。

关于非经营性资产的处理，国家层面上没有统一的法规，但一些地方法规可资参照。比如《北京市破产企业非经营性资产移交暂行办法》（以下简称《暂行办法》）规定，法院宣告企业破产后，非经营性资产由破产清算组按其原有功能属性，移交非经营性资产所在地区县人民政府指定的机构接收

---

① 参见莫俊：《论现代经济法的价值取向》，载《山东法学》1998 年第 4 期。

② 参见史际春、邓峰：《经济法总论》，法律出版社 1998 年版，第 157 页。

管理。非经营性资产原则上应当采取无偿划转的方式移交接收单位管理。关于房产部分的处理，破产企业对原自管的公有住房享有的权利和承担的义务由接收单位全面接管。接收单位的权利和义务主要包括：享有未出售住房的产权并与原承租人重新签订（或变更）房屋租赁协议；对未出售住房进行维修管理，收取租金，依法向承租人出售现住房；享有已售公房再上市交易时原破产企业应得的收益；协助购房职工办理已购公房再上市交易的手续。破产司法实务领域也在始终关注非经营性资产的剥离处置情况。如我国《最高人民法院关于审理企业破产案件若干问题的规定》（以下简称《破产规定》）第八十一条规定，破产企业的职工住房，已经签订合同、交付房款，进行房改给个人的，不属于破产财产。未进行房改的，可由清算组向有关部门申请办理房改事项，向职工出售。按照国家规定不具备房改条件，或者职工在房改中不购买住房的，由清算组根据实际情况处理。第八十二条规定，债务人的幼儿园、学校、医院等公益福利性设施，按国家有关规定处理，不作为破产财产分配。

国有企业破产，事关经济发展、民生保障、社会稳定。对非经营性资产的处理，不仅是法律问题，更涉及大量社会管理问题的系统工程，牵涉面广，社会影响大，政策性强。现实中长期积淀形成的非经营性资产在一些国有企业里还有存在，一部分国企尚未将非经营性资产处理干净，非经营性资产在国有企业破产时该如何处理是亟待明确的问题。尽管上述规定有可取之处，也的确在实践中发挥了积极作用，但仍然存在以下问题和缺陷。

首先，没有认清非经营性资产的本质。一方面，如果将非经营性资产认定为国家拨备出资的财产，在企业破产时由国家收回，显然不利于职工权利的维护。比如《暂行办法》中的“非经营性资产原则上应当采取无偿划转的方式移交接收单位管理”，就没有照顾到职工的切身利益，将本属于职工的分配份额和利益剥夺。另一方面，如果将非经营性资产认定为债务人财产，应该经过拍卖等程序将出售实物所获得的对价在债权人之间加以分配，那么根据破产优先权的清偿顺位，职工应优先于普通债权人得以清偿。如此认定无疑照顾了职工权益，但在缺乏理论支撑和详细论证的前提下，将由国家出资的非经营性资产分配给职工有国有资产流失之嫌。

其次，没有区分非经营性资产的功能。《暂行办法》将非经营性资产做“一刀切”的规定，将所有类型的非经营性资产移交给特定的机构管理。《破产规定》虽然将公益福利设施区分了出来，不过具体处理方法仍然语焉不详。应该看到，承担职工生活服务功能的非经营性资产与承担社会公益功能的非经营性资产在功能上截然不同：前者贴近职工生活，而后者更具有社会公益属性，应当考虑区分这两种非经营性资产并对它们有针对性地设计不同制度。

最后，没有充分保护职工权益。《破产规定》的“未进行房改的，可由清算组向有关部门申请办理房改事项，向职工出售”，意味着非经营性资产即使最终选择出售途径，所得对价也难以分配给全部职工，所得利益也难为全部职工共享。而《暂行办法》的“无偿划拨”更使得非经营资产与职工的利益完全脱钩——接收单位虽然继受了非经营性资产的所有权，但却没有履行对等的补偿职工、安置职工等义务。

因此，需要从实质正义理念出发，在明确非经营性资产实质的基础上，区分承担职工生活服务功能的非经营性资产与承担社会公益功能的非经营性资产，兼顾保护职工权益和社会整体利益。

四、企业破产时非经营性资产处理的方法

承担职工生活服务功能的非经营性资产与承担社会公益功能的非经营性资产属性不同，对它们的处理方法自然也不尽相同。在聚焦具体处理方法之前，有必要具体考察企业破产时非经营性资产的性质。

（一）企业破产时非经营性资产的实质

企业破产时非经营性资产的本质属性是历史劳动债权。所谓劳动债权，

是指因企业拖欠职工工资、劳动保险费，因企业破产解除劳动合同而应支付给职工的补偿金等所发生的职工请求企业给付一定金钱的权利。[①] 劳动债权包括企业所欠职工工资和社会保险费用，及法律、行政法规规定应当支付给职工的补偿金等其他费用。[②] 劳动债权分为两类：一类是历史劳动债权，另一类是即期劳动债权。[③] 历史劳动债权主要形成于计划经济时期。我国国有企业职工是一个相当特殊的社会群体。在计划经济体制下，一方面，政府对国有企业职工有终身就业和养老、医疗等社会保障承诺；另一方面，政府又采取"低工资制"的形式对实现这种承诺所需费用进行"预先扣除"，并形成了非经营性资产的累积。国有企业以工人低工资为代价，将获取的大部分利润上缴国家，方便国家投资大量公用设施、基础工程和大型事业等。与历史劳动债权不同，按照现代企业制度进行改革后的企业所欠职工的工资、劳保费用，则属于即期劳动债权。

国有企业低工资分配模式导致了非经营性资产大量出现，非经营性资产是企业因职工高工作强度和低工资待遇的落差而支付给职工的对价。非经营性资产是在中国社会保障事业极不发达条件下，为解决现实问题而产生的，是传统低工资、高福利分配体制导致的结果。微薄的工资无法补偿职工辛勤的劳动，职工的生活入不敷出，有必要对职工予以弥补和帮助。

非经营性资产是职工所获劳动报酬的一部分，实质是历史劳动债权。在计划经济体制中，劳动者一旦获得就业机会，就不仅获得工资，也获得了住房等各种福利和退休养老等各种保障，劳动者的保障与企业紧密相连。哪个企业如果不办社会就意味着减少了职工的实际收入。从这个意义上说，当时的劳动、福利、保障三位一体的就业制度为企业发展非经营性资产提供了内在的动力机制。也正因如此，职工理所当然地将企业的非经营性资产看作自

---

① 参见王利明：《关于劳动债权与担保物权的关系》，载《法学家》2005 年第 2 期。

② 参见 2004 年 6 月 21 日贾志杰委员在十届人大常委会第十一次会议所作的《关于〈中华人民共和国企业破产法草案〉的说明》。

③ 参见黄文平、罗培新：《国企破产关键要解决历史劳动债权》，载《社会科学报》2004 年 11 月 4 日，第 2 版。

己所获酬劳的一部分，甚至是相当大的一部分。基于成本与效益分析，国有企业的职工理应有权利诉求尚未兑现的历史劳动债权，要求填补工资的落差。毕竟，在缺乏养老保险、医疗保险和失业保险的情况下，企业想方设法补偿历史欠债便是妥善安置职工的最佳途径。

（二）承担职工生活服务功能的非经营性资产的处理

在计划经济体制下，国有企业职工的低工资以及没有兑现的劳保福利，实际上隐含着政府对职工的历史欠债。当国有企业破产时和破产后，其所遇到的最大的问题便是如何偿还这笔历史负债。从职工的角度，国有企业的职工应该获得与他们的劳动和付出相应的报酬，他们在国有企业破产的情况下所诉求的就是历史劳动债权。当我们用市场经济的眼光来审视非经营性资产，我们会得出结论：承担职工生活服务功能的非经营性资产应该作为历史劳动债权，在企业破产时和企业破产后通过拍卖等方式，将转让所得作为对价支付给职工。

国家应将承担职工生活服务功能的非经营性资产分配给职工，以实现对职工的社会保障承诺。计划经济时期的社会保障机制不健全，国家对国有企业职工有就业终身制、医疗保险、住房分配等承诺。在国有企业进入破产程序后，废除国有企业职工终身就业制时，基于保护劳动者权益的考量，国家应当做出适当安排。而将企业留存的不属于职工个人所有的非经营性资产转化成可以分配的资产并将该资产分配给职工，就变成了一种妥当的解决方式。变卖、拍卖非经营性资产支付给职工不会对国家造成额外负担。企业破产时财产一般所剩无几，职工可能得不到完全偿付。这时候如果需要国家额外拨款，则会给国家造成新的负担。国家的拨款实质上来自人民，这相当于国有企业破产的成本为全民共担，显然有违于市场经济的基本规律。因此，我们应当按照市场规律对承担职工生活服务功能的非经营性资产进行市场化处理，补偿职工。

应当通过拍卖等方式获得承担职工生活服务功能的非经营性资产的转让所得，并按照比例优先分配给职工。事实上，我国对于国有企业破产案件的土地使用权处理就体现了该原则。《国务院关于在若干城市试行国有企业破产有关问题的通知》（国发〔1994〕59 号）对国有企业政策性破产时的土地使用权作了规定，企业破产时，企业依法取得的土地使用权，应当以拍卖或者招标方式为主依法转让，转让所得首先用于破产企业职工的安置；安置破产企业职工后有剩余的，剩余部分与其他破产财产统一列入破产财产分配方案。该条要求土地使用权如果转让，必须通过拍卖或者招标方式；而且转让所得不是首先列入破产财产分配方案，而是照顾职工的利益，首先分配给职工。应当看到，该规定虽然仅仅是有关企业破产时处理土地使用权的方法，而没有涉及非经营性资产的处理规定，但是考虑到非经营性资产与土地使用权的相似性，对非经营性资产的处理可以借鉴并准用处理土地使用权的规定。

（三）承担社会公益功能的非经营性资产的处理

对企业下属的医院、幼儿园等公共产品的处理，不应局限于职工权益的保护，不能简单地将承担社会公益功能的非经营性资产进行拍卖或变卖，还应考虑到其扩散效应和对社会的影响。将企业承担的这部分非经营性资产移转给政府，是破产程序终结后处理具有社会公益功能的非经营性资产的正确方法。

国有企业在破产程序终结后，主体地位丧失，其下的非经营性资产处于无人负责、无人管理、无人监管的状态。此时如果任其自生自灭，会造成学生失学、病人无法就医等社会问题，不利于社会稳定，也造成资源的浪费。相较而言，由承担着社会管理职能并对社会管理有着丰富经验的政府接管这些非经营性资产，是这些资产的最好归宿。企业与政府应该有适当分工，以提高生产效率。企业的逐利本性决定了纯粹的企业只能提供能通过市场机制获得成本补偿并创造价值的私人产品，而人类对公共产品的需求则通常依赖政府。医院、学校等承担社会公益功能的非经营性资产理应由政府接管，将政府本来的职责归还政府。

同时，政府绝不能当“甩手掌柜”，应对承担社会公益功能的非经营性资产进行财政支持。非经营性资产由于经过长时间历史积淀，在运转过程中也存在诸多疑难问题，将其盘活并非轻而易举，实现其平稳过渡也绝非简单地无偿划拨就能解决。政府此时应当拿出一部分财政资金投入这些非经营性资产中，促使非经营性资产维持运转，继续存活，持续发挥服务社会公益的功能。

第二节　债务人财产出售的程序

克莱斯勒公司是自1933年斯图贝克公司（Studebaker）后寻求破产保护的美国第一家大型汽车制造企业，也是经济危机从虚拟的金融业蔓延至实体的制造业的体现。克莱斯勒从宣布进入破产重整到破产法院的初审再到巡回法院的上诉，每一环节都跌宕起伏，紧紧抓住人们的眼球。该案对美国破产法理论带来了深刻影响，并对此后的通用破产案等产生一系列连锁效应。本章拟对克莱斯勒破产案的法律争点进行梳理，剖析出售债务人财产与绝对优先权原则的冲突及其解决途径，以期对我国破产法理论和实践有所裨益。

一、企业重整中债务人财产出售的争议：以克莱斯勒破产案为例

（一）克莱斯勒破产案争点梳理①

克莱斯勒公司负有巨额债务，破产重整举步维艰。为支持其重整，美国财政部通过不良资产救助计划与加拿大出口发展公司共同出资70亿美元设立了一个壳公司——新克莱斯勒公司②，用于资产的收购和债务的承担。依据

---

① 案情回溯综合了美国纽约南区破产法院的判决：*In reChrysler LLC*，*et al.*，405 B. R. 84，96（Bankr. S. D. N. Y. 2009）以及美国第二巡回法庭对案件的上诉判决：*Ind. State Police Pension Trust v. Chrysler LLC*，576 F. 3d 108（2d Cir. 2009）.

② 新克莱斯勒的全称是：New CarCo Acquisition LLC.

《美国破产法》第363条，原克莱斯勒将包括工厂、商标、某些零售商以及营销网络等在内的所有营运资产打包出售给新克莱斯勒，新克莱斯勒向原克莱斯勒支付20亿美元，还要支付给汽车工人联合会（United Auto Workers）[①]46亿美元并给予其55%的股权以换取联合会免除对原克莱斯勒100亿美元的债权。值得注意的是，汽车工人联合会的债权是无担保债权。接下来，原克莱斯勒将得到的20亿美元分配给印第安纳州警察养老信托基金（Indiana State Police Pension Trust）等高级有担保债权人以清偿其69亿债权。交易结束后，新克莱斯勒的股权结构是：提供资金援助的美国财政部、加拿大出口发展公司，提供管理经验和销售平台的菲亚特公司以及汽车工人联合会分别占有8%、2%、20%和55%的股权。依据《美国破产法》第363条（f）的规定，新克莱斯勒只需要承担对汽车工人协会的特殊义务，而对原克莱斯勒所负的其他债务则不再承担。

从表面上看，本案仅仅是附带义务的财产出售，但细细品味后却暗藏玄机——在一系列复杂制度设计的背后，新克莱斯勒在菲亚特、美国财政部资助下，将原克莱斯勒的债务人财产在汽车工人联合会和有担保债权人之间加以分配：汽车工人联合会100亿美元无担保债权得到了46亿美元的清偿，清偿率为46%（46亿美元/100美元），考虑到其在新克莱斯勒占有55%的股权，因此只要新克莱斯勒继续运营，汽车工人联合会获得的清偿比例恐会更高；高级担保债权人持有的69亿美元债权得到了20亿美元的清偿，清偿率为28.9%（20亿美元/69亿美元）；初级债权人清偿率为0%。高级担保债权人即使对债务人财产的出售不满意，也无济于事，因为《美国破产法》第363条并没有赋予有担保债权人对出售财产有异议的权利（如表1所示）。

---

① 准确地说，新克莱斯勒公司支付款项的对象是汽车工人联合会设立的自愿员工利益协会基金（VEBA）。该基金主要是退休工人的养老基金。

表 1　原克莱斯勒、新克莱斯勒的债权人及数额

<table>
<tr><td rowspan="2"></td><td colspan="3">原克莱斯勒</td><td colspan="2">新克莱斯勒</td></tr>
<tr><td colspan="2">债权人</td><td>债权额（亿美元）</td><td>债权人</td><td>债权额（亿美元）</td></tr>
<tr><td rowspan="3">有担保债权</td><td>高级债权人</td><td>印第安纳州警察养老信托基金等</td><td>69</td><td rowspan="3">美国财政部和加拿大出口发展公司</td><td rowspan="3">70</td></tr>
<tr><td rowspan="2">初级债权人</td><td>地狱犬对冲基金（Cerberus），戴姆勒公司（Daimler）</td><td>20</td></tr>
<tr><td>美国财政部和加拿大出口发展公司</td><td>93</td></tr>
<tr><td>无担保债权</td><td colspan="2">汽车工人联合会</td><td>100</td><td>汽车工人联合会</td><td>46</td></tr>
</table>

克莱斯勒案中附义务出售财产的判决一经做出就引发了巨大争议。事实上，沃伦·巴菲特（Warren Buffet）早在克莱斯勒破产案进行一半的时候便断定：克莱斯勒的破产实践导致了优先权原则被摒弃，会干扰未来的司法实践。①

要弄清克莱斯勒破产案是否绕过破产重整计划以达到规避优先权原则，首先要厘清何为绝对优先权原则。绝对优先权原则是《美国破产法》第 11 章的核心，该原则要求有担保债权应先于无担保债权得以受偿，债权应先于股权得以受偿。② 也就是说只有在有担保债权人的债权被完全清偿以后，普通债权人的债权才能实现。重整计划若不满足绝对优先权原则，即使法官也不能“强裁”（cramdown）。③

---

① See Lou Whiteman, Buffett Warns of Chrysler Cramdown Ramifications, *Daily Deal*, May 5, 2009.

② 参见［美］沃伦等：《债务人与债权人法》，中信出版社 2003 年版，第 844 页。

③ “强裁”，即强制批准，是指法院不顾部分表决组的反对而强制裁定批准重整计划。

克莱斯勒破产案中，汽车工人联合会的债权是无担保债权，却得到了46%的清偿，反倒是高级有担保债权人却仅仅得到了28.9%的清偿。也就是说通过适用《美国破产法》第363条出售债务人财产而回避《美国破产法》第11章重整计划的适用，法院使得无担保债权人“合法侵蚀”了有担保债权人的权益，甚至获得了比有担保债权人更高的清偿率。

（二）债务人财产出售的立场之争

对于克莱斯勒破产案，理论和实践出现了两种针锋相对的观点，即支持论和反对论。支持论认为出售债务人财产对所有债权人都有好处，与清算程序相比，所有的债权人都获得了更多的受偿额，因此改变清偿顺位的做法未为不可。反对论则认为破产债务人与他人的合同无权改变债权人的受偿顺位，因此应当禁止企业出售债务人财产。

1. 反对论及其驳斥

（1）反对论

复杂的财产出售一般都需制订和执行重整计划，[①] 于是解决破产重整计划与出售债务人财产矛盾的最直接方法莫过于禁止任何涉及重整计划的财产出售。[②] 一旦禁止出售任何涉及重整计划的财产，那么法院将被迫适用重整计划，当然也就不会有违背绝对优先权原则的可能。

（2）对反对论的驳斥

禁止债务人财产出售的做法在理论和实践上都容易滋生问题。在理论上，任何财产出售都或多或少地与重整计划有联系，判断哪些财产出售该被禁止将会是一件非常困难的事情。毕竟，重整计划是否可行，不仅要注意到公平性和程序性，更为重要的是还要注意科学性。[③] 虽然最大限度地体现了对债权人的公正，也充分实现了重整计划制定和执行的程序正义，但一概禁止出

---

① See Mark J. Roe, David Skeel, Assessing the Chrysler Bankruptcy, 108 *Mich. L. Rev.* 727, 734.

② See Barry E. Adler, A Reassessment of Bankruptcy Reorganization After Chrysler and General Motors, 18 *Am. Bankr. Inst. L. Rev.* 305, 316.

③ 参见赵泓任：《企业破产重整计划可行性的法律分析》，载《法学杂志》2010年第6期。

售财产的做法却以牺牲效率为代价，并没有真正实现对于资源的科学分配，也没有发挥重整制度的最大价值。此外，在重整计划没有通过而被法院“强裁”的情形下，法院仍需诉诸司法评估程序出售债务人财产，因此完全摒弃出售债务人财产在理论上不可行。

在实践上，出售作为一种商业处理模式具有极大的吸引力以至于许多破产企业都愿意采取这种模式。因此如果禁止出售涉及重整计划的财产，可能会收到来自企业界的阻力。[①] 因此，“一刀切”式的禁止任何涉及重整计划的出售债务人财产在实践上不可取。

2. 支持论及其检讨

（1）支持论

越来越多的判例证明，出售债务人财产在很多情形下恰恰是解决破产债务人困境的最佳方式。

法院正越来越多地运用出售企业（特别是大企业）的全部债务人财产而非程序烦琐的重整计划的方式来拯救破产企业。[②] 比如安然公司（Enron）最具价值的输油管，就在破产重整开始后的几个月内被快速出售。[③] 而美国著名破产法实践者哈维·米勒（Harvey R. Miller）在回顾破产重整五十年的历史时也指出：适用《美国破产法》第363条（出售财产）趋势的增加是1980年以来破产法实践的重大变革之一。[④] 他同时指出，运用“第363条有以下四个好处：使有担保债权人尽快弥补损失；使购买破产企业产品的消费者免受破产企业的诉讼所累；产生禁令保护的作用；迅速产生实质性的终局效果”。[⑤]

克莱斯勒破产案也体现了出售债务人财产的合理性：

---

① See Mark J. Roe, David Skeel, Assessing the Chrysler Bankruptcy, 108 *Mich. L. Rev.* 727, 735.

② See Douglas G. Baird and Robert K. Rasmussen, The End of Bankruptcy, 55 *Stan. L. Rev.* 751 (2002).

③ See Dynergy to Pay Enron a $ 25 Million Settlement, New York Times, Aug. 16, 2002, at C4.

④ 参见哈维·米勒：《破产重整五十年（1960～2010）回溯》，张钦昱译，载李曙光、郑志斌主编：《公司重整法律评论》（第1卷），法律出版社2011年版，第409～411页。

⑤ 同上，第411页。

第一，增加债权人的受偿额。相比于破产清算程序，有担保债权人面对奄奄一息的原克莱斯勒有三种选择：破产重整、接受附条件的收购以及破产清算。克莱斯勒公司每天遭受的损失达1亿美元，[①] 由于破产重整计划的制订、批准、执行耗费时间较长，破产重整已没有现实意义。尽管克莱斯勒在全球范围内尽了最大努力寻找战略投资者或出售财产，但是在两年的漫长时间里，只有新克莱斯勒抛出橄榄枝并提出有条件的收购债务人财产。[②] 如果不接受该项附义务的收购，克莱斯勒只有选择破产清算。这样，有担保债权人获得的将会比接受有条件的收购债务人财产少得多。

第二，增加汽车工人的积极性。美国财政部对新克莱斯勒的注资可以拆解成收购原克莱斯勒和支付给汽车工人协会两个部分。原克莱斯勒负债过多，运营价值较低，收购其不会花费美国财政部过多资金，因此剩下的资金理所当然地归属于汽车工人协会，这也就是为什么汽车工人协会被分配较多债务人财产的原因。考虑到汽车工人协会主要是克莱斯勒的职工持股，使工人获得较多的清偿既可以留住技术人才，也可以极大调动工人的热情，有利于克莱斯勒早日脱离泥沼。

（2）对支持论的检讨

出售债务人财产也存在一定的问题。一方面，针对上述第一点，可能会出现即使克莱斯勒选择破产清算，有担保债权人获得的债务人财产也可能会比其接受有条件的收购少得多的猜测。要想知道是否会出现上述可能性，前提条件是必须要知道克莱斯勒的营运价值。判断的关键就在这20亿美元是否是原克莱斯勒真实的价值。

另一方面，针对上述第二点，应当看到存在一定的讨论空间。毕竟，如果不知道原克莱斯勒的价值，就不知道美国财政部等支付给新克莱斯勒让其收购原克莱斯勒全部资产所应该支付的真实对价，也就相应的不会知道有多少资金会留下来以偿还汽车工人协会，当然也就得不出汽车工人协会被分配

---

① *Ind. State Police Pension Trust v. Chrysler LLC*, 576 F. 3d 108, 119 (2d Cir. N. Y. 2009).

② *Opinion Granting Debtor's Motion Seeking Authority to Sell* at 6, May 31, 2009.

较多债务人财产的结论。

通过以上两点的分析，我们可以看出解决克莱斯勒案争点的关键在于如何确定原克莱斯勒的运营价值。一个确定价值的合理方法不仅可以平息人们对克莱斯勒重整案的种种争议，也可以使得出售债务人财产机制的最大效用得以发挥。

3. 本章的观点

综上，反对论和支持论均具有可商榷之处。单纯的限制或禁止出售债务人财产从而“弘扬”重整计划的反对论，虽简单易行，但难以获得理论和实践上的支持；而支持论却可以使得债权人和工人都获得比破产清算更多的好处，应该予以秉持。不过出售财产的做法也容易产生争议，归根结底在对克莱斯勒财产的估算。没有找到合适的方法来对债务人财产进行准确的估值，就不能使出售债务人财产的方法被物尽其用。于是，找到一个合理的估值方法就是回应支持论质疑者的绝佳利器。

二、债务人财产估值途径及检讨

关于债务人财产估值的方法，一般有司法估值、市场检验等途径。通过分析可以看到，司法估值和市场检验这两种实体性估值方法都存在些许问题。

（一）司法估值

1. 司法估值的含义

在实践中，法院在破产、并购重组、证券和税收等诸多案件中常采用司法估值的方法。[①] 协调财产出售和重整计划的一种权益性救济方式是让法院

① See Michel, A. and I. Shaked (1992), Valuation of Damage Claims: An Application of Corporate Finance, *Journal of Business Finance &Accounting*, Vol. 19, pp. 453 -463. Also see Sharfman, K. (2003). Valuation Averaging: A New Procedure for Resolving Valuation Disputes, *Minnesota Law Review* Vol. 88, pp. 357 -383.

召开估值听证会。[①]

司法估值的方法主要发生在“强裁”的场合。即便法院拥有“强裁”的权力，也必须尊重绝对优先权原则。[②] 为了确定有担保债权人依据重整计划是否得到了其应得的有担保债权数额，法院往往会召开听证会，由法官依据各方指派的专家证人的证言最终确定有担保债权的实际价值，这即是司法估值程序。

2. 司法估值的缺陷

司法估值的优势显而易见：由法院主导财产出售并确定优先权顺序可以使得财产的分配更具公信力，更为债权人信服，更趋近重整计划的结果，估值结果也更易被执行。司法估值的缺点也不容忽视：首先，破产重整一般都耗费至少2~3年乃至更长的时间。[③] 其间，抵押物的价值会大幅缩水。这对于汽车制造行业来说尤甚，数量众多的设备和种类繁多的零部件的折旧，再加上技术快速革新所带来的产业变革，常常使得公司的账面资产在短时间内就一名不值。其次，司法估值成本巨大，根据实证数据，支付给律师、会计师等的费用再加上其他的诸如保存担保物的费用，司法估值的成本一般占到了整个破产公司价值的1.5%~6%。[④] 濒临破产的公司的财产本就所剩无几，破产费用如果损耗巨大，留给债权人的部分就更加微小，不利于债权人权益的保护。

（二）市场检验

1. 市场检验的含义

市场检验将价值的判断交给市场，有效地避免了司法估值的无谓时间损失和巨大的成本消耗。毕竟根据科斯定理（Coase Theorem），如果交易成本

---

① See Mark J. Roe, David Skeel, Assessing the Chrysler Bankruptcy, 108 *Mich. L. Rev.* 727, 735.

② 11 U. S. C. § 1129 (b) (2) (A) (i) (I).

③ See Lucian AryeBebchuk and Jesse M. Fried, A New Approach to Valuing Secured Claims in Bankruptcy, 114 *Harv. L. Rev.* 2386, 2405.

④ *Id.*

为零，不同的产权界定会影响资源配置的结果，有效的法律制度安排会降低交易费用。[①] 当估值的权力由法院移转到市场后，确实可以有效地降低交易费用，实现资源的最优配置。

市场检验目前有两种主流方法：拍卖法（auctions approach）和选择法（options approach）。拍卖法是由道格拉斯·贝尔德（Douglas G. Baird）和托马斯·杰克逊于1986年共同提出的。[②] 顾名思义，拍卖法就是将破产债务人的运营资产或清算资产挂牌销售，出价最高者获得资产，然后再将所得按照优先等级的顺序分配给债权人。拍卖的好处是可以使债权立刻实现，不必耗费成本再对破产债务人的股票等进行估值，也使资产价值最大化。[③] 选择法是由卢申·白布查克（Lucian A. Bebchuk）于1988年提出的。[④] 选择法要求债权人先依据优先权获得重整公司的股份，但是低等级的债权人只要支付全额对价就可以获得高等级债权人对公司的股权，需要支付多少对价则是由双方根据等价有偿和市场行情商议之后的结果。

2. 市场检验的缺陷

市场检验的两种主流方法也存在问题。有担保债权人享有担保物价值内的担保债权，超出担保物价值的部分则不再优先受偿，而与其他普通债权一样接受按比例分配。于是拍卖法不得不首先对担保物的价值进行估算，以便将有担保债权人的债权拆分成可以完全受偿的有担保债权和普通债权。但是该如何估算，拍卖法却语焉不详。选择法面临着同样的难题，即不得不首先确定担保物的价值却并没有相应的解决方法。

---

① 参见约翰·伊特韦尔等编：《新帕尔格雷夫经济学大辞典》（第一卷：A～D），陈岱孙等译，经济科学出版社1996年版，第498～499页。

② See Douglas G. Baird, The Uneasy Case for Corporate Reorganizations, 15 *J. Legal Stud.* 127, 128 (1986).

③ See David A. Skeel, JR., Markets, Courts, and the Brave New World of Bankruptcy Theory. 1993 *Wis. L. Rev.* 465, 474.

④ See Lucian A. Bebchuk, A New Approach to Corporate Reorganizations, 101 *Harv. L. Rev.* 775 (1988).

三、债务人财产的程序性规则

在司法估值和市场检验方法处处碰壁的情况下，需要另寻债务人财产估值的“第三条道路”，方能使得非议者哑口无言，心悦诚服。程序性规则就是这样一种方法，它充分保障了债务人财产估值的准确和衡平。

（一）程序性规则的正当性

程序性规则除了可以规避司法估值方法的周期漫长、费用巨大以及市场检验方法无法从根本上解决估值问题的弊端外，还具有如下优点：

首先，符合程序正义的要求。“一个具有正当性的法律制度，一般能够在社会中得以长期维持和存在。”① 当实体性规则无法完全体现估值的正当性时，正如美国一位著名大法官说过的“只要程序适用公平，不偏不倚，严厉的实体法也可以忍受”② 一样，程序性规则的合理运用会使得财产估值有理可循。只要财产估值符合既定的程序要求，无论所得数额是否与财产的真实价值一致，都可以增加债权人对实体结果的接受度。

其次，避免了估值的主观性。一方面，汽车制造业的资产会随着社会心理的变化等细节起伏不定。汽车制造业巨大的生产线虽然价值巨大，但必须倚靠广泛销售渠道的建立、高精端技术工人的配合以及历史传承品牌的支撑。一旦公司不再运转，机器和生产线便似废铜烂铁，无人问津。另一方面，品牌、营销网络等估值没有明确的标准可循，不同的估值方式导致结果差异巨大。因此，单纯地采用实体性估值方法缺乏客观性，其结果容易为人诟病。程序性规则并没有着眼于不同评估方法的选择和不同评估结果的取舍，而是规定只要符合特定的程序，评估结果就应当被予以确认，这有效地减少了主观判断对价值评估的干扰。

---

① 马永梅：《外国法院判决承认与执行视角下的正当程序探析》，载《法学杂志》2011 年第 6 期。

② 宋冰：《程序、正义与现代化——外国法学家在华演讲录》，中国政法大学出版社 1998 年版，第 375 页。

（二）程序性规则的内容：露华浓规则

露华浓规则就是一种行之有效的检验债务人财产估值的程序性规则。露华浓规则由特拉华州的露华浓股份公司诉麦克安卓和福毕控股公司案（Revlon，Inc. v. MacAndrews & Forbes Holdings，Inc.）[①] 等一系列判例确定，现已成为判断出售公司合理与否时所必须考虑的程序性准则。露华浓规则强调当公司进入破产重组程序且出售部分资产或整个公司不可避免时，董事会的职责就由保护公司不被恶意收购转变成如何使公司的资产出售获益最大化。就如何检验出售财产的最佳价格，"露华浓案"及之后的判例建立了以下规则：

首先，董事会做出的决断一定要符合勤勉义务和诚实信用原则。具体来说，就是一定要符合商业判断规则（business judgment rule）。[②] 商业判断规则要求有权做出商业判断的人一定是财产独立于公司且与公司没有利益冲突的人，比如在有担保财产出售的场合，与该有担保债权有关的董事绝对不能参与表决。

其次，公司的管理层一定要将财产出售的详细情况通报给各位董事。比如在史密斯诉凡高克木（Smith v. Van Gorkom）[③] 案中，凡高克木公司私自与普来兹克（Prizker）公司签订了协议出售公司，即使财产出售的价格没有经过债权人和股东的反对，但由于该决议并未充分通知到各董事，法院就判决该协议无效，这是该规则效力的典型体现。

关于董事会在出售公司时应当获取哪些信息，露华浓规则并没有给出统一的判定标准，只要董事会有合理的渠道获得了必要信息，其所获信息就应被接收。[④] 在巴坎诉阿姆斯提得公司（Barkan v. Amsted Industries，Inc.）案

① 506 A. 2d 173（Del. 1986）.

② See Allen，Lraakman and Subramanian，*Commentaries and Cases on the Law of Business Organization*（*Third Edition*），Wolters Kluwer 2009，p. 253.

③ 488 A. 2d 858（Del. 1985）.

④ 567 A. 2d 1279，1287，1989 Del. LEXIS 463，Fed. Sec. L. Rep.（CCH）P94，887（Del. 1989）.

中，法院认为公司雇佣投资银行进行财产估值和交易的方法值得鼓励。毕竟，投资银行熟悉市场，对资产的评估和出售价格有着成套的判断体系；投资银行也有着丰富的营销网络和体系，可以极尽所能在市场上找到潜在的买家；投资银行规范化运营，可以将出售资产的每一个步骤和情况及时和全面的通报给董事会。在美元节俭公司股东诉讼（In re Dollar Thrift Shareholder Litigation）[①] 案中，法院认为董事会不把资产出售给出价最高的竞价者的做法是合理的，因为该出价最高者拒绝提供收购资产失败的违约金，接受该报价可能会导致公司血本无归。在派那可能源公司股东诉讼（In re Pennaco Energy，Inc. Shareholders Litigation）[②] 案中，法院甚至认为公司紧紧盯住唯一的一个投标者也完全合情合理。这不仅因为投标者的实力超群，更是因为收购财产的事实已经被人所共知，相当于已经通知到了董事会。

四、克莱斯勒破产案之中国破产立法借鉴

美国大部分公司重整采取的是经管债务人模式，采用管理人的模式本就很少，更别提政府主导下的重整模式了，因此克莱斯勒虽是个案，但对由政府主导为普遍重整模式的中国更具启发意义。

一方面，克莱斯勒被称为美国工业经济支柱之一，大到不能倒[③]，于是奥巴马举全美国之力，由美国政府强力主导克莱斯勒重组，政府也对普通投标者设置障碍，强迫其要对汽车工人协会负担额外义务。正如爱德华所言："对于一个债务人资金的借贷者，政府很容易将自己的意志施加于破产程序的各个环节。"[④] 另一方面，从中国重整实践来看，由政府主导的财产出售和破产重整比比皆是。包括在上市公司和非上市公司重整案例中，绝大多数都

---

① 210 WL 5648895（Del. Ch. 2010）.

② 787 A. 2d 691（Del. Ch. 2001），553.

③ "大到不能倒"是形容当一个巨型企业的破产会引发市场的剧烈动荡、对经济造成极度恶劣影响时，政府必须施以援手，采取措施避免该企业破产。该理论最初由斯第沃特·麦克尼（Stewart McKinney）议员在1984年的美国国会中首先提出。

④ Edward Morrison, *Chrysler*, *General Motors*, *and the Future of Chapter* 11（working paper, 2009）.

是指定清算组担任管理人，而清算组一般是由地方政府组成。[①] 比如银广夏破产重整案，虽然宁夏回族自治区国有资产监督管理委员会对银广夏没有任何债权和股权的瓜葛，却主导整个重整，甚至由其担保并授意于银行对银广夏进行融资。所以在政府主导的财产出售环节中，难免不会出现政府对投标者下达指令，分派额外的任务。

理论上，我国也存在出售债务人财产与绝对优先权原则相冲突的可能性。如何借鉴克莱斯勒重整案并完善我国破产法以解决二者之间的冲突，成为本章研究的内容之一。

（一）债务人财产出售与绝对优先权原则冲突

依据《企业破产法》第69条和第73条，当管理人或经管债务人在实施对债权人利益有重大影响的财产处分行为，如转让全部库存和营业时，必须要及时报告债权人委员会。“对债权人利益有重大影响的财产处分行为”当然包括破产债务人全部或部分出售资产。结合《企业破产法》第59条第3款以及第61条第9项，从反面推理，放弃优先受偿权的有担保债权人可以对债务人财产的变价方案行使表决权。这样有担保债权人看似可以很轻松地否决财产出售方案。但是由于变价方案不是重整计划，不能采取分组表决的形式，于是有担保债权人只得与无担保债权人一起表决。根据《企业破产法》第64条，债权人会议的决议必须由出席会议的有表决权的债权人过半数通过，并且其所代表的债权额占无财产担保债权总额的1/2以上。由于有担保债权人无论是数量上还是债权额上均可能有未超过半数的情况，所以就有可能出现即使有担保债权人舍弃优先受偿权却仍无法阻止财产出售的情况，也就是说，有担保债权人即使反对，财产的出售也可能违背绝对优先权原则。

（二）我国破产立法应对路径

借鉴克莱斯勒破产案的经验和教训，《企业破产法》应继续坚持债务人

① 参见郑志斌：《中国公司重整实践研究》，载李曙光、郑志斌主编：《公司重整法律评论》（第1卷），法律出版社2011年版，第104页。

财产的可出售性。不过有必要作以下限制：首先，要求董事谨守勤勉义务和诚实信用原则，遵守商业判断规则，并要求有资格做出出售财产决断的董事的财产必须独立于破产债务人。其次，要求破产债务人的董事会一定要对财产出售的情况充分获悉，可以考虑的方法包括聘请投资银行以及考虑违约金是否合适等。最后，一定要对附条件的财产出售予以禁止。如前所述，附条件的财产出售极易演变为变相的财产分配，从而违背绝对优先权原则。附条件的财产出售也不可能增加财产的价值，也不应被支持。

结　语

破产债务人附条件出售债务人财产的行为，容易与绝对优先权原则相冲突。为解决此冲突，必须首先认可出售债务人财产做法的正当性。其次，应当建立一种程序与实体相结合的债务人财产估值机制。本章特别强调程序性规则的重要性，要求董事会的决策一定要符合勤勉义务和诚实信用原则，同时，公司的管理层必须将财产出售的详细情况通报给各位董事。

第三章　破产法与合同法：以重整计划制定权的归属为视角

一、重整计划制定权单一归属的缺陷

重整计划是重整程序参加人在协商基础上就债务清偿和企业拯救作出的安排，是重整制度的核心。[①] 重整程序便是围绕重整计划的制定、通过、批准和执行等环节顺次展开。需要说明的是，在重整程序中，一般认为重整计划的制定者自动享有提案权，因此本章对重整计划的制定与提出并不加特殊区分。依据《企业破产法》，仅有债务人或者管理人有权制定重整计划草案，翻开涅槃受困企业的篇章。[②] 在程序启动伊始即设置狭隘端口，排除其他利害关系人的制定权，债务人与管理人亦不能共享权利，不仅可能因债务人或管理人怠于行使权利致使程序尚未发轫即胎死腹中，因权利垄断带来的“内部性”困境致使重整计划草案的实质性内容偏向一方当事人，也会因与申请重整主体不匹配致使程序运转存在障碍。时任最高人民法院领导在“第三届中国破产法论坛”致辞中便指出，“在实践中债权人、股东、新出资人等利害关系人有时也有提出重整计划草案的积极性，结合实践及各国立法经验来看，完全剥夺这部分主体参与重组计划的权利是不妥的”。[③] 具体而言，严格

---

① 参见王卫国：《破产法精义》，法律出版社2007年版，第241页。

② 《企业破产法》在第79条使用重整计划草案的“提交”一词，但从逻辑上讲，也表明只有债务人或管理人有权制定并且提交重整计划草案。参见王欣新：《破产法》（第三版），中国人民大学出版社2011年版，第264页。因此，本章将不区分重整计划草案的制定主体与提交主体。

③ 《第三届中国破产法论坛会议发言》，载王欣新、尹正友：《破产法论坛》（第六辑），法律出版社2011年版，第507～508页。

将重整计划制定权的归属局限于债务人或管理人，将产生以下三方面弊端。

第一，重整计划供给不足，重整程序面临较大失败风险。以银行间市场债券发行人中第一家破产的清算企业——广西有色金属集团有限公司（以下简称“广西有色”）案为例。2016 年 9 月 12 日，广西壮族自治区南宁市中级人民法院发布公告称，“因广西有色及管理人未能在法院裁定重整之日起 6 个月内提出重整计划草案，也未请求延期，该法院裁定终止广西有色重整程序，并宣告公司破产”。[①] 债权人对管理人极为不满，三期违约债券持有人集体向交易商协会投诉管理人不作为，投诉函称广西有色破产管理人完全站在当地政府和债务人的立场而漠视债券投资者利益，“既不按照规定进行信息披露，也不与债券投资者沟通进展，并不真正用力推进广西有色的重整再生”[②]。类似广西有色案，倘若债务人或管理人怠于行使重整计划草案制定权，未按期提出重整草案，法院仅能裁定终止重整程序，宣告重整失败，债务人破产。[③]

债务人或管理人难产重整计划草案的棘手问题，有地方法院在《企业破产法》2007 年 6 月 1 日实施伊始即有所关注。江苏省高级人民法院民二庭《关于妥善审理破产案件、维护经济社会稳定若干问题的讨论纪要》指出，人民法院应当督促债务人在提出重整申请的同时提交重整计划草案，或者督促管理人或者债务人在第一次债权人会议上提出重整计划草案，以提高重整计划草案的可接受度，提高重整效率，降低重整成本。依据该规定，法院对债务人或管理人仅有促使、推动、监督提交重整计划草案的权力，但无论是促使、推动抑或监督，仅是一种引导或风险预防的手段，对债务人或管理人并没有强制约束的效力。倘若债务人或管理人拒不提交重整计划草案，没有对应的惩罚措施生效，重整计划草案仍可能成为水中月镜中花。江苏省高级人民法院对单一性重整计划弊端的防范只能说是一种浅尝辄止，盖因《企业

---

① （2015）南市法民破重字第 1－3 号。

② 张榆、黄凯茜：《广西有色宣告破产为银行间债市发行人首例》，载财新网 2016 年 9 月 20 日，http：//companies. caixin. com/2016-09-20/100989777. html，最后访问日期：2019 年 2 月 1 日。

③ 《企业破产法》第 79 条第 3 款。

破产法》对重整计划制订主体的规定存在根本性弊端。

第二，重整计划缺乏竞争，各方权益未获最优对待。以嘉联置业重整案为例。重整程序中，债务人的财产管理和事务运营存在经管债务人与管理人两种模式。在重整期间，债务人经申请并得到法院批准，可自行管理财产和营业事务，这即是所谓的经管债务人模式（debtor in possession）。当债务人遇到障碍不申请、无意愿申请或申请被法院驳回时，将由管理人继续管理，这即是管理人模式。嘉联置业发展有限公司（以下简称嘉联置业）采取的是管理人模式。① 本案中，管理人于 2017 年 2 月 3 日向江苏省扬州市中级人民法院提交重整计划草案，请求法院批准该方案。有意思的是，债务人于 2017 年 2 月 6 日亦向法院提出申请，声称其提交的重整计划草案更具优越性。经查，2016 年 11 月 18 日由管理人和债务人分别制作的重整计划草案，同时被管理人在第二次债权人会议上提交表决，前者未获职工债权组、出资人组通过，后者未获普通债权人组和有担保债权组通过。《企业破产法》第 79 条规定，债务人或者管理人应当自人民法院裁定债务人重整之日起 6 个月内，同时向人民法院和债权人会议提交重整计划草案。法条使用的“债务人或者管理人”中的“或者”一词清晰地表明，法院应当明确重整程序的财产管理模式与向法院和债权人会议提交重整计划草案的责任人。依据《企业破产法》第 80 条，债务人自行管理财产和营业事务的，由债务人制作重整计划草案；管理人负责管理财产和营业事务的，由管理人制作重整计划草案。也就是说，经管债务人模式下，有且仅有债务人能够制作且提出重整计划草案；管理人模式下，有且仅有管理人能够制作且提出重整计划草案。本案中，两份方案均历经债权人会议的表决程序，意味着法院既接收了管理人提交的重整计划草案，也接收了债务人提交的重整计划草案，并对两份草案同时审查，这是否意味着出现了程序瑕疵？此外，管理人自身没有制定重整计划草案，而是代之以投资人制作的草案提交债权人会议表决，这是否亦违背《企业破产

① 以下案情介绍均来源于（2015）扬商破字第 0006 号。

法》的规定？

立法者对管理人或债务人的勤勉职责过于信任，对他们的专业素质过于乐观，对单一主体的思维局限预估不够，限缩了提案权主体的范围，造成管理人或债务人对提案权的垄断，消弭了重整计划草案的多样性，减弱了更优重整计划草案出现的可能。倘若利害关系人对单一重整计划心生芥蒂，未能得到债权人会议及在特定情况下得到出资人组的表决通过，除非在符合“最低限度接受原则”、“公平原则”与“破产优先权规则”时可以由法院强制批准，其他条件下法院应当裁定终止重整程序，并宣告债务人破产。① 因涉及中小债权人、股东或职工等弱势群体的权益保护以及社会和谐稳定等敏感因素，法院强制批准成为各方当事人口诛笔伐的对象，废除之声不绝于耳。② 当前，强制批准权当前呈不断限缩趋势，法院必须谨慎使用。《全国法院破产审判工作会议纪要》（法〔2018〕53 号）第 18 条即规定，人民法院应当审慎适用《企业破产法》第 87 条第 2 款，不得滥用强制批准权。

第三，重整权利配置错位，重整程序或遇体系性运转障碍。《企业破产法》第 70 条第 2 款明确了出资额占债务人注册资本 1/10 以上的出资人、债权人或债务人，可以向法院申请重整，但又在第 80 条将重整计划草案的制定主体固定为债务人或管理人，排除出资人、债权人的相应权限。重整申请与重整计划草案的适格提出者存在不匹配，将导致当符合条件的出资人或债权人申请公司重整时，债务人或管理人可能难以积极制定重整计划草案。毕竟，重整程序中的利益纠葛纷繁复杂，矛盾对立方极有可能消极怠工，不履行职责。受限于中立地位，法院又无法勒令债务人或管理人制定重整计划。当重整计划草案的提出出现“僵局”时，重整进程出现梗阻，破产重整程序不得不转化为破产清算程序，公司不得不面临被肢解的命运。

---

① 《企业破产法》第 87、88 条。

② 参见张钦昱：《论公平原则在重整计划强制批准中的适用》，载《法商研究》2018 年第 5 期。

二、经营控制权、最终控制权抑或公司所有权：重整计划制定权归属标准的厘清

（一）经营控制权人标准的挑战

《企业破产法》第 79 条笼统地将重整计划草案制定权授予债务人或者管理人，在第 80 条凸显其真实用意：确保制定权主体与重整程序的经营控制人相匹配。重整程序中的实际控制人有债务人与管理人两种情形。在经管债务人模式下，债务人的董事、监事和高级管理人员熟悉债务人的经营情况，由他们统筹管理，有利于债务企业经营的连续性，因地制宜推进重整进程，降低债务人重整成本，确保企业经营事务尽快回归正轨。在管理人模式下，管理人在破产程序开始后对债务人财产进行接管、清理、保管、运营以及必要的处分，破产法律制度的各项目标价值能否最终得以实现，都与管理人息息相关，管理人处于破产程序的中心位置。[①] 由控制人提出重整方案，能将企业方方面面的情况考虑进去，制定的重整方案更加符合实际，而且企业整理债务，控制人最了解情况，其对债权债务关系作出妥善安排后，提出重整计划草案一般比较切合实际。[②] 于是，顺应重整程序控制权的不同配置，经管债务人模式与管理人模式下，分别由债务人与管理人制作重整计划草案。

《企业破产法》按照重整程序的“经营控制权配置重整计划草案制定权”的设计，在我国实践中适得其反，产生诸多乱象。

经管债务人模式下，债务人的董事、高级管理人员对企业进入破产程序难辞其咎，却仍可继续掌控公司，他们能否堪当重整计划草案制定的重任受到质疑，或重蹈决策失败的覆辙。董事、高级管理人员是债务人的“内部

---

① 参见邹海林：《破产法——程序理念与制度结构解析》，中国社会科学出版社 2016 年版，第 136~137 页。

② 参见《中华人民共和国企业破产法》起草组编：《〈中华人民共和国企业破产法〉释义》，人民出版社 2006 年版，第 251 页。

人”，“让困境公司的管理者继续控制企业犹如让狐狸负责鸡舍”[①]。比如截至2018年年底，全部12起采取经管债务人模式的上市公司重整案中，高达1/3的案件出现2次重整计划草案被债权人组、出资人组否决的情形。[②] 在新疆亿路万源实业投资控股股份有限公司案中，部分中小出资人认为重整计划草案拟定的重整投资联合体成员受让资本公积金转增股份所支付的作价不合理，遂向法院提请再审。本案的11家重整投资人包含公司的控股股东，由债务人制定重整计划草案的公允性因此备受质疑。重整投资人以较低的重整投资人入股价格，将大幅稀释中小出资人权益，且因重整投资人在公司股票复牌后大规模抛售获利的动机较强，也会对二级市场股票价格和市场秩序造成冲击。2016年4月，最高人民法院将投诉材料转交给新疆维吾尔自治区高级人民法院要求其审查，2016年6月，新疆维吾尔自治区高级人民法院决定再审，截至2019年年底，该案在3年半后仍无进展。[③]

管理人模式下，本该独立中立的管理人偏离其职能定位，妨害重整制度宗旨。管理人既不是债权人的代理人，亦非债务人的附庸，应当与其他主体没有隶属关系，亦无直接利害关系。管理人独立行使意思表示，专业履行职责，致力于实现破产财产价值的最大化。[④] 但在我国重整实务中，管理人沦为政府主导程序的工具，其提出的重整计划草案并未聚焦债权债务的公平清理及债权人、债务人合法权益的保护。在1986年通过的《企业破产法（试行)》中，负责破产财产的保管、清理、估价、处理和分配的是清算组，其

---

① Gerard McCormack, Control and Corporate Rescue: An Anglo-American Evaluation, *The International and Comparative Law Quarterly*, Vol. 56, No. 3 (Jul., 2007), p. 524.

② 其中，四川方向光电股份有限公司案、西安宏盛科技发展股份有限公司案为普通债权人组未通过重整计划草案，新疆亿路万源实业投资控股股份有限公司案为出资人组未拒绝通过重整计划草案，金城造纸股份有限公司案是普通债权人组与出资人组均反对重整计划草案。

③ 参见张钦昱：《公司重整中出资人权益的保护——以出资人委员会为视角》，载《政治与法律》2018年第11期。

④ 管理人的地位有代理说、职务说、破产财团代表说、信托说、清算机构说等学说。这些学说尚未有通说，但学者基本同意排除代理说，并且认为破产管理人具有中立性、独立性、专业性等特征。参见姚彬、孟伟：《破产程序中管理人制度实证研究》，中国法制出版社2013年版，第24～49页；孙创前：《破产管理人实务操作》，法律出版社2017年版，第7～14页。

成员由法院从企业上级主管部门、政府财政部门等有关部门和专业人员中指定。[①] 清算组因其不专业、不独立、无激励、无责任等特点广受批评，[②] 但仍然被2006年通过的新《企业破产法》保留，且大行其道。清算组成员由公司住所地的政府、国资、行业主管、税务、财政、社保等部门，人民银行支行、银保监部门的分支机构，及/或中介机构的人员组成。绝大多数案件的清算组组长均为政府官员。[③] 由政府主导的清算组，首当其冲代表的是当地政府的利益，以实现政府固有职能为己任。由清算组提出的重整计划草案自然会将国有资产的保值增值、国有股东与职工权益的偏重、上市公司的“保壳”、社会秩序的“维稳”作为优先保护项，而促进公司再生、保护债权人利益的宗旨反倒变得可有可无。普通债权人在面对强势政府提出的重整计划草案时，往往欠缺必要的制约机制。比如，截至2018年年底，在54起上市公司重整案中，清算组担任管理人的有40起，占案件总量的2/3。在由政府官员任清算组组长的36起上市公司重整案中，仅有9起案件的重整计划草案被债权人否决，但无一例外地均被法院强制裁定批准通过。

（二）控制权人范畴的拓展

在正常运营的公司中，股东会或股东大会（以下统称为股东会）是公司的权力机构，有权决定公司组织、运营、管理等一切事项。可以说，公司是股东的手臂延伸，是股东所有权之派生，甚至是股东的合意。[④] 特别地，《公司法》第37条规定，股东会能够决定公司的经营方针和投资计划。其中，“经营方针和投资计划”类似于重整计划，只不过后者形成于重整程序中，重在纾解债务人的营业困境。

---

① 《企业破产法（试行）》第24条。

② 参见许德风：《破产法论——解释与功能比较的视角》，北京大学出版社2015年版，第252～253页。

③ 比如管理人模式下，87%的上市公司重整案件的清算组组长是政府官员。非由政府官员担任清算组组长的有新泰科技股份有限公司重整案、上海华源企业发行有限公司重整案、青海贤成矿业股份有限公司重整案、长航凤凰股份有限公司重整案。

④ 参见邓峰：《代议制的公司：中国公司治理中的权力和责任》，北京大学出版社2015年版，第42页。

进入破产重整程序后，债权人在一般情况下取代出资人，成为债务人的最终控制者；相应地，债权人会议取代股东会，成为重整公司的最高权力机关，债权人会议亦可申请更换和监督管理人。纵然没有否认出资人依照《公司法》享有的权利，但《企业破产法》第61条明文授予债权人会议以重整计划、债务人财产的管理方案、破产财产的变价方案、破产财产的分配方案等所有重整程序的重大事项表决权。特别地，对于包括债务人经营方案、债权调整方案、债权受偿方案等的重整计划草案，出资人只有在涉及其权益调整事项时，才有权对该特定事项进行表决，其他情境下仅能列席讨论重整计划草案的债权人会议，而债权人能够依据债权性质不同，分组对重整计划草案进行表决。① 既然债权人对重整程序诸枢纽擒纵自如，其在程序启动伊始重整计划草案制定权的缺位是难以想象的。

与绝大多数破产清算案件中出资人颗粒无收不同，纵然公司的账面资产或少于负债，但因为重整中的公司保有运营价值，② 重整中出资人的权益或未清零。依据《企业破产法》第2条，我国判断公司破产重整界限时采取的是“资产负债表支付不能法”，即企业资不抵债或有明显丧失清偿能力可能的，可以申请重整。③ 这是一种静态分析法，仅关注申请始点公司的清算价值。重整制度建立在维持受困公司正常运转的价值（运营价值），避免企业进入破产清算程序所导致的效率消耗与消极社会影响的基础上，也正是因为公司重整成功后因留存营业将创造价值增量，负债公司进入的是破产重整而非破产清算程序。④ 暂且不论“明显丧失清偿能力可能”仅是一种或然性标准，得益于公司经由重整程序产生的重整溢价，着眼于各方对重整的良好预期，出资人的权益也不一定虚化。我国上市公司的独特实践为出资人权益的

---

① 《企业破产法》第82、84、85条。

② 《全国法院破产审判工作会议纪要》（2018年3月4日发布）指出，重整的重点是维持企业的运营价值。

③ 判断破产界限，一般有现金流支付不能法、资产负债表不能法和未来现金流支付不能法。See Felix Steffek, The History of European Bankruptcy Insolvency (Corporate), in 900 - 904 *The Max Planck Encyclopedia of European Private Law* (JurgenBasedow et al. eds. Oxford Press, 2012).

④ 参见张钦昱：《论公平原则在重整计划强制批准中的适用》，载《法商研究》2017年第6期。

留存再次背书。截至2018年6月30日，我国应年报企业2904.61万户，而同期沪深两市仅有3547家上市公司，尚有高达295家公司在证监会发审委待表决审核，形成“IPO堰塞湖”。[①] 即使上市公司负债累累，代表其上市资质的“壳”资源仍成为其他亟待上市公司追逐的“猎物”。这也是截至2018年年底，我国全部54例进入破产程序的上市公司，无一例外地适用重整程序而未发生破产清算案件的重要原因之一。“壳”资源来源于全体出资人，因出资人存在得以延续，将其纳入出资人权益当无异议，这将再次导致出资人对公司的剩余索取权存在正数的可能。因此，重整程序中的出资人仍然可以是公司的所有权人。即使该所有权因债权人的分享或存残缺，也不能断然否决出资人对公司的控制，排除其制备重整计划草案的权利。

三、重整制度的自治与管制：债务人与管理人重整计划制定权的约束

（一）重整计划的契约属性与权利滥用

重整制度的产生，有着深刻的社会背景，也源于既有制度的缺陷，其动力部分则来自当事人的理性判断。[②] 在谈判、缔约等由价格调整机制耗费的横向市场成本大于纵向管理成本的情况下，公司得以产生，其本质是“雇员、管理者、股东、债权人（包括长期客户、债券持有人，甚至包括公司侵权的债权人）……自愿结合起来自行安排各种交易……共同受到一种复杂的契约关系链条的约束”[③]。其中，债权人为公司提供债权资本，与其他主体一道共同承受损失，监管公司运营。公司资不抵债或有明显丧失清偿能力的出现，是债权融资契约履行的或然结果，其风险理应被当事人预期。重整程序的适用由此成为融资契约的选项之一。重整契约的合意性是重整制度的主旋

---

① 参见国家市场监督管理总局信用监督管理司、中国市场监督管理学会编著：《企业年度报告（2018）》，中国工商出版社2018年版，第17页。

② 参见胡利玲：《破产重整制度之审思》，载《中国政法大学学报》2009年第4期。

③ 施天涛：《公司法论》（第四版），法律出版社2018年版，第17页。

律，尊重当事人的自治性乃重整程序的基本逻辑，填补不完备契约留下的空白则交由重整中的备用性或强制性规范安排。重整程序背后的理念是，“鼓励公司的债权人就公司的未来——特别是，它是应该进行清算还是应该进行重组，以及它的价值应该如何分配——根据事先确定的规则进行协商”①。“在理想情况下，重整不需要外部人介入，只要当事人之间在法院作为裁判的监督下谈判就可以了。”② 与重整契约论一脉相承，一般认为重整计划的本质是一项协议。③ 相关人制作并提交重整计划草案，即向全体利害关系人做出“要约”之意思表示，关系人会议多数表决通过重整计划则视为做出“承诺”之意思表示，如此团体契约达成，通过的重整计划对全体重整参与人具有约束力。由此带来两个问题：其一，既然各方均有权表达观点，为何仅有债务人或管理人能够提出自己的蓝本，将各方囿于其框架体系内协商谈判？这有违重整协议说的固有逻辑。其二，管理人并非重整契约的缔约方，其营业管理权限没有在重整契约中载明，亦未得到各方授权。管理人的重整计划草案制定权只是在契约不完备产生缔约失灵时，由强制性规则所给予。强制性规则的存在理由之一是“对第三方影响的管理”，是指当各方以一种对其他人会产生不利的副作用的方式处理他们的事务时，需要强制性规则纠正此外部性问题。④ 重整程序中，在各方无法达成协议，特别是无法就由债务人

---

① ［美］O. 哈特：《企业、合同与财务结构》，费方域译，格致出版社、上海三联书店、上海人民出版社2006年版，第205页。

② 李曙光、王佐发：《中国〈破产法〉实施三年的实证分析——立法预期与司法实践的差距及其解决路径》，载《中国政法大学学报》2011年第2期。

③ 重整计划的本质尚有程序性法律文书说、动态博弈说、相机浮动说等学说。程序性法律文书说认为，重整计划是由“重整人及其他利害关系人拟定的、以清理债务、复兴公司为内容的，并经关系人会议可决和法院认可的程序性法律文书”，参见汤维建：《破产程序与破产立法研究》，人民法院出版社2001年版，第437页；动态博弈说认为，重整计划体现了相关利益方的动态博弈，博弈的焦点集中于各利害关系人在重整中可获得的收益分配，参见丁燕：《上市公司破产重整计划法律问题研究：理念、规则与实证》，法律出版社2014年版，第19页；相机浮动说认为，重整计划成为经济转型国家的一种扭曲和异化的动态博弈产物，应当视情况不同相机凸显其不同属性，参见崔明亮：《我国破产重整计划性质研究》，载《河南社会科学》2018年第7期。

④ ［加］布莱恩·R. 柴芬思：《公司法：理论、结构和运作》，林华伟、魏旻译，法律出版社2001年版，第263页。

自行管理财产和营业事务时达成一致时，才由管理人负责重整事务，① 试图防止债务人自行管理而给债权人带来的负外部性。管理人模式下，继续运用强制性规则要求必须由管理人提出重整计划草案没有必要，盖因无论由何类主体提出重整计划草案，终将有债权人会议对重整计划草案通过与否行使表决权，债权人的权益总能得到较好实现。

放任重整内核蕴含的自由精神，将导致债务人地位扶摇直上。波斯纳曾指出，"公司重整并非灵丹妙药……问题是，在清算中将丧失工作的经理和在清算中将不可能取得任何东西的小债权人都会在即使清算使财产更有价值时也要使公司生存下去……重整对他们来说是一个没有任何损失的建议。如果重整公司盈利了，他们就可以分得利润；如果它失败了，全部损失就落到了债权人的身上"②。重整公司绝大多数处于资不抵债的状况，依据优先权顺序对公司财产进行分配，第一个受到损害的阶层即债权人享有剩余财产索取权。③ 债权人的命运与公司重整成功与否紧密相系：若重整成功，债权人利益便得保全，否则便损失殆尽，将对重整公司的剩余控制权授予作为最大风险承担者及利益受损概率最大者的债权人，遂合乎情理。在清算程序中，债权人能够及时止损，快速获偿离场；在重整程序中，债权人以时间换空间，暂停查封、冻结、强制执行债权人资产，容忍漫长的重整期间和不菲的重整费用，避免了清算中的资源浪费和资产贬值，或能得到更多的清偿份额，但

---

① 《企业破产法》第 73 条规定的是经管债务人模式，第 74 条规定的是管理人模式，将债务人自行管理置于管理人管理之前的法条排列，体现了鼓励前者的态度。美国重整案件中，多采经管债务人模式，只有在涉嫌重整申请欺诈等少数情况时，才采管理人模式。参见中国政法大学破产法与企业重组研究中心、凯恩克劳斯课题研究组：《上市公司重整管理人制度研究》，载李曙光、郑志斌：《公司重整法律评论》（第 3 卷），法律出版社 2013 年版，第 8 页。

② ［美］理查德·A. 波斯纳：《法律的经济分析》（下），蒋兆康译，中国大百科全书出版社 1997 年版，第 528 页。

③ 至于具体何种债权人获得剩余索取权，学者出现分歧：道格拉斯·贝尔德和罗伯特·拉斯姆森认为，高级债权人是大型重整公司的剩余索取权人。See Douglas G. Baird and Robert K. Rasmussen, Chapter 11 at Twilight, 56 *Stan. L. Rev*. 673, 696 (2003)；大卫·斯基尔责认为无担保债权人应作为剩余索取权人。See David A. Skeel, Jr., The Nature and Effect of Voting in Chapter 11 Reorganization Cases, 78 *Va. L. Rev*. 461, 480 (1992).

这是以面临重整失败、所得缩水的巨大风险为代价的。同样，债务人或管理人在重整程序中接管公司的经营控制权，出资人完满的所有权所剩无几。比如，出资人不得请求投资收益分配，非经法院同意，债务人的董事、监事和高级管理人员不得向第三人转让其持有的债务人股权。[①] 但是，重整的目标是公司涅槃。待受困企业重整成功后，公司治理结构恢复正常，终将由出资人面对公司未来发展的漫漫长路。

破产重整的合作共赢是对破产清算制度的“债权人至上”逻辑与公司法中的“股东至上”逻辑的全面取代。[②] 重整中的债权人、债务人、出资人、雇员、管理人等的利益紧密捆绑，组成命运共同体。重整程序旨在促使公司法人资格延续、业务复苏、经营能力恢复，其落脚点仍在追求公司财产价值的最大化，债务人财产价值越大，债权人和股东能够获得的潜在利益就越大。此时，债务人财产是作为债权人和股东权益的信托财产存在的。[③] 重整中形形色色的当事人，可以说共同成为公司破产财团的守护者。[④] 有学者曾举例说明这种共生关系：一个男孩潜入水中救起了他的同伴，当镇长热情洋溢地对这个男孩的超乎寻常的勇敢大加赞扬后，男孩直言不讳地说：我不明白你的这番关于见义勇为的废话有什么意义，我当时不能不救起同伴，他穿着我刚买来的名牌冰鞋。[⑤] “重整计划既是重整程序中各方利益主体通过协商彼此让步寻求债务处理的协议，也是他们同舟共济争取公司复兴的行动纲领。”[⑥] 为最大限度确保公司重整成功，有必要对重整中的债务人与管理人采取干预措施。

（二）重整计划制定权的干预路径

设置债务人或管理人的专有提案时限，不失为在完全突破重整计划草案

---

① 《企业破产法》第77条。

② 参见付翠英：《关于建构中国企业破产重整制度的思考》，载《北京航空航天大学学报》（社会科学版）2003年第2期。

③ 这被称为信托基金准则（trust fund doctrine）。See American Nat'l. Bank v. Mortgage America Corp., 714 F. 2d 1266, 1269 (5th Cir. 1983).

④ 参见张钦昱：《公司重整中出资人权益的保护——以出资人委员会为视角》，载《政治与法律》2018年第11期。

⑤ 参见王卫国：《论重整制度》，载《法学研究》1996年第1期。

⑥ 汪世虎：《公司重整中的债权人利益保护研究》，中国检察出版社2006年版，第155页。

单一制定主体的尝试受阻时的替代策略。为债务人或管理人设立一个重整计划草案制定的排他期，债务人或管理人在该期间内享有重整计划草案的独家制定权。若债务人未在专享期内提出重整计划草案，则其权利旁落，其他利害关系人“解锁”制定权。以《美国破产法》的变迁，观察专有提案期的限缩脉络。1978 年《美国破产法》规定，根据利害关系人申请，法院可缩短或延长债务人的专属提案期。① 实践中，多数债务人会提出延长期限的申请，一般会得到法院批准，且期限延长没有次数限制，致使重整程序在计划提出阶段停滞，程序久拖不决产生的成本则由债权人埋单。于是，延长专有期限的权利被债务人滥用，成为要挟债权人妥协的筹码。“有时成为债务人恶意拖延债务、逃避破产的保护伞。”② 美国参议院曾要求：“期限延长的申请必须能够体现重整计划可以提出的较大希望，而不得成为对重整计划不满意的债权人施加压力的工具。”③ 美国 2005 年颁布的《防止破产程序滥用和消费者保护法案》，限制了债务人的重整计划草案提案权。该法案规定，债务人独享重整计划草案提案权的 120 日期间，自重整计划草案被受理起超过 18 个月的，不得延展；未获得各表决组通过的 180 日期限，自重整计划草案被受理起超过 20 个月的，不得延展。④ 我国《企业破产法》在拟定过程中，亦经历了重整计划提交期间不断缩短的历史。1995 年草案中规定期限为 12 个月，可以延长且时间不限，仅须提交延长期间的工作时间表；2000 年草案将期限改为 6 个月并可以申请延长 6 个月。⑤ 直至 2006 年通过的《企业破产法》第 79 条规定，债务人或管理人须于法院裁定债务人重整之日起 6 个月内提交重整计划草案，经债务人请求且有正当理由的，法院可以裁定延期 3 个月。债务人或管理人专有提案权的期限才固定为最长 9 个月，不得再行延展。

---

① 11 U. S. Code § 1121 (d).

② 胡丽玲：《防止重整程序滥用的新举措——美国 2005 年破产法修正案述要》，载《人民司法·应用》2007 年第 19 期。

③ Senate Report No. 95 – 989.

④ Bankruptcy Abuse Prevention and Consumer Protection Act of 2005, Section 411.

⑤ 参见王卫国：《破产法精义》，法律出版社 2007 年版，第 239 页。

破除债务人或管理人的垄断，允许各利害关系人均能够提出重整计划草案，是完善《企业破产法》在重整计划草案制定权方面的理想进路。事实上，较多立法例对重整计划草案制定主体持开放态度。制定权主体范围最为宽泛的是日本和韩国。《日本公司更生法》规定，更生管理人、申报了更生债权的债权人以及出资人在法院规定的期限内，可以做成更生计划案并提交给法院。① 《韩国重整和破产法》规定，债务人、有担保债权人、普通债权人、出资人能够提交重整计划草案。② 美国和西班牙赋权于债务人之外的提案主体，但做出些许限制。1978 年《美国破产法》规定，当债务人未在规定时限提交重整计划，或者其提出的重整计划在 180 日内未获得各表决组通过时，管理人、债权人、出资人、契约托管人（indenture trustee）均可提出重整计划。③ 《西班牙破产法》规定，持有全部债权份额超过 1/5 以上的一个或数个债权人有权提出重整计划草案。④ 法国在债务人之外，规定了有且仅有债权人能够成为重整计划草案的制定主体。⑤ 南非、德国对利害关系人的重整计划草案参与权做出规定。比如《南非公司法》规定，商业拯救执业者（business rescue practitioner）应当在征求债权人、出资人、工会、未被工会代表的职工及其代理人等全部利害关系人意见后，方可提出重整计划草案。⑥ 《德国破产法》规定，债权人、工会等应当协助债务人和管理人制定重整计划草案。⑦

四、经济目标论与政策目标论之争：重整计划制定权归属判断的价值标准

（一）破产法价值的激扬浊清

传统破产法以经济目标论为理论基础，以实现债权人利益最大化为唯一

---

① 《日本公司更生法》第 184 条第 2 款。

② Debtor Rehabilitation and Bankruptcy Act of 2006, Section 221.

③ 11 U. S. Code § 1121 (c).

④ Act on Insolvency (Act 38/2011, on Reform of Act on Insolvency) §113.

⑤ Article 43 of Order of March 12, 2014 (n°2014 - 326).

⑥ Companies Act, 71 of 2008, Article 150 (1).

⑦ Insolvenzordnung, Section 218 (3).

宗旨。[1] 破产经济目标论将公司财产视为一个“公共池塘”（common pool）。一旦公司滑向破产深渊，在债权平等性原则的前提下，不同债权人便会遵循“早起的鸟儿有虫吃”[2] 的行为准则，饥不择食地从池塘打捞渔产，竞逐收割公司资产。破产法遂应运而生，其为债权人竞逐收割公司资产提供协调与制约机制，以集体清偿框架取代混沌的单个债权人权利的行使，有效解决囚徒困境和公地悲剧。破产经济目标论还认为市场的冷酷无情倒不是坏事，优胜劣汰是市场经济的必备要素。[3] 对待一个希望渺茫公司的正确态度是不去拯救，否则长痛不如短痛，已然不具竞争能力的公司若继续在市场苟延残喘，反倒损害债权人的经济效益。鉴于破产法无非是为集体债务清收提供了最有效率的处置机制，其在破产经济目标论学者眼中仅是一个程序性制度。破产经济目标论的土壤不可能滋生重整制度。债权人视野狭隘地聚焦于资产池的瓜分，忽略公司破产清算后资产会被拆分变卖而显著降低的事实，破产法的职责也仅在于确保债权人之间对公司资产争夺的有序化。但不可否认，公司员工的人力资本、公司多年与供销商形成的网络等同样是公司的一种价值，且这些价值甚至更为重要，这种径行选择套现了事的做法并不明智。风物长宜放眼量，应当适时考虑适用重整机制促进公司再生。

“破产法无法存在于真空中。”[4] 破产法之所以独立为一个法律部门，在于其致力于回应人类生活的某些实际需要。特定于债务清收问题，便是一

---

① 经济目标论以道格拉斯·贝尔德（Douglas G. Baird）和托马斯·杰克逊（Thomas H. Jackson）为代表。See Thomas H. Jackson, Non-Bankruptcy Entitlement, and the Creditors' Bargain, 91 *Yale L. J.* 857（1982）; Douglas G. Baird, The Uneasy Case for Corporate Reorganizations, 15 *J. Legal Stud*. 127（1986）.

② See IritHaviv-Segal, Bankruptcy Law and Inefficient Entitlements, 2 *Berkeley Bus. L. J.* 355, 360（2005）.

③ See Douglas G. Baird, A World without Bankruptcy, 50 *J. L. & Contemp. Probs*. 173, 183（1987）.

④ Douglas G. Baird & Thomas H. Jackson, Corporate Reorganizations and the Treatment of diverse Ownership Interest: A Comment on Adequate Protection of Secured Creditors in Bankruptcy, 51 *U. Chi. L. Rev.* 91, 97（1984）.

个囊括道德与政治、效益与公平、私利与公益等复杂的矛盾集合体。[①] 破产经济目标论仅聚焦于债务清收中的经济要素，必将陷入闭门造车的死循环。破产政策目标论正是建立在回应现实的基础上，考虑公司破产对社会造成的实际影响，维护了债权人之外的以劳动者为代表的弱势阶层利益与包括公司潜在消费者、供应商、征税机关等群体利益。[②] 破产政策论预设的典型情境是一个小镇上的大公司面临倒闭的危机。小镇本就市场结构单一、就业机会较少，重点公司的受难将致工人下岗待业且难以在短时间内重新就业，供应商损失关键客户且难以形成新的稳定供应链，消费者的惯性服务不复存在且难以找到替代品。上述主体可能并未立即遭受金钱上的损失，但是它们受到侵害的危险实实在在，且潜在地引发连锁反应，如多米诺骨牌般可能进一步拉低本地其他公司的发展，拖累该地区人民生活的福祉。破产法有道义阻止债权人摧毁公司的短视行为，统筹全部受到公司破产波及的利益相关人，将公司破产风险和损益在他们之间进行分配。在破产政策目标论的理论背书下，重整制度自 1978 年诞生以来，短短 40 年的时间里风靡全球。重整制度通过“强迫”债权人“牺牲”部分债权，换取公司更好的重建机会，或是为了填补其他阶层的损失，换来社会整体公共利益的和谐发展。

（二）制定权主体多元化与破产法价值的契合

“利害相关道路向经济组织提供了一个重要原则：在制定长期投资决策时，必须努力验明所有受到决策影响的利益和个人。”[③] 贯穿破产政策论的重整制度，便是围绕重整计划展开。重整计划是重整参与人权利、义务和利益的集中体现，将显著改变债务人、债权人以及股东之间的法

① Donald R. Korobkin, Rehabilitating Values: A Jurisprudence of Bankruptcy, 91 *Colum. L. Rev.* 717, 725 (1990).

② 破产政策论以伊丽莎白·沃伦（Elizabeth Warren）为代表。See Elizabeth Warren, Bankruptcy Policy, 54 *U. Chi. L. Rev.* 775 (1987).

③ ［英］加文·凯利、多米尼克·凯利、安德鲁·甘步尔：《利益相关者资本主义》，欧阳英译，重庆出版社 2001 年版，第 104 页。

律地位。[①] 重整参与人在重整程序伊始均应当有权提出重整计划草案，实现自身诉求。其一，公司重整结果与债务人能否存续休戚相关，债务人及管理人试图掌控重整计划草案的提出权不足为奇。债务人公司具备法人资格。一旦公司滑向破产清算境地，公司将被肢解，人格不复存在，辛苦积淀多年的价值网络分崩离析，拍卖零碎资产所得较出售公司整体逊色不少。重整的最大价值是确保公司新生，人格得以维系，营业得以持续。比如，“附利息的债权自破产申请受理时停止计息”的规则[②]可节约公司财务费用，保全公司资产，缓解公司外部经营环境。债务人势必事无巨细地敲定重整计划草案诸细节，确保公司摆脱困境，早日步入发展正轨。其二，普通债权人有限的重整计划草案表决权限，致使其不得不将对重整计划的干预前移至提交阶段。重整程序耗时费力，延缓债权人受偿时间。截至 2018 年 12 月 31 日，我国共有 54 家上市公司历经破产重整程序的洗礼，从重整申请至被法院受理所需的平均时间为 95 天，[③] 37% 的上市公司从重整申请受理至重整计划草案被法院批准的时间超过 6 个月[④]。在漫长的重整期间中，债务人要支付给律师、会计师、财务顾问等数量不菲的破产费用。债务人本已捉襟见肘的资产池持续开源，留给债权人的剩余只能越来越少。债权人在重整计划草案表决时拥有一票否决权，其权利不可谓不大。但是，除少数情况被法院强制裁定批准外，重整计划草案未获债权人通过的结果是重整程序终止，债务人宣告破产。债权人的期待利益落空，为重整程序的既有投入成为明日黄花。相较表决阶段的不确定性，得到重整计划草案的提出权，在重整计划草案中亮明自己的观点，试探其他各方对公司重整的真实态度，对债权人而言不失为一种稳妥的

---

① 参见王佐发：《上市公司重整中债权人与中小股东的法律保护》，中国政法大学出版社 2014 年版，第 36 页。

② 《企业破产法》第 46 条第 2 款。其原因参见贺丹：《企业拯救导向下债权破产止息规则的检讨》，载《法学》2017 年第 5 期；王欣新、宋玉霞：《重整计划强制批准法律问题研究》，载《江汉论坛》2014 年第 10 期。

③ 其中，天发石油、兰宝信息、北亚实业、华龙集团、锦华氯碱、盛润股份、创智科技、方向光电等 8 起案件因没有披露重整申请时间而未予统计。

④ 其中，夏新电子、咸阳偏转等 2 起案件因没有披露重整计划批准时间而未予统计。

保障。其三，出资人是破产财产的最后受偿者，对公司重整抱有最大诚意，赋予其提案权是对其倾斜性保障的体现。在重整计划草案磋商、表决期间方允许出资人介入重整程序，将导致其与其他利害关系人信息不对称的鸿沟继续扩大，本处于弱势地位、后知后觉的出资人通过公司重整成功分得一杯羹的愿景越发渺茫，出资人权益或被不当调整。比如，S*ST 光明、*ST 宏盛的权益调整方案对出资人有失偏颇，分别偏离出资人应享权益的 25% 和 91.31%。[①] 令人惊异的是，出资人并未对该草案提出异议，这是因为一旦重整计划草案受到债权人阻挠，大部分案件只能滑向破产清算的深渊，出资人将不得不面临难获分文的窘境。于是，出资人不得不饶让公司重整成功的溢价，换取重整程序的顺利进行。予以出资人在重整早期以重整计划草案的制定权实乃程序正义原则的必然要求。其四，管理人负有管理破产事务的法定职责，具有关系债务人兴衰成败的重整计划草案制定权乃属其权限的基本范畴。管理人应当勤勉负责，忠实执行职务，债权人会议认为管理人不能依法、公正执行职务或者有其他不能胜任职务情形的，可以申请人民法院予以更换。[②] 按照管理人思路制作的重整计划草案，方能贯彻其管理债务人财产和营业事务的构想，保障其恪尽职责、诚实守信、得心应手地行使职权。此外，被延迟给付工资等的职工、被欠缴税款的政府也在重整进程中扮演着举足轻重的角色，给予这些主体以重整计划制定权似乎也在情理之中。[③]

---

① 参见张钦昱：《公司重整中出资人权益的保护：出资人委员会的视角》，载《政治与法律》2018 年第 11 期。

② 《企业破产法》第 22、27 条。

③ 《企业破产法》第 113 条规定了破产清算下的破产财产清偿顺序，即对破产人所欠职工的工资和医疗、伤残补助、抚恤费用，所欠应划入职工个人账户的基本养老保险、基本医疗保险费用，以及法律、行政法规规定应当支付给职工的补偿金（以下简称“劳动债权”）；破产人欠缴的除前项规定以外的社会保险费用和破产人所欠税款（以下简称“税收债权”），在清偿破产费用和共益债务后优先受偿。依据最佳利益标准，权利人依据重整计划所得的清偿不得少于其在破产清算程序中本可以获得的清偿。参见［美］大卫·G. 爱泼斯坦：《美国破产法典》，韩长印等译，中国政法大学出版社 2003 年版，第 759 ~ 760 页。鉴于重整计划草案一般会写明对劳动债权和税收债权全额清偿，职工权利和政府的税收权益会得到充分满足，本章将不会涉及职工和政府的重整计划拟定权。

结 语

重整是一种以柔克刚的制度，其用企业重建再生后的焕然一新，取代破产清算后的主体湮灭，使得破产法不再如秋风扫落叶般的冰冷，而似春日暖阳带给人无尽的希冀。和缓柔顺的重整制度讲求以和为贵，力求全部利害参与人均能获得相对满意的结果，这从一般情况下各表决组均须通过重整计划草案时，重整计划方能得到通过可见一斑。不当剥夺债务人或管理人之外参与人的提案权实属不当，这会从程序源头即破坏民主协商的良好氛围，动摇参与人对重整计划草案能够代表其权益的信心与挽救企业的决心。毕竟，重整计划应当是群策群力、反复比较的集体智慧的结晶。[①]

重整程序的首要目的是“使面临困境但有挽救希望的企业避免破产清算，恢复生机”。[②] 其他目标若与之发生矛盾，必须让位于企业转机复兴的宗旨。传统上，效率说、成本说、简约说是支持单一性重整计划的三个理由。效率说认为，债务人或管理人熟知公司财产状况及营业特点，在重整程序中又具有经营管理权，强调他们在提出重整计划草案中绝对排他性的地位，在整体上提升了破产程序进行的效率。[③] 成本说认为，每一个重整计划草案的制定者都要去获取大量的有关债务人的财务信息、管理信息以及经营方案的信息，交易成本的存在使得其他利害关系人提出重整计划草案的成本增加，会抵销竞争所带来的好处。[④] 简约说认为，“赋予多方关系人重整计划制定权，会导致债权人提交多份重整计划而导致矛盾冲突或需要选定付诸表决的重整计划而导致的程序的复杂化等诸多问题”[⑤]。皮之不存，毛将焉附？高效

---

① 汤维建：《破产重整程序研究》，载梁慧星主编：《民商法论丛》（第5卷），法律出版社1996年版，第193页。

② 贾志杰：《关于〈中华人民共和国企业破产法（草案）〉的说明》，载《中华人民共和国全国人民代表大会常务委员会公报》2006年第7号，第577页。

③ 参见齐明：《论我国破产程序转换与债权人后续重整申请权》，载《东北师大学报》（哲学社会科学版）2015年第5期。

④ 参见丁燕：《上市公司破产重整计划法律问题研究》，法律出版社2014年版，第38~39页。

⑤ 池伟宏：《论重整计划的制定》，载《交大法学》2017年第3期。

率、低成本和便利性只是附加在重整程序运行安全、进而保障公司新生目的之上的次优价值。重整计划草案多元化，至少能够填补债务人或管理人未能按期提交重整计划草案职责的纰漏，增加重整成功的机率。不能舍本逐末，以其他理由否决数份重整计划草案并行的可能。

在既有《企业破产法》框架下，可以通过颁布司法解释，至少明确其他参与人在重整计划制定阶段的参与权，要求债务人或管理人应当吸收利害关系人参加重整计划草案的拟定，听取他们的意见，在不违背法律规定的前提下从程序上保障其他参与人民主发声的渠道。亦可大力推广预重整机制或法庭外重整机制，在正规重整程序之外另辟蹊径，为债务人或管理人之外的当事人掣肘重整计划草案提供更多途径。[①] 未来在修订《企业破产法》时，可以考虑限制债务人或管理人的权利，在他们的专有提案期经过后，准许其他利害关系人提出重整计划，在贯彻制定权和控制权相匹配的思路与保障重整程序的稳步推进之间找到平衡。主体从市场中退出，不仅关系到了结债务纠纷和清偿债权，更关系到市场秩序的有序维护，破产法必须在各方利益之间进行协调平衡。[②] 更为彻底地完善进路，当属完全取消债务人或管理人的"特权"，与重整申请人的范围对接，一视同仁地赋予所有参与人以重整计划草案制定权。对于多个主体提出的竞争性重整计划草案，可延续现有规定交由债权人会议等机构表决，择优通过。在各方矛盾无法调和，难以达成一致意见时，再由法院居中裁决何者为优。

---

① 在我国，已经有多起案件采取预重整机制，即在进入重整程序之前，全部利害关系人已就资产重组事宜与重组方进行了长时间的谈判、论证，并已形成较为可行的重组方案。比如，盛润公司重整案采取的是经管债务人模式，债务人经过债权人、出资人、管理人、新投资人的协商，提出了债转股方式解决债务重组问题的重整计划草案。参见李震东：《公司重整中债权人利益衡平制度研究》，中国政法大学出版社 2015 年版，第 202 页；郭毅敏主编：《破产重整·困境上市公司复兴新视野——以审判实务研究为中心》，人民法院出版社 2010 年版，第 280 页。

② 参见刘冰：《论仲裁程序与破产程序之冲突与协调》，载《法学杂志》2018 年第 3 期。

第四章　破产法与侵权责任法：以大规模侵权纠纷的应对为视角

人们享受科技创新、生活便利以及社会进步福利的同时，也面临由此引发的大规模侵权纠纷的困扰。从我国的三鹿奶粉、康菲漏油事件到国外的福岛核泄漏、墨西哥湾漏油事件，动辄成百上千的受害者人数、涉及复杂科技争点的举证论辩以及由此引发的受害者赔偿问题，给各国的法律体系造成前所未有的冲击。大规模侵权纠纷有两种类型，一种是“大型事故侵权”，即由一次灾难性事件引起的大量人身和财产损害，比如空难事件。另一种是“隐蔽性侵权”（latent tort），即虽然侵权行为致害范围较广，但大部分受害者为潜在受害者，持有的权利为潜在债权，其症状直至数年后可能显现，甚至侵权人、因果关系及侵权之债能否成立都存有争议。比如涉及石棉侵权的达肯盾案中有30万受害者，其中一些受害者的发病潜伏期据推测长达40年。[①]

学者提出了惩罚性赔偿[②]、责任保险[③]、赔偿基金[④]与优先权[⑤]制度等诸

---

① See Francis E. McGovern, Resolving Mature Mass Tort Litigation, 69 *B. U. L. Rev*. 659, 677 (1989).

② 参见李建华、管洪博：《大规模侵权惩罚性赔偿制度的适用》，载《法学杂志》2013年第3期；郭娅丽、邵彦铭：《大规模侵权事件中未来侵权债权的法律保护——以“三鹿奶粉事件”为例》，载《理论探索》2015年第6期。

③ 参见粟榆、李琼、陈晓莉：《大规模侵权责任保险赔偿制度评价与赔偿模式优化》，载《金融经济学研究》2015年第1期；史黎：《大规模侵权损害救济中的责任保险制度》，载《学术探索》2014年第7期。

④ 参见张新宝、岳业鹏：《大规模侵权损害赔偿基金》，载《法律科学》（西北政法大学学报）2012年第1期；李敏：《赔偿基金在大规模侵权损害救济中的定位与制度构想》，载《西北大学学报》（哲学社会科学版）2012年第4期。

⑤ 参见袁文全、马晶：《大规模人身侵权之债在破产债权中的清偿顺位考量》，载《重庆大学学报》（社会科学版）2015年第2期；胡卫萍：《大规模侵权下的破产债务清偿探析》，载《经济与法》2011年第4期。

多设想试图解决大规模侵权纠纷。遗憾的是，诸理论对于繁复度最高、挑战性最大以及问题点最多的“隐蔽性侵权”缺乏指导意义。因此，本章以被理论与实践所忽视的“隐蔽性侵权”类型为研究重心，结合其特点并在扬弃其他解决方法后，提出利用破产重整程序解决的新思路。为此，应当扫除大规模侵权企业进入破产重整程序的障碍，并在破产重整程序中建立适合隐蔽性大规模侵权的配套制度。

一、大规模侵权纠纷传统解决途径之困境

面对权利主体、客体与内容均与一般侵权纠纷不同的大规模侵权纠纷，既有的普通民事诉讼、集团诉讼与庭外和解程序捉襟见肘，专门立法的制定又遭到搁浅。改弦易张地适用其他程序成为理性选择。

大规模侵权纠纷的普通民事诉讼解决之路遇到诸多障碍。美国的一份司法报告即尖锐地指出，“依靠受害者个人的私力救济不切实际”。[①] 因各法院适用的法律依据、证据采纳与程序有所不同，相同或近似的受害者若分别诉讼，判决结果可能有天壤之别，这不仅违反了法律的统一性原理，也产生了选择审判地等诸多困境。此外，大规模侵权诉讼中，除了损害后果简单明了外，因果关系甚至侵权人均难于证明，受害者的胜诉之路充满艰辛。有统计显示，受害者所获损害赔偿金的约61%都支付给律师。[②] 即便受害者获得胜诉判决，也并不意味着其能最终得到或足额得到赔偿。成千上万的权利人请求远远超过任何保险的覆盖范围，侵权企业将因难以支付而滑向资不抵债的深渊，而这又会激发受害者的诉讼竞争，债权平等性原则面临挑战。毕竟，提起请求和获得胜诉判决越晚，受害者的债权实现就越渺茫。

美国较为发达的集团诉讼制度对大规模侵权纠纷的应对亦存在难以克服的障碍。自首次践行于达肯盾案后，集团诉讼被越来越多地适用于大规模侵

---

① Report of the Judicial Conference ad hoc Committee on Asbestos Litigation, Judicial Conference Ad Hoc Committee on Asbestos Litigation, 1991, p. 19.

② Ortiz v. Fibreboard Corp., 527 U. S. 815, 821 n. 1 (1999).

权诉讼中。[①] 有学者对集团诉讼的解决方式青睐有加，认为集团诉讼有力地解决了大量权利人因未能及时向法院提起索赔而遇到的难以获赔的困境，为纷繁复杂社会中妥善处置大规模侵权诉讼提供新的可能。[②] 但集团诉讼最为人诟病的是未能注意个体成员的差异。由于成员之间受到侵害的方式、危害结果出现的时间与遭受损害的程度迥异，在集团诉讼的框架下试图抽象各成员共同诉求以实现全部成员诉求的成效值得怀疑。成员之间的利益也并不总是一致。对于目前受伤亟需医治的成员，当务之急是诉讼得以及时了结并获得足额偿付，而对于症状尚未出现的潜在受害者，则希望诉讼程序不要草草收场，至少也要为其留有一定份额。此外，集团诉讼在法院地选择、案件成熟度与科学证据的采信问题也存有争议。[③]

大规模诉讼的庭外和解应对机制同样面临诸多挑战。与传统诉讼不同，和解无须严格证明侵权责任要件的全部满足。实践中，为了防止诉讼人数和影响扩大，特别是为了防止诉讼在对侵权企业较为不利的法院地审理，企业往往选择接受条件较为不利的和解协议，即便在企业依据侵权责任构成标准本不应承担任何责任的情形下。和解协议的宽口径触发“马太效应”，更多的受害者纷沓而至，利用和解“搭便车”者不乏其人。由于和解机制无法阻碍其他受害者的索赔，新的受害者会不断涌现，侵权企业的赔偿数额逐步累加。

制定大规模侵权纠纷的专门处置法律法规能够有效解决诉讼中的各种疑难杂症吗？以大规模侵权案件发生较多的美国为例，美国议会早在1981年便着手制定三个不同的法案，拟设立基金偿付受害者。[④] 又先后于1983年、1984年考虑颁布《职业病赔偿法案》（Occupational Disease Compensation

① See John C. Coffee, Jr., The Corruption of the Class Action: The New Technology of Collusion, 80 *Cornell L. Rev.* 851 (1995); In re Northern Dist. of Cal. Dalkon Shield IUD Prod. Liab. Litig., 521 *F. Supp.* 1188 (1981).

② See Judith Resnick, Aggregation, Settlement and Dismay, 80 *Cornell L. Rev.* 918, 937 (1995).

③ 参见范愉：《集团诉讼问题研究》，北京大学出版社2005年版，第193~194页。

④ 三个法案分别是“米勒法案”（Miller Bill）、“凡维克法案”（Fenwick Bill）和“哈特法案”（Hart Bill）。

Act）和《石棉工人赔偿法案》（Asbestos Workers' Recovery Act）。20世纪末，美国议会也有将大规模侵权纠纷的解决纳入法制轨道的尝试。[①] 但是上述立法动议均无疾而终，盖因数量众多的受害者利益本已难以协调，又辅之以企业职工、供货商、政府与社会利益盘根错杂，试图用一部专门立法毕其功于一役，未免好高骛远。此外，纵览各大规模侵权纠纷的立法草案，无非是基金、信托或侵权者追究机制的简单叠加，考虑到既有立法相关处置经验已然较为丰富，再单行立法不符合成本收益的立法要求。

二、大规模侵权纠纷合理解决之理念

"法律好比一所房子，应随时加以修理，加以洗刷；漏的地方应弥补，旧的地方应调换，每日黎明即起，洒扫庭除，这样才始不负祖宗置产的苦心。"[②] 在传统解决路径受阻时，需要勇于开辟新路，找到适合大规模侵权纠解决的新思维。一套良好的大规模侵权纠纷解决机制应当符合公平赔偿、鼓励创新和节约成本的基本诉求。

（一）公平赔偿

确保所有受害者之间的公平受偿，不论各权利人诉求的时间顺序，应作为判别一个优良的大规模侵权纠纷处置机制的重要标志之一。

对相同地位的权利人给予同样对待是正义的自然体现，但在隐蔽型大规模侵权诉讼中，已经出现损害后果与尚未出现症状的权利人却可能面临截然不同的境遇。虚拟契约分析法（hypothetical contract analysis）能够较好地解释这种差异。虚拟契约分析法是指当真实的合同难以或尚未签订时，假设行为人拥有一定的信息、较低的交易成本以及不受道德约束的选择权，其是否会满意所获得的分配结果，若行为人表示满意，则该分配方案符合公

---

① 比如美国议会曾于1999年对《石棉工人赔偿公平法案》（Fairness in Asbestos Compensation Act）举行立法听证会。

② 吴经熊：《法律哲学研究》，清华大学出版社2005年版，第227页。

平的标准。[1] 在大规模侵权纠纷发生后，一些受害者的损害结果因较快显现，成为追索侵权企业的适格权利人毫无争议，而另外一些受害者的外在表征许久之后方能显现，这造成了既有受害者与潜在受害者的博弈：理性的权利人为了自身利益最大化，当然会选择对自己最为有利的分配规则，即既有受害者会祭出诉讼利器，希冀企业尽快足额偿付，对企业能否偿付潜在受害者漠不关心，这继而导致潜在受害者面临施企业资产被申请在先的权利人掏空的命运。但是，在权利人难于预判其属于既有受害者抑或潜在受害者的虚拟契约的情境下，损害结果出现的早晚具有偶发性，一起案件的既存受害者在另一起案件中可能变成潜在受害者，一个好的大规模侵权纠纷处置框架应能避免此种结果的发生。

强调受害者的公平赔偿还有心理学上的原因。依据鲜活性效应（vividness effect）现象，较之于抽象信息，具体而鲜活的实物往往更容易影响决策者的判断。[2] 既有受害者的医疗救治与资金援助问题迫在眉睫，往往更能博得法官和社会公众的眼球，法官倾向于低估潜在受害者的数量与债权。而潜在受害者只是冷冰冰的统计数据，难以激发人们的同情心与保护欲，既有受害者获得更多赔偿份额不足为奇。因此，好的制度设计应能避免人们的主观判断对权利人公平受偿的不利影响。

（二）鼓励创新

现代社会中，人类经常从事一些危险活动，可能危及自身与他人。在某种程度上，是我们自愿选择生活于这样的社会，而不是生活在一个对风险零容忍的社会。否则，人们就不会享受到飞机、火车、汽车等带来的旅途时间限缩与商业活动延展的福利，更不会体验到互联网引发的科技革命所带来的生活便捷与感官刺激。毕竟，没有人希望回到原始社会。熊彼特

① See Alan Schwartz, Proposals for Products Liability Reform: A Theoretical Synthesis, 97 *Yale L. J.*, 353, 357 - 361 (1988).

② See Eugene Borgida & Richard E. Nisbett, The Difference Impact of Abstract vs. Concrete Information on Decisions, 7 *J. Applied Soc. Psychol.* 258 (1977).

认为，“创新”就是创造性的破坏。至于破坏是好是坏，需要实践的长期检验方有定论。经济增长和人类文明的向前演进需要创新助推，而创新社会必然蕴藏着一定的风险，这也就是为什么人们即使加强监管、颁布严苛立法、采取经济刺激与非经济诱导手段，却仍然难以杜绝大规模侵权事件的根本原因。

既然人类的集体选择致使侵权事件的发生不可避免，其成本就不应由侵权企业或受害者个人独揽，而应由全社会共同承担。对于侵权企业而言，纵然任何人都应为自己的故意或过失负责是侵权法的基本原理，但大规模侵权纠纷受害者的赔偿金远远超过企业保险的事实，意味着企业的破产倒闭、分崩离析不可避免，这不仅影响到企业先前的辛勤累积、职工的就业与社会财富的减损，更极大地震慑了其他企业的经营者，迫使他们不愿创新、不敢创新乃至不想创新，反倒影响全社会的福祉。因此，良好设计的大规模侵权纠纷解决机制应对侵权企业适度宽容，给予侵权企业以喘息空间，赋予企业以重整旗鼓的机会。

因此，一个好的大规模侵权纠纷的制度设计应努力确保损害成本在所有受害者、侵权企业与社会之间合理分配。这样，既可以解决保险费过少、赔偿金额不足等问题，又能够消除人们对于创新社会所引发风险的质疑，以便在促进创新与保护受害者之间找到平衡。

（三）成本节约

一个真正有效的大规模侵权纠纷解决机制，应能最大限度地节约成本，确保留存更多的实际赔偿以飨受害者。

大规模侵权诉讼中当事人的交易成本较大，突出表现在以下三个方面。首先，既有受害者之间的博弈成本。在侵权企业资产池固定的前提下，越早提起诉讼并获得胜利，就越能确保得到足额清偿，受害者展开争讼竞赛在所难免。受害者不仅需要时刻关注侵权企业的经营与财产处置动向，也需要观察处于相同地位的其他受害者的消息，耗费额外的精力。其次，受害者与侵权企业的博弈成本。比如，由于诸多大规模侵权行为侵犯的法益属于发散性利益，[①] 损害行为与结果之间的因果关系难于甄别。有数据显示，在所统计的 10 个案例中，有 3 个案件的诉讼成本（不算被告律师费）超过了给付集团成员的总补偿额，有两起案件两者相等。[②] 最后，律师的代理成本。在达肯盾案的判决书开篇，杰普曼（Chapman）法官指出，"四百多年前，莎士比亚就注意到律师的梦想是绞尽脑汁多收代理费"。[③] 对于大规模侵权事件的潜在受害者，律师总是不遗余力地逐一排查，以期争取案源。据统计，美国专门从事石棉侵权案件代理的律所约有 50 家，却代理了成千上万的受害者，这些受害者多数来源于律所的主动寻找。[④] 为了持续获得盈利，律所只能投入更多资源找寻潜在受害者，而花费的成本最后转嫁于受害者。此外，大规模侵权案件中常常采用的律师胜诉取酬制又致使受害者获得的实际赔偿进一步缩水。比如在著名的维尔案（Manville）中，16 名被告总共向受害者支付约 10 亿美金的赔偿金，其中的 41% 最终被用于支付律师费用。[⑤]

三、破产重整与大规模侵权纠纷解决之契合

通过自动中止、潜在债权代表人、潜在债权评估及再生等制度，破产重整程序有效纾解大规模侵权纠纷中的集体行动困境、程序的非正当性问题及可核验性悖论，在实现公平赔偿、鼓励创新和节约成本的理念方面具有无与伦比的优势。越来越多的企业主动选择破产重整程序作为处置大规模侵权纠纷的主要手段。[⑥]

---

① 关于发散性利益与指向性利益的划分，参见赵红梅：《论直接保护发散性正当竞争利益的集体维权机制——反不正当竞争法的社会法解读》，载《政治与法律》2010 年第 10 期。

② 参见范愉：《集团诉讼问题研究》，北京大学出版社 2005 年版，第 215 页。

③ In re A. H. Robins Co. , Inc. v. Dalkon Shield Claimants Trust, 86 F. 3d 364 (1996).

④ See John C. Coffee, Jr. , Class Wars: The Dilemma of the Mass Tort Class Action, 95 *Colum. L. Rev.* 1343, 1360 (1995).

⑤ Steven J. Parent, Judicial Creativity in Dealing with Mass Torts in Bankruptcy, 13 *George Mason University Law Review* 381, 404 (1990).

⑥ See Joseph F. Rice & Nancy Worth Davis, The Future of Mass Tort Claims: Comparison of Settlement Class Action to Bankruptcy Treatment of Mass Tort Claims, 50 *South Carolina Law Review*, 405, 428 (1998).

（一）集体行动困境与自动中止制度

在债权人为数不多的情况下，他们能够通过达成协议以避免单独行动。而当债权人数量众多时，则会出现争相诉请债务人财产的混乱秩序，即集体行动困境。为了节约债权人彼此之间的竞争成本及消除搭便车现象，破产法取代了各方当事人的集体契约，将集体主义行动机制固化，确保同等地位的债权人能够按比例平等受偿。

债权人集体行动的有效协调对合理解决大规模侵权纠纷至关重要。法院在受理破产申请后，企业对个别债权人的债务清偿无效，有关企业财产的保全措施应当解除，执行程序应当中止，已经开始而尚未终结的有关企业的民事诉讼或者仲裁应当中止。[①] 法院受理破产案件应同时指定破产管理人，破产管理人在债权人委员会和法院的监督下，代表破产财团，统一接管、管理和处分债务人财产。除了给予受困企业以喘息之机外，自动中止制度暂停了受害者和其他债权人对企业的个别追偿，防止受害者争讼，有效保存了企业的财产，也使法院有机会合理、有序、有效地协调各方利益的矛盾。

自动中止制度同时明确受理破产案件的法院对受困企业的全部涉诉案件拥有独占管辖权。大规模侵权诉讼因侵权行为地的不同而出现分散诉讼的情况，对企业的求偿之诉常在全国各地法院遍地开花，以致企业疲于奔命，重复进行证据开示等环节，显著增加其交易成本。而在不同法院地的文化、规则与程序均有差异的现实背景下，则会出现判决结果矛盾以及法院地选择的弊端。破产法预见到上述问题，将涉诉案件聚集在单一法院审理，规定人民法院受理破产申请后，有关债务人的民事诉讼只能向受理破产申请的人民法院提起。[②] 因此，破产程序在进一步确保受害者公平受偿的同时，降低各方交易成本。

（二）正当程序原则与潜在债权代表人制度

正当性被谷口安平作为诉讼制度的首要价值。“所谓正当性就是正确性。

---

① 《企业破产法》第16、19、20条。

② 《企业破产法》第21条。

这里说的正确包含有两层意思。一层是结果的正确，另一层则是实现结果的过程本身所具有的正确性。”① 正当程序在诉讼上的重要表现之一是确保所有的利害关系人均能够参与程序。一般情况中，只要侵权企业付出辛勤努力，无论债权是否附条件或期限，债权人总能被通知或视为被通知到。但在大规模侵权诉讼中，损害结果直到侵害行为实施后十余年甚至数十年方才显现，以及权利人甚至连侵权人亦难以定位的事实，对正当程序的有效实施提出了挑战。若对潜在受害者仍然遵守传统的通知程序，意味着这些受害者在知道或应当知道其权益受到损害时，将因诉讼程序终结或侵权企业财产被掏空，而无法获得任何赔偿。若对全部潜在受害者均发出通告，囿于大规模受害者的范围分布之广与数量之多，侵权企业不仅成本陡增，泥沙俱下会导致现有受害者的赔偿份额也可能被无故剥夺。此外，潜在受害者与实际受害者的界分本身就模糊不清，② 这更增加了正当程序的操作难度。

破产程序的制度设计能够有效解决大规模侵权诉讼中的正当程序问题。由于破产程序经过后企业无须对尚未清偿的债务负责，意味着没有参加破产程序的债权人的权利将鲜有弥补的机会。因此，为了保障利益攸关的债权人的程序正当权利，破产程序要求债务人竭尽全力地通过公告等方式联系到所有债权人。特别地，破产法创设了潜在债权代表人制度，并在美国司法实践中广为采纳。

在大规模侵权纠纷中，法院依侵权企业或其他当事人的申请，任命潜在债权的代表人。③ 比如一些国家的破产法明文规定，为了保护随后主张同类

---

① ［日］谷口安平：《程序的正义与诉讼》（增补本），中国政法大学出版社2002年版，第49页。

② See Milissa A. Murray, Treatment of Environmental Liabilities in Bankruptcy, in James B. Witkin, From *Environmental Aspects of Real Estate and Commercial Transactions*, American Bar Association, p. 341 (2011).

③ 潜在债权代表人的任命可能会遭到相关方的质疑，法院会在召开听证会，评估潜在债权人可能受到损害的可能性后，作出相应决定。See S. Elizabeth Gibson, Judicial Management of Mass Tort Bankruptcy Cases, Federal Judicial Center, p. 66 (2005), https://www.uscourts.gov/sites/default/files/gibsjudi_1.pdf.

要求的权利人，法院可以任命代表人，即潜在债权代表人。[①] 鲜有法律法规对潜在债权代表人在破产程序中的具体职能予以明确规定。美国破产法审查委员会（National Bankruptcy Review Commission）曾经建议修改破产法，赋予潜在债权代表人以强制申报潜在债权、否决重整计划草案以及行使债权人委员会所拥有的全部权利。[②] 遗憾的是，该提案最终未被采纳，潜在债权代表人的职权边界只得留待法院个案判断。实践中，潜在债权代表人最常扮演谈判者角色，与债务人、无担保债权人组讨论达成破产财产的分配比例、清偿方法等事项。倘若各方利益难于统一，潜在债权代表人可以选派专家参与法院听证会，对潜在债权的数额进行评估认证。一些案件显示，通过潜在债权人对利益各方在偿付可行性与必要性等方面的游说，代表人显著提升了潜在债权人在破产重整计划中的地位。[③]

（三）可核验性悖论与潜在债权评估制度

大规模侵权纠纷中债权的发生是概率性事件，对它们偿还的时间节点变得微妙起来。若对尚未产生的债权待其实际发生损害结果时始得确认，则由于大规模侵权纠纷的受害者众多，权利在先的受害者将很快掏空侵权企业的资产池，其后的受害者持有的债权将变得一文不值。若允许潜在债权人与症状已然显现的债权人一并申报债权，则核验其适格性及预估其申报数额又是一个棘手的问题。准予申报数额的多寡会产生诸如既有债权人获偿份额被剥夺，或潜在债权人不足额受偿的结果。

破产法特有的潜在债权评估制度提供了一套高精确性、低成本且有效率的侵权之债衡量框架。破产法首先将潜在债权纳入受理范围。比如《美国破产法》规定以下两项权利为破产程序中的债权：一是支付请求权，不论该权利是否确定、到期或合法，是否经过裁判或清算，是否存在争议或担保，是

---

① 11 U. S. C. § 524（g）（4）（B）（i）（2000）.

② See National Bankruptcy Review Commission, Bankruptcy: The Next Twenty Years: Final Report (1997), https://govinfo. library. unt. edu/nbrc/report/01title. html.

③ In re National Gypsum Co., 219 F. 3d 478, 481（2000）.

衡平法上的抑或普通法上的权利；二是对违法行为要求合理补偿的权利，只要违法行为导致支付请求权的产生，无论该权利是否确定或到期、经过裁判、存在争议或担保。[①] 实践中一般采用历史价值法来评估潜在债权，其理论假设是同一企业对既往债权的解决之道能够类推至潜在债权。具体程序一般包括调查问卷发放与召开听证会。比如在罗宾逊公司大规模侵权纠纷案中，法院向约20万既有受害者发放了2页的调查问卷，并向其中的6000名受害者发放更为详尽的50页调查问卷，问题涵盖受害者使用产品、受到损害和持有证据的证明力等情况。接下来，罗宾逊公司、债权人委员会、保险公司与潜在债权代表人在法院的主持下进行了7天的听证会，在流行病学家、统计学家等专家的协助下展开质证，并结合罗宾逊公司的具体情况，计算出潜在债权人持有债权的总数额。[②]

学者将潜在债权的可被评估性作为利用破产程序处置大规模侵权纠纷的最大优势。[③] 通过评估，破产法保障大规模侵权纠纷案件的解决进程不会受到程序之外其他未决事项的拖累，实现企业侵权之债数额的较快圈定，有效缩短受害者获赔的时限，同时也提升潜在债权人与既有债权人之间的公平受偿程度。

（四）企业再生机会与重整制度

臻于成熟的重整制度自20世纪80年代起便成为风靡全球的破产法改革主题。[④] 通过平衡各方经济利益，重整程序为债务人和债权人提供博弈的平台，重整制度的实施得到了几乎所有各方——金融界、无担保债权人协会、

---

① 11 U. S. C. § 101 (5).

② In re A. H. Robins Co., 880 F. 2d 709, 717 (1989).

③ See Alan N. Resnick, Bankruptcy as a Vehicle for Resolving Enterprise-Threatening Mass Tort Liability, 148 *U. Pa. L. Rev.* 2045, 2056 - 2058 (2000).

④ 重整制度在很多国家均是破产法修订的重要原因，比如法国1985年《困境企业司法重整与清算法》取代原有的1967年破产法，德国1994年《支付不能法》新增了重整制度。特别是自亚洲金融危机以来，各国破产法的改革更为积极，重整制度纷纷被写入各国的破产法中，可称为“破产法革命”。参见胡利玲：《困境企业拯救的法律机制研究——制度改进的视角》，中国政法大学出版社2009年版，第55页。

股东会、破产法官们——一致的积极拥护。[①] 重整制度以社会政策说[②]为其理论后盾。社会政策说认为债务人之破产，应视为社会经济上之不幸现象，不能以法律禁止破产现象之发生，只能就已发生之破产请求其善后之策。债务人财产之不足，各债权人难以获得其清偿，必须使得多数债权人平等分担，以避免人们因贫富差距过大所导致的社会不稳定。社会政策说一方面使得债权人平等受偿，另一方面又使得其就损失部分共同承担责任，实行社会经济损失分担主义的立法目的，使得破产法在经济社会的参与者遭逢不测的情形增加时，有效地消除了人们的恐慌，维护了社会秩序。重整制度在维系社会公共利益方面迈出坚实的一步“任何企业都很难说仅仅是债权人和企业所有者的集中焦点，它同时也是其他相关主体利益的集合体。企业破产之时，除了债权人和所有者之外，雇员、供应商、顾客或者消费者以及政府等都可能程度不同地遭受消极的影响”。[③]

在大规模侵权纠纷的解决中，重整制度在促进企业复兴、维护社会创新方面发挥着举足轻重的作用。企业在申请进入重整程序后，除了得以暂时中止偿付债务、不必因应对不断攀升的诉讼案件支付律师费外，还能够像往常一样持续经营，现金流和运营价值有较大的增长空间。对侵权企业最为宝贵的是，一旦重整计划被法院批准，即对所有当事人均发生强制性法律效力。即便一些当事人对重整计划持保留意见，只要侵权企业依据重整计划履行义务，受困企业的全部债务便永远得以免除，即使对潜在债权人的债权也毫无例外。重整程序因而带给面临大规模侵权事件的企业以“终局的、全球性的安宁”[④]，并进而有机会复兴繁盛。

---

① 参见［美］哈维·米勒：《破产重整五十年（1960~2010）回溯》，张钦昱译，载《公司重整法律评论》（第1卷），法律出版社2011年版，第412页。

② 参见陈计男：《破产法论》（修订三版），台北，三民书局2004年版，第1~3页；陈宗荣：《破产法》，台北，三民书局1986年版，第3~5页。

③ 韩长印：《企业破产立法目标的争论及其评价》，载《中国法学》2004年第5期。

④ Douglas G. Smith，Resolution of Mass Tort Claims in the Bankruptcy System，41 *U. Cal.*，*Davis L. Rev.* 1649（2008）.

四、我国大规模侵权纠纷之破产程序解决进路

在大规模侵权纠纷既有解决思路均值得商榷的背景下，应考虑降低企业进入破产重整程序的门槛，鼓励和保障企业进入破产重整程序的选择，并建立与之相适应的潜在债权代表人与潜在债权评估制度。

（一）大规模侵权纠纷现有解决路径评析

我国现行法律法规并未对大规模侵权纠纷的处置作出特别规定，大规模侵权并不是《民法典》“侵权责任编”所规定的侵权行为类型，当事人在诉讼中主要依据民事诉讼法中有关共同诉讼或代表人诉讼的相关规则。学者提出的完善大规模侵权纠纷的惩罚性赔偿、优先权、责任保险、赔偿基金诸思路亦存在弊端。

首先，惩罚性赔偿制度虽然在一定程度上能够预防大规模侵权案件的发生，但却对诚信经营企业的偶发过失行为或者因当时科技所限而生的致害行为“零容忍”，要求过于严苛。惩罚性赔偿制度忽视企业经营的风险与成本，对侵权企业缺乏最起码的宽容，不利于其重整旗鼓，对整个社会的创业创新氛围也产生消极影响。

其次，优先权制度表面上使得受损之人得到首要保护，但却是以牺牲有担保债权人以及其他普通债权人权益为代价。优先权的立法本意是维护实质正义，依靠向社会弱势阶层或代表社会公共利益的群体倾斜分配资源，让他们在破产财产分配中处于领跑地位，借以维系之前摇摇欲坠的正义天平。如果优先权群体过于臃肿，享有的债权数额过于庞大，则正义的天平反倒会偏向另一端，优先权未免矫枉过正。债权人之间对于企业有限资产的博弈属于“零和游戏”，过多分配给优先权人必然意味着普通债权人可获份额的减少。“第一个没有吃到任何东西的人仍然一无所有。”① 企业在偿还高等级的侵权

---

① Joellen Riley, Bargaining for Security: Lessons for Employees from the World of Corporate Finance, 44 *J. Indus. Rel.* 491, 499 (2002).

之债后，留给其他债权人的份额所剩无几。此外，破产优先权破坏了债权人稳定的投资预期，诱发债务人的道德风险，并且可能增加对企业的监督成本。

最后，责任保险、赔偿基金等社会化解决思路符合现代社会风险分担理念，但还有较长的路要走。大规模侵权赔偿的难度与侵害后果治理的艰巨性，使得社会化分担机制成为维系企业权益、实现经济效益与促进社会经济可持续发展的重要保障，大规模侵权纠纷的处置需要社会化解决方式。但是，社会化解决方式存在企业损失由社会无辜公众承担的弊端，在加重公众负担的同时亦会诱发企业经营的道德风险。此外，大规模侵权纠纷解决机制应首先于既有法律框架下寻求解决之道，其焦点应集中在侵权企业与受害者的关系方面，社会化解决途径仅能成为解决大规模侵权纠纷的辅助性、补偿性工具。当然，责任保险和赔偿基金在我国尚未建立的现实，意味着它们变成立法还需要考虑成本与收益问题。

（二）扫清大规模侵权企业进入破产重整程序的障碍

一旦出现大规模侵权纠纷的征兆，企业应尽快申请进入破产重整程序的保护。否则，纷至沓来的应诉举证会使得企业疲于奔命，先期赔付要求会很快耗尽企业的流动资产，而对潜在债权的人数及金额的惶恐，混杂媒体铺天盖地的渲染，企业股票的表现节节败退自不待言，供货商和顾客也会对企业嗤之以鼻，其他企业更不愿意涉足并购患有毒瘤的侵权企业，企业的重心将由盈利扩张沦为财务纾困的疲于奔命。因此，在出现大规模侵权纠纷早期企业即应宣布破产重整，以便在避免经营迅速出现困境的同时，积蓄更多资产，为未来应对巨额赔偿打有准备之仗。

《企业破产法》存在大规模侵权企业进入破产重整程序的“瓶颈”。比如，在是否准予企业在出现大规模侵权纠纷引发的困境伊始即进入破产重整程序方面，依据《企业破产法》，债务人或者债权人可以直接向法院申请对债务人进行重整，其理由不仅包括企业法人不能清偿到期债务，并且资产不足以清偿全部债务或者明显缺乏清偿能力，还包括企业有明显丧失清偿能力的可能。[①] 企业因即将到来的大规模侵权赔偿而存在清偿障碍是否属于“有明显丧失清偿能力的可能”尚须破产立法和法院在实践中明确。考虑到破产重整程序对大规模侵权纠纷的良好功效，大规模侵权纠纷中破产重整程序的受理门槛应予以适度降低。[②]

（三）引入大规模侵权纠纷潜在债权代表人制度

我国破产法应在大规模侵权纠纷的处置中引入潜在债权代表人制度。潜在债权代表人的制度设计能够确保其在破产程序中充分代表潜在债权人，实现潜在债权人的合法权益。虽然一些法官任命其属意之人担任潜在债权代表人，但破产管理人担任代表人的情形更为常见。作为经过训练的能够胜任破产程序中各项要求的专业人士，破产管理人在破产案件被法院受理起即全面接管企业，对债务人财产状况和内部管理事务均有一定了解，能够以较为中立客观的视角，评估潜在债权；同时，破产管理人亦独立于债权人、债务人及其代理人，能够代表社会公共利益，秉持信义义务，确保债权人享有参与破产程序的权利。[③] 潜在债权代表人有权聘用律师、财务顾问等其他专业人士，有效的专家配置能够确保潜在债权人在与其他债权人表决组的博弈中毫不落下风。

《企业破产法》第 25 条规定管理人享有 8 项具体职责，并特别注明管理人的职责还包括“人民法院认为管理人应当履行的其他职责”与“本法对管理人的职责另有规定的，适用其规定”。梳理《企业破产法》的“另有规定”，管理人职责尚包括：破产管理人的其他职责包括通知已知债权人申报债权（第 14 条）、接受债务清偿或者交付财产（第 17 条）及决定解除或继续履行合同（第 18 条）等，而“人民法院认为管理人应当履行的其他职责”

---

① 《企业破产法》第 2、70 条。

② 有法官对此观点持赞同态度，认为只要债务人有明显丧失清偿能力的，即使其不存在不能清偿到期债务的事实或即使债务人的资产能够清偿全部债务，也可以裁定重整。参见吴庆宝、王建平：《破产案件裁判标准规范》，人民法院出版社 2009 年版，第 269 页。

③ See Richard B. Sobol, *Bending the Law*, University of Chicago Press, 1991, p. 110.

的具体范畴，破产法则没有列举。因此，潜在债权代表人能够代表债权人参与诉讼、申报债权甚至拥有重整计划表决的职权，可以依据大规模侵权案件的具体情况由法院及时确定，亦可以由法院通过司法解释的方式予以特别明确。

（四）确立大规模侵权纠纷潜在债权评估制度

潜在债权得以评估的前提是在破产程序中承认潜在债权的存在。《企业破产法》规定破产债权仅能是“人民法院受理破产申请时”[①] 对债务人享有的债权，这间接否认了潜在债权在我国破产法上的存在，并导致在企业被破产宣告后才显露症状的大规模侵权受害者，面临因求偿对象的不复存在而颗粒无收的残酷局面。适度扩大《企业破产法》中债权的外延刻不容缓，至少应将大规模侵权之债纳入破产债权的范畴。

潜在债权的数额评估应借鉴美国的历史价值方法。比如在大规模环境侵权案中，具体可以采纳“补救调查与可行性研究”的步骤作为评估程序。即环保部门等债权人在调查和研究污染的性质和危害性后，再结合补救措施的实施细节与途径估算出环境债权总额。[②] 有学者则指出应由债权人提出及证明其享有的潜在债权数额，再由法院最终裁定，并保持债权在清理过程中因各种原因而增加的灵活性，这将显著增进破产程序的审理效率，进而造福债权人和破产企业。[③]

结 语

在我国目前不存在集团诉讼程序、政府出于维稳压力限制涉案人数以及法官限于专业性难以审理复杂案件的背景下，大规模侵权案件的破产重整解

① 《企业破产法》第107条。

② 经统计，“补救调查与可行性研究”步骤的平均花费一般为800,000美元。See David Sive & Frank Friedman, *A Practical Guide to Environmental Law*, Ali – Aba Comm on Continuing, p. 132 (1987).

③ See James K. McBain, Environment Impediments to Bankruptcy Reorganizations, 68 *Ind. L. J.* 233, 265 (1992 – 1993).

决思路具有特殊而重要的意义。破产重整制度是《企业破产法》于 2007 年新引进的制度，利用其处置大规模侵权纠纷，不需要耗费立法成本建立诸如赔偿基金等新型制度，或是借鉴容易引发人们广为争议的惩罚性赔偿制度，仅需要在既有法律框架下，局部修补即可整合完成。当然，利用破产重整解决大规模侵权纠纷不会一蹴而就，需要企业破产重整处置预案的预设、破产管理人的专业配合、法官破产重整思维的培养以及全社会风险意识的形成。

第五章　破产法与知识产权法：以知识产权许可合同的处置为视角

知识产权许可的重要性与日俱增。宏观上，法律为了刺激推动科技创新而赋予权利人对智力成果的专属垄断权，亦会为了技术资讯的流通对权利人施以公开权利的压力。减少知识产权的买断是大势所趋，知识产权许可受到更多瞩目。微观上，知识产权许可恰在许可人与被许可人之间架起一座桥梁，使得有实力的运作高手与合适的智慧成果适配，充分挖掘知识产权的经济潜力，也使得不擅长商业运作的发明人和创造者成功地推销出自己的创新成果，将辛勤付出转化为生产力。当事人签订许可合同存在风险，其中之一便是一方当事人破产时会直接影响双方原有的权利义务。妥善处理作为高新技术产业重要经济工具的知识产权许可合同，直接关系到许可人和被许可人的权利义务，更对产业链上下游的发展意义深远。本章直面破产中的知识产权许可合同这一主题，通过剖析合同性质、检讨传统待履行合同解决方法的缺陷以及扬弃美国的相关法律制度，希望为完善我国知识产权许可合同破产法律制度提供立法建议。

一、知识产权法与破产法的“合”与“离”

（一）知识产权法与破产法的契合

知识产权法与破产法气质与精神的贯通，使得彼此矛盾的解决有了理论支撑和基本抓手。正如博登海默所言：“法学家所必须干的是认识这样一个问题，并意识到这个问题是以这样一种形式向他提出的，即尽可能保护所有的社会利益，并维持这些利益之间的、与保护所有利益相一致的某种平衡或协调”。[①] 平衡各方利益为知识产权法与破产法极欲实现的目标，社会整体利益亦借由各方权益的协调得以最终实现。

保护创新和维护市场活力始终位于知识产权法律版图的两端。如果创造者与运用者、个人与公众之间的博弈和平衡，也就必然不会有知识产权法律制度的产生。“可以认为，自知识产权制度建立以来，利益平衡一直是其追求的价值目标，知识产权法中的诸多原则和具体规则背后，都影射了协调和解决知识产权人与社会公众之间利益冲突的思路。”知识产权法明确了权利人排他实现精神利益和财产利益，这种合法垄断“为权利人提供了最经济、最有效和最持久的创新激励动力，保证了科技创新活动在新的高度上不断向前发展”。[②] 但是法律不会允许某项知识产权永续存在，也不会对公众已经获取的公开知识产权设立障碍。兼顾知识创造者权益保障与推动社会文明进步的公益目标的结果就是限制知识产权权利。比如，合理使用的规定使得符合条件的学校、图书馆、档案馆、纪念馆、博物馆、文化馆等机构可以不经过著作权人的许可，不向其支付报酬，仅须指明作者姓名或者名称、作品名称，并且不得影响该作品的正常使用，也不得不合理地损害著作权人的合法权益。[③]

多方利益主体的参与决定了在破产程序中必然出现利益分歧，破产法的使命便是尝试在拉锯的绳索上找到各方能够同意的平衡点。比如 1978 年《美国破产法》，就是“通过平衡股东在陷入困境企业重整中的经济利益，为债务人和债权人提供博弈的平台。它的通过得到了几乎所有各方——金融界、无担保债权人协会、股东会、破产法官们——一致的积极拥护”。[④] 从历史视角观察，早期的破产法一直以债权人利益保护为中心，破产不仅不能免责，

---

① ［美］E. 博登海默：《法理学：法律哲学与法律方法》，邓正来译，中国政法大学出版社 1999 年版，第 148 页。

② 冯小青：《知识产权法前沿问题研究》，法律出版社 2004 年版，第 46 页。

③ 参见《著作权法》（2020 年根据第 13 届全国人大常委会第 23 次会议通过《全国人民代表大会常务委员会关于修改〈中华人民共和国著作权法〉的决定》第 3 次修改）第 24 条。

④ ［美］哈维·米勒：《破产重整五十年（1960～2010）回溯》，张钦昱译，载《公司重整法律评论》（第 1 卷），法律出版社 2011 年版，第 412 页。

还如盗窃一样可耻，破产刑事化的倾向明显。只是到了近代，由于信用制度的确立、破产耻辱观淡化等影响，破产法才有了兼顾债权人与债务人利益的转变，比如债务人可以通过重整程序恢复经营能力等。现代破产法秉承多元目标的发展理念，在协调债权人之间、债权人与债务人之间利益外，同时兼顾企业职工和社会利益的维护。从法与经济学视角观察，“债权人可得到的财产越多，企业家活动的风险就越大；债权人可得到的财产越少，其利息率就越高”。[①] 破产法的出现正是为了协调当事人双方的交易成本，在当事人之间建立了一种合理分配收益与风险的机制。

（二）知识产权法与破产法的背离

知识产权法与破产法冲突的焦点集中在对契约自由的态度。“契约的设立是为了追求权利的实现，是人类欲望的物化状态和证明工具。”[②] 为使得市场主体充分发挥主观能动性，诉求的权利得以实现，契约自由原则应运而生。[③] 近代以降，随着周期性经济危机所导致的诸如资源分配不公平等社会问题积重难返，各国法律纷纷对契约自由进行修正，走入 21 世纪的契约自治原则也在公平交易法、侵权法与财产法方面得到改善。[④]

对契约自由的反思并未在知识产权法领域掀起过大波澜。知识产权法主要利用限制权利期限、权利用尽等制度限缩权利人的权利，与契约自由关系不大。在知识产权许可合同方面，法定许可或强制许可制度干预了许可人的自由意志，但其适用条件受到严格限制，我国《专利法》只规定了一般强制许可、公益强制许可和关联强制许可三种类型，美国甚至没有强制许可措施。总体来说，知识产权法以鼓励契约自由为主，允许当事人依照合同自由行使权利，获取利益。

---

① ［美］理查德·A. 波斯纳：《法律的经济分析》，蒋兆康等译，中国大百科全书出版社 1997 年版，第 523 页。

② 刘云山：《传统中国契约权利形态三论》，载《西南民族大学学报》2006 年第 7 期。

③ 参见李永军：《合同法》，法律出版社 2004 年版，序言第 1 页。

④ 参见苏永钦：《走入新世纪的私法自治》，中国政法大学出版社 2002 年版，自序第 3 页。

破产法规范是以强行性为主还是任意性为主的争论在今天仍未盖棺定论。应当看到，破产法以任意性规范为根基：破产法律关系的客体是债务人的私有财产；破产法律关系的内容是债权人和债务人的实体权利与义务，破产法的目标是保护民事主体的私有权利，其本质当属私权。但是破产法的强行性规范亦有较大存在空间。有学者就认为“民事诉讼法、强制执行法及破产法，即是此种通过‘公力救济’以确定私权及实现私权之一系列程序的法律”。[①] 破产法的强行性色彩表现在破产机构的组织设置和权力配置、分配顺序以及对破产和解设定的表决程序的限制等，在缔约自由、合同内容和合同履行的限制等方面亦有所体现。关于限制缔约自由，破产程序中债务人的行为能力受到限制，只能由破产管理人代其与相对方缔结合约。关于限制合同内容，如我国《企业破产法》第42条规定，清算程序中新缔结的合同只能是为了债务人继续营业而应支付的劳动报酬和社会保险费用以及由此产生的其他债务。关于限制合同履行，在破产程序伊始“债权人向债务人提出的任何形式的请求清偿债务的行为都必须自动归于停止”。[②] 债务人不能再对个别债权人偏颇清偿，当事人变更合同内容的行为也被法律禁止，破产法还剥夺了债权人对合同的履行抗辩权和解除权，债权人只能申报债权，等待最后的财产分配。

二、破产中知识产权许可合同的困境

破产法与知识产权法的冲突在处理破产程序中的知识产权许可合同中体现得越发明显。如果按照知识产权法的通用做法对当事人的意志不予干涉，会导致债权人争先恐后地实现合同目的，出现类似银行挤兑的现象，对进入破产程序的债务人无异于雪上加霜。如果按照破产法旨意对许可合同施加过多影响，又与知识产权法鼓励创新、促进智力成果传播的精神相背。于是，为了解决破产中知识产权许可合同问题，待履行合同解决方法应运而生。

---

① 耿云卿：《破产法释义》，五南图书出版股份有限公司1988年版，第3页。
② 付翠英：《破产法比较研究》。中国人民公安大学出版社2004年版，第303页。

（一）破产中知识产权许可合同的性质

知识产权许可合同在破产法上属于待履行合同，适用待履行合同的相关规定。[①] 美国自1938年的《钱德勒法案》（Chandler Act）至1978年的现行美国破产法典，经过半个世纪的发展，待履行合同制度“已经从最初的两段文字发展为长达几页的详尽描述”。[②] 尚没有法典明文定义待履行合同，不过总体来说待履行合同可被界定为一种合同双方的义务均未完全履行完毕的合同。[③] 实践中一般援引康特里曼测试（Countryman Test）来判定待履行合同。[④] 依据康特里曼教授的解释：当合同双方尚未履行或尚未完全履行合同的义务，且该尚未履行或尚未完全履行的义务会造成他方的重大实质侵害时，则该合同为待履行合同。[⑤] 康特里曼测试又被称为实质性违约测试，即如果一个合同的次要义务没有被满足，那么当事人的违约并不构成实质性违约，该合同也当然不属于待履行合同的范畴。

那么知识产权许可合同是否是待履行合同呢？需要套用康特里曼测试来判定。实践中，每一个许可合同的双方几乎都有一些还未履行完毕的义务，这些义务是否属于实质性义务尚有待商榷。比如不能仅仅因为一方没有支付许可费用就判定其构成实质性违反合同，从而构成待履行合同。应当看到，待履行合同着重的不是已经确定了的义务的履行，而是看重持续性义务的存

---

① Executory Contract 有多种中文译名，比如“有效合同”“尚待执行的合同”“进行中双务契约”等，参见兰晓为：《破产法上的待履行合同研究研究》，人民法院出版社2012年版，第2~3页。本章采“待履行合同”的称谓。

② ［美］大卫·G. 爱泼斯坦、史蒂夫·H. 尼克勒斯、詹姆斯·J. 怀特：《美国破产法》，韩长印等译，中国政法大学出版社2003年版，第227页。

③ *N. L. R. B. v. Bildisco & Bildisco*, 465 U. S. 513, 522, n. 6 (1984). 该案阐述了待履行合同的含义和立法目的。

④ 另有一些判例采用功能性测试方法来判定合同的性质。当一项合同被破产管理人拒绝履行是源于其对债务人而言是负担时，该合同即为待履行合同。需要说明的是功能性测试方法较为灵活，需要根据个案逐一判断。*In re* La Electronica, Inc., 995 F. 2d 320, 322 n. 3 (1st Cir. 1993); *see* also *In re* Jolly, 574 F. 2d 349 (6th Cir. 1978).

⑤ Vern Countryman, Executory Contracts in Bankruptcy: Part I, 57 *Minn. Law Rev.* 439, 460 (1973).

续。换句话说，如果许可人不去起诉被许可人违反合同的义务是一项独立的义务，那么违反该义务就构成了实质性违约。因此，含有许可人不得起诉违约的条款的合同当属待履行合同。与此类似，含有许可人允许被许可人在破产后继续使用知识产权条款的合同，保护被许可人的知识产权免受他人损害条款的合同，以及被许可人继续以特殊形式使用知识产权条款的合同都属于待履行合同的范畴。

（二）待履行合同的处理方法

无论哪方进入破产程序，双方当事人依据合同所建立的双务契约关系如何变化是争点所在。破产管理人对待履行合同有两种选择途径：承担合同和拒绝履行合同。破产管理人若选择承担合同，必须首先弥补违约部分或者提供充足担保。破产管理人也需要考虑合同之外第三方的利益，需要补偿因债务人先前违约所导致的第三方金钱利益损失。当然，破产管理人为其将来可以实现合同目的所提供的保证也是必不可少的。对合同的承担是“全有或全无”的关系，即破产管理人仅能对全部的合同概括承受，不能仅享有合同部分权利或者承担部分义务。① 破产管理人一旦确定承担待履行合同，破产程序开始前存续的合同便由债务人继续履行，债权人的债权不再与其他债权按照比例分配，而是作为共益债务由债务人财产随时优先清偿。

与此相反，待履行合同如果被破产管理人拒绝，债务人被视为在破产程序开始前便违反了合同义务，债权人的债权随即变为无担保债权，债权只能进入由无担保债权组成的“债权池”，依比例受偿。不过合同的拒绝履行并不影响债权人依据合同享有的其他权利，比如仲裁条款的执行权、抗辩权和债权人依据合同享有的债权数额等，并不随着合同的拒绝而丧失。需要明确的是合同的拒绝并不等于合同的终止，这对于诸如次级租赁人以及次级被许可人等第三方主张他们的权利和义务没有因合同的拒绝而受到影响

① In re Allegheny Health, Educ. And Res. Found., 383 F. 3d 169 (3d Cir. 2004).

意义重大。[①]

法律赋予破产管理人极大的自由选择权，破产管理人选择继续还是拒绝履行合同完全凭其意志，法院甚少干涉。通常情况下，只要破产管理人满足商业判断规则（business judgment rule），其做出的判断便会被法院认可。商业判断规则是存在于普通法系的一项基本商法原则，其核心思想是法院不会揣测由独立和利益不相关的董事做出的善意抉择。[②] 换句话说，只要董事会作出的决定符合一个理性人在当时情境下会考虑的合理做法，法院就不应干涉董事会的正常商业活动。在待履行合同的场合，商业判断规则包含的关键因素有：债务人财产的成本效益分析，因拒绝合同而导致的债权增加对其他普通债权的稀释，以及在承担合同之后又违约而导致的潜在风险等。

（三）对待履行合同处理方法的检讨

待履行合同的做法较好地调和了破产法与知识产权法的矛盾。在利益平衡原则的指引下，待履行合同充分考虑到了债权人与债务人的利益，在限制合同相对方自由意志的同时，对债务人课以必要的义务，对契约自由作了另外一种意义上的修正。具体来看，破产管理人可以较为自由地选择承担合同以满足破产程序目的的实现，不必受到债权人行使不安抗辩权和先履行抗辩权的干扰。但是，破产管理人的这项权利只有在补救已经存在的违约行为并提供充分的担保后才能行使，而且一旦破产管理人决定继续履行合同，债权人的请求权即被识别为共益债权，享有优先清偿的地位。此外，破产管理人继续履行合同的决定也要受到商业判断规则的约束，可以被法院推翻。

根源于知识产权法律关系客体的特殊性，新问题又随之产生。在债务人是知识产权许可人的场合，如果允许许可人恣意解除许可合同，考虑到知识产权一般无法在短时间内被取代或者即使得出替代方法也要经历复杂的新颖

---

① 比如在 *In re* Bergt，241 B. R. 17，30（1999）一案中，法院认为虽然终止合同与拒绝履行合同的处理方法非常相似，但却因影响到了第三方的利益而不能采用。

② See generally S. Samuel Arsht，The Business Judgment Rule Revisited，8 *Hofstra L. Rev.* 93（1979）.

性争论，这有可能极大地打击被许可人围绕智慧成果投入巨大的事业，甚至使得被许可人经过艰辛努力建造的产业付之一炬。被许可人丧失了知识产权合法使用的基础是金钱所难以补偿的。即使补偿，被许可人得到的也不过是一种无担保债权，需要劣后于优先债权并与其他同等级债权人分享债务人财产。1985 年的路博润公司诉里士满修整器公司[①]一案将待履行合同的破产法解决方法的缺陷表现得淋漓尽致。里士满修整器公司在破产前曾许可路博润公司一项非排他性的金属涂层专利。当里士满修整器公司进入重整程序后，其拟在重整计划中写入拒绝履行许可合同的条款，以便金融涂层专利可以通过再次出售获得更好的收益。法院意识到拒绝履行合同会给相对方带来过于巨大的负担，但里士满修整器公司的重整计划因符合商业判断规则，且没有证据显示其滥用了自由裁量权仍然得以顺利通过。

问题同样产生于债务人是知识产权被许可人的场合。对于被许可人已经付清了所有许可费的独占许可，许可人一般无权禁止破产管理人转让许可合同项下的权利义务。[②] 对于非独占许可，《美国破产法》第 365（f）条规定，“除非第 365（c）条规定，尽管待履行合同的条款中有禁止、限制转让的条款，破产管理人也可以转让该待履行合同”。[③] 也就是说，当事人在许可合同中预先达成的禁止或限制合同在破产状态下进行转让的条款并不能强制执行，破产管理人在提供履约担保后，拥有移转许可合同的权利。[④] 于是，债务人便可以在破产管理人承担许可合同后将知识产权移转至第三方以换取高额利益。更为可怕的是，如果第三方恰巧与原许可人有竞争羁绊，许可人的利益将会变得岌岌可危。比如一项允许债务人独家制造原许可人产品的专利权如果落到与原许可人产品具有替代关系的厂家手中，该厂家就可以选择停止生

---

① *Lubrizol Enterprises*, *Inc. v. Richmond Metal Finishers*, *Inc.*, 756 F. 2d 1043（4th Cir. 1985）.

② 董涛：《破产程序中知识产权许可协议“法律待遇”问题研究——美国的经验及对中国的启示》，载《政治与法律》2008 年第 10 期。

③ 不过第 365（c）条和第 365（f）条的关系始终为学者争议。See Theresa J. Pulley Radwan, Limitations on Assumption and Assignment of Executory Contracts by “Applicable Law”, 31 *N. M. L. Rev.* 299, 306 - 310.

④ 联合国国际贸易法委员会《破产立法指南》第二部分第 139 条即有类似规定。

产原许可人的产品，通过减少商品弹性的方法使得自身产品的销量和收入增加，从而达到打击竞争者的目的。

三、破产中知识产权许可合同的美国处理经验

在待履行合同的传统解决方法失灵后，需要结合知识产权许可合同的特性，重新思考处理方法。下文将通过扬弃美国法院的处理态度，分述许可人和被许可人分别破产时对知识产权许可合同的处理方法。

（一）许可人破产时知识产权许可合同的处理

破产法的游戏规则下，债务人为了尽可能减少负债，不惜与贷款人、供应商和工会等打得头破血流，遑论他人受伤与否。在债务人拥有知识产权的情况下，情势尤其复杂。被许可人不仅被迫接受远低于债权数额的清偿，而且有可能面临路博润公司诉里士满修整器公司案中被许可人所面临的投资荡然无存的风险，甚至出现被许可人紧随许可人进入破产程序、陷入破产泥沼的厄运。考虑到此种情形，美国的处理方法比较精致，是缜密考量知识产权特性并平衡各方利益之后得到的结果，殊值借鉴。在相关利益团体的推动下，《知识产权破产保护法》早在1988年即被制定，并于随后被纳入《美国破产法》第365（n）条作为破产法处理待履行合同的例外方法，旨在通过限制许可人的权利，达到鼓励知识产权投资，保护投入研发资本和贡献市场营销技能的被许可人的目的。[①]“美国破产法对高科技产业与智慧财产权相关议题作出的重大回应，扫除了美国科技发展的一大阻碍，具有划时代意义。”[②]

依据美国破产法，当许可人进入破产程序，管理人如果选择继续履行许可合同时，被许可人有两种方法可资应对：接受破产管理人拒绝履行合同的决定；或者在授权期内，继续保留使用在破产案件开始前即已经存在的知识产权，并相应负担一些义务。换句话说，被许可人可以选择接受债务人不再

---

① See Patrick Law, Intellectual Property Licenses and Bankruptcy-Has the IPLBA Thawed the "Chilling Effect" of Librizol v. Richmond Metal Finishers?, 99 *COM. L. J.* 261（1994）.

② S. REP. NO. 505, 2d Sess. 1, at 3200.

履行许可合同的决定，此时许可合同视为终止，被许可人不再拥有继续使用知识产权的权利，但是可以与普通无担保债权人一样对债务人享有损害赔偿请求权等其他权利。被许可人也可以选择保留知识产权，破产管理人即使拒绝继续履行合同也无济于事，被许可人仍然有权继续合法使用该知识产权。许可人破产时，允许被许可人否定债务人拒绝履行合同的意志显然是对被许可人权利的倾斜保护。这种保护也体现在细微的层次上。比如虽然拒绝了合同，债务人还是要始终受到许可合同保密条款的约束，且在独占许可的情况下禁止再将知识产权许可他人，利于被许可人不受打扰地继续享有使用知识产权所带来的利益。再如被许可人选择继续承担的合同范围当然及于任何附属合同，比如源代码托管合同（source code escrow agreement）。[①]

为了不加重债务人负担，美国破产法也框定了被许可人的权利边界，施以时间、对价和权利放弃等多重限制。第一重限制是时间的要求。被许可人只能在原许可协议设立的许可期限内继续使用知识产权。第二重限制是给付对价的要求。被许可人应当按照原合同要求继续支付许可费。[②] 不管如何称谓，只要是为了使用知识产权所支付的费用都应属于许可费的范畴。比如普莱斯·弗莱斯一案[③]，一项生产专利许可合同的条款区分了使用知识产权的独占许可使用费和按照销售支付给许可人的提成。被许可人在债务人破产并拒绝履行合同后选择继续履行合同，并主张其仅需再支付债务人以提成费，而不再支付固定数额的许可费。法院审理后认为债务人得到的应当包括被许可人为了保留知识产权所支付的任何费用，并依此驳回了被许可人的诉求。第三重限制是放弃权利的要求。被许可人需要放弃抵销权和对债务人共益债务的诉求。[④] 一般情况下，债权人可以向破产管理人主张抵销其在破产申请受理前对债务人所欠的债务，但是在许可合同的场合却不得主张抵销，这是

① 源代码托管合同通常发生在签订电脑软件的相关契约时。

② 11 U. S. C. § 365 (n) (2) (B).

③ See *Encino Bus. Mgmt.*, *Inc. v. Prize Frize*, *Inc.* (*In re Prize Frize*, *Inc.*), 150 B. R. 456, 459 – 60 (B. A. P. 9th Cir. 1993), aff'd, 32 F. 3d 426 (9th Cir. 1994).

④ 11 U. S. C. § 365 (n) (2) (C).

为了避免引发被许可人为了获得实质上的更多清偿而要求继续履行合同的道德风险，产生类似于个别清偿的效果，进而减少其他债权人获得清偿的比例。与此类似的是对共益债务的诉求，相较于因拒绝履行合同所获得的普通无担保债权人地位，被许可人在继续履行合同中处于可以获得随时清偿共益债务的较高优先级。只有在抽离抵销权和共益债务的诱惑后，才能看出被许可人的真实意图。如果被许可人还能够选择履行合同，说明被许可人的确是为了实现合同带来的经济与社会效益，这正是法律设立例外的本义与初衷。

具有争议的是美国破产法规定被许可人只得保有破产程序开始前许可合同中存在的知识产权。一般情况下，许可合同中写入“未来改进”条款的现象非常普遍，如果限制被许可人获得知识产权的更新，潜在的被许可人很可能不愿获得一项许可，许可人也会在与众多提供相似智慧成果的许可人的竞争中落败。不过在许可人进入破产程序后，《美国破产法》第365（n）（1）（B）条排除了“未来改进”条款的效力。从立法背景看，限缩被许可人继续获得更新权利的理由源于两个方面。其一，是为了鼓励债务人继续研发知识产权而不为破产程序申请前所拟定的合同条款所累。通过赦免破产程序之前的债务，提供债务人新生的机会。其二，是为了保证债务人不能有积极履行合同的行为。待履行合同制度的底层逻辑是除非破产管理人同意，就不能要求债务人有履行合同的积极行为。[①] 即使法律赋予被许可人可以继续享有被债务人所拒绝的知识产权，债务人也只是被动地接受金钱给付，消极地同意知识产权暂时归属于被许可人。也正因如此，立法才将被许可人可以继续享有的知识产权局限在债务人破产申请前合同列明的范畴，无须债务人再主动提供更新技术。[②] 目前，只有一个案例涉及“未来改进”条款在破产程序中的效力问题，法院判决“未来改进”条款在破产程序中不具强制执行力。[③]

---

① See Douglas G. Baird & Thomas H. Jackson, *Cases, Problems and Materials on Bankruptcy*, 244 – 245 Little, Brown (2d ed. 1990).

② S. REP. Np. 505, 2d Sess. 8, at 3205.

③ See In re Szombathy, 1996 WL 417121, at ∗9 (Bankr. N. D. Ill. 1996).

但是将“未来改进”条款排除出债务人的义务又引发新的不公平。当今科技进步神速，比如在软件领域就会有不断更新现有版本以增加用户体验，也会陆续有补丁发出以解决技术漏洞。一旦用户有一段时间没有下载更新或补丁组件，就会发现其正在使用的版本悄然过时，错过了重要版本将直接导致用户无法享受创新带来的红利。未升级的软件虽然不会影响用户对更新之前软件的使用，但是互联网的连接性将会使得未升级的用户可能无法与其他用户交流，未升级的用户变成一座孤岛。从这种意义来说，无法获得知识产权修改或改进技术的被许可人所掌控的知识产权将大幅度贬值，甚至很快将变得一文不值。特别的是，当一项知识产权的开发接近尾声，比如软件处于后期调试、电影正在包装剪辑或小说连载至最终的高潮，如果许可人此时进入破产程序，那么缺少关键部分的知识产权对被许可人来讲只是鸡肋，继续承担合同不会获得完全经济利益，而放弃合同又使得前期投资和期待利益落空。有学者就尖锐地指出：“被许可人无法获得技术更新，使得通过艰苦谈判得来的被许可人继续享有知识产权既得利益的胜利变得华而不实。”①

一刀切的禁止“未来改进”的刚性条款也显得过于绝对。至少在重整程序中，要求债务人向被许可人提供其自愿改进的知识产权不会对债务人的资金、基础和产业造成实质性或无法估量的负担。毕竟，相较于清算程序中债务人的发明者作鸟兽散、财产等待分配的命运，重整程序中债务人各组成部门相对保持完整，改进知识产权不会耗费过多精力却可能对被许可人性命攸关，且与被许可人维持更加紧密的关系也利于企业的转机。更为重要的是，如果债务人不提供力所能及的帮助，知识产权的利用将不再具有效率，最终受害的将会是整个社会利益。因此，应该准许法院对重整程序中的债务人逐案进行成本与效益分析，在债务人几乎不花费成本或仅履行最低限度的义务便可最大限度惠及被许可人的情况下，要求债务人提供知识产权的更新或升级。

---

① Kenneth N. Klee, Isaac M. Pachulski & David Fuller, The Effect of Bankruptcy on Intellectual Property Rights, *SD24 ALI-ABA* 69, 74 (1998).

（二）被许可人破产时知识产权许可合同的处理

被许可人破产给许可人的竞争者以可乘之机。竞争者可以未经许可人同意便向亟待出售资产的债务人购买许可人知识产权项下权利，从而染指其平时无法接触的专利和其他知识产权，许可人将因为被许可人的破产而丧失对知识产权许可的控制，对许可人利益颇为不利。为了防止债务人将承担许可合同之后所获得的知识产权再移转第三人，美国实务界走向另一个极端，倾向适用第365（c）条，不仅否认债务人有移转许可合同的权利，更不允许其对许可合同的承担。依据《美国破产法》第365（c）条，“除非其他可适用法律有特殊规定或者经许可人同意，破产管理人不能承担或移转待履行合同”，无论合同双方是否之前签订有禁止或限制权利义务转让的条款。第365（c）条排除了第365（f）条所规定的禁止反转让条款的适用，使得债务人丧失了继续履行和移转许可合同的可能。

对于许可合同的移转，学者、实践者与立法者的态度保持一致，即未经许可人同意，禁止债务人径行移转合同。依据第365（c）条，“其他可适用的法律”可以指除了破产法的任何法律，包括版权法、专利法和商标法以及合同法等。知识产权法一直倾向于保护知识产权所有者的控制力，强调不征得许可人同意被许可人便无权处置合同。在契约自由的指引下，合同法本是允许权利与义务的自由移转，但对于涉及特殊技能的个人服务合同，合同法却一概采取禁止态度。[①] 实践中，债务人丧失许可合同的选择权在非独占许可的情形下表现得最为明显。[②]

对于许可合同的承担，美国破产法剥夺债务人继续承担许可合同的权利则为人诟病。毕竟，对于受困被许可人而言，许可合同带来的收益可能是其

---

① See e. g., Breeden v. Catron, 158 B. R. 624, 627 (Bank. E. D. Va. 1992); In re Taylor, 103 B. R. 511, 516 (D. N. J. 1989).

② 这是因为与独占许可的被许可人视许可合同为一项可以转让的物权相比，非独占许可的被许可人更多的视许可合同为一项债权。实践中对独占许可的处理存有分歧。比如在著作权领域，美国1976年《著作权法》明文规定独占许可合同可以转让 See 17 U. S. C. § 101 (2000 & Supp. 2004). 但美国第九巡回区法院则持有相反观点。See *Gardner v. Nike, Inc.*, 279 F. 3d 774 (9th Cir. 2002).

复苏的曙光；对于其债权人而言，债务人通过继续使用许可合同也可能使得债权人分配到更多债务人财产。为了尽可能缓和禁止承担的规定对债务人造成的不利影响，立法者、学者与实践者围绕第365（c）条展开争论，产生了“假设性测试”、“真实性测试”和“字面含义测试”三种解释方法。“假设性测试”方法无关债务人真实意思，而是创造了一个期待接受移转许可合同的假想第三方，假想债务人在承担许可合同后存在将许可合同移转至该第三方的机会。为了防止债务人违反已经被法律所禁止的向第三方移转许可合同的可能，法律直接禁止上一环节，对债务人承担合同的权利也一概禁止。美国第三、四、九和十一巡回区采用此种方法。[①]“真实性测试”方法立足于破产法立法历史和体系，[②] 认为是否允许承担合同应该诉求债务人本意。如果债务人没有转让合同的意图，就应该允许债务人对合同的承担。美国第一、五巡回区和多数美国低等法院采取“真实性测试”方法。[③]“字面含义测试”方法将焦点集中于“破产管理人”的表述。虽然在一般情况下破产管理人享有的权利同时为“占有中的债务人”[④] 享有，但在承担许可合同的场合，破产管理人并不包括“占有中的债务人”。因此，第365（c）条所禁止的只是“破产管理人”对合同的承担或转让，“占有中的债务人”仍然享有承担合同的权利。“字面含义测试”方法在2005年首先由纽约南区破产法院采用。[⑤]

“假设性测试”方法是一种文本解释的方法，简便易行，无须追问当事

---

① *In re W. Elec.*, *Inc.*, 852 F. 2d 79（3rd Cir. 1988）; *In re Sunterra*, 361 F. 3d at 262 n. 9; *In re Catapult Entm't*, 165 F. 3d at 747; *City of Jamestown v. James Cable Partners*, L. P., 27 F. 3d 534, 537, reh'g dened, 38 F. 3d 575（11th Cor. 1994）.

② 立法历史请参见 H. R. REP. No. 96 – 1195，§27（b）（1980）。体系解释的角度主要是对比《美国破产法》第363（c）条和第363（f）条。第363（f）条要求破产管理人必须在承担待履行合同后才能够转让，而第363（c）条则将承担与转让待履行合同并列，显然需要调和两者的矛盾。

③ *Bonneville Power Admin. v. Mirant Corp*（*In re Mirant Corp.*）, 440 F. 3d 238（5th Cir. 2006）.

④ 占有中的债务人（Debtor in Possession），指经过法院的审查和许可，法院可以省却任命管理人的程序，将财产和债务人企业的经营权直接交回原债务人占有经营。参见李曙光：《关于新〈破产法〉起草中的几个重要问题》，载《政法论坛》2002年第3期。

⑤ 纽约南区破产法院在 *In re Footstar*, *Inc.*, 323 B. R. 566, 574（2005）案中首次运用“字面含义测试”方法。

人的心理状态使得适用效果具有可预期性。其对债务人不利在一定程度上也可被理解，毕竟许可人卷入破产程序并非本意，不利后果也不应由其承担。但是“假设性方法”的缺陷也为人诟病。美国最高法院大法官肯尼迪就指出，“‘假设性测试’方法不惜牺牲破产法的基本精神，以换取对破产法典文本的忠诚”。[①]“假设性测试”方法的缺陷有三：其一，“假设性测试”方法容易被债务人规避。在有的案件中，债务人将自己的股份出售给第三方，达到了向第三方间接移转许可合同目的的情形。[②] 其二，“假设性测试”方法剥夺了债务人继续使用许可合同的权利，对根本无法移转的许可合同也不例外。这对期待东山再起的债务人来说无异于火上浇油。而且许可人不仅对被许可人移转许可合同有决定权，还对合同的承担具有至关重要的作用。这将使得许可人变得强势，利益均衡局面被打破。其三，“假设性测试”方法给予许可人的保护超出其实际需要。在破产程序之外，许可人不可无端解除许可合同，可一旦被许可人破产，许可人却可以依据“假设性测试”方法解除许可合同，收回潜在的高价值知识产权，并通过再次出售获得更高的利润。法律保护许可人本无可厚非，但也绝不能容忍许可人利用破产程序不当得利。近年来，“假设性测试”方法的弊端越来越多地为人认知，对策性方法纷纷涌现。比如，在采用“假设性测试”方法的某些辖区，法院会允许债务人采用“无影响通过”的方法规避第 365（c）条的僵硬。[③] 在这类案件中，债务人对待履行许可合同可以既不明确承担、也不明确拒绝，从而不受影响地经过破产程序。[④] 由于没有经过承担或拒绝，第 365 条没有适用余地，也就不会

---

① Statement of Kennedy, J., *N. C. P. Mktg. Group, Inc. v. BG Star Prods., Inc.*, 129 S. Ct. 1577, 1578 (2009), On Petition for Writ of Certiorari to the United States Court of Appeals for the Ninth Circuit, No. 08 – 463, decided March 23, 2009.

② *Institut Pasteur v. Cambridge Biotech Corp.*, 104 F. 3d 489 (1st Cir. 1997). 而有些法院认为股份出售或公司出售的方法本身即达到了许可合同的移转效果，因此判决破产管理人的此种设计无法达成规避“假设性测试”的目的。See *PPG Indus., Inc. v. Guardian Industries Corp*,. 597 F. 2d 1090, 1095 (6th Cir. 1979).

③ *In re Hernandez*, 287 B. R. 795 (Bankr. D. Ariz. 2002).

④ 但是，破产管理人仍然需要概括承受许可合同的所有权利与义务，且债务人在没有履行义务的情况下会造成违约。

产生继续履行或解除合同等后续问题。

“真实性测试”方法和刚产生不久的“字面含义测试”方法虽然与法典的文本表述稍有偏离，但试图体现破产法旨意的努力值得嘉奖。“真实性测试”方法较好地平衡了被许可人与许可人的利益。其允许债务人使用许可合同，保护债务人的重整预期；许可人的各项利益也继续得到维护，许可人与被许可人的权利义务关系如同被许可人进入破产程序前一样没有改变，债务人仍然需要按照许可合同履行各项义务。“字面含义测试”方法则代表了法院长久以来对限制没有转让意图的债务人承担许可合同所带来过于严厉后果的反思，是法院在综合了第365（c）条和破产法的宗旨后得出的结果，为越来越多的案件所采纳。[①] 应该看到，这两种方法均偏离法条文本，只是试图对法条表述进行其他方向的解读。但是历史解释、体系解释和目的解释的位阶均低于文义解释的事实，[②] 使得“真实性测试”方法和“字面含义测试”方法存在硬伤，存在的合理性受到质疑。

四、我国破产中知识产权许可合同法律制度的完善

（一）我国破产中知识产权许可合同现行法律规定及缺陷

《著作权法》第三章、《商标法》[③] 规定的著作权许可合同、商标权许可合同属于《民法典》“合同编”规定的无名合同，在适用“合同编”通则的同时，可以参照适用“合同编”或者其他法律最相类似合同的规定。[④] 具体而言，《民法典》“合同编”第二十章“技术合同”中的“技术转让合同和技术许可合同”的规定与上述这些合同最为类似。作为技术合同的一种，专利实施许可合同是指“专利权人或者其授权的人作为让与人许可受让人在约

---

① *In re Aerobox Composite Structures, LLC*, 373 B. R. 135 (Bank. D. N. M. 2007); *In re Adelphia Communications Corp.*, 359 B. R. 65, 72 (Bank. S. D. N. Y. 2007).

② 梁慧星：《论法律解释方法》，载《比较法研究》1993年第1期。

③ 《商标法》（根据2019年4月23日第十三届全国人民代表大会常务委员会第十次会议《关于修改〈中华人民共和国建筑法〉等八部法律的决定》第四次修正）第43条。

④ 《民法典》第467条。

定的范围内实施专利，受让人支付使用费所订立的合同”,[①] 具有双务性和有偿性等属性。[②] 知识产权各单行立法和《民法典》“合同编”对许可合同的规制集中在内容、存续期限和使用报酬等事项，无暇关注破产程序中许可人与被许可人的权利义务。相应地，《企业破产法》没有任何涉及知识产权的条款，需要推衍和论证我国当前对待破产中知识产权许可合同的方法。知识产权合同属于“破产申请受理前成立而债务人和对方当时人均未履行完毕的合同”，适用《企业破产法》待履行合同的相关规定。依据《企业破产法》第18条，破产管理人有权决定解除或者继续履行破产申请受理前成立而债务人和对方当事人均未履行完毕的合同，如果破产管理人选择合同继续履行，对方当事人可以要求破产管理人提供担保。由此，无论是作为许可人还是被许可人，破产管理人对许可合同享有完全的主导权，甚至无须商业判断规则的约束；除了要求提供担保，对方当事人对破产管理人决定继续履行许可合同的决定只能服从。因破产管理人请求对方当事人履行许可合同所产生的债务属于共益债务，由债务人财产随时清偿；否则，对方当事人的损失应列入普通破产债权，劣后于劳动债权和税收债权得以清偿。[③]

破产程序中的知识产权许可合同在我国既然没有得到特殊对待，自然也就面临着前述待履行合同方法处理许可合同的共同问题。一旦许可人破产且破产管理人选择终止合同，虽然可以理解是为了债务人争取最大利益，但是该行为产生的效果却使得为实施许可合同作了充分准备的被许可人受到致命一击，被许可人投入的必要生产设备、原材料和人力等损失因在直接损失范畴之外，甚至无法列入破产债权的范围。另外，一旦被许可人破产，我国法律虽然没有类似于《美国破产法》第365（f）条所规定的许可合同中禁止、

① 《全国法院知识产权审判工作会议关于审理技术合同纠纷案件若干问题的纪要》（2001年6月15日）第52（4）条。

② ［日］中村真帆：《企业破产重组中的知识产权处置——以专利实施许可合同处理为例》，载钱卫清：《国有企业改革法律报告》（第1卷），中信出版社2004年版，第326页。

③ 《企业破产法》第42、43、113条。

限制转让条款无效，但是仍然可能出现债务人将知识产权转让给未经许可人同意的第三方的可能。比如，债务人可以依据“除当事人另有约定的以外，排他实施许可合同让与人不具备独立实施其专利的条件，与一个法人、其他组织或者自然人合作实施该专利，或者通过技术入股实施该专利，可视为让与人自己实施专利”①，从而通过股权出售或者融资等方法间接地使得第三方获得许可合同项下的权利。许可人担忧的将不再是破产管理人拒绝履行合同后债权变为普通破产债权，而是债务人在破产管理人选择承担合同后可能移转合同所导致的许可人不想与之交涉的第三方获得知识产权使用权。

（二）我国破产中知识产权许可合同法律制度的完善进路

待履行合同方法始终无法妥善处理知识产权许可合同于破产中的困境，盖因其未能结合高新产业的实际需求，着重智慧成果的特性。需要平衡许可人和被许可人利益，切实从许可人和被许可人实际诉求出发，从维护社会利益的大局出发，构建我国知识产权许可合同破产法律制度。

在许可人破产时，应该在待履行合同的相关法律条文项下增加一款例外条款，规定当待履行合同为知识产权许可合同时，被许可人有权选择是否继续履行。如此一来，方能既使得破产管理人基于许可人利益可以选择是否继续履行许可合同，也保障了被许可人持续拥有实施该许可合同的权利，在维护破产法提供债务人经济再生美好愿望的同时，使得有公共利益属性的知识产权得以为社会有效利用。另外，被许可人的选择权对债务人而言是法律创设的一种额外负担，应该设法降低其对债务人造成的不利影响，约束被许可人所获得的继续持有知识产权的权利。具体而言，被许可人只能在许可合同约定的剩余时间内继续保有原许可合同中所约定的权利，持续给付许可合同约定的费用，且不得主张抵销权。当然，破产管理人除了要求被许可人继续

---

① 《全国法院知识产权审判工作会议关于审理技术合同纠纷案件若干问题的纪要》（2001 年 6 月 15 日）第 65 条。

给付，亦不能要求其他损害赔偿。

至于“未来改进”条款，应该允许法院在重整程序中综合考虑债务人成本以及改进对被许可人的重要程度后，要求债务人适度提供对被许可人至关重要的改进。首先，债务人需要向被许可人提供一定的技术更新。更新后的知识产权可能使得被许可人所依据的许可合同变成一纸空文，许可合同的施行变得没有效率，被许可人的获利迅速削减，知识的有效传播受到阻碍。有必要要求债务人利用其技术和人力优势，向被许可人提供一定的帮助。其次，债务人提供技术更新需要权衡各种因素。法院应该考察债务人提供技术更新的成本以及技术更新是否对被许可人有重要性等因素，在不会对债务人施加难以预期负担的前提下，要求债务人提供关键更新。最后，对被许可人的网开一面应局限在重整程序中，不应扩散。和解程序只是为了快速了结债权债务关系，清算程序的焦点是分配债务人财产，当债务人即将被肢解时，让其再提供改进的知识产权也并不现实。

在被许可人破产时，有必要强调破产管理人承担许可合同后禁止再行移转。一方面，其他法规中存在的一些制度可以为破产管理人利用，破产管理人通过设计可以达到将许可合同间接移转至第三人从而使得许可人丧失对知识产权控制权的效果，上述通过股权转让的方法便是一例。另一方面，独占许可在债务人一次性支付许可费后是否可以转让在实践中也存有争议，这更加剧了权利归属的不稳定性，也使得许可人在签订许可合同时慎之又慎，加重了交易成本。因此，纵然在一般情况下破产管理人不得擅自移转许可合同，破产法还是应该专辟一条，点出未经许可人同意，破产管理人在继续履行许可合同后不得再行转让。此外，为了避免出现美国“假设性测试”、“真实性测试”和“字面含义测试”三种方法的争议，不应同时再限制破产管理人对许可合同的承担。

（三）我国破产中知识产权许可合同法律制度的具体设计

考虑到我国并没有以一般的知识产权关系为调整对象的“知识产权基本法”，为了照顾各项知识产权的特性，需要在破产法中明确知识产权许可合同的范围，作为规制知识产权许可合同的前提条件。①

通过修订《企业破产法》的方式加入对待知识产权许可合同的相关条款是最佳方法。但是《企业破产法》用了近20年方取代《企业破产法（试行）》，十余年磨一剑的修法历程尚历历在目，令《企业破产法》对如此细致的知识产权合同的修改不切实际。可以考虑的进路有两条：一是将知识产权许可合同破产法律制度写入通过最高人民法院的司法解释。目前，破产法司法解释采取对重要问题逐一发布解释的方式。等到时机成熟时，可以考虑专门制定相关司法解释。二是由国务院知识产权主管机关制定相关条例或办法，对所有涉及许可合同的法律问题进行特别立法。

下面草拟之法条可供参考：

当《企业破产法》第18条之“均未履行完毕的合同”是知识产权许可合同时，适用以下规定：

许可人破产时，若管理人选择解除合同，被许可人仍然可以选择在合同约定的期限内继续保有破产程序开始前合同的既有权利。但被许可人需要按照合同支付费用，且不得对费用主张抵销。破产管理人在被许可人支付费用后，无权主张损害赔偿。

在重整程序中，被许可人可以要求管理人继续履行合同中关于提供知识产权改进的条款。该知识产权的改进应对被许可人具有重要价值，且不应加重债务人负担。

被许可人破产时，管理人在决定继续履行合同后，不得将合同转让给第三人。

前款所称知识产权，包括：（一）著作权；（二）商标权；（三）专利权；（四）布图设计专有权。

---

① 《美国破产法》将商标权排除出知识产权范畴之外，招致众多学者批评。See Laura D. Steele, Actual or Hypothetical: Determining the Proper Test for Trademark Licensee Rights in Bankruptcy, 14 *Marq. Intell. Prop. L. Rev.* 411; Xuan-Thao Nguyen, Selling it first, Stealing it Later: The Trouble with Trademarks in Corporate Transactions in Bankruptcy, 44 *Gonz. L. Rev.* 1. 限于篇幅，本章将不予探讨破产法对商标权的特殊对待。

第六章　破产法与公司法：以顶层设计与微观治理为视角

第一节　破产规则在公司法中的顶层设计：以公司法修改为契机

一、公司市场退出体系的结构性困局

（一）不合时宜的公司市场退出机制设计

民事规范与商事规范在发展的历史进程中，不断相互渗透和融合，形成了民商合一的立法体例。在民商合一的立法思想下，我国的《民法典》是一部具有“商法品格的民法典”[①]。《民法典》颁布之后，民事单行法和商事单行法的立法模式被《民法典》和商事单行法的范式所取代。《民法典》采用提取公因式的方式，对《公司法》《企业破产法》等商事单行法提炼、归纳，在我国尚未制定《商法典》或《商法通则》的背景下，《民法典》实质上统领诸商事特别法，为商事活动提供基本遵循准据。《公司法》须遵循《民法典》所确立的原则与规则，以《民法典》的精神为基本价值导向。《民法典》在第71条明确规定“法人的清算程序和清算组职权，依照有关法律的规定；没有规定的，参照适用公司法律的有关规定”，确立了《公司法》在法人清算时的“一般法”地位。值得注意的是，无论是“有关法律”抑或“公司法律”，《民法典》强调公司退出阶段法律适用的效力等级必须是法律。鉴于公

① 参见王涌：《中国需要一部具有商法品格的民法典》，载《中国法律评论》2015年第4期。

司领域的法律专指《公司法》，有且仅有《公司法》能够调整公司清算程序和清算组职权。自2015年4月30日起，我国展开简易注销改革，并于2017年3月1日起，在全国范围内全面施行简易注销登记，申请人可通过国家企业信用信息公示系统向社会公告拟申请简易注销登记及全体投资人承诺等信息，经过一定期间后即可退出市场。[①] 这意味着，符合条件的公司可通过《全体投投资人承诺书》载明的程序，即"经清算人清理，本企业不存在未付清算费用、职工工资、社会保险费用、法定补偿金和未缴清的应缴税款及其他未了结事务，无债权债务，清算工作现已全面完结"，取代一般清算所要求的债权申报公告、债权申报、债权登记等程序，这极大地简化公司清算时间和成本，为公司提供高效便捷的市场退出路径。简易注销的一系列改革文件均是国家市场监督管理总局发布的规章及以下文件，[②] 与《公司法》冗长的清算程序截然不同。2019年3月5日，国家市场监督管理总局发布《关于就修订〈公司登记管理条例〉〈企业法人登记管理条例〉等行政法规公开征求意见的公告》，在《公司登记管理条例》中拟增加5个条款分别对简易注销的适用范围、排除适用范围、程序、提交材料、审查及决定做出规定。即使《公司登记管理条例》修订草案能够顺利通过，其仍属行政法规，简易注销改革仍缺乏法律层面规则的有力支撑。

为发挥《民法典》对以《公司法》为主的商事特别法的统领作用，维护法律规范之间的有机联系与内在一致性，增进规范的可操作性和可实施性，《民法典》与《公司法》的罅隙须在《公司法》修法时极力回避。《公司法》要求"公司清算结束后，清算组应当……申请注销公司登记，公告公司终止"。由此，公司注销属于依申请的行政行为。《民法典》规定"清算结束并完成法人注销登记时，法人终止"。这一概括性的表述并未明确注销行为的

---

① 《关于全面推进企业简易注销登记改革的指导意见》（工商企注字〔2016〕253号）。

② 如国家市场监督管理总局《关于进一步推进企业简易注销登记改革的通知》（国市监注〔2018〕153号）、《关于开展进一步完善企业简易注销登记改革试点工作的通知》（国市监注〔2018〕237号）。

性质，正是考虑到强制注销对传统注销的制度突破。2019 年 6 月 22 日，国家发展和改革委员会、最高人民法院、工业和信息化部等部委印发《加快完善市场主体退出制度改革方案》，指出“研究建立市场主体强制退出制度……对因经营异常、违法失信而被吊销营业执照、责令关闭的企业和个体工商户等市场主体，依照法定程序实施强制退出”。浙江省瑞安市在 2017 年展开吊销未注销公司的强制退出试点，① 拉开了全国推广强制退出的大幕。2019 年 1 月，浙江省率先在瑞安市、杭州余杭区、宁海县、长兴县、嘉兴秀洲区、绍兴柯桥区、兰溪市 7 个单位试点，随后，吊销未注销公司强制注销试点遍及全省。② 强制注销是登记机关依据职权直接将公司清出市场，与当前《公司法》抵触，致使登记机关在采取强制退出措施时，面对行政相对人以合法性原则为理由诉诸行政行为违法时往往束手无策，行政人员在履职时因害怕承担风险难免产生畏难情绪。在黑龙江省龙江县的一起案例中，原告梁某因不满龙江县市场监管局对其采取的强制退出措施向法院起诉，法院认为暂没有关于强制退出程序全面详细的具体规定，各个行政部门的规定散在于各自的规章、规范性文件之中，因此判决撤销龙江县的行政行为。③

作为市场经济的基本法，《民法典》回应市场主体的退出改革实践，向市场经济法律体系供给了基本的法律制度。作为商事立法的中心，《公司法》应当审时度势地进行修改、完善，回应当前简易注销、强制注销改革中出现的诸多问题，与《民法典》所表达的立法精神相协调，实现民商法体系内部的逻辑自洽。

---

① 《关于印发〈瑞安市市场监督管理局吊销未注销企业监管办法（试行）〉的通知》（瑞市监〔2017〕203 号）。

② 《浙江省吊销未注销企业监督管理暂行办法》。

③ 黑龙江省龙江县人民法院行政判决书，(2018) 黑 0221 行初 9 号。该案是市场监管部门对个体工商户的强制退出案例，对公司的强制退出亦有指导意义。

（二）过于严苛的公司市场退出立法导向

市场经济立法应当遵循市场经济的基本规律不仅关注市场监管的强制性、惩处性与直接干预性，更应彰显包容审慎的监管精神，体现诱导、柔性的立法理念。《公司法》应当给予市场主体充分的发展自由和喘息空间，在市场出清与公司营业维持之间找到平衡。既有的公司市场退出立法对市场主体的一些轻微违法行为态度过于严厉，公司在经营时甚至因一着不慎就遭到逐出市场的厄运，强令公司退市的处罚与公司违法行为的情节、性质、危害程度不相匹配，违反了比例原则。行政机关能够依法限制公司权益，设定公司义务，但不应使得公司受到的损失超过所追求的公共利益，行政机关应权衡其行政权力对公司造成的损害与实现目的得到的利益，只有在后者重于前者时才能采取。[①] 过罚不当的情形集中体现在对歇业公司的处置上。公司解散事由分为自愿解散和强制解散两类：前者包括出现章程规定事由的解散、股东（大）会决议解散、合并或分立等自愿解散，后者包括依法被吊销营业执照、责令关闭或者被撤销的行政解散和出现公司僵局而由股东诉诸法院的司法解散。

行政解散是一项严厉的行政处罚，直接关系公司的财产权，应当慎重对待。[②] 吊销公司营业执照的情形通常是公司存在损害国家安全、社会公共利益的严重违法行为。[③] 作为一项行政强制措施，行政解散本意是对公司的严重违法行为施加惩罚，对不规范经营行为产生威慑和惩戒作用。但是，对违法性不同的公司设定同样的法律负担，就意味着对轻微违法者显失公平。《公司法》规定一旦公司成立后无正当理由超过 6 个月未开业的，或者开业后自行停业连续 6 个月以上的，登记机关可径直吊销公司的营业执照，剥夺

---

① 参见周佑勇：《行政法基本原则研究》（第二版），法律出版社 2019 年版，第 200 页。

② 参见张树义、张力：《行政法与行政诉讼法学》（第三版），高等教育出版社 2015 年版，第 116 页。

③ 《公司法》第 213 条。

公司的法律人格。该条未能区分公司逾期未开业的主观原因，对具有主观恶意“跑路”的公司与“诚实而不幸”的公司等闲视之，公司无论因何种原因歇业均会丧失东山再起的机会。对因开业时困难重重、中途遭遇变故或者陷入经营困境的公司，赋予其有喘息的机会，不仅不会有损于国家安全和社会公共利益，公司反倒能够重组、引资、调整发展思路，恢复营业后，存在业绩蒸蒸日上的可能。[①]

（三）有失偏颇的公司市场退出格局观念

《公司法》是我国商事法律体系的基本立法，公司的“生老病死”均以《公司法》为指针，公司市场退出概莫能外。当公司资不抵债时，在公司资产面临众多债权人竞速攫取的不利局面下，以“集体清偿机制”为标志性特点的《企业破产法》才有了独立适用的空间。在资本信用淡出、监管重心从准入阶段后移的时代背景下，资质不足、抗风险能力差的公司退出市场的概率大增，债权人面临的风险也更大，而现行《公司法》因立法时间较早，恪守行政干预为主和市场出清的立法导向，无法周全地应对公司市场退出的诸多复杂环节，难以为各方主体实现利益最大化提供完善的博弈机制。《公司法》应当具备“大退出”的格局观，统合公司退出机制，提纲挈领地增设法庭内退出的重要制度表述，为公司退出市场、债权人实现债权提供多重路径指引。

公司的市场退出分为法庭外退出和法庭内退出两种途径。法庭外退出是指公司在清算程序结束后，向登记机关履行注销手续即可宣告公司终止的程序，常态下法庭外退出的全流程无须经过法院，仅在注销阶段需要公司外部的登记机关协助办理相关注销登记。法庭内退出是指公司在发生法定情形时，由利害关系人向法院提出破产申请，法院作出相关裁决的公司退出程序。《公司法》的绝大部分规定局限于法庭外退出，对法庭内退出、法庭内退出

---

① 参见张钦昱：《公司重整中出资人权益的保护——以出资人委员会为视角》，载《政治与法律》2018年第11期。

与法庭外退出的衔接不甚重视。《公司法》中仅规定了一种法庭内退出的情形，即在清算组清理公司资产及负债后，发现公司资不抵债的，由清算组向法院申请破产程序。这样的规定是公司清算的应然结果，是公司资产大于负债时，公司按照清算费用、职工工资、社会保险费用和法定补偿金等顺位清偿的反面情形。《公司法》严格按照先清算、清算时发现公司资不抵债再适用破产程序，忽略了破产程序广泛的适用空间。破产预防是各国破产法通行的理念，破产预防的目标是“通过对相关权利义务的调整甚至债务人营业的重组，在对债务进行概括清偿的同时，维护公司的营运价值”[①]。倘若公司在病入膏肓时才不得不步入破产程序，将造成公司债权人、股东、职工等的巨大损失。正如《企业破产法》规定，即使公司“明显缺乏清偿能力”或“有明显丧失清偿能力可能的”，在公司不能清偿到期债务时也可适用破产程序。此外，值得揣测的是，《公司法》第 190 条规定，公司被依法宣告破产的，依照有关企业破产的法律实施破产清算。该条并未直接置于第 187 条公司在清算程序中资不抵债时启动破产程序的规定，也未紧随该条规定的破产法适用范围，而是在第 188 条注销规定、第 189 条清算组成员义务后，以专条规定“公司被依法宣告破产的，依照有关企业破产的法律实施破产清算”。作为明确《公司法》与《企业破产法》的一般法与特别法的关系，第 190 条似有彰显公司法对破产法辐射统领的作用。《公司法》在多大程度上接纳破产法的有关规则成为棘手的问题。

《公司法》言破产必称“宣告破产”，“宣告破产”即是《企业破产法》中的破产清算程序。《公司法》对破产程序的理解过于狭隘。“重整程序为利益相关人提供博弈的平台，各债权人和出资人协商表决重整计划草案，意欲使破产公司凤凰涅槃。”[②] 破产重整成为风潮，纷纷为各国立法效仿采纳。我国也将破产重整程序作为与破产和解、破产清算并列的三大破产程序之一，

---

① 张亚楠：《完善我国破产保护制度的若干思考》，载《政治与法律》2015 年第 2 期。

② 张钦昱：《论公平原则在重整计划强制批准中的适用》，载《法商研究》2018 年第 6 期。

共同为陷入困境的公司纾困。[①] 当“发现公司财产不足清偿债务的”，破产清算程序并不是公司市场退出的唯一选择。公司经营不善时，在股东会或股东大会决议解散公司之外，公司还可通过重整程序为公司与债权人提供博弈协调的舞台，实现公司债务的减免、延迟清偿或引入外部融资，促使公司凤凰涅槃。一些知名教科书中也在公司法章节中将“公司的重整”制度单独作为一节，与“公司的终止”“公司的清算”并列，作为公司退出的必要制度。[②]

二、系统性思维下公司市场退出制度的强化

“中国的法治建设不仅应有法治思维，更要强调系统思维，唯有如此，才可能促进法律系统各构成部分的协调发展。”[③] 应当利用系统性思维，以公司全生命周期为线索，鸟瞰公司市场退出法律体系的全貌，从立法体系、技术、格局等角度强化公司市场退出制度。

（一）整体性原则下公司市场退出制度的不公境遇：基于实证的分析

《公司法》关注的焦点始终在公司准入阶段与公司运营阶段。20 世纪 80 年代中后期，“公司热”催生了皮包公司盛行、公司组织形式不规范、内部管理和分配制度混乱等乱象，[④] 彼时《公司法》成为扭转打击公司乱象被动局面的关键以及净化社会风气的工具。1993 年《公司法》充斥着政府本位倾向，“在整个《公司法》中都体现着‘为民作主’的姿态”[⑤]。2005 年《公司法》修改时，立法者认为过高的准入门槛阻碍了投资者的积极性，妨碍公司

---

① 《企业破产法》中的破产程序还包括破产和解程序。破产和解是通过债务的减免或延期偿还，通过恢复债务人的偿还能力以达到清偿债权人的最终目的。本章认为，破产和解仅是了结债权债务关系、使得债权人快速受偿的理想路径，不具有促使企业重生的功能，因此全文不探讨破产和解程序。参见张钦昱：《破产和解之殇——兼论我国破产和解制度的完善》，载《华东政法大学学报》2014 年第 1 期。

② 参见赵旭东：《商法学》（第三版），高等教育出版社 2015 年版，第 207～216 页。

③ 张守文：《论经济法与宪法的协调发展》，载《现代法学》2013 年第 4 期。

④ 参见江平：《新编公司法教程》（第二版），法律出版社 2003 年版，第 18～19 页。

⑤ 方流芳：《温故知新——谈公司法修改》，载郭锋、王坚主编：《公司法修改纵横谈》，法律出版社 2000 年版，第 40 页。

资本融资，造成了资金闲置，遂“修改公司设立制度，广泛吸引社会资金，促进经济发展和扩大就业”。[①] 2005 年《公司法》大幅下调最低资本限额，放松出资形式的限制，取消了溢价发行股票的限制性规定。[②] 2013 年《公司法》实行注册资本认缴登记制，放宽注册资本登记条件：取消一般公司的注册资本最低限额；不要求公司设立时全体股东首次出资比例与缴足出资期限；不再限制现金货币出资比例；废除验资程序，公司实收资本不再作为登记事项。[③] 与此同时，《公司法》转变监管方式，将前端的准入监管移至中后段，以企业年度公示报告制度取代年检制度，实现了监管信息的实时更新，降低了政府监管成本，提高监管效能。

公司退出阶段在《公司法》中一直处于“被遗忘的角落”，在实体法规定、学理研究与教学方面并未受到重视，《公司法》的历次修订在公司退出部分也改动不大。《公司法》与公司准入阶段直接相关的法条分散在有限责任公司的设立与股份有限公司的设立两章，分别有第 13、22 条，占《公司法》全部条文数量的 16%，间接相关的公司组织机构的规定共有 62 条，占《公司法》条文的 28%。《公司法》第三、五、七、八、九章规定公司融资方式、资本制度、组织和人员要求和变动，这些条文与公司运营事项相关，共有 60 条，占《公司法》全部条文数量的 28%。与此形成鲜明对比的是，属于公司退出阶段的“公司解散和清算”在《公司法》中仅用一章表述，区区 11 个条文，占《公司法》全部条文数量的 5%。学理上的研究呈现同样的趋势，利用中国国家图书馆的“文津搜索”系统（http：//www. nlc. cn/），以“题名”为“公司”的关键词检索，自 2011 年 1 月 1 日至 2020 年 9 月 30 日期间上新 15, 000 余本图书，其中与“解散”“清算”“退出”有关的仅有

---

① 曹康泰：《关于〈中华人民共和国公司法（修订草案）〉的说明》，载中国人大网，http：//www. npc. gov. cn/wxzl/gongbao/2005-10/27/content_ 5343120. htm，最后访问时间：2019 年 7 月 29 日。

② 2005 年《公司法》第 26 条第 2 款、第 81 条分别放松了有限公司与股份公司的注册最低资本限额，第 26 条第 1 款、第 81 条第 1 款分别规定了有限公司与股份公司的分期缴纳资本制度，第 27 条第 1 款放松了对出资形式的要求，第 128 条取消了溢价发行股票的限制。

③ 2013 年《公司法》第 7、23、26、27、32、58、76、80、83、177 条。

26本。在中国知网，以“篇名”为“公司”的关键词在中国法学核心科研评价来源期刊（CLSCI）中检索，在相同的时间段内共有324篇文章，其中涉及“解散”“清算”“撤销”的仅有13文章，占全部文章的4%，且没有篇名中出现“吊销”“注销”“退出”的文章。各大法学院对公司退出制度一般不甚重视。比如，在中国政法大学的公司法共享课中，公司退出制度在46小节中的最后一节课才讲授；[①] 华东政法大学的公司法精品课程，没有涉及公司退出制度的具体内容。[②] 令人惊异的是，在较为通用的商法总论教科书中，在商主体、商行为、企业通论等部分居然没有对商主体退出的阐释，商主体退出的内容仅在商事登记制度中作为与开业登记、变更登记并列的注销登记，予以简单介绍。[③]

公司市场退出的实践则是另一番图景。在北大法宝数据库（www. pkulaw. com）中的“司法案例”栏目，在“与公司、证券、保险、票据等有关的民事纠纷”案由下，截至2020年9月30日共有“与公司有关的纠纷”的案件325421件。鉴于“损害股东利益责任纠纷”“损害公司利益责任纠纷”“股东损害公司债权人利益责任纠纷”案件与公司清算、解散等发生交叉，[④] 将它们刨除后的案件数量287, 866件作为统计基数。其中，“公司设立纠纷”案件仅有1305件，占统计基数的0. 46%。“公司解散纠纷”“申请公司清算”“清算责任纠纷”案件分别有12, 597件、1691件、6955件，合计占统计基数的7. 4%。自2016年8月1日起，“强制清算、破产案件从民事案件中分出，单独作为一大类案件，一级类型名称整合为强制清

---

① 参见“优课堂”中赵旭东讲授的“公司法课程”，载 http：//ykc. cupl. edu. cn/resource. html? cateid = 15&stationID = 1&resourceid = 161&ispirvate = false，最后访问日期：2020年10月1日。

② 参见 https：//jp. ecupl. edu. cn/gsfx/main. psp，最后访问日期：2020年10月1日。

③ 比如范健、王建文：《商法总论》（第二版），法律出版社2019年版；樊涛：《中国商法总论》（第二版），法律出版社2019年版。

④ 比如，在某公司与冯某等股东损害公司债权人利益责任纠纷案的案由属于“股东损害公司债权人利益责任纠纷”，但其中争议的焦点是清算义务人怠于履行清算义务导致无法清算的，是否应对公司债务承担连带清偿责任。【法宝引证码】CLI. C. 9816812。

算与破产案件”①，公司市场退出的司法实践地位已然得到提升。公司市场退出的丰富实践与《公司法》的有限规定、理论研究的轻视形成鲜明对比，实体法规定、理论研究、教学内容应更多向公司市场退出部门倾斜，公司市场退出中的法律问题理应得到更多关注。

（二）动态稳定法则下公司市场退出制度的强化趋势：以公司全生命周期约束为线索

系统的动态稳定法则要求平衡协调市场经济立法的各子系统。系统之所以称为“系统”，源自于其稳定的特性，系统之下的各部分呈现一定的组织性，保持有序状态。系统的稳定性并不绝对，毕竟任何系统不能恒久地僵化不变，微观上当然会出现运动变化。“客体尤其是一个系统，只能通过自己的广义的内聚力，即通过组成部分的相互作用来说明。”② 贝塔朗菲的一般系统理论，特别强调系统的动态性，他认为一切系统本身都处于积极的活动状态，动态是系统保持静态的前提。③ 公司法的变革需要理论支撑和方法指引，应将“远景透视”的系统思路与“微观解剖”的还原思路相结合，把公司的生老病死作为一个完整循环，不仅关注公司准入、运营阶段的立法，更应持有发展眼光，一并统筹考虑公司退出阶段的规制立法。

《公司法》早期恪守“资本三原则”，认为“公司资本是公司信用基础的逻辑，公司资本是债权人利益保护的最终屏障和唯一担保，公司资本制度的基本功能在于增强社会对公司的安全感和信任感，能够强化对债权人的利益和交易安全维护”。④ 固然因执拗的严苛管控态度、牺牲市场活力和效率为代价而饱受非议，但早期《公司法》通过“资本三原则”在公司资本形成、变

---

① 《最高人民法院关于调整强制清算与破产案件类型划分的通知》（法〔2016〕237号，2016年7月16日颁布）。

② 张全新：《系统方法概论》，黄河出版社1989年版，第100页。

③ 参见［奥］L. 贝塔兰菲：《一般系统论：基础、发展和应用》，秋同、袁嘉新译，社会科学文献出版社1987年版，第20页。

④ 冯果、尚彩云：《我国公司资本制度的反思与重构》，载《中南财经政法大学学报》2003年第6期。

动、回报与退出的各个节点彰显威力，连接成对公司交易相对方严密保护之网，自有其体系的自洽性。资本确定原则通过严控股东出资的数额、形式、程序，确保公司在初始经营时即拥有一定数额的真实资本，具备较强的担保能力，以应对经营失败、债权人追索的风险。在公司运营的漫漫长路，资本维持原则与资本不变原则能够保证公司信用完好如初，债权人高枕无忧。资本维持原则要求公司在存续期间，必须至少保有与公司资本总额相当的财产，使得公司这艘大船扬帆启程后预设了航道，使之不会偏离既定的资本信用基础，确保堤岸上的债权人在大船离开后仍得心安。资本不变原则指未经法定程序，公司资本总额不得改变，防止公司资本任意减少，减损公司应对经营风险的能力。资本不变原则旨在防止资本确定原则所确定的公司资本基准调减。一旦公司账面上的资本减少，现实中的资产亦会被相应调减。

2013 年《公司法》的修改基本放弃了将公司责任能力与资本规模等同的理念，转而拥抱资产信用。“从资本信用到资产信用的转变不是现行公司制度的局部修正和补充，而是整个公司立法、司法和理论的战略性调整。”① 随着准入门槛的下降，良莠不齐的公司大量涌入市场。“在现代法前提之下的人，有如果稍微冷静地考虑一下就不会做，却被对方的花言巧语所蒙骗而进行交易的人，还有难以拒绝他人但又后悔的那种易受人支配的感情用事、轻率行事的意志上弱的人。一言以蔽之，他们是‘愚的人’。”② 之前尚有法定资本制帮助处于信息获取劣势地位的外部债权人把关，为弱小“愚钝”的债权人屏蔽糟粕的交易相对方，提供制度福利。随着公司资本信用的屏障轰然倒塌，法定资本制逐渐淡出对公司生命周期“前端”“中端”的控制，自我依靠的债权人在“后端”该何去何从？《公司法》修改的结果是否以牺牲债权人的利益，换取公司投资成本的低廉化及市场的繁荣？③ 调整公司市场退

---

① 赵旭东：《从资本信用到资产信用》，载《中国法学》2003 年第 5 期。

② ［日］星野英一：《私法中的人》，王闯译，中国法制出版社 2004 年版，第 76 页。

③ 参见孔梁成：《企业破产清算中环境侵权债权之保护——以董事责任为视角》，载《政治与法律》2020 年第 9 期。

出阶段的法律制度，正是为了适应准入阶段、运营阶段监管转换的时代背景，维系债权人整体利益保护稳定水平的前提。

（三）结构耦合下公司市场退出制度的补强：整合与更新的路径

“法系统通过和外在环境的交往或结构耦合来回应社会压力，同时也用自身的媒介为外在环境里的行为编码，参与社会交往的语言和事实的建构。”① 公司市场退出法律制度的变革应当遵守结构耦合的基本要求，促使自创生的子系统之间形成有序的良性互动。公司退出制度的顶层设计须强调市场竞争和政府调控的互动，理顺政府和市场的关系，释放市场主体的经济活力和创造力，促进资源要素的最优配置。公司市场退出并不是“洪水猛兽”，只是市场经济自然循环的必然结果。人们将公司正当的市场退出诉求视为逃废债，进而要求政府之手强加干预的固有观念必须予以摒弃。作为行政机关的登记机关要转变职能定位，从监管前线退位，退变为公司退出市场时秩序的稳定器。监管权的放开并不意味着公司在退出时可以为所欲为。社会各方主体后成为新的监管主导力量，填补了公司市场退出监管的真空。登记机关监管权力的衰变看似削弱了对债权人的保护水平，实则是通过社会自发监督强化了公司退出市场信息的真实性、及时性与准确性。因此，大刀阔斧地拆除阻碍公司市场退出的制度樊篱，赋予公司退出市场的自治权利，能够修复人们对公司良性退出市场的信心。

应当打破现行公司市场退出制度枷锁的基础上，放宽庭外市场退出标准，分层统合公司强制市场退出原因，重塑市场退出程序，让诚信的公司能够自由、畅快、有效地了却退出市场的心愿。应当改变公司一旦资不抵债仅能单向地步入解体命运的传统思维方式，让处于旋涡之中的公司有自主选择的余地，让暂遇挫折的公司有觅得重新开始的机会，让偶遇不幸的公司有重拾希望的可能。

---

① 翟小波：《“软法”及其概念之证成——以公共治理为背景》，载《法律科学》2007 年第 2 期。

三、公司市场退出制度私法取向的回归：登记机关职能的正本清源

作为私法的《公司法》，是以个人本位为其哲学基础和立法指导思想，意思自治是《公司法》最高原则和理念，《公司法》的理想状态是尽量实现公司自治。[①]《公司法》中出现作为外力干预的登记机关，使得意思自治面临挑战。特别地，因登记机关的过度介入，公司市场退出阶段被认为与《公司法》的私法属性相悖，大量公司退出制度遂被移入带有公法性质的《公司登记管理条例》。这是公司退出制度在《公司法》中篇幅不大的原因之一，也是"注销"行为明明与"解散""清算"行为紧密相关，却因其为登记机关行使而难以在《公司法》章节名称中显现的合理解释。在公司市场退出中扮演重要角色的登记机关，正确理解其职能是公司市场退出制度改革成败的关键。应当在合理认识注销登记行为的基础上，扭转人们对登记机关在公司市场退出中侧重行政职能的误解，为简易注销、强制退出、休眠制度等的引入扫清观念障碍。

（一）登记机关职能的再定位

公司登记的性质有公法、私法和复合说三种观点。公法说认为登记是体现国家意志的公法行为，是国家利用公权干预商事活动的行为；私法说认为公司登记旨在确认其私法上的主体资格；复合说认为申请登记的行为是私法行为，登记机关受理申请并准许登记的行为属于公法行为。[②] 上述三种学说均有可兹商榷之处。公司在自由竞争市场和管制性领域，面临截然不同的准入要求。一般情况下，公司无须经过任何人的许可便可自由进入市场，只有在涉及人身健康、生命财产安全等社会公共利益时，才需要由登记机关审查批准，公司在得到许可后方能从事相关经营活动。比如，《商业银行法》是依照《公司法》成立的企业法人，因其吸收公众存款涉及储户利益、金融安

---

① 参见贺少锋：《公司法强制性规范研究》，厦门大学出版社 2010 年版，第 66 ~ 67 页。

② 参见党海娟：《商事登记制度基本问题研究》，法律出版社 2017 年版，第 171 ~ 177 页。

全和秩序，其设立首先需要得到国务院银保监会的批准。法人只要具备权利能力即可成为民事主体，其之所以还要依据《公司法》进行登记，乃是为了获得商事营业的资格。市场主体是否参与登记全凭其自由意志，但只有在其选择登记后，才享有《公司法》规定的特有商事权利。[①] 因此，登记是对公司商事营业资格的确认。

厘清公司登记的性质对界定登记机关的作用至关重要。[②] 在非管制领域，公司享有商事交易的资格须遵循准则主义。公司只要依照《公司法》的要求，符合股东名称、经营场所、组织机构的实质性条件及向登记机关申请的程序性要件，公司便可适用《公司法》。登记机关仅对所有的申请材料予以形式审查，并不具体审查材料的真实性。也就是说，登记机关在公司登记时并不发挥实质性作用，遑论影响公司法人资格的存留。登记机关的主要职能是通过督促公司公示基本的营业信息，确保交易相对人知晓公司商业信誉，自主判断交易风险，促进交易迅捷实现。《商事主体登记管理条例（草案）》验证了登记的公示作用，其规定“登记事项未经登记……不得对抗善意第三人”。这意味着没有登记的公司仍可作为民事主体在市场存在，只不过其商事行为会因为缺乏公信力而无法对抗善意第三人。

我国当前公司登记的各项法律制度偏离了商事主体确认说的本意。公司登记立法全部被冠以“管理条例”等管制性色彩浓重的术语，利用行政法规、部门规章及以下的规范性文件对公司登记详加约束。公司退出时的注销登记环节，不仅与税收、劳动保障等微观职能捆绑，还与数据统计等宏观职能挂钩。比如，由于税务机关和登记机关因税款缴纳的推诿扯皮，担任法人代表的李某在公司停业 10 年后仍面临无法注销的困境，影响李某的个人信

---

① 参见廉永辉：《批发融资增加了银行系统性风险吗？——基于系统性风险分解的视角》，载《暨南学报》（哲学社会科学版）2020 年第 5 期。

② 参见朱慈蕴：《论中国公司法本土化与国际化的融合——改革开放以来的历史沿革、新发展与未来走向》，载《东方法学》2020 年第 2 期。

用。[①] 登记机关设置在市场监管部门之下，更加深了人们对其行政职能的误解，令其在公司退出时承担与维护公示公信力无关的诸多职责。比如《公司法》第205条规定，公司在清算期间开展与清算无关的经营活动的，由登记机关予以警告，没收违法所得。公司超出权限经营侵害的仅是交易相对人利益，与信息披露的真实、及时、准确、全面、完整无关，由登记机关施以行政处罚未免矫枉过正，由交易相对人提起私益诉讼更为妥当。

（二）登记机关职能的重塑

1. 登记机关职能的去行政化

公司在非管制市场的退出是自由选择的结果，无须登记机关设定和实施行政许可，应在两个方面消除公司市场退出须经登记机关许可的误解。其一，尊重公司市场退出的自治权。登记机关没有必要过多涉足私人领域，正所谓“杀鸡焉用牛刀”。公司申请注销登记时向登记机关提交的清算报告，因涉及职工工资、社会保险费、法定补偿金及税款等内容，由法律赋予登记机关格外关注尚在情理之中。但是，在清偿上述涉及公共利益的债权后，剩余财产在公司内部的分配规则无须交由登记机关审查。《公司法》第186条第2款规定的“有限责任公司按照股东的出资比例分配，股份有限公司按照股东持有的股份比例分配”不仅未能考虑到“双层股权结构”的新情势[②]，也对公司自治过度干预。由公司章程或股东（大）会决定更为恰当。其二，转换公司市场退出的监管思路。《公司法》通过清算组备案、清算公告等程序，令登记机关履行公司退出的监管职责，特别要求注销须经登记机关同意。登记机关在公司退出阶段的“前端严审”有违其商事主体确认职能，更因其缺乏人力、资金和能力，在面对不计其数的退出公司时，难以充分履行监管职责。这不仅使得公司退出时的监管流于形式，也使得登记机关屡屡成为监管纰漏

---

① 参见张泉：《企业注销到底有多难——督查组暗访企业注销手续办理情况》，载新华网：http://m.xinhuanet.com/2018-09/16/c_1123437071.htm，最后访问日期：2020年11月1日。

② 参见刘胜军：《新经济下的双层股权结构：理论证成、实践经验与中国有效治理路径》，载《法学杂志》2020年第1期。

的连带赔偿义务人。将公司退出的所有流程和文件电子化，通过网络公开披露，可以节约公司市场退出的时间和金钱成本，更促使公司退出的全过程由“对政府负责”转向“对社会负责”。[①] 通过市场自发形成的监督机制，能够将登记机关从繁杂的审核事务中解放出来，专司对公司公示义务的抽检和举报核实。

行政处罚“以剥夺限制被处罚人的权益给被处罚人增加新的义务负担来实现的”[②]。鉴于我国采取“登记效力合一主义”的立法模式，作为行政处罚种类之一的吊销公司营业执照，必然会使公司丧失法人资格的严重后果。《公司法》中吊销公司营业执照的情形包括虚报注册资本，资产评估、验资或者验证机构违法，逾期开业、停业、不依法办理变更登记等。无论从行为危害性抑或主观恶性，逾期开业、停业与其他吊销公司营业执照的触发情形都难以并列。我国公司立法已然注意到吊销营业执照滥用所引发的公司退市问题，废除年度检验制度而采年度报告公示制度，就是一种有益尝试。依据2005年修改的《公司登记管理条例》，每年3月1日至6月30日，公司必须进行年度检验。一旦公司不慎忘记年检，在登记机关发布公告之日起60日内仍未接受年检的，将被吊销营业执照。作为《行政处罚法》规定的处罚方式之一，公司被吊销营业执照的必然后果依次是清算、注销、法人主体资格的湮灭。因处罚过于随意和严厉，年检制度受到诸多批评。[③] 年检制度于2014年被企业年度报告公示制度取代。未按照要求公示信息的将被列入经营异常名录，满3年仍未履行公示义务的将被列入严重违法企业名单，被列入严重违法企业名单的企业的法定代表人、负责人，3年内不得担任其他企业的法定代表人、负责人，且被列入经营异常名录或者严重违法企业名单的企业在

---

① 参见韩长印：《世界银行“办理破产”指标与我国的应对思路——以“破产框架力度指数”为视角》，载《法学杂志》2020年第7期。

② 杨小君：《行政处罚研究》，法律出版社2002年版，第9页。

③ “年检就不单单是一次一般意义上的监管活动，而是……异化为一种行政许可行为，由此被称为‘二次许可’”。参见汪艳生：《企业年检制度的缺陷与改进》，载《中国工商管理研究》2006年第2期。

政府采购、工程招投标、国有土地出让、授予荣誉称号等工作将会受到限制或者禁入。[①] 通过信用约束而非登记机关的处罚，公司会重新评估其违约成本或违法后果，谨慎作出经营决策。由此，公司将从外在督促守法转化为内生自愿守法。信用机制的建立有效扩大了监督主体的范围，由市场自主决定公司的去留，避免发生劣质公司驱逐良好公司的市场扭曲。[②]

2. 登记机关确认职能的强化

登记机关在去除行政职权的基础上，应当大胆发挥其确认商事行为的职能，冲破既有法律框架的束缚，在公司市场退出中积极作为。当公司解散逾期不成立清算组进行清算、成立清算组但故意拖延清算、违法清算可能严重损害债权人或者股东利益时，可以适用强制清算程序，由法院指定清算组清算公司债权债务。[③] 公司解散后清算难的问题看似得到妥善解决，但强制清算启动要求债权人或股东主动向法院申请，倘若债权人或股东怠于申请或公司不存在债务，公司市场退出又变成无解之题。公司清算后的注销程序同样是依申请的要式行为，公司及相关责任人若不积极帮助公司退出市场，公司只得继续漠视市场经济规律，“名存实亡”。囿于登记机关与公司市场退出之间缺乏直接的利害关系，其无法作为清算和注销的申请人，这给缺乏外力干预的公司市场退出难的问题雪上加霜。

发挥登记机关的商事资质确认功能，能够合理解决公司市场退出的僵局。作为公示公信力的卫道士，登记机关应当承担主动帮助公司退出市场的职责。登记机关的依职权行为是将清算、注销的自主申请行为转换为依职权实施，助推市场退出动力不足的公司，没有从根本上改变公司市场退出的轨迹，也没有增设公司负担、提高退出门槛、施以强制措施、影响利害关系人的权利义务。

---

① 《企业信息公示暂行条例》第17、18条。

② 参见李曙光：《论我国市场退出法律制度的市场化改革——写于〈企业破产法〉实施十周年之际》，载《中国政法大学学报》2017年第3期。

③ 《最高人民法院关于适用〈中华人民共和国公司法〉若干问题的规定（二）》第7条。

登记机关在公司退出中的依职权行为没有消灭公司的法人资格，仅是消弭其依照《公司法》享有的商事权利。公司停业的事实经由登记机关开示并通过政府公信力加以确认，为不特定的市场主体周知，有效弥补了其与该公司信息不对称的鸿沟，避免它们的利益受到损失。作为确认性的行为，登记机关的有关依职权行为不会改变公司债权债务的既定状态，不会侵犯债权人和股东的财产权,[①] 在相关依职权行为作出后，仍然需要清算义务人组织清算或办理注销登记。在清算义务人难以确认或怠于行使权利时，因为涉及债权债务关系、法人主体资格等实体性争议，由法院处理更为适宜。当登记机关行使有关依职权行为时，最为明显的后果是公司名称不再对外展示。鉴于登记机关的有关依职权行为保存了公司的民事主体资格，当公司履行年报义务、完成信用恢复时，名称会自然恢复，以此对外宣告其在商业战场上重新归类，重拾商法规定的各项权利。当然，在公司名称已被新主人合法所有时，其不得不另取他名。采取民事行为与商事行为“二分法”策略[②]，有利于打破登记机关对行使依职权行为的忌惮，推动公司走完市场退出的“最后一公里”。

四、公司市场退出制度进化的三维路径

公司退出阶段法律规范的转型应当遵循终局、复兴、联动三个基本思维。终局性思维要求不同类型公司有序退出市场，通过强制注销、简易注销等体制机制实现市场出清。复兴思维要求给予公司东山再起的机会，引入休眠制度，建立容错机制。联动思维要求实现市场退出制度的系统化，构建法庭内外公司退出机制的有效衔接。

---

① 参见张钦昱：《重整计划制定权归属的多元论》，载《社会科学》2020 年第 2 期。

② 参见邹小琴：《我国公司治理法律制度的弊端检讨及完善路径》，载《法学杂志》2020 年第 1 期。

（一）终局思维下公司市场退出的分层应对

1. 公司市场退出的终局思维

法律不仅是强力控制的手段，更是通往文明的一种社会秩序。[①] 规范市场退出秩序是实现文明社会的一种重要路径。对一些理应退出市场，但因市场经济法制不完善而未正常退出市场的公司，应当及时实现市场出清，通畅经济体系内的血栓阻碍，扭转失序的市场秩序。“僵而不死”的公司早已丧失造血功能，对社会没有裨益，但其滞留市场的事实意味着公司的债权债务关系始终处于悬而未决的状态。这会导致债权人回收债权的可预期减弱，回笼资金期限延长，最终受损的是债权人对市场的信心、市场的信用机制以及整个经济的繁荣。应退未退的公司看似仅剩下法人的“空壳”，本可不必理会，但它们对其他公司产生负外部性，比如挤压其他公司获得稀缺的社会资源。随着“大众创业，万众创新”战略的驱动以及商事制度改革的蓬勃展开，大量新兴公司鱼贯而入，希冀获得朗朗上口、明快简洁的字号，但因与“僵尸公司”字号雷同而无法实现，长此以往将减损创业者的热情。

公司市场退出制度应当确保“僵尸公司”能够入土为安。一方面，《公司法》应当疏浚公司市场退出的梗阻，注重制度实效，为公司市场退出打开方便之门。公司在退出市场时，经营者难免心猿意马，想要尽早了结公司后事。现行《公司法》却为早已在市场上无心恋战的公司设置清算组备案、债权申报公示等烦琐程序，致使众多公司的法定代表人、负责人、直接责任人在面对经营困境时不得不以“跑路”收场。《公司法》应在程序上精简不必要的流程，使得法定代表人等不再畏惧甚至愿意主动申请市场退出。另一方面，《公司法》应当拓宽公司市场退出渠道，破除思维定式，助推消极被动的“僵尸公司”退出市场。在公司没有实际资产、债权人怠于行使权利、公司负责人行踪不明等情形下，再依靠债权人、公司及利害关系人启动、履行、完成

---

① 参见［美］罗斯科·庞德：《通过法律的社会控制》，沈宗灵译，商务印书馆2010年版，第10页。

公司的市场退出不切实际，固守传统的意思自治理念未免因循守旧。特别是在市场退出已然牵涉到其他公司、市场经济秩序和宏观经济等社会公共利益的前提下，需要由外力激励和帮扶没有能力、动力、活力自主退出市场的公司。

2. 繁简分流的分层次改革

依据公司债权债务的复杂程度采取迥异的处置方法，不失为确保公司顺利退出市场的一剂良药。

没有债权债务或者债权债务关系较为简单的公司，在退出时面临的最大阻碍是成本较大、时间较长、手续复杂，可适用简易注销程序。我国全面推广简易注销制度已近4年，仅2017年3～7月就全国就有190,243户企业进行了简易注销公告，其中被提出异议的企业数量为17,834户，准予简易注销登记的企业数量72,944户，实施成效显著。[①] 在此背景下加入取消清算程序、在国家企业信用信息公示系统中公示即可退出市场的简易注销制度，应当成为《公司法》完善的必选动作。有必要进一步探讨的是简易注销制度的适用对象。既有的修法建议、草案均将简易注销制度局限于“无债权债务”的“有限责任公司、非上市股份有限公司”，[②] 致使简易注销制度的优势难以得到最大范围的发挥。其一，可将债权债务已经清算完结等情形纳入简易注销制度的适用范围。鉴于债权债务关系的相对性特点，由外界查明债权债务的真实情况并不容易，判定不存在债权债务关系殊为不易。但是，我国现今全面推行“告知承诺制”[③]，简易注销制度也已采用《全体投资人承诺书》，这样的制度设计能够为利害关系人维护权益提供实质保障。具体而言，简易

---

① 参见《企业简易注销改革取得成效　逾7万户长期未经营企业准予注销》，载中国经济网：http：//www.ce.cn/xwzx/gnsz/gdxw/201708/09/t20170809_24898764.shtml，最后访问日期：2020年11月14日。

② 参见《关于修改〈公司登记管理条例〉〈企业法人登记管理条例〉等行政法规的建议》中，“建议对《公司登记管理条例》”第（三）项建议；《商事主体登记管理条例（草案）》第42条。

③ 告知承诺制，又称审批替代制，实质市场准入时涉及行政许可的，按照要求提交信用承诺书，即可获得行政审批，从而大大减少审批的流程和环节。参见陈兴华：《市场主体信用承诺监管制度及其实施研究》，载《中州学刊》2019年第5期；《国务院办公厅关于全面推行证明事项和涉企经营许可事项告知承诺制的指导意见》（国办发〔2020〕42号）。

注销制度的关键环节是《全体投资人承诺书》，其以全体投资人的信用背书了公司符合简易注销制度的适用条件，体现了注销由以往“背信推定”转变为“诚信推定”的市场经济理念。当公司隐瞒真实情况、弄虚作假时，《全体投资人承诺书》便成为公司及股东存在背信行为的证据，债权人及其他利害关系人据此可通过诉讼手段主张相应民事权利。此时，无债权债务关系与既存债权债务关系但已清偿完毕的区分界限便可打破，利害关系人均可于事后对恶意实施简易注销行为的公司追责。其二，可将股份公司的全部类型纳入简易注销制度的适用范围。时至今日，我国还没有任何一家上市公司适用一般清算或破产清算程序。即使未来出现上市公司解散和清算，在没有负债或清算完毕时，它们与其他股份公司没有本质区别，简易注销的现有机制足以应对。

对因各种原因滞留市场而无法退出的公司，应在扭转登记机关职权性质的基础上，构建强制退出机制。持续 3 年未年报的公司将被纳入严重违法企业名单，依靠它们自身主动退出市场变得不现实。随着严重违法企业名单数量如滚雪球般激增，强制退出制度的引进迫在眉睫。《关于修改〈公司登记管理条例〉〈企业法人登记管理条例〉等行政法规的建议》因害怕步子迈得过大，未能涉及强制退出制度。

《商事主体登记管理条例（草案)》特设专节规定“强制退出”，从适用情形、注销义务、登记限制、法律后果对强制退出全面规制。依据该草案规定，公司在被强制退出后，其清算义务人依法承担的组织清算义务不变，清算义务人应当申请办理注销登记，这使得强制退出发生于清算、注销环节前，类似于公司解散的一种原因。强制退出突破了《公司法》第 180 条规定的有且仅有的 5 种公司解散情形，但这种超前做法已被《民法典》预见。《民法典》在第 69 条法人解散的规定中，已然在《公司法》的封闭性情形外，增加了“法律规定的其他情形”的兜底条款。《商事主体登记管理条例（草案)》中的强制退出，借鉴的是我国香港特别行政区的“除名”制度。[①] 顾名

① 除名制度规定在《香港公司条例》第 15 部第 1 分部。

思义，“除名”即“剔除公司名称”，指香港公司注册处处长在符合条件时将公司的名称从公司登记册剔除，而该公司将会解散，其主要目的是释放商号资源，警告“僵尸公司”。强制注销制度的建立“牵一发而动全身”，其成功推行需要税务、劳动与社会保障、房地产等部门的配合，并须建立僵尸企业的筛选甄别、监测预警的配套措施。[①] 需要检讨的是强制退出的法律效果。一些地方规定在被除名、被吊销营业执照、被责令关闭、被撤销设立登记一定期间后，可由登记机关在向社会公示后，依职权作出注销公司决定。[②] 依职权注销制度即强制注销制度，会促使“沉睡”于市场，崩而不死，溃而不退的公司彻底告别市场，完全治愈公司市场退出难的痼疾，但这样的做法与注销制度本意相悖。在商事主体资格确认职能的基础上，若进一步赋予登记机关对公司民事主体资格生杀予夺的大权，未免使政府过于干预市场自由竞争。因此，依职权注销制度应予慎用。

（二）复兴思维下歇业公司容错机制的引入

有数据显示，2020年春节后有72.7%的微型企业和个体经营者无法正常运营，截至3月12日，仍有30.8%未开工，已复工的，48.3%处于亏本经营状态。[③] 这些因难以预期社会经济环境发生转变而步入泥沼的公司，若持续运营会加重亏损，解散清算则前功尽弃。暂时远离市场竞争、期待市场回暖、选择“高挂免战牌”，对它们而言不失为明智的选择。公司可以借此蛰伏待机，以待延续商业价值。公司的投资者可以避免先期投入的时间、金钱等沉没成本，避免再次进入市场后的重复投资和交易成本无端增加。公司债权人得以用时间换空间，其债权有机会全额受偿。雇员能够保全工作，社会也可以避免因大量公司倒闭而引致系统性风险。公司及利益相关人都有裨益的制

---

① 参见张钦昱：《僵尸企业出清新解：强制注销的制度安排》，载《法学杂志》2019年第12期。

② 《深圳经济特区商事登记若干条例》（深圳市第六届人民代表大会常务委员会2020年10月29日修订通过）第31、32条。

③ 参见中华全国工商业联合会：《2019～2020小微企业融资状况报告》，载https：//tech.sina.com.cn/roll/2020-05-30/doc-iirczymk4291055.shtml，最后访问日期：2020年11月1日。

度，自然是有利于社会公共利益的制度，即实现了“经济学家所称的追求社会的整体效率”。[①] 歇业的公司有错，但错不至死，陷入困境的公司可能仅患一时小疾，不能以不治之症处置。

休眠制度作为一种容错机制，应当得到《公司法》的正名。休眠制度，又称停业登记制度，指公司在较长时间难以展开经营活动时，可经法定程序保留主体资格，暂停纳税、缴纳社保金等义务，并可待公司拟开展经营活动时，允许其恢复营业状态的制度。[②] 公司启动休眠制度的前提是申请歇业登记，这有别于消极的停止经营或未开业。公司通过主动登记产生公示公信力，宣告其暂时歇业的状态而非被动地逃避债务或消极履行社会责任，保障相对人的知情权，令债权人能够及时跟进公司的境况。作为促使公司转机的一种有益尝试，休眠制度在其他国家和地区早已普及。《香港公司条例》将休眠公司称为“不活动公司”，在第344A条第（1）项中规定公司可通过一项特别决议，宣告公司将处于不活动状态。我国台湾地区“商业登记法”在1989年颁布时，对歇业公司的处理与大陆类似，在第29条规定可以歇业公司撤销其登记或部分登记事项，但在2016年修正时，在第17条“停业之登记”中规定，“商业暂停营业一个月以上者，应于停业前申请停业之登记，并于复业前申请复业之登记”。《英国公司法》（2006年）第1169条规定，在任何期间没有发生重大会计交易的公司即被认为是“休眠公司”。《商事主体登记管理条例（草案）》专节规定的“歇业登记”就是休眠制度。该草案的休眠制度有三处值得商榷：其一，适用前提要求过严。草案要求公司申请歇业登记前，“应当结清税款，并履行完结其他法定义务”。公司往往在无力偿付各种债务时，才选择适用休眠制度，若令其履行各种义务，将使得休眠制度的适用空间大大缩小。其他任何国家和地区

---

① ［美］莱纳·克拉克曼、亨利·汉斯曼等：《公司法剖析：比较与功能的视角》（第二版），罗培新译，法律出版社2018年版，第29页。

② 参见罗英、张智成：《对我国建立市场主体休眠登记制度的探讨》，载《中国市场监管研究》2020年第6期。

均没有类似规定。其二，休眠持续期间过长。草案要求公司单次休眠不得超过2年，但可多次申请休眠登记。公司是以其不断申请休眠登记，打消人们对它无意继续经营、逃废债的怀疑。应当使得单次歇业期限与年报期间保持一致，以1年为限。其三，法律后果不明。倘若公司以休眠为表面形式，实际从事交易而使得公司经营状况恶化，此时应令直接责任人、知道或应当知道该项交易发生的董事、高管与公司承担连带责任。鉴于公司休眠乃经全体股东一致同意申请，也应令全体股东与上述主体承担连带责任，此亦为《香港公司条例》第344A条第（6）项所规定。

（三）联动思维下法庭内外公司退出机制的衔接

系统功能分化与结构性耦合要求庭外重组和庭内退出共同构成系统化的公司退出机制。需要多部门、多体系的优化和协同配合，实现两类公司退出机制的有效互动。①

首先，调整《公司法》的章节名称。与“公司的设立”章节对应，可将《公司法》第十章的标题“公司解散和清算”修改为“公司的退出”，将公司市场退出的诸环节尽收其中。修改后的标题囊括当前《公司法》已经提及的注销、破产清算制度，使得标题名称更能精准概括逐条内容，还打通了公司法庭外与法庭内退出的“任督二脉”，体现《公司法》在公司市场退出中的基石作用。作为起到统领商法各部门法的“母法”，《公司法》需要为破产程序的登场拉开序幕，更为完整地交代公司法与破产法之间的关系，令破产法为困境公司的纾困和处置提供特殊的争端解决机制。

其次，增加《公司法》中公司法庭内市场退出的种类。囿于《公司法》在1993年制定及2005年修订时《企业破产法》尚未出台，《公司法》无法预见性地将破产重整程序置入其中，致使得当今《公司法》中仅存在“半部”《企业破产法》。可以将破产重整程序、破产清算程序等《企业破产法》

① 参见张钦昱：《我国破产法的系统性反思与重构》，载《法商研究》2020年第6期。

已经规定的程序，以及破产纠纷的争端解决替代机制[①]等在《公司法》中原则性地规定，鲜明地为公司及利害关系人提供多重选择指引，便于他们能够按图索骥地复兴公司或更有效率地解决争议。[②]

最后，加强行政机关与司法机关的配合。《公司法》在“公司解散和清算”章节的最后一条指明，“公司被依法宣告破产的，依照有关企业破产的法律实施破产清算”，似乎意味着破产清算代表公司生命的终结。其实，破产清算只是公司在资不抵债等情况下发生的公司债务集体清偿机制，公司仍然要经历注销环节后方能寿终正寝。《公司法》在增加破产程序与注销程序的衔接方面，要注意简化与配合的问题。一方面，法院作出的宣告公司破产、财产变价和分配等裁决具有权威性和公正性。破产管理人可持有关裁定直接向登记机关申请简易注销登记，而非一般的注销登记。司法审判能够加快公司市场出清效率，避免行政机关被无端牵涉精力。另一方面，倘若破产清算程序完结管理人不积极申请注销，或者管理人申请注销但登记机关因为税款等问题不予注销，此时应当赋予法院对注销程序的监督权，令登记机关不必等待管理人的注销申请，税务机关不必再次审查公司注销的合法性，在法院要求登记机关协助办理注销登记时，登记机关径行办理。

余　论

人们艳羡市场上的初创公司与庞然大物，向它们倾斜各种资源，提供多重福利，百般呵护。对于前途灰暗、行将就木的公司，往往视其为尾大不掉的累赘，漠视它们的生存状态。《公司法》在历次修改时，往往聚焦“凤头”“猪肚”，甚少关注“蛇尾”，在公司生命的终端环节着力不多，制度创新乏善可陈。肇始于1993年市场经济转型期的公司退出制度基本维持原貌，高管

---

① 比如“法庭外和解程序”，该程序依靠全体当事人的约定，解决公司的全部债权债务问题。庭外重组因回报率更高，有效避免司法程序的成本和不确定性，广受青睐。参见深圳市中级人民法院课题组：《世界银行〈关于有效破产与债权人/债务人制度的准则〉》，载《中国应用法学》2019年第2期。

② 参见张世君：《我国破产重整立法的理念调适与核心制度改进》，载《法学杂志》2020年第7期。

制、强干预、粗线条的公司市场退出制度显然无法适应当今改革进入深水区、中国经济高质量发展的客观需要。制度供给的不足叠加公司退出的“耻感”文化，越来越多的“僵尸公司”滞留市场，重塑公司市场退出制度，成为《公司法》在本轮修改时必须承担的历史使命。

“汝果欲学诗，工夫在诗外。”在完善公司市场退出法律制度时，更要跳出《公司法》，打通诸多法律部门，在顶层设计上通盘考虑。受困公司在退出时，往往牵扯劳动者权益保护、税款追缴、贷款回收、债券清偿、国有资产流失、环境责任承担、土地产权、产品责任追索等问题，涉及劳动保障、税务、银行、证券、国有资产监督、环境保护、房地产、消费者保护等监管部门。[①] 其中一个环节处理不当，便会“牵一发而动全身”。公司市场退出制度恰似“八爪鱼”，与市场经济的诸多要素紧密吸附。从这个意义上来讲，公司市场退出制度的精进不仅须依靠《公司法》与其他法律部门立法理念、技术、内容的提升，更要依赖我国市场经济与市场经济法治整体水平的稳步向前。

第二节　破产规则在公司法中的替代机制：以强制注销制度为例

深化供给侧结构性改革背景下，推进去产能，要抓住处置“僵尸企业”这个“牛鼻子”。“僵尸企业”没有通行定义。[②] 本章所称“僵尸企业”，或称“低效企业”，泛指一定时间内没有营业或遇到退出障碍，应退出但没有退出市场的企业，具体包括未开业、无债权债务或没有工作人员的“空挂

---

① 参见张钦昱：《企业破产中环境债权之保护》，载《政治与法律》2016 年第 2 期。

② 有学者认为，僵尸企业就是那些年年亏损，近年亏损严重，资不抵债，靠银行续债和政府补贴而继续生存的企业，参见李曙光：《市场经济、供给侧改革与破产法》，载李曙光、刘延岭主编：《破产法评论》（第 1 卷），法律出版社 2018 年版，第 21 页；有学者将“僵尸企业”划分为Ⅰ型企业和Ⅱ型企业，前者是指因市场经济法制不完善如立法、执法的不完善而未正常退出市场的企业，后者是指无望恢复生气，但由于获得放贷者或政府的支持而免予倒闭的负债企业，参见王欣新：《“僵尸企业”治理与〈企业破产法〉的实施》，载《人民司法（应用）》2016 年第 13 期。

户”、拒不进行年度报告的“休眠户”、因负责人“跑路”等原因清算事务停滞或未及时注销的“失联户”，但不包括可通过公司僵局处置机制解决的股东权利行使障碍等情形。僵尸企业早已丧失造血功能，在经济体系内如血栓阻碍资源优化配置，扭曲市场秩序，与优胜劣汰的基本准则相悖。受制于意思自治的固有思维模式，在既有制度及当前改革框架下，倘若企业法律意识淡薄或碍于市场退出的手续烦琐，不主动选择走完退出市场的“最后一公里”，任何外力不得干预，只能任由低效企业漠视市场纪律，成为名存实亡的“僵尸”。

2019年6月22日，国家发展和改革委员会、最高人民法院等13部委印发《加快完善市场主体退出制度改革方案》，指出“研究建立市场主体强制退出制度，完善相关法律法规，对……市场主体，依照法定程序实施强制退出”。作为第一个专门涉及市场主体退出问题的国家级文件，该方案明确了强制注销制度的法律地位，为僵尸企业的市场出清开辟新思路。强制注销，又称依职权注销、强制清除或强制退出，是指在出现特定情形时，无须利害相关人的申请便可由企业登记机关直接办理注销登记。从2015年4月个体工商户强制注销在上海浦东新区、江苏省盐城市和重庆市永川区等城区进行试点，到2017年9月浙江省瑞安市成为全国范围内首个对一般企业施行强制注销的城市，再到2018年8月，国务院办公厅《全国深化“放管服”改革转变政府职能电视电话会议重点任务分工方案》（国办发〔2018〕79号）指出，要开展市场主体强制退出工作试点，逐步扩大试点范围，直至2018年11月9日，司法部发布《个体工商户条例（修订送审稿）》在第25、26条明确增加的强制注销条款，强制注销的全面推广似箭在弦上，势不可当。[①] 实践中，从2016年9月到2017年9月，浙江、江苏、内蒙古个体工商户的注销数量分别为118,019家、18,700家、3598家，其中100%都是强制注销；

① 《关于开展个体工商户简易注销登记改革试点的通知》（工商个体〔2015〕45号），《关于推进个体工商户简易注销试点工作的通知》（工商个字〔2016〕187号），瑞安市市场监督管理局《吊销未注销企业监管办法（试行）》（2017年9月27日发布，2017年10月28日起试行）。

从2017年10月至2018年2月，瑞安共强制注销2301家企业，占该市在册企业总量的7.4%。[①] 强制注销作为新兴事物，缺乏法律支撑，理论根基薄弱，在全面铺开的过程中难免贻人口实。因此，本章在展示强制注销在僵尸企业市场出清必要性的基础上，通过剖析其性质及政府扮演的角色，试图为构建强制注销的崭新机制，完善多层次市场退出体系提供合理解释。

一、破产法等出清僵尸企业之困

僵尸企业的出清之法可分为法庭内退出和法庭外退出两大类，前者仅指破产程序，具体又分为破产清算、和解和重整；后者是指企业因行政决定或章程等原因解散，没有经由法院审理即可退出市场的措施。随着简政放权和"放管服"的深入开展，我国又对法庭外退出施行诸多改革，废除企业年度检验制度，简化注销登记程序。既有的法庭内退出和法庭外退出制度及其改革，均难为僵尸企业的出清提供具有约束性、长效性、制度化的法律供给，强制注销制度的喷薄欲出有其理论和现实的必然价值。

（一）积重难返的破产程序

对法定代表人下落不明且无其他人员负责管理财产，无法清偿债务；长期亏损且经营扭亏困难，无法清偿债务；企业法人已解散但未清算或者未在合理期限内清算完毕的，可以启动破产程序。[②] 破产程序是处置"僵尸企业"、化解过剩产能、推动经济发展质量变革的利器。[③] 企业在被宣告破产后不会出现难以寿终正寝的怪相。在破产程序终结之日起10日内，管理人应持人民法院终结破产程序的裁定，向破产人的原登记机关办理注销登记，否则管理人要被处以罚款，并承担相应赔偿责任。[④]

---

① 参见全国工商和市场监管部门企业监管专家型人才培训班第五课题组：《市场主体强制退出机制初探》，载《中国市场监管研究》2018年第5期。

② 《最高人民法院关于适用〈中华人民共和国企业破产法〉若干问题的规定（一）》第4条第（一）（四）项、第5条。

③ 参见张钦昱：《论公平原则在重整计划强制批准中的适用》，载《法商研究》2018年第6期。

④ 《企业破产法》第27、121、130条。

作为法庭内的市场退出机制，受限于司法的程序性约束与受到破产文化长期浸染，破产程序在解决“植物人”企业时有其阿喀琉斯之踵，集中表现在破产程序启动的步履维艰。2017 年我国法院受理破产案件数量仅占同期退出市场企业数量的 0.77% 便是明证。[①] 破产程序启动难源于以下原因。其一，破产程序繁复，成本较高。比如，从债权人提出破产申请到法院裁定受理的期间可长达 67 天，债权人进行债权申报的期限最短不得少于 30 日最长不得超过 3 个月。[②] 重整程序中的博弈机制亦可能严重拖延程序的演进。[③] 律师事务所、会计师事务所、破产清算事务所等管理人的深度参与、债权人委员会的运作、债务人财产的评估开销不菲，这些属于破产费用，最终由债务人财产随时清偿。濒临死亡的企业本就伤痕累累，无力再鏖战市场，久拖不决、尾大不掉的破产程序对债务人是一种煎熬。随着有限且珍贵的破产财团被损耗殆尽，债权人的可得份额亦一泻千里。其二，破产观念落后，软预算约束措施盛行。《企业破产法》实施 10 年有余，人们对企业破产以及破产法的认知仍然没有根本改观。一提到破产，人们脑中呼之欲出的是生产凋敝、劳动者失业以及随之而来的群体性上访、社会不稳定等破产引发的“瀑布效应”[④]。错位的破产观念与文化累加，企业经营失败的处置过程中成本的外部化问题凸显，破产案件寥寥无几。

（二）扬汤止沸的吊销制度

公司成立后无正当理由超过 6 个月未开业的，或者开业后自行停业连续 6 个月以上的，可以由公司登记机关吊销营业执照。[⑤] 关于吊销营业执照对企

---

① 2017 年，全国被法院裁定受理破产的企业数量是 9542 家，同期企业注销数量是 1,243,542 家。参见李曙光、刘延岭主编：《破产法评论》（第 1 卷），法律出版社 2018 年版，第 543 页。

② 《企业破产法》第 10、11、14、45 条。

③ 参见张钦昱：《公司重整中出资人权益的保护——以出资人委员会为视角》，载《政治与法律》2018 年第 11 期。

④ 破产的“瀑布效应”指一方的破产通常会产生涟漪效应，损坏破产人的债权人的清偿能力，环环相扣从而影响更广的范围，这样，破产经常掀起的是狂潮而非仅仅涟漪。参见［英］菲利普·伍德：《国际金融的法律与实务》，蒋丽勇、许懿达译，法律出版社 2011 年版，第 57 页。

⑤ 《公司法》第 211 条第 1 款、《公司登记管理条例》第 67 条。

业的法律效力，有法人资格消灭与存续两种针锋相对的观点。法人资格消灭说认为，吊销营业执照是对公司人格的绝对否定，即公司人格被全面的、永久的剥夺，公司之存在也因此全面、永久地被否定。[①] 法人资格存续说认为，吊销营业执照只表明不能以公司名义营业，但未否定公司的合法存续。[②] 我国早前规定公司破产、解散清算结束但不申请办理注销登记的，由公司登记机关吊销营业执照；现已将吊销营业执照作为公司解散的原因之一，即当公司被吊销营业执照后，应当在15日内成立清算组开始清算，清算期间公司存续，但不得开展与清算无关的经营活动。[③] 作为一种行政处罚，公司被吊销营业执照并不意味着公司已完全退出市场。吊销发生在前，是发生注销的原因之一，只有出现注销的结果，公司才最终入土为安。明确吊销和注销的关系至关重要。2016年，我国市场监督管理部门吊销的企业数量为411,387家，但吊销后本期注销的企业数量为22,790家，注销企业占吊销企业数量的比例仅为5.5%。[④]

僵而不死的企业在营业执照被吊销后，仍然挤占宝贵的社会资源，不能向市场释放商标、企业名称字号和生产资料。随着商事制度改革稳步推进及受到“双创”战略驱动，创业者鱼贯而入市场。初创企业希冀有一个简洁明快、朗朗上口的字号，在激烈的竞争中脱颖而出。但是，企业名称不得与被吊销营业执照尚未办理注销登记的同行业企业名称相同，大量闲置的名称字号限缩了大众创业、万众创新的空间，浇灭创业者的热情。吊销机制对这样的“僵尸户”缺乏长效约束机制，只能任由被吊销企业“沉睡”在市场而不

① 参见徐彦冰：《公司清算法律制度》，上海交通大学出版社2009年版，第38页。此外，有学者认为，“企业领取的《企业法人营业执照》是企业取得企业法人资格和合法经营权的凭证”。由此可得出，吊销营业执照将导致企业丧失法人资格。参见甘培忠：《企业与公司法学》（第四版），北京大学出版社2006年版，第46页。

② 参见叶林：《公司法研究》，中国人民大学出版社2008年版，第342页。

③ 《公司登记管理条例》（国务院令第156号，1994年6月24日颁布）第66条，《公司法》第180条第（四）项、第183条、第186条第3款。

④ 参见李曙光：《论我国市场退出法律制度的市场化改革——写于〈企业破产法〉实施十周年之际》，载《中国政法大学学报》2017年第3期。

能自拔。从吊销到注销的最后里程，亟待疏浚。

（三）功亏一篑的年报制度改革

对于不按时进行年度报告公示的企业，年报制度设计了失信惩戒机制。依据《注册资本登记制度改革方案》（国发〔2014〕7号），将企业年度检验制度改为企业年度报告公示制度。企业应于每年1月1日至6月30日，通过企业信用信息公示系统向市场监督管理部门报送上一年度的年度报告，并向社会公示。当企业未按时公示年度报告的，应被列入经营异常名录。[①] 市场监督管理部门在依法履职过程中通过登记的住所或经营场所无法与企业取得联系的，也可将其列入经营异常名录。[②] 若上述情形自列入经营异常名录3年内消除的，企业可申请移出经营异常名录，否则将被列入严重违法企业名单，并通过企业信用信息公示系统向社会公示；企业自被列入严重违法失信企业名单之日起满5年未再发生相关情形的，可由市场监督管理部门移出严重违法失信企业名单。[③] 年报制度的实施显著降低企业披露信息成本，提高政府监管效能，加强企业信用约束，使得企业由"对政府负责"转向"对社会负责"，贯彻社会共治的理念。

从减损企业名誉的角度，或可得出经营异常名录具有惩戒效力的结论。通过披露企业的背信行为，其他市场主体获得充足信息并据此做出理性决策；失信企业得到行为纠偏信号，否则将承担负面后果。不过经营异常名录的作用范围局限于试图继续营业的企业，对经营状况漠不关心的企业难有作为。严重违法失信企业名单虽然侧重于处罚，但力有未逮。市场监督管理部门对

---

① 《企业信息公示暂行条例》（国务院令第654号）第8条第1款。为完善市场监管体制，推动实施质量强国战略，营造诚实守信、公平竞争的市场环境，进一步推进市场监管综合执法、加强产品质量安全监管，让人民群众买得放心、用得放心、吃得放心，方案提出，将国家工商行政管理总局等职责整合，组建国家市场监督管理总局，不再保留国家工商行政管理总局。

② 市场监督管理部门通过邮寄专用信函的方式与企业联系，经向企业登记的住所或者经营场所两次邮寄无人签收的，视为通过登记的住所或者经营场所无法取得联系。参见《企业经营异常名录管理暂行办法》（2014年8月19日国家工商行政管理总局令第68号公布）第9条。

③ 《企业经营异常名录管理暂行办法》第11、14、15条，《严重违法失信企业名单管理暂行办法》（2015年12月30日国家工商行政管理总局令第83号公布）第5、9条。

被列入严重违法失信企业名单的企业实施下列管理：列为重点监督管理对象；企业的法定代表人、负责人，3 年内不得担任其他企业的法定代表人、负责人；不予通过“守合同重信用”企业公示活动申报资格审核；不予授予相关荣誉称号；在政府采购、工程招投标、国有土地出让等工作中，对企业予以限制或禁入。[①] 纵览年报制度各条款，没有对“列为重点监督管理对象”的具体措施及法律后果进行细化。诸如“守合同重信用”企业公示等授予荣誉称号的活动是依企业自愿申报的行政指导行为，评定标准较高，有配额限制，属于企业名誉的锦上添花，不是“守合同重信用”的企业信用不一定就不佳。[②] 政府采购、工程招投标、国有土地出让与财政性资金、国有资本或社会公共利益、公众安全等相关，[③] 尚有数量众多、范围广阔的其他行为可由失信企业自由实施。对企业法定代表人、负责人的资格罚亦较为疲软，对失信企业的投资人几无处罚手段。失信企业的法定代表人、负责人的限制期只有 3 年，且并不是完全禁入，只是不得担任其他企业的法定代表人、负责人。

自年报制度实施以降，2016 年度、2017 年度、2018 年度，年报率分别为 87.6%、85.1% 和 90.5%，连续 3 年未年报企业数量为 76.26 万户，占 2018 年未年报企业的 32.1%、应年报企业的 3.1%。[④] 考虑到满 1 年未年报企业被纳入经营异常名录、再满 3 年被纳入严重违法企业名单，2019 年已出

---

① 《企业信息公示暂行条例》第 17 条第 2 款、第 18 条，《严重违法失信企业名单管理暂行办法》第 13 条。

② “守合同重信用”企业的评定标准较高：申报参加工商总局“守重”企业公示活动的企业，应当自成立起至申报之日满 7 年、规模较大、市场占有率较高，且在企业和品牌的社会影响力、合同信用管理、合同行为、合同履约状况、经营效益、社会信誉等方面达到较高水平。“守合同重信用”企业有配额限制：国家市场监督管理总局综合各地经济发展水平、企业存量、当地“守重”企业公示活动开展情况等因素确定各地公示企业数量，根据各地报送企业在总局“守重”企业信用标准体系软件中的测评结果，确定最终公示名单。参见《关于“守合同重信用”企业公示工作的若干意见》（工商市字〔2014〕223 号，已失效）。

③ 《政府采购法》第 2 条、《招标投标法》第 3 条、《城市房地产管理法》。

④ 参见中国市场监督管理学会编著：《企业年度报告》，中国工商出版社 2017 年版，第 13、38 页。

现第一批因未履行年报义务被纳入严重违法企业名单的企业。随着每年数十万的企业如滚雪球般涌入严重违法企业名单，该如何进一步处置这些企业迫在眉睫。遗憾的是，年报制度孱弱的惩戒机制难为清理休眠企业提供有力支撑。僵尸企业“沉睡”于市场，“滞留”于企业信用信息公示系统，败而不退，溃而不死。

（四）隔靴搔痒的简易注销改革

根据《国务院关于促进市场公平竞争维护市场正常秩序的若干意见》（国发〔2014〕20号），自2017年3月1日起，我国全面实行企业简易注销登记改革，领取营业执照后未开展经营活动、申请注销登记前未发生债权债务或已将债权债务清算完结的有限责任公司、非上市股份有限公司、各类企业分支机构、非公司企业法人、个人独资企业、合伙企业，可适用简易注销程序。[①] 简易注销改革简化了一般注销程序，除有关利害关系人及相关政府部门提出异议外，满足条件的企业在企业信用信息公示系统公告相关信息45日后，即可向企业登记机关提出简易注销登记申请，登记机关应在3个工作日内作出准予企业简易注销登记的决定。提交的材料不再包括清算报告、投资人决议、刊登公告的报纸样张等材料。简易注销改革是实现企业市场退出便利化的有利举措，2017年全国企业注销数量大幅攀升，同比增长27.6%。[②]

现行的简易注销改革并没有从根本上纾解企业市场退出的堰塞湖。简易注销的启动途径狭隘，仅为依申请启动。简易注销改革强调尊重企业自主权，由符合条件的企业自主选择适用一般注销程序抑或简易注销程序。企业必须首先在企业信用信息公示系统中公示材料并提交申请材料。利害关系人不能申请简易注销程序，只享有对简易注销申请的异议权。政府机构亦不能自主

---

① 《关于全面推进企业简易注销登记改革的指导意见》（工商企注字〔2016〕253号，2016年12月26日）；《关于开展进一步完善企业简易注销登记改革试点工作的通知》（国市监注〔2018〕237号，2018年12月3日）。

② 参见李曙光、刘延岭主编：《破产法评论》（第1卷），法律出版社2018年版，第543页。

提出简易注销程序，其职权限于形式审查申请材料、受理异议申请并作出准予或不予准予简易注销登记的决定、将僵尸企业列入经营异常名录和严重违法企业名单，无法将它们彻底清出市场。登记管理失序的趋势并未扭转，盘踞的社会资源并未开释，债权人的权益并未周全维护。

二、强制注销性质之辨

“行政行为是指行政主体运用行政权，实现行政目的的一切活动。”[①] 企业登记机关依据法律授予的职权，实现企业退市目的。强制注销具有下述特征，契合行政行为的内涵。其一，主体的行政性。行政行为必须是行政主体所为之行为。强制注销的行为主体是企业登记机关，隶属于市场监督管理部门。其二，行为的单方性。行政机关根据相关规定的标准和条件，在自行审核后便径行作出强制注销的决定，无须行政相对人的配合、认可或同意。强制注销把这种特性发挥到极致，企业一般不会参与程序，只是完全以登记机关的意志为转移，被动接受注销后果。其三，内容的职权性。行政职权是行政行为的内在，行政行为是行政职权的表征。既然是行政职权，即拥有强制性的特质。强制注销又被称为依职权注销，该表述除申明与应申请的注销迥异外，更凸显了强制注销的权源是行政职权的特色。因而，握有强制注销权力的登记机关在面对企业时，地位明显优于对方，拥有强制企业服从自己意志的本领。一旦强制注销决定被作出，便对企业具有强制约束力。其四，效力的先定性。根据法安性原则的要求，行政行为一经作出，在没有被有权机关确定为无效或被撤销前，对行政机关及行政相对人都具有拘束力，相关个人或组织必须服从。[②] 在强制注销语境下，登记机关作出强制注销的决定应为各方当事人尊重，债权人、股东等必须服从企业被清扫出市场的事实。但

① 姜明安主编：《行政法与行政诉讼法》（第五版），北京大学出版社、高等教育出版社2011年版，第152页。

② 参见叶必丰：《行政行为的效力研究》，中国人民大学出版社2002年版，第107页；罗豪才、湛中乐主编：《行政法学》（第三版），北京大学出版社2012年版，第117页。

是，当出现法定条件或登记机关行为违法或不当时，强制注销决定可被撤销，企业存在恢复市场主体身份的可能性。其五，权能的法定性。权力先天存在被滥用的可能。政府行使职权的所有行为，即所有影响他人法律权利、义务和自由的行为都必须说明它的严格的法律依据，否则就同其他个人一样，对其侵权行为负责。[①] 这就要求登记机关在进行强制注销时，其权限和内容必须有上位法支撑，严格遵照法律规定的条件和程序，不得恣意妄为。在基于强制注销是行政行为的前提下，下文将通过其与行政处罚、行政许可比较，继续对其解构。

强制注销不具处罚性质，不增设企业义务负担。《行政处罚法》在第 9 条第（三）项明确规定吊销执照是一种行政处罚种类，但全文未出现注销的表述。[②] 源于下述两个方面，强制注销不属于“法律、行政法规规定的其他行政处罚”，不应归属于行政处罚范畴。一方面，强制注销的后果不具制裁性。“行政相对人违反行政法规范必然要导致一定的法律后果，承担相应的法律责任，这种法律责任就是行政处罚。”[③] 企业不按规定办理注销登记的，由登记主管机关责令限期办理注销登记；拒不办理的，由登记主管机关处以 3000 元以下的罚款，吊销营业执照，并可追究企业主管部门的责任。[④] 由此得知，注销是法律规定的企业退出市场的必然程序，吊销是企业不履行注销程序的消极后果。倘若注销被认定具有行政处罚性质，不仅将出现注销和吊销功能重叠、制度冗余之弊端，对注销又施以处罚也违背“一事不再罚”的基本原则。同样，强制注销以实现清扫市场信用“垃圾”为基本要义，并不旨在对企业的不退市行为实施惩戒。另一方面，强制注销对象不限于违法行为。既然谓之于“处罚”，行政处罚的调整范围严格限定于违法行为。强制注销的对象既可以是因虚报注册资本、提交虚假材料取得公司登记等违法行

---

① 参见［英］威廉·韦德：《行政法》，楚建译，中国大百科全书出版社 1997 年版，第 25、36 页。

② 2021 年 1 月 22 日第十三届全国人民代表大会常务委员会第二十五次会议修订。

③ 肖金明：《行政处罚制度研究》，山东大学出版社 2004 年版，第 49 页。

④ 《企业法人登记管理条例施行细则》第 60 条第 1 款第（九）项。

为而被吊销营业执照的企业，也可以是因发生长期停业事实而并无其他可苛责之处的企业。这些企业仅是鉴于行政管理秩序、市场交易效率、社会信用提升等需要，而被勒令取消市场主体的表征。事实上，之所以出现吊销营业执照等同于主体资格终止的误解，在于我国将企业法人登记与营业登记合二为一，即营业执照的签发意味着企业同时获得法人资格与营业资格。企业法人登记的目的是设立法人，对其组织和存续加以监督管理；营业登记的作用是政府承认某项营业及某一商号、行号的合法性，并对其营业活动进行监督。出于地域统一和成本等考量，我国采取上述“登记效力合一主义”立法模式。[①] 照此逻辑，法人资格丧失是吊销营业执照的必然结果。尽管2005年《公司法》在修改时明确吊销营业执照与公司法人资格消灭没有联系，合一主义立法模式缺乏实践理性，但该模式仍盛行于各种法律文本之中，其影响还远远没有被肃清。[②] 辨明强制注销的非处罚特性，对理解企业被强制注销后的法律地位大有裨益。公司以开展营业活动为其唯一意旨，当作为营业资质的执照被吊销后，企业便失去营业的权利，只能走向清算之旅。与此相对，强制注销没有对企业科处新的义务负担，没有更改企业原有的债务结构和股权安排。强制注销无非是登记机关宣告企业退出市场的创新形式、在程序上助力企业市场出清的有益设计而已，企业和利害关系人不用排斥，更无须畏惧。

强制注销不具许可性质，不是捍卫各方权益的最后一道屏障。精准理解企业“登记”是明晰企业注销登记性质的前提。各国一般均对企业实行登记管理，企业准入政策历经自由主义、特许主义、核准主义和准则主义四个发展阶段。[③] 我国当前以准则制为主，核准制为辅。准则制，是指投资者满足法律预先规定的成立条件，即可到登记机关办理登记手续。[④] 登记机关在形

---

① 参见史际春：《企业和公司法》（第三版），中国人民大学出版社2013年版，第47、48页。

② 参见李建伟：《论公司行政解散权的存废》，载《环球法律评论》2013年第5期。

③ 参见江平主编：《新编公司法教程》，法律出版社1994年版，第79、80页。

④ 参见刘俊海：《现代公司法》（第三版）（上册），法律出版社2015年版，第96页。

式审查申请人提交的材料满足公司成立要件后，授予合法主体的资格。核准制作为例外，必须有法律、行政法规作为准据法，企业在有关部门进行审核批准后，方能申请公司登记。[①] 与各国均对各类企业成立实施强制登记相对，企业在退出时进行注销登记也是每个企业应尽的义务。[②] 既然绝大多数企业在市场准入时未被授予许可，这些企业在退出时不牵涉许可事宜便是“登记”语境下的题中之义。强制注销并没有改变注销登记的内核，只是由普通注销中的企业自主申请转变为在企业未履行注销义务时登记机关的主动实施，不能改变强制注销不是行政许可的本质。值得说明的是，国务院广泛推进的“先照后证”和“证照分离”改革，[③] 有效区分“证”与“照”的各自功能，强化了“登记”的非许可性质，这也使得强制注销与行政许可的差异越发鲜明。此外，行政许可的前提是某种行为因具有潜在危险性应被法律限制或禁止，但这种被限制或禁止的行为又会给社会或个人带来好处，因此这种限制或禁止又在一定条件下予以解除，这就是许可制度。[④] 行政许可的设定和实施能够保护公民、法人和其他组织的合法权益，保证国家经济健康发展，促进社会公益事业，维护社会秩序和公共利益。[⑤] 这就要求登记机关积极地干预社会经济活动，以保障利害关系人安全为第一要务。显然，强制注销的对象并不是法律普遍限制或禁止的行为，而恰恰是法律希冀行为人努力践行的义务，无论从行为前提或客体都与行政许可相去甚远。强制注销不是一种行政许可，这意味着登记机关不必对强制注销发生的真实性负责，只要条件触发、程序正当经过，企业便可被清理出市场。登记机关在实行强制注销时，不以降低市场风险、保障交易秩序为己任，无须介入债权人、职工、投资人

---

① 《公司法》第6条第2款。另，核准制适用的情形包括：产业管制政策专属审批、特殊行业经营资格确认审批。参见甘培忠：《企业与公司法学》（第四版），北京大学出版社2006年版，第35页。

② 《企业法人登记管理条例》第3条第2款，《公司登记管理条例》第2、3条。

③ 《国务院关于“先照后证”改革后加强事中事后监管的意见》（国发〔2015〕62号）；《国务院关于在更大范围推进“证照分离”改革试点工作的意见》（国发〔2017〕45号）。

④ 参见张树义主编：《行政法学》（第二版），北京大学出版社2012年版，第189页。

⑤ 《行政许可法》第1条。

甚至社会公共利益的复杂旋涡，不必考察决策对各方处境是否产生实质影响，其价值取向由安全转向效率，全力关注如何利用行政职权在企业快速退出方面发挥实效，迅捷出清僵尸企业。强制注销有效纾解企业退市僵局，简化注销登记程序，降低企业注销登记的成本，实现企业退市的高产出，及时淘汰已然无法创造财富甚至正在浪费社会资源的市场主体。

强制注销的性质是行政确认，不影响利害关系人的实体权利与义务。"行政确认是指行政机关依职权或应申请，对事实、性质、权利、资格或者关系进行甄别和认定，以法定方式予以宣告的行政行为。"[①] 除依相对人申请可启动程序外，行政机关也可依职权直接进行行政确认。行政确认的形式有：对土地使用权、不动产所有权等确认，对医疗事故、伤残登记等的鉴定，对教育水平、居民身份等开具的证明，对交通事故责任、驰名商品等的认定，对房地产交易、结婚离婚等的登记，对动植物、环境卫生等的检查。[②] 作为行政登记的一种类型，强制注销的定位是行政确认。强制注销是登记机关以公权力严格按照法律法规的明文规定，对企业具备各项市场退出条件的事实进行甄别，记载于登记簿册赋予其效力，使得以其为要件的法律关系安定化的程序。强制注销是一种具备准法律行为性质的行政行为，并非严格意义的法律行为。[③] "确认性行政行为仅表明现有的实在法状态……它是对法律状态具有约束力的确认，具有处理性。"[④] 登记机关纯粹是依照客观事实对现有情况是否真实或存在进行判断、认定、证明，没有试图改变法律关系的现状，不涉及权利义务的具体内容，没有发生法律效果的意图。因此，强制注销既非限权行为，也非赋权行为，它没有剥夺利害关系人的既有权利，也没有创设新的义务责任，只是对事实上已灭失或无法再行使的权利义务，在作出不涉感

---

① 马怀德主编：《行政法学》（第二版），中国政法大学出版社2009年版，第184页。

② 参见江利红：《行政法学》，中国政法大学出版社2014年版，第306、307页。

③ 学者对行政确认的性质存有争议。有学者认为行政确认是具体行政行为，比如沈福俊、邹荣主编：《行政法与行政诉讼法》（第二版），北京大学出版社2013年版，第273页；有学者认为行政确认是准法律行为，参见闫尔宝：《行政行为的性质界定与实务》，法律出版社2010年版，第77～79页。鉴于准法律行为说被更多的学者采纳，笔者认为行政确认是准法律行为性质的行政行为。

④ ［德］哈特穆特·毛雷尔：《行政法学总论》，高家伟译，法律出版社2000年版，第208页。

情色彩的中立评价后，履行法律上的“盖棺”手续而已，就像轨道上的列车，不能随心所欲地驰骋，必须按部就班地在既定轨道上稳步前行，直至旅程终点。强制注销的行政确认属性，将导致注销后企业因实体义务或未最终消灭而又回转市场的可能。在简易注销中，若企业隐瞒真实情况、弄虚作假，纵然企业已注销完毕，登记机关可作出撤销注销登记等处理，有关利害关系人可通过民事诉讼主张其相应权利。① 在依申请始能运转的简易注销程序中已“入土”的企业尚能“复生”，政府干预程度更高的强制注销自不待言。

强制注销通过行政确认将企业“名存实亡”的状态公示，产生公信力。信息作为一种公共物品，生产成本高，消费不具排他性，私人对信息无力投资或不愿投资，以致信息缺陷问题不能通过市场本身来解决，极大影响市场效率。② 政府部门是公共物品最适宜的提供者，有义务积极介入，为信息的真伪提供背书，为交易的通畅提供制度保障。强制注销正是弥补信息不对称鸿沟的一剂良方，利用公开、透明、易于查明的形式，将企业因歇业、失联等原因不再营业的当前状态为世人知悉，减少交易的不确定性，降低市场主体的交易成本。“所有在商事登记簿中登记的事项都推定具有合法性和准确性。”③ 登记机关在实施强制注销后，出于对政府信用的尊重，企业不再营业的情势被所有人承认。④ 依公示方法所展现出来的企业注销状态，即便与事实相抵触，比如企业仍存有债权债务关系或尚能营业，但法律仍然保护信赖注销登记而为特定行为的善意交易对手方。“将商业主体的营业状况一一登记于主管机关的簿册，公告于社会，使公众周知其营业的内容，与商业主体

---

① 《关于全面推进企业简易注销登记改革的指导意见》。

② 参见王远明、唐英：《公司登记效力探讨》，载《中国法学》2003 年第 2 期。

③ ［德］罗伯特·霍恩、海因·科茨、汉斯·G. 莱塞：《德国民商法导论》，楚建译，中国大百科全书出版社 1996 年版，第 246 页。

④ 也有学者认为，公司登记所具有的公信力，既不是取决于登记机关行政行为的公信力，也不是来源于国家信用，更不是简单的“正确性推定”，而应该是一种在现代社会较为正常和理性的“制度信赖”。参见张雅光、王妍：《公司登记效力的价值及其构造》，载《中国政法大学学报》2011 年第 3 期。

为交易行为时，有所取舍，而期交易之安全。”[①] 强制注销对企业退出市场的行为作出有效控制以保障交易安全，这是通过公示最终实现的。此外，“商业登记制度的近现代发展是产权保护的民间性管理转向国家性管理的必然”。[②] 强制注销给拒不办理注销登记的企业上了“紧箍咒”，使企业退出市场的事实在登记机关的积极干预下得到法律上的确认，维护了企业登记管理秩序，又挤出统计中的大量水分，使企业总量、结构分布、经营状况等基本情况不再以冗余、失真的面貌示人，为政府精准决策提供质量更佳的辅助依据。

三、强制注销市场化之惑

倚靠市场的自发调节出清僵尸企业难以为继，利用外力解决市场失灵问题的强制注销制度横空出世。政府之手的掺杂使强制注销制度自出生起就面临人们对其偏离市场化轨道的质疑。应当看到，部分市场化国家和地区早已存在丰富的强制注销实践，或可为我国引入强制注销提供制度注解，但也要对我国当前的强制注销试点激浊扬清，避免其出现政府失灵的倾向。

（一）市场失灵：强制注销在市场化国家或地区的广泛运用

强制注销在英国、爱尔兰、法国、塞浦路斯、澳大利亚、印度等国家得到广泛的推广与应用。例如，2017 年，爱尔兰注册公司共有 215，020 家，爱尔兰登记机关对 5420 家公司实施强制注销，相比之下依申请注销的有 5490 家公司，从 2014 年到 2017 年，采用强制注销手段退出市场的公司占所有注销公司的比例分别为 61.4%、42.1%、61.8% 和 49.7%。[③] 再如，2016 年 1 月，塞浦路斯登记机关对 55，000 余个未能按时提交年报的公司实施依职权注

---

① 张国键：《商事法论》，台北，三民书局 1980 年版，第 81 页。

② 李金泽、刘楠：《我国商业登记法制的反思与前瞻》，载《法律科学》1999 年第 6 期。

③ See Companies Registration Office, CRO Annual Report 2014, 2015, 2016, 2017, available at: https: //www. cro. ie/Publications/Publications/Corporate, last visited on Aug. 15, 2018.

销登记，同期塞浦路斯仅有227,840家公司。[①] 由此可见，在市场监管体系内，登记机关利用强制注销职权可有效纾解市场主体无序退出的难题。

各国或地区规定当出现以下六种情形中的一种或多种情形时可适用强制注销制度：登记机关有合理理由认为公司在一定时限内未开展业务或经营；未能按照规定提交年度报告、税务报表或其他必要材料；逾期缴纳费用或者罚款；企业在进入清算程序后清算事务停滞，包括清算人未按时提交清算申报表、清算人停止清算工作但公司事务已清算完毕等情形；清算或吊销后未及时注销；公司登记处没有任何登记在册的现任董事[②]（见表2）。

表2 典型国家或地区强制注销适用情形梳理

	一定时限内未开展业务或经营	未提交年度报告、税务报表等	逾期缴纳费用或罚款	清算事务停滞	清算、吊销后未及时注销	没有登记在册的现任董事
英国	√	×	×	×	×	×
爱尔兰	×	√	×	√	×	√
法国	√	×	×	×	√	×
塞浦路斯	√	×	×	×	×	×
澳大利亚	√	√	√	×	×	×
印度	×	×	×	×	×	×

① See Margarita Sofokleous: Cyprus Companies, Involuntary Strike-Off by the Registrar, available at https://www.agplaw.com/cyprus-companies-involuntary-strike-off-by-the-registrar/, last visited on Aug. 15, 2018; Department of Registrar of Companies and Official Receiver, Registrar of Companies and Official Receiver Companies Section Statistics, last visited on Aug. 15, 2018.

② 英国规定参见《英国公司法》（Companies Act 2006）第1000、1001条；爱尔兰规定参见《爱尔兰公司法》（Companies Act 2014）第725、726条；法国规定参见张民安：《商事总则制度研究》，法律出版社2007年版，第462~463页；塞浦路斯的规定参见《塞浦路斯公司法》（Companies Law）第327条；澳大利亚的规定参见《澳大利亚公司法》（Corporations Law）第601AB条；印度的规定参见《印度公司法》（Companies Act 2013）第248条；我国台湾地区的规定参见我国台湾地区“公司法”第10条、第17条之一、第24~26条、第397条。我国台湾地区“商业登记法”第4、7、18、29条。

依企业能否对强制注销事由进行补救以中止强制注销程序之标准，强制注销的实施程序可划分为两大类。少数国家或地区规定，当企业存在强制注销规定的任一情形时，登记机关可直接办理注销登记，企业没有请求中止注销程序的权利。例如，法国商法规定，商法人在法律规定期限内未办理注销或变更登记的，登记机关可直接依职权办理注销登记。[①] 我国台湾地区也有同样规定，公司终止营业后 15 天内未申请歇业登记的，主管机关可直接依职权废止其登记。[②] 大多数国家的强制注销制度给予企业一定的“缓冲期”。在企业出现注销情形时，登记机关将发送拟注销信函及公告，企业如能在一定期限内消除注销事由或其所提异议成立，登记机关将终止注销程序；反之，登记机关应当办理正式注销。比如，英国与塞浦路斯的登记机关首先会向公司邮寄信件，如果连续发出 2 封信件后在合理期限内均未收到答复，或者收到不开展业务或经营的答复时，登记机关可在公报上公布并向公司邮寄注销通知，自通知之日起 3 个月届满时，公司被依职权注销。[③] 《爱尔兰公司法》规定，登记机关应向公司和公司所有董事寄送通知书，并在《公司注册办公室公报》[④] 上刊登相关通告；如果公司在 28 日内未采取任何补救措施消除拟注销事由，登记机关应当正式强制注销该公司，并在《公司注册办公室公报》刊登注销公告。[⑤] 我国台湾地区则规定，如主管机关拟废止登记，应催告公司负责人在 30 日内声明异议；逾期不为声明或声明理由不充分的，废止其登记。[⑥]

正常情况下，企业在解散或破产后，应按法定程序了结事务，清理债权债务，处分剩余财产。在清算完毕并注销后，主体资格即告消灭。作为一个大幅简化的出清制度，被强制注销的企业可能未经法定清算程序就已离场。在此背景下，英国、塞浦路斯、印度等域外国家规定了公司董事、高级管理

---

① 参见张民安：《商事总则制度研究》，法律出版社 2007 年版，第 461 ~463 页。

② 我国台湾地区“商业登记法”第 18 条。

③ 《英国公司法》第 1000、1001 条，《塞浦路斯公司法》第 327 条。

④ 公司注册办公室（Companies Registration Office）在每周的公报上会公示当周拟强制注销公司名单、正式依职权注销公司名单、年度报告提交名单、年度报告接收名单。

⑤ 《爱尔兰公司法》第 727 ~730 条。

⑥ 我国台湾地区“公司法”第 397 条。

人员和其他成员的“持续责任”，即在公司注销登记之后，如果公司董事、高管和其他成员仍负有尚未履行责任，则这一责任仍可被强制执行。[①] 这不仅可保障债权人、雇员等公司利益相关者的权利，而且能够督促停止经营但无意清算的市场主体积极主动按照法定程序出清。

针对强制注销后利害关系人可能获得的救济，英国、澳大利亚、爱尔兰等国家规定，在公司被强制注销后的一定年限内，如果公司在注销之时并未停止营业且已消除所有注销事由，可向登记机关申请或向法院提起诉讼，请求重新恢复公司注册登记之状态。一旦公司恢复登记，其存续状态视为从未中断。例如，《英国公司法》规定，公司前成员或任何利益相关者可向登记机关或法院提出恢复登记申请，申请有效期是自注销之日起的6年内；《塞浦路斯公司法》规定这一有效期为20年；[②]《爱尔兰公司法》规定，公司可在被注销之日起的12个月内向公司注册办公室提出恢复申请，15个月内满足恢复注册的条件。[③] 恢复登记制度成本较低，可为被依职权注销的公司提供有力的保障与救济。2014～2017年，爱尔兰选择恢复登记的公司分别为706家、559家、516家、557家，分别占当年强制注销公司数量的10.3%、18.2%、6.2%、10.3%。

（二）政府失灵：强制注销在我国地方实践的探索误区

鉴于政府之手在强制注销中的支配地位，需要对各地如火如荼的试点冷静思考，对政府失灵倾向及时纠偏。

第一，审查流于形式，登记机关易作茧自缚。实地核查是当前各地在强制注销时必须履行的特定程序。宁波市市场监管局《依职权注销个体工商户登记操作指引》（2016年4月8日实施）规定，登记机关应当派遣2名以上执法人员在30日内完成对已立案个体工商户的调查，管辖机关核查个体工商

---

① 《英国公司法》第1000条、《爱尔兰公司法》第734条、《印度公司法》第248条。

② The Companies Law（Republic of Cyprus），Section 327.

③ 《英国公司法》第1024～1032条、《塞浦路斯公司法》第327条、《爱尔兰公司法》第737条。

户应当采取实地检查的方式，填写实体核查记录表、拍摄制作图片影像资料、记录与相关人员的联系情况、保存邮寄凭证等方式保留执法痕迹，收集相关核查材料，并妥善保存。经统计，2 名执法人员须至少跑 3～4 次才能完成一个企业的注销。[①] 登记机关的人员编制有限，兼顾商事改革等其他繁重业务本就难以分身，现又要在实地调查中投入大量精力和时间，在面临数量众多僵尸企业的强制注销时难免敷衍了事，这种强制注销的运动战试点难以持续。另一个可能产生更为严重后果的步骤是登记机关的审批程序。在宁波市市场监管局发布的《依职权注销个体工商户登记决定审批表》中，登记机关需要详细填写"拟做出依职权注销决定的事实、理由、依据"，即登记机关对相关事实的真实性做出认定。这种大包大揽的"父爱式"做派，看似对强制注销企业认定的方方面面做到万无一失，但却忽略了由此产生的责任承担问题。倘若登记机关的调查核实结果与客观事实出现偏差，致使债权人等产生损失，登记机关被受害人追索必不可免，自讨苦吃。

第二，程序烦琐拖沓，与轻快流畅的初衷相背。普通注销制度以安全稳定秩序为首要目标，但因其对快速出清僵尸企业无计可施，强制注销制度才应运而生。因此，强制注销应秉持"唯快不破"的核心要旨，降低企业退出成本，提高政府监管效能，这也是此轮试点中，强制注销均是与简易注销改革相伴相生的原因。但是，在各地政策落地时强制注销被设计得冗杂、可操作性不强，效率优势损失殆尽。比如，经计算，宁波市对个体工商户实施强制注销的全流程可长达 130 天。[②] 再如，重庆市永川区要求对经营者不再从

---

① 孙建新、姚文帅、叶素红：《关于依职权注销个体工商户的若干思考》，载《中国市场监管研究》2017 年第 7 期。

② 依据宁波市市场监管局《依职权注销个体工商户登记操作指引》，管辖机关发现个体工商户依法应办理注销登记手续的，可限期在 15 日内主动申请办理，逾期才启动强制注销程序；管辖机关实地核查的期限是 30 日；在强制注销的审批完成后，管辖机关制作《依职权注销个体工商户登记告知书》并将其送达当事人，无法找到当事人的，公告送达须经过 15 日；当事人逾期未提出陈述申辩或陈述申辩理由不成立的，管辖机关制作《依职权注销个体工商户登记决定书》并将其送达当事人，无法找到当事人的，公告送达须经过 60 日；对被强制注销的个体工商户，检查人员应在决定做出后 10 个工作日内在系统中进行注销操作。

事经营活动进行强制注销的，应有经营者本人签署的确认证明；江苏省盐城市对未营业个体工商户的强制注销需要提供地方政府的书面文件（须附名录及未开业证明）。[①] 大量“空转”企业的经营者或已失联，取得其证明的可能性微乎其微，在大数据蓬勃发展的今天，“让数据来说话”或较政府的书面文件更加可靠。

第三，缺乏相应的容错机制，登记机关存在履职风险。市场经济本质上是法治经济，“法治是成熟市场经济的本质特征，是市场经济健康运行的必然要求，市场只有和法治相结合，才能为市场经济机制的有效运行创造条件”[②]。作为公权力代表的登记机关在实施强制注销时应于法有据，而强制注销的改革试点突破了《公司法》《个体工商户条例》等法律法规的规定，有违行政行为的合法性原则之嫌。在被行政相对人提起诉讼时，难免不被法院认可，承担败诉风险。欠缺有效上位法的支撑，登记机关在履职中产生畏难情绪，影响强制注销改革的成效。比如，在黑龙江省龙江县的一起案例中，原告梁贺因不服“经营场所被政府封闭征收后强拆，暂时找不到营业场地，没有办理经营地址变更，自 2012 年起就未进行年报”，被龙江县市场监督管理局标注为“经营状态异常”而强制注销，起诉龙江县市场监督管理局。法院认为，“市场监督管理机关依职权主动强制注销个体工商户营业执照，应严格按相应规范性文件规定的程序办理”，但同时认为我国法律“暂没有关于注销程序全面详细的具体规定，各个行政部门关于注销程序的规定散在于各自的规章、规范性文件之中”，因此判决撤销市场监管局注销个体工商户行为。[③] 在市场监督管理总局极力推进强制注销机制的当下，缺乏实操性法律规则保驾护航的强制注销制度似水中月镜中花，成为地方贯彻总局意志的烫手山芋、履职过程中的不定时炸弹。

---

① 《重庆市永川区个体工商户简易注销暂停办法实施细则（试行）》（永川工商发〔2015〕22 号）、《盐城市个体工商户简易注销程序规定（试行）》（2015 年 2 月施行）。

② 吴晓灵：《建设法治的市场经济》，载孙磊：《法治经济——市场经济的法治化道路》，人民出版社 2014 年版，序言。

③ 黑龙江省龙江县人民法院行政判决书，（2018）黑 0221 行初 9 号。

四、强制注销建构之法

（一）推行强制注销的障碍

强制注销及类似制度在我国曾有历史痕迹。《对关于私营企业注销登记有关问题的请示的答复》（工商个字〔1992〕213号，已失效）规定，私营企业领取营业执照后，由于情况变化不再具备相关条件，不能继续开展生产经营活动，停业1年以上的，应主动到原登记主管机关办理注销登记；否则，工商行政管理机关有权予以注销。彼时，原国家工商行政管理局将该规定视为行政处罚，因此该答复在1998年被废止。也就是说，即使在《公司法》施行后的一段时间内，我国一直存在强制注销制度。不过，私营企业范围狭窄,[①] 大部分私营企业的注销适用《企业法人登记管理条例》或《公司登记管理条例》等，其中仅存在依申请注销的唯一类型。外商投资企业的注销规定中也有强制注销的影子。依据《外商投资企业清算办法》（1996年6月15日国务院批准），企业被依法责令关闭而解散进行清算的，适用特别清算程序，由企业审批机关或其委托的部门组织中外投资者、有关机关的代表和有关专业人员成立清算委员会，自清算报告提交企业审批机关之日起10日内，清算委员会须向税务机关、海关分别办理注销登记。《外商投资企业清算办法》（已失效）的特别清算程序现已被《公司法》的强制清算取代，逾期未清算的公司，只能由债权人申请法院指定清算组，不能再由行政机关径行组织清算。进言之，1993年《公司法》规定了与强制注销理念一脉相承的行政清算，“公司违反法律、行政法规被依法责令关闭的，应当解散，由有关主管机关组织股东、有关机关及有关专业人员成立清算组，进行清算”，但是因为有关主管机关范围不清，在2004年修正《公司法》时删除。行政权力在清算阶段尚难有容身之地，毋庸决定市场主体地位的注销制度。值得注意

---

① 依据《私营企业暂行条例》（1988年发布，2018年废止）的规定，私营企业是指“企业资产属于私人所有、雇工8人以上的营利性的经济组织”。

的是，《企业法人登记管理条例》第22条似有赋予登记机关强制注销职权之嫌。该条规定，企业法人领取营业执照后，满6个月尚未开展经营活动或者停止经营活动满一年的，视同歇业，登记主管机关应当收缴营业执照及副本，收缴公章，并将注销登记情况告知开户银行。不过利用体系解释分析，该条难以从《企业法人登记管理条例》第七章注销登记的其他条款或部分、《企业法人登记管理条例施行细则》中找到呼应，也没有找到将此条视为强制注销法律依据的著述。

依据我国现行法，无论是公司还是其他市场主体终止经营活动进行注销登记的，有且仅有一种途径，即向企业登记机关申请注销登记，也就是说，注销制度在当前我国法律框架下仅是一种应申请的行政行为。因此，由企业登记机关直接行使职权即能出清企业的做法对登记体系是一次较大的冲击。推行强制注销的难点，不仅在于对如《公司法》等市场经济基本法律大幅修改的必要性、可行性的论证及具体操作，更在于扭转人们对公司自治论的执着，厘清民商事关系与行政关系的法律边界，驱散人们对行政权侵入民商事法律关系的恐惧。

（二）构建强制注销的顶层设计

良性强制注销制度的设计脉络，是当出现有关事由而企业没有消除或改正不力的，将其从市场主体的名录中移除，不再作为本地在册有效的企业统计数据，该企业的名称在保留一段时间后可由其他市场主体申请获得，登记机关不再对该企业原经营地址申请新的市场主体进行审查和限制，企业的债权债务关系维系不变。比如试点中，宁波企业登记机关将企业信息移入强制注销名录，永川企业登记机关在宣告营业执照作废的同时不再将该企业作为存活数据予以统计。① 事实上，2016年《反不正当竞争法（修订草案送审稿）》即有类似操作，经营者突出使用自己的商业标识，与他人知

① 还有学者认为，对强制注销的企业应在企业信用信息系统中标注“销户”，参见钱英龙：《供给侧结构性改革中“僵尸企业”简易注销机制探讨》，载《中国市场监管研究》2017年第7期。

名的商业标识相同或者近似，误导公众，导致市场混淆的，监督检查部门应当责令当事人在1个月内进行企业名称变更登记；期满未提出变更申请的，由企业登记注册地的监督检查部门将该企业名称从企业信用信息公示系统中删除，以注册号或者统一社会信用代码代替该企业名称。与注销联系更为紧密的是《香港公司条例》中的规定：在出现法定条件时，公司登记处处长可从公司登记册剔除有关公司的名称。①

强制注销的法律后果是在保留企业民事权利的基础上，消弭附加其上的商事权利。在我国这样的民商合一国家，参与商品交换的市场主体受到民法规范及作为特别法的商法规范共同调整。民法将千差万别的各色人等抽象出本质内核：只要具备权利能力即拥有"法人人格"，具备行为能力即能行使相应权利、履行相应义务。以公司为例，公司是具有民事权利能力和民事行为能力，依法独立享有民事权利和承担民事义务的企业法人。公司有独立的法人财产，享有法人财产权，以其全部财产对公司的债务承担责任。商法区别于民法的主要原因，乃在于其所实施的营业行为的特殊性，要求以特殊的组织形式、行为规范等存在与运作。② 具体而言，商主体特有的商号，营业活动中心的营业所，普通商业、介绍商业及辅助商业等商行为归属于商事法律规范的调整范畴。③ 强制注销制度将企业的民事权利与商事权利区分对待，对前者予以保留，对后者予以消灭。因此，企业在被强制注销后，不能再为营业行为，商号等权利随之消逝，但其债权债务关系、股权结构等不作实体上的变更。依据联合国贸易法委员会《企业登记处关键原则立法指南草案》(Draft Legislative Guide on Key Principles of a Business Registry，2018年3月)，"注销一家企业是指在登记处注明，企业已不再属于被登记状态，以及企业已停止运作。在此情况下，通常有关该企业的公开详情仍可在登记簿中

---

① 《香港公司条例》(香港特别行政区2012年第28号条例) 第746条。

② 参见范健、王建文：《商法的价值、源流及本体》(第二版)，中国人民大学出版社2007年版，第223页。

③ 参见曾如柏：《商事法大纲》，正中书局1972年版，第2页；王保树主编：《商法》，当代世界出版社2003年版，第26~42页。

看到，但企业的地位已被改变，表明企业已被移除出去或企业不再属于被登记状态”。显然，强制注销符合“注销”的题中之义。采取二分法的策略模式，根植于强制注销的宗旨及本质。强制注销存在的意义是通过政府公信力开示企业停业的经营状况，缩小市场主体间的信息不对称性，利用政府之手积极快速出清企业，降低统计误差，减少监管成本，向新进市场主体释放字号等资源。上述愿景可在企业商事权利被减免后，由登记机关在企业信用信息公示系统中进行适度操作后圆满实现。强制注销的本质是行政确认，政府既没有权力，也无法代表私个体对企业的债权债务关系作出认定，改变企业的既定状态，否则便会侵犯债权人和股东等的私人合法财产权。能够清理债权债务关系的程序是清算，在我国取消行政清算的前提下，登记机关唯一能做的即尊重企业既存的财务事实，保留企业的民事主体地位。由此导致的一种必然结果是，一旦企业有意继续履行，在履行年报义务或缴纳罚金后，便有机会恢复活态，重拾商法上的权利。当然，若原商号已有新主人合法使用的，应另行其他字号。在瑞安的实践中，“强制注销将导致被注销企业的主体资格终止，企业被注销登记后，原企业的清算义务人仍应当依法组织清算”的做法难以自圆其说。“皮之不存，毛将焉附”，企业主体地位丧失后，又谈何清算？注销和清算岂能本末倒置？

（三）建立强制注销的具体进路

结合域外经验与我国基层对依职权注销制度的探索，建议我国在修改《公司法》《公司登记管理条例》《企业法人登记管理条例》等法律文件或制定相关法规规章时，可考虑以下强制注销程序的启动事由：被列入严重违法失信企业名单长达3年的，登记机关有合理理由认为企业不再从事经营活动，企业在被吊销营业执照后逾期未办理注销的，法律、行政法规规定的其他情形。[①] 其中，对于第二种情形，登记机关可通过“未报送年报”“社会公众

---

① 2019年3月5日，国家市场监督管理总局“关于就修订《公司登记管理条例》《企业法人登记管理条例》《合伙企业登记管理办法》等行政法规公开征求意见”，增加简易注销，简化清算程序，尚未涉及强制注销制度。

监督与投诉”“市场监管部门执法调查”等多种途径来判断企业营业情况。统一便捷的信息公示系统是强制注销的重要辅助与支撑。英国、澳大利亚、爱尔兰等国建有专业化的国家公示公告系统，向社会公众公示企业强制注销的启动、决定的送达、结果的公示、异议的处理等情况。[①] 我国可借助国家和各省市的企业信息公示系统、市场监督管理部门的官方网站甚至是微信公众平台，对强制注销诸事项予以公示，以便利害关系人知晓进度，迅速做出回应。

强制注销的程序性规则应符合“程序正义、行政干预少、实施成本低”之理念。当企业存在强制注销任一情形时，登记机关应向其发送通知，告知拟注销决定的理由与依据，并在企业信用信息公示系统进行公告。如果企业在法定期间内未提出异议或者未给予合理回复，登记机关便能够对企业进行注销。登记机关在做出注销决定后，应向企业发送通知，并在企业信用信息公示系统发布正式注销公告。登记机关在实施强制注销的各步骤时，要秉持形式审查的处置方式，不对启动事由等的真实性作事实判断。比如，在登记机关因公司歇业吊销营业执照时，判断有无正当理由是一个重要标准，像营业资金不足、营业业绩不振等受公司内部条件所限未能进行营业时，不被认为是有正当理由，须由登记机关对其“欲营业的意志和能力”进行认定，这就牵涉到登记机关的主观判断。[②] 而在强制注销中，登记机关在既定程序履行完毕后，即可对企业强制注销。与事实认定的切割既可为登记机关减负，亦可避免不必要的责任。为防止登记机关滥用强制注销职权，应当为债权人等利益相关者及错误注销的企业提供相应救济途径。鉴于企业是否强制注销并不影响其债权债务的承担，我国可借鉴澳大利亚等国家的规定，当有债权人主张权利、相关方认为强制注销严重损

---

① 英国的公示公告系统：Belfast Gazette（UK's Official Public Record）；澳大利亚的公示公告系统：Insolvency Notices（ASIC's Published Notices Website）；爱尔兰的公示公告系统：Companies Registration Office Gazette。

② 参见刘敏：《公司解散清算制度》（修订版），北京大学出版社2012年版，第28页。

害其合法权益、发现强制注销决定确有错误的，登记机关可撤销注销登记，恢复公司的注册状态。如果企业在强制注销登记时确在经营业务，则应为其打通申请撤销注销登记的救济路径。企业可在法定年限内提出撤销登记申请，经登记机关审查批准后，其效力回溯至被强制注销登记之日。如登记机关拒绝企业提出的撤销登记申请，应向其送达书面通知，并述明拒绝原因。企业对该决定不服的，可申请行政复议或者提起行政诉讼。我国浙江、重庆等地的个体工商户强制注销规范性文件中已对该项保障与救济路径作出探索。

结　语

沉舟侧畔千帆过，病树前头万木春。强制注销正是推动扁舟前行的后波流水，催生芳林新叶的料峭春风。强制注销是在市场出清环节做出的制度创新，尚须在僵尸企业的筛选甄别、监测预警方面完善相关配套措施，形成僵尸企业妥善处置的完整闭环。强制注销制度牵一发而动全身，其成功推行需要企业登记机关与税务、劳动与社会保障甚至教育等部门建立联动机制，毕竟企业营业执照的存续可能涉及国家税款征收、经营地址拆迁补偿、劳动手册办理及子女入学资格等一系列社会管理问题。

将强制注销制度纳入《公司法》是对市场退出的理念、制度设计和体系的全方位挑战，或遇较大阻力。企业登记机关向法院提出强制注销请求，在法院审查后作出注销裁决，用司法命令取代行政决定，再由企业登记机关最后实施，将更符合市场化和法治化的理念。但在司法资源不足、行政传统盛行的现实条件下，有限度地容忍并推行强制注销制度，具有一定的合理性。过于依赖强制注销的方法亦不足取，可通过修改《企业破产法》、对长期未经营主体的吊销制度进行完善、继续简化注销程序等方式加快僵尸企业出清，也应对企业失败持宽容之心，通过信用修复或豁免机制为经营者留有再创业的可能，通过金融信贷手段救助受困企业，激发企业创新热情，还应通过财政税收、产业调控、区域发展改善营商环境，优化资源配置，提高经济发展的质量和效益。

第三节 破产程序中公司的内部治理规则：以出资人权益保护为例

一、问题的提出：公司重整中出资人权益保护的困境

我国公司重整案件数量并不丰裕，[①] 其中的上市公司重整案因涉及中小债权人、出资人或职工等弱势群体的权益保护以及社会和谐稳定等敏感因素，更成为资本市场的焦点。[②] “强裁”，即强制批准重整计划草案，是指重整程序中，在部分表决组未能通过重整计划草案但又满足一定条件时，由法院批准通过重整计划草案，终止重整程序。“强裁”表明利益相关人之间的矛盾已然无法调和，而处于利益博弈风暴中心的恰为出资人。本章试以截至2018年7月1日，占全部54起上市公司重整24%的“强裁”案件为范本，剖析出资人在重整案件中面临的困境。

第一，在与债权人的博弈中，出资人权益被过多调整。在11起企业所有

---

① 我国公司重整案件远少于清算案件数量。2016年、2017年受理的企业破产案件中，重整案件占比分别为18.4%、18.6%。参见《最高法召开发布会介绍法院破产审判工作情况》，载最高人民法院网站：http：//www. court. gov. cn/zixun-xiangqing-83772. html，最后访问日期：2018年6月7日。

② 我国目前尚不存在破产管理局或具备类似职能的机构，缺乏可直接获得破产案件统计信息分析的渠道。最高人民法院建立“全国企业破产重整案件信息网”，并于2016年8月1日正式开通，但对重整案件具体进展及细节的披露有待完善。《人民法院报》刊载有全国破产案件的受理公告，但经笔者查阅2017年全年报纸，仅发现有548例重整案件公告，与官方数据相差甚远，且仅包含企业名称、受理法院名称等最基本信息。鉴于此，本章选取信息披露较为详尽的上市公司的重整案件进行分析。其中的数据和信息综合证监会指定的上市公司信息披露网站——巨潮资讯网（http：//www. cninfo. com. cn），以及《中国证券报》《证券时报》《上海证券报》等证券财经资讯报纸得出。正如下文指出的，即使是上市公司重整案件，一些情况和数据仍未完全披露。

者权益为负的“强裁”案中，有多种权益调整方式，[①] 无论哪种方式均保留了出资人的些许权益，致使92.3%上市公司重整“强裁”案存在普通债权人组反对重整计划草案的情势。重整价值由清算价值与增量价值组成，前者为资产负债表价值，即公司若申请破产清算时账面资产的零售价；后者则是公司在重整成功后因留存营业而创造的价值增量。申请重整的公司即使资不抵债，出资人权益也并未一定虚化，其理由乃源于重整中的公司仍保有运营价值。[②] 截至2017年9月底，我国实有企业总量2907.23万户，[③] 而同期沪深两市仅有3399家上市公司，尚有高达576家公司在证监会发审委待审，形成“IPO堰塞湖”。即使上市公司负债累累，仍会成为其他亟待上市公司追逐的“猎物”。这也是时至今日，我国上市公司仅有破产重整而未出现一例破产清算案件的原因。因此，公司的运营价值除从静态的资产负债表计算出的清算价值外，至少包括“壳”资源价值。在有完整数据披露的8家上市公司重整案中，[④] S*ST光明、*ST宏盛及*ST新亿的出资人在公司偿付全部负债后，尚可保留些许股东权益。其中，S*ST光明、*ST宏盛的权益调整方案对出资

---

① 经梳理，股东权益的调整方式有：第一，股东无偿让渡股份，比如*ST沧化的重整计划草案规定超过10万股以上部分，每户无偿减持11%；第二，股东有偿转让股份，比如*ST天颐的重整计划草案规定控股股东之外的小额非流通股股东以1元/股价格将持有的股份出售给重组方；第三，资本公积转增股份，比如*ST宏盛的重整计划草案规定以资本公积金按10股转增2股及0.5股的比例，分别用于引入战略投资者和提高普通债权人的清偿比例；第四，资本公积金转增股份与无偿让渡股份并存，比如*ST方向的重整计划草案规定除工会外的其他股东无偿让渡10%股份，控股股东额外无偿让渡2550万股，并以资本公积金按10股转增2股的比例用于引入战略投资者、清偿重整费用和债务。

② 《企业破产法》并未规定“绝对优先原则”的适用空间，我国上市公司重整案件中股东不完全劣后于债权人受偿，并无法律上的障碍。《企业破产法》第87条第（五）项的前半段要求“重整计划草案公平对待同一表决组的成员”，这仅涉及组内成员之间的关系问题。第87条后半段要求，重整计划草案规定的债权应按照劳动债权、破产人欠缴的社会保险费用和税款、普通破产债权的清偿顺序清偿，这仅针对无担保债权内部的清偿优先顺序的规定，并不涉及股东。第87条第（四）项要求的“重整计划草案对出资人权益的调整公平、公正”也仅针对出资人组内，同样并不涉及债权人与股东的关系。

③ 国家工商总局：《党的十八大以来全国企业发展分析》，载《中国工商报》2017年10月26日，第2版。

④ 13家上市公司重整案中，S*ST天发、*ST宝硕、*ST帝贤B、*ST广夏以及*ST金城的资产或负债情况没有披露。

人有失偏颇，分别偏离出资人应享权益的25%和91.31%。[①] 这是因为，一旦重整计划草案受到债权人阻挠，大部分案件只能滑向破产清算的深渊，出资人将不得不面临难获分文的窘境，难免出现出资人割让因纳入“壳”资源价值而产生的出资人权益，饶让因重整必然成功而产生的重整溢价，以换取公司重整的顺利进行。

第二，在与重整投资人的博弈中，出资人权益被不公平让渡。除清偿债务人外，出资人调整的权益很大一部分将作为重整投资人拯救困境企业的对价，吸引重组方为公司提供偿债资金。为使公司尽快脱离泥沼，在引进重整投资人时公司或饮鸩止渴，出现侵害出资人利益，偏向重整投资人的倾向。

---

①

	A资产评估值（亿元）	B负债情况（税款+职工债权+有财产担保债权+普通债权）（亿元）	C重整被法院受理时公司流通股市值（亿元）	D重整被法院受理时公司流通股数（亿股）	E重整计划草案对股东权益的调整方案	F公司股票重整前60日日均收盘价（元）
S*ST光明	1.08	4.80	11.88	0.83	流通股股东持有的5万股以上部分的流通股票让渡6%	7.81
*ST宏盛	7.54	7.61	22.66	0.90	每10股转增2.5股	2.73

说明：用A－F分别代替“资产评估值”“负债情况”“重整受理时公司流通股市值”“重整受理时公司流通股数”“重整计划草案对股东权益的调整方案”“公司股票重整前60日日均收盘价”。其中，A、B、D来自各公司重整计划草案，C、F来自万得数据库并经统计、计算。

将“壳”资源价值计入公司资产，得出公司股东在重整受理时的实际权益：（A+C－B）/D。依据E、F得出股东依据重整计划草案调整后获得的收益。再比较两组数据。

*ST宏盛的负债中有美元，美元按照该案被法院受理当天人民币汇率中间价6.3477折算成人民币。

这在*ST新亿破产重整一案中表现得颇为明显。① 自2015年12月7日进入破产重整程序以来，*ST新亿股票已停牌400多个交易日，是我国两个证券交易所中停牌时间最长的一家上市公司的股票。② 本案中，首先面临的问题是重整投资人入股的价格。11家重整投资人投资14.47亿元，获取公司资本公积转增的约10亿股股份，入股价格约1.44元/股，较公司停牌时的价格7.4元/股大幅折价，而且11家重整投资人中包含公司控股股东，其价格公允性更加受到各方质疑。纵使*ST新亿的出资人极力反对，法院仍以对“出资人权益的调整公平、公正，且投资人在资本公积金转增股票分配上做出了有利于出资人的承诺”③ 为由，强制批准重整计划草案。在*ST新亿破产重整案中，重整计划草案明确按照每10股转增29.48股的比例实施资本公积金转增股票，11名重整投资人分得了其中的26.48股，总共获取约10亿股的新增股份，占公司总股本的67%。倘若在公司股票复牌后这些股份被悉数抛售，必然造成股价的大幅下挫，对出资人的巨大影响可见一斑。

第三，在出资人之间的博弈中，中小股东处于弱势地位。我国上市公司“一股独大”的特点非常鲜明。④ 大股东享有公司控制权，主导公司经营决策且可直接使用公司资源，与公司步入破产境地难逃干系。应当依据过错原则，

---

① *ST广夏、*ST金城重整案中也出现类似情形。*ST广夏案中，出资人反对重整计划草案的重要原因之一，是重整投资人以3.2亿元现金就拿走了市值7亿元的股份，相当于“空手套白狼”，参见夏欣：《强裁重组蒸发20亿ST广夏股东怒谏证监会》，载《中国经营报》2011年12月19日，第B06版；*ST金城案中，出资人反对重整计划草案的重要原因之一，是引入的重组方存在“一女二价”问题，难以改善*ST金城持续经营的能力，参见建业：《*ST金城股权让渡方案一刀切漠视小股东利益》，载《证券时报》2012年9月20日，第B001版。

② 在*ST新亿的公司重整草案披露之后，部分中小股东不满足自身权益受到不公平的调整，致使股东大会于2015年12月11日、12日连续两次否决重整计划草案，但同时债权人会议通过了重整草案。2015年12月31日，新疆塔城中级人民法院“强裁”了*ST新亿的重整计划，这引起部分中小投资者的不满，连续到最高人民法院、中国证监会上访，致使最高人民法院要求新疆维吾尔自治区高级人民法院进行再审审查。2016年6月，新疆维吾尔自治区高级人民法院决定对公司破产重整案件再审事项进行审查。

③ （2015）塔中民破字第1-11号《民事裁定书》，2015年12月31日。

④ 截至2017年年底，我国上市公司中大股东持股比例超过50%、33.33%的数量分别为519家、1619家。

在重整计划草案中直接规定大股东权益的特别调整。但在出资人权益有调整的“强裁”案中，仍有36.4%案件的重整计划草案未能对控股股东与非控股股东、持有不同比例的股东等规定不同的权益调整比例。① 再如*ST金城，原出资人权益调整方案是全体出资人按照24%的比例让渡其持有的公司股票，在方案被出资人否决后，方案才改为公司第一大股东和其他股东分别按照30%、22%的不同比例让渡持有的股份。在公司法“同股同权”的基本原则、《企业破产法》并未区分不同出资人群体的情况下，位于同一层级、不同类别的出资人权益能否做有差异的调整？难以依据现有法律法规按图索骥。

二、无山可倚：出资人权益代表的缺位

在公司正常运营时，无论是法人说还是关系契约理论，股东均是掌控实权的重要主体。在法人说视角下，公司成为股东用来追求利润最大化的法律拟制主体，离开股东基于利润目的之创设与追求，公司存在之价值或其必要性必然令人怀疑。② 作为规定公司设立和运作的《公司法》便将股东会视为公司“最高”权力机关，强调股东会对公司的控制权。③ 契约理论诸流派就企业性质的各方面疑问给出解答。交易费用理论阐释了企业存在的本质原因。“企业的特性就是作为价格机制的替代物……为某种物品或劳务的供给签订

---

① 其中，S*ST光明、*ST方向、*ST广夏、*ST金城的重整计划草案对控股股东和非控股股东规定了不同的权益调整比例；*ST沧化、*ST宝硕、S*ST光明、*ST广夏的重整计划草案对持有不同比例的股东规定了不同的权益调整比例；*ST方向的重整计划草案对工会和其他股东持有的股份规定了不同的权益调整比例。此外，*ST天颐、S*ST光明的重整计划草案对流通股股东和非流通股股东规定了不同的权益调整比例。因两种股份同股不同价，流通股股东和非流通股股东的让渡比例有所差异具有合理性。随着全部上市公司完成股权分置改革，非流通股渐成历史，本章将不再涉及。

② 参见虞政平：《股东有限责任：现代公司法律之基石》，法律出版社2001年版，第178页。

③ 我国《公司法》的股东中心主义体现在：《公司法》第36、98条规定，股东会是公司的权力机构；《公司法》第37条第1款、第99条规定，股东会选举和更换非由职工代表担任的董事、监事，审议批准董事会、监事会或者监事的报告；第46条规定，董事会对股东会负责。

长期的契约是可以期望的。"[①] 正是因为同样的交易通过企业内部运转比在市场上的损耗要少，企业作为一个固定组织才变得有利可图。关系契约理论解决了企业契约与市场契约的差别。"所谓契约，不过是有关规划将来交换的过程的当事人之间的各种关系。"[②] 就企业而言，无非是由雇员和管理者提供劳动资本，股东提供股权资本，债权人提供债权资本，他们自愿结合起来共同受到一种复杂的契约关系的拘束。[③] 产权理论论证了企业内部控制权的享有者。产权理论以企业契约的不完备性为前提，认为企业契约"不能完全、准确地描述与交易有关的所有未来可能出现的状况以及每种状况下契约各方的权利和责任"[④]，由此产生剩余索取权和剩余控制权。前者是指对企业总收益扣除税收、各种应缴费用以及企业契约上注明的原材料成本、工资、利息等固定支出余额的请求权；后者是指企业契约中难以通过事前约定的、对企业资产和经济活动的指挥权。[⑤] 股东同时集有剩余索取权和剩余控制权，是公司的产权人。雇员、管理者和债权人的收入已由合同确定，不承担公司经营风险，股东则因劣后受偿，获得的剩余报酬没有保障。根据风险与收益相匹配原理，将剩余控制权赋予股东对公司最为有利，这将激励股东作出最优决策，实现公司利润最大化。[⑥] 随着企业规模急剧扩大、众多较为富裕投资人的出现以及投资财产的私人所有权作为社会准则被广为接受，[⑦] 现代企业

---

① ［美］罗纳德·哈里·科斯：《企业、市场与法律》，盛洪、陈郁译，格致出版社、上海三联书店、上海人民出版社 2009 年版，第 37、39 页。

② ［美］麦克尼尔：《新社会契约论》，雷喜宁、潘勤译，中国政法大学出版社 1994 年版，第 4 页。

③ 参见施天涛：《公司法论》（第三版），法律出版社 2014 年版，第 17 页。

④ 罗培新：《公司法的合同解释》，北京大学出版社 2004 年版，第 142 页。

⑤ 参见张维迎：《理解公司：产权、激励与治理》，世纪出版集团、上海人民出版社 2014 年版，第 163 页。

⑥ 否则，如果掌握控制权的人无权参与剩余收益的分配，其就没有动因运用控制权去实现剩余收益的最大化，相反，还会毫不在意地花掉公司已有的收益，使有权获得剩余收益的人无利可获。参见亨利·汉斯曼：《企业所有权论》，于静译，中国政法大学出版社 2001 年版，第 14 页。

⑦ 参见［美］罗伯特·C. 克拉克：《公司法则》，胡平等译，工商出版社 1999 年版，第 2～3 页。

所有权与控制权的分离趋势渐显，[①] 委托代理理论应际而生，通过监督措施与激励措施双管齐下，试图解决管理层对所有者的代理成本问题。监督措施是要求管理层对股东承担信义义务，这是“对公司合同予以细致规定和进行额外监督的替代解决方案，以阻吓作用替代了事先监督”[②]；激励措施是指“对董事提供丰富的报酬以鼓励他们为公司做出更大的贡献”[③]。诚然，管理层的经营权乃基于股东之授权，委托代理理论的意旨仍在约束管理层，确保其有义务按照股东权益最大化的目标行为。

进入破产重整程序后，股东对公司的控制权旁落，难觅利益发声代表。《企业破产法》视债权人会议为公司破产的最高权力机关，“相当于公司未破产时的股东会”[④]。债权人的至高地位体现在：为实现债务人资产池价值最大化或避免无谓消耗，决定继续或停止企业的营业；[⑤] 对各方“争取企业复兴的行动纲领”“重整制度的核心”[⑥] 的重整计划草案，拥有完全表决权；[⑦] 有权申请终止重整程序，将其转化为清算程序[⑧]。相较之下，纵然立法没有否认股东依照公司法享有的权利，但这并不意味着其权利可恣意行使，比如，股东（大）会对公司经营、债权债务的调整等职权已被重整计划覆盖；股东资产受益权被严格限制，不得请求投资收益分配。[⑨]

从契约理论角度分析，同样可以得出剩余索取权和剩余控制权移至债权

---

① 伯利和米恩斯将控制权形态分为通过近乎全部所有权实施的控制、多数所有权控制、不具备多数所有权但通过合法手段实施的控制、少数所有权控制以及经营者控制五种，其中后四种均出现完全或部分的所有权与控制权分离。参见［美］阿道夫·A. 伯利、加德纳·C. 米恩斯：《现代公司与私有财产》，甘华鸣等译，商务印书馆2005年版，第80~100页。

② ［美］弗兰克·伊斯特布鲁克、丹尼尔·费希尔：《公司法的经济结构》（中译本第二版），罗培新、张建伟译，北京大学出版社2014年版，第92页。

③ 赵万一主编：《公司治理的法律设计与制度创新》，法律出版社2015年版，第174页。

④ 江平：《西方国家民商法概要》，法律出版社1984年版，第330页。

⑤ 《企业破产法》第61条第1款第（五）项。

⑥ 王卫国：《破产法精义》，法律出版社2007年版，第241页。

⑦ 《企业破产法》第61条第1款第（六）项、第84条、第88条。

⑧ 《企业破产法》第78条。

⑨ 《企业破产法》第77、81条。为表述方便，除特别指出外，本章将适用于有限公司的股东会称谓和适用于股份公司的股东大会称谓，统称为股东会。

人的结论。重整的公司处于资不抵债，或者资产大于负债但即将出现清偿能力丧失的情形。对于前者，股东无法再获得任何剩余收益，依据优先权顺序对公司财产进行分配，第一个受到损害的阶层即债权人享有剩余财产索取权。[①] 债权人的命运与公司重整成功与否紧密相系：若重整成功，债权人利益便得保全，否则便损失殆尽，将重整公司的剩余控制权授予作为最大风险承担者及利益受损概率最大者的债权人，遂合乎情理。对于后者，公司存在净资产但难以为继，股东权益岌岌可危。公司须以债权人让步始得步入重整程序，保留运营价值，股东才有获得剩余价值的一线生机。在重整阶段，令债权人享有公司正常经营时未能被各类契约所涵盖的剩余索取权和剩余控制权当无异议。何况，公司财务困境致使股东权益大幅减损，即使将股东和债权人对公司的“投入”折合成股权计算，并以此行使投票权，债权人依据资本多数决原则仍得掌控公司。[②]

作为重整企业的最终控制权者，债权人负责具体的财产和营业事务不切实际。债权人可分为有担保债权人、劳动债权人[③]、税收债权人、普通债权人。有担保债权人一般是银行等金融机构，根据实体与虚拟经济相分离的分业经营原则，实业经营并非其业务范围。即便银行会剥离其不良资产给资产管理公司，资产管理公司也主要以管理、处置、保全资产，减少资产损失为己任。普通职工倒是有时间和动力管理企业，无奈能力是“短板”。税务机

---

① 至于具体何种债权人获得剩余索取权，学者们出现分歧：道格拉斯·贝尔德和罗伯特·拉斯姆森认为，高级债权人是大型重整公司的剩余索取权人。See Douglas G. Baird and Robert K. Rasmussen, *Chapter* 11 *at Twilight*, 56 Stan. L. Rev. 673, 696 (2003)；大卫·斯基尔责认为无担保债权人应作为剩余索取权人。See David A. Skeel, Jr. , The Nature and Effect of Voting in Chapter 11 Reorganization Cases, 78 *Va. L. Rev.* 461, 480 (1992).

② 参见贺丹：《破产重整控制权的法律配置》，中国检察出版社 2010 年版，第 194 页。

③ 破产中的劳动债权是学理概念，法条中并没有相关表述。明确提出“劳动债权”的是贾志杰《关于〈中华人民共和国企业破产法草案〉的说明——2004 年 6 月 21 日在第十届全国人民代表大会常务委员会第十次会议上》，“劳动债权，即企业所欠职工工资和社会保险费用，以及法律、行政法规规定应当支付给职工的补偿金等其他费用”。参见贾志杰：《关于〈中华人民共和国企业破产法草案〉的说明——2004 年 6 月 21 日在第十届全国人民代表大会常务委员会第十次会议上》，载《全国人民代表大会常务委员会公报》2006 年第 7 期。

关无论从性质还是职责均非适格主体。普通债权人要么是与公司有业务来往的其他公司，要么是企业债券的持有者。前者有其主营业务，无暇接手其他公司，也欠缺专业知识；后者希冀投资获利离场，利润固化下对企业经营前景漠不关心。重整中的运营控制有债务人自行管理、管理人负责管理两种模式。在债务人自行管理模式下，管理人应向债务人移交财产和营业事务，管理人的职权由债务人行使，在管理人管理模式下，管理人可聘任债务人的经营管理人员负责营业事务。① 债务人的管理层、经营管理人员或管理人应向谁承担信义义务？破产经济目标论认为，破产法应当尽可能地适应充满活力的市场经济并嵌入法律体系。② 破产法以追求破产财产价值的最大化为其根本目标，破产财产价值越大，债权人和股东获益越多。破产财产不属于公司，而是作为债权人和股东权益的信托财产。③ 与其说管理层、经营管理人员或管理人是公司、债权人或股东权益的代表人，不如说他们是债务人全部财产所组成的财产团体，即破产财团的守护者。

外在机制在维护出资人权益方面难有作为。公益诉讼的受案范围局限于污染环境、侵害众多消费者合法权益等损害社会公共利益的行为，即使2015年4月《证券法（修订草案）》确认国务院证券监督管理机构认可的投资者保护机构可作为股东的代表人，但也局限于参加诉讼或者清算程序，不包括重整程序。④ 政府以维护社会稳定为己任，必然对数量众多的出资人倾斜照顾。比如，74%的上市公司重整案件中采取了由政府官员为主要成员的清算组模式，⑤ 其中在7起重整案中出资人的权益得到全部保留；仅由社会中介机构担任管理人的案件中，全部出资人权益均被不同程度地调减。“清算组

① 《企业破产法》第73条第2款、第74条。

② See Robert M. Lawless, Book Review of Failure and Forgiveness: Rebalancing the Bankruptcy System, 15 *Bankr. Dev. J.* 409, 410 (1999).

③ 这被称为信托基金准则（trust fund doctrine）。See American Nat'l. Bank v. Mortgage America Corp., 714 F. 2d 1266, 1269 (5th Cir. 1983).

④ 《2015年4月证券法（修订草案）》第176条第2款。

⑤ 其中，3起案件的清算组完全由政府人员构成，37起案件由政府官员和社会中介机构联合组成。

制度先天存在的诸多与市场经济体制下的破产管理人制度的通行做法不符之处已经不能适应当今我国市场经济体制下破产实践的需求，显现出明显的制度设计缺陷和不适应性。”[①] 我国需要更多企业家式的“精益”管理人，以最小资源投入创造出尽可能多的价值，为困境企业提供救治。[②] 政府自然难堪此重任。破产审判的市场化、法治化与常态化，亦要求厘清政府在破产程序中的作用。

三、集体行动的逻辑：作为内设机构的出资人委员会

面对权益受损的现实风险，希冀公司、债权人、管理层、管理人等成为出资人的卫道士似水中月镜中花。团结本阶层成员、有效解决运作资金、称职忠诚履行职责、拥有广泛合法权限的出资人委员会浮出水面，成为实现出资人权益维护的最佳选择。

（一）出资人委员会的群向度

具有重整意愿的出资人个体，能否自我依靠？*ST 新亿重整案中，中小出资人马英、喻小玲等向最高人民法院反映问题，最高人民法院经研究，将中小股东递交的材料转交给本案的上级法院，并责成其立案核实和查明相关情况。[③] 在中小出资人看来，本案是以一己之力对抗重整乱象的标志性事件。[④] 不过，该尝试不具可推广性。*ST 新亿获得有关部门关注是源于其中小股东曾在 2016 年“两会”期间上访，甚至出现闹访。[⑤] 恣由中小出资人进行非常态的维权活动，在损害司法权威的同时，也会对其他重整案件投资者产

---

① 最高人民法院民事审判第二庭编著：《最高人民法院关于企业破产法司法解释理解与适用——破产管理人制度·新旧破产法衔接》，人民法院出版社 2007 年版，第 74 页。

② 参见李曙光：《我们需要什么样的管理人？——写在“破产实务前沿”即将出版之际》，载陈夏红、闻芳谊主编：《破产执业者及行业自治》（第一辑），法律出版社 2018 年版，序言。

③ 参见《新疆亿路万源实业投资控股股份有限公司出具带强调事项段无保留意见涉及事项的专项说明》（大华特字〔2016〕003975 号）。

④ 参见桂小笋：《*ST 新亿重整未能救成清波股市大佬非法吸存被判刑》，载《证券日报》2016 年 5 月 10 日，第 C01 版。

⑤ 参见《新疆亿路万源实业投资控股股份有限公司 2016 年第三季度报告》。

生错误的示范效应。经统计，我国上市公司重整期间平均耗时 145 天，重整计划执行时间平均为 223 天，[①] 这对于资金、能力、精力捉襟见肘的中小出资人是巨大的挑战。搭有市场影响力的大出资人的“便车”或能解决上述问题，不过大出资人在实现自己独立利益诉求时，往往会以中小出资人权益受损为结果告终。比如，大出资人可能以自身的雄厚资本为筹码，要求债权人会议尽可能地减少其权益削减比例。此时中小出资人无计可施，毕竟重整中的出资人并不互负信义义务。当今，中小出资人越来越依赖互联网的马太效应，通过股吧论坛交换信息、发表观点、讨论策略，自愿贡献聪明才智。[②] 不过浏览相关发帖便可大体发现，虚拟社区的参与者之间缺乏互信，有网络水军介入之嫌，诸多资讯捕风捉影，易成为股民发泄消极情绪的渠道。

破产法赋予出资人一定权利，因未能注意出资人的群体性维度而不具实操性。在重整申请方面，出资人仅享有后续申请权，即在法院受理债权人提出的破产申请后、宣告债务人破产前，占债务人注册资本 10% 以上的出资人可向法院申请重整。[③] 据此，出资人不能直接提出重整申请。现代公司股权分散，10% 的高门槛对中小股东的重整申请造成不小挑战。由于出资人与各方利益存在一定背离，在债务人申请破产清算的前提下出资人难以说服债务人进行重整转换。在重整监督方面，出资人可在重整期间和重整计划的执行期间，发生法定事由的情况下，请求法院裁定终止重整程序或终止重整计划的执行，并宣告债务人破产。[④] 实践中，该规定似难有用武之地，毕竟债务人转入破产清算程序后，出资人将滑向更为悲惨的境地。出资人需要的是重整中的异议和纠偏权利，但鉴于重整中的股东会式微，有效整合分散的股东

---

① *ST 新亿、*ST 天化的重整程序尚未完全完成，统计数据不包括这两例重整案；*ST 金化、*ST宏盛、*ST 偏转因重整计划执行时间超过 2 年，与其他重整案件相差较大，计算重整期间及重整计划执行时间时未纳入这 3 起重整案。

② 比如东方财富网旗下股票社区（http://guba.eastmoney.com/）、新浪股吧（http://guba.sina.com.cn/）等。

③ 《企业破产法》第 70 条第 2 款。

④ 《企业破产法》第 78、93 条。此外，第 91 条还规定了出资人有权查阅管理人向人民法院提交的重整计划执行情况的监督报告。

并进行强有力的监督请求难以成行。在重整参与方面，仅有“出资人代表”能够“列席”讨论重整计划草案的债权人会议。至于推举出资人代表的形式、名额分配数量、如何充分体现大股东和中小股东的意志，法律一概未予明确。“列席”，是指“参见会议，有发言权而没有表决权”①，出资人的意见能否为债权人采纳悉听尊便。最为重要的是，仅有债务人或管理人享有重整计划草案的申请权，即便出资人能够提交重整计划草案，那么对于股东数量众多的股份公司如何操作？债务人或管理人不接受股东提案又有何救济措施？《企业破产法》对这些问题语焉不详，致使出资人提案权难于落地，在重整程序伊始出资人即欠缺发言权。出资人对程序进展、财务状况、财产处置、重整计划草案等信息获取渠道不畅，借此做出的相关决策难保周延。

（二）出资人委员会的内生性

出资人群体不乏实现自身权益的机制。集体诉讼在美国较为发达，是指“由一个或多个成员作为集团全体成员的代表，代表全体当事人起诉或应诉的诉讼”②。集体诉讼通过合并诉讼减少诉讼费用，允许成员“不劳而获”地分享诉讼果实，原告可采取成功报酬制度聘请优秀的律师提起诉讼，提高胜诉概率。不过，诉讼是事后追责手段，并不能及时发现权益受损情形并有效止损，我国目前也未采用亦未打算采用集体诉讼机制。③ 有学者认为，出于出资人在重整程序中的利益仍然需要法律的保护以及管理人追究高管人员责

---

① 中国社会科学院语言研究所词典编辑室编：《现代汉语词典》（第七版），商务印书馆2016年版，第822页。

② 薛波主编：《元照英美法词典》，法律出版社2003年版，第232页。

③ 即便是上市公司的股东，以“群”面向维护权利的途径也受到限制。我国《证券法》没有采取美国的集体诉讼方式，也没有采取《民事诉讼法》第54条规定的人数不确定的代表人诉讼样态，而是仅允许股东采取单独诉讼或人数确定的共同诉讼的方式。且上市公司股东的民事索赔限定在虚假陈述案件，要求受损股东以获得有关机关的行政处罚决定或人民法院的刑事裁判文书作为前置要件。参见《最高人民法院关于审理证券市场因虚假陈述引发的民事赔偿案件的若干规定》（法释〔2003〕2号）第6、12条。2015年4月《证券法（修订草案）》第176条第1款规定，“投资者提起虚假陈述、内幕交易、操纵市场等证券民事赔偿诉讼时，当事人一方人数众多的，可以依法推选代表人进行诉讼”。投资者的索赔范围仍未涵盖重整领域出资人权益可能受损之诸情形，亦无集体诉讼的规定。

任的消极态度等原因，在重整程序中引入股东代表诉讼十分具有现实意义。[①] 但是，管理人或管理层忠于破产财团价值的最大化，出资人切身利益受损并不等同于破产财团价值减损，利用代表诉讼渠道对出资人提供保护的意义有限。国外出现了出资人成立公司自救的案例。比如在华盛顿互惠银行（Washington Mutual）重整案中，一些出资人成立有限责任公司，为介入重整决策的努力接受捐助。[②] 这样的权宜性组织有利于将分散的成员团结起来，相较于单枪匹马的出资人更为深入地对重整施加影响。但是，类似的特设组织存在不能从破产财团获得补偿、对出资人群体不负法律义务的弊端。

出资人委员会设立在公司内部，除对重整进程中偏转出资人利益的行为能够随时纠正外，还能够有效解决维权费用和责任承担两方面的问题。“从破产费用的性质及作用看，它基本上是因与破产企业的财产有关的行为而为的成本性支出，大多因消极的维持行为发生。”[③] 出资人委员会申请重整、与其他利害关系人围绕重整计划制订和批准的博弈、监督重整程序、权利受损后的补救而生的诸费用，均旨在促使重整程序的有序展开并实现破产财团的保值增值，可划归为“管理、变价和分配债务人财产的费用”的破产费用范畴，由债务人财产随时清偿。[④] 与此相对，外部的出资人群体或公司是在内部协调机制失灵下的产物，独立于公司，以维护出资人权益为唯一宗旨，与破产财团的利益抵牾，难以被认定为对破产财团做出“显著贡献”[⑤]，外部组织的维权成本及其聘用的工作人员支出自然不被确认为破产费用。出资人委员会由出资人选任，自然要对出资人负责。出资人委员会的义务与董事和公司高管的信义义务不同：公司对资产具有相对独立性，为保管公司财产及保护作为出资人的受益人利益，须令董事和公司高管对公司整体负有忠实义务

---

① 参见刘颖：《日本破产重整程序中的股东代表诉讼》，载《政治与法律》2012 年第 2 期。

② In re Washington Mut. , Inc. , No. 08 – 12229（MFW）（Bankr. D. Del. ）.

③ 李永军等：《破产法》（第二版），中国政法大学出版社 2017 年版，第 192 页。

④ 《企业破产法》第 41 条第（二）项、第 43 条。

⑤ 从时间、性质、范围价值和成本分析，若一项服务对债务人财产产生明显贡献，则可认定为破产费用。参见《美国破产法》第 503（b）（5）条。据此，法院基本上不认为外部组织的花费属于破产费用。See In re Spansion Inc. , 2014 WL 1928632（Bankr. D. Del. 2014）.

和勤勉义务。[①] 出资人委员会还对选举它的阶层负责，其成员不能以牺牲其他出资人利益为代价获得一己私利。与此相对，游离于公司外部的临时群体对出资人不承担任何法律上的义务，若其行为出离出资人利益保护的轨道，则难以从现有法律推衍规制路径，仅能诉诸组织章程或当事人约定。

（三）权利本源的法定性

出资人委员会的权利基于法律规定，而非直接来源于出资人权益，这使得出资人委员会不同于股东会。“公司股东以集体的方式来行使对公司的管理性权利，这被称为股东会。”[②] 股东会行使职权的前提是股东对公司享有所有权。破产法以出资人对公司的剩余索取权和剩余控制权易位于债权人为预设情境，这从《企业破产法》仅出现 9 次“出资人”表述，而出现多达 153 次的“债权人”表述可见一斑。另一个佐证是，立法者认为进入破产程序后，“债务人财产中出资人的利益已经趋于零，而且他的利益即体现于债务人及债务人财产中，故无须他们就重整方案提出表决意见，但为听取他们的意见，争取他们的支持”，遂于第 87 条规定出资人代表可列席债权人会议。[③] 因此，重整程序中的股东会难有充分代表出资人权益、行使职权的可能。

“如果重整能使股东在重整企业中得到很小的股本利益，他们也会对重整极感兴趣。因为重整对他们来说是一个没有任何损失的建议。”[④] 无论重整结果如何，出资人不可能比破产清算的处境更差，其必然是重整程序的簇拥。事实上，出资人在重整企业中也可能存在一定权益。除运营价值的因素外，

---

① 由于商事实践的复杂性，现代公司法所定义的公司董事和官员的信托义务早已超越了传统的信托概念，而具有了自身独特的含义。参见朱锦清：《公司法学》（下），清华大学出版社 2017 年版，第 60 页。

② 邓峰：《普通公司法》，中国人民大学出版社 2009 年版，第 416 页。

③ 参见《中华人民共和国企业破产法》起草组编：《〈中华人民共和国企业破产法〉释义》，人民出版社 2006 年版，第 265 页。

④ ［美］理查德·A. 波斯纳：《法律的经济分析》（下），蒋兆康译，中国大百科出版社 1997 年版，第 528 页。

我国采取“资产负债表支付不能”标准判断公司的破产界限，① 但重整中的公司并不一定丧失清偿能力，申请重整的条件尚有“明显丧失清偿能力可能”②。比如，*ST 钛白重整申请的理由便是“不能清偿截至 2010 年 12 月 31 日的到期债务，且有明显丧失偿还能力的可能”。③ 在 2011 年 11 月 30 日法院受理重整申请前，*ST 钛白的净资产为正。④ 在“破产预防”⑤ 理念下，甚至应当鼓励公司在危机伊始尽早申请进入重整保护，避免其资源被无端浪费。一些国家和地区将“债务人有复兴可能”纳入重整程序启动要件，⑥ 正是源于值得拯救的公司尚有继续经营的价值，公司财务困境不等同于经济困境，不能因为资金链的一时断裂而扼杀未来可能拥有广阔前景的公司。重整公司资产的难以评估为股东仍得保有所有者权益提供了另外一个注解。比如债务人与债权人对美国国家石膏公司（National Gypsum）的评估价值相差 5 倍，对仓储技术公司（Storage Technology）、埃克塞德技术公司（Exide Technologies）的估值相差近 1 倍。⑦ 难怪有学者戏称，准确得知债务人的运营价值就像“想知道一根火柴在划过火柴盒时是否能被划着一样，只有用过了这根火柴我们才能知道”⑧。出资人委员会的地位、组成、职权由法律直接设定，权利基础源于法律，能够径行代表出资人权益为特定行为，无须受到

---

① 判断公司能否进入破产程序的界限主要有现金流支付不能、资产负债表支付不能、未来现金流标准支付不能等标准。参见弗雷克·斯特夫克：《欧洲各国公司破产界限的比较》，姜沅伯译，载李曙光、郑志斌主编：《公司重整法律评论》（第 4 卷），法律出版社 2015 年版，第 398 ~ 403 页。

② 《企业破产法》第 2 条第 2 款。

③ 《中核华原钛白股份有限公司被法院受理破产重整的公告》，证券代码：002145，公告编号：2011 - 72。

④ 2010 年与 2011 年第一季度的净资产分别为 2.8 亿元、0.8 亿元。

⑤ 付翠英：《破产法比较研究》，中国人民公安大学出版社 2004 年版，第 10 ~ 22 页。

⑥ 如我国台湾地区“公司法”第 282 条；《英国破产法》第 8（3）（a）条。一些学者也认为破产重整启动时应证明企业具有再生希望，比如肖金泉、刘红林：《破产重整——中国企业新的再生之路》，上海人民出版社 2007 年版，第 174 ~ 175 页。

⑦ 参见［美］爱德华·I. 奥尔特曼、伊迪丝·霍奇基斯：《公司财务危机与破产——预测并规避破产，分析与投资危机债务》（第三版），罗菲译，东北财经大学出版社 2007 年版，第 81 页。

⑧ ［美］大卫·G. 爱泼斯坦等：《美国破产法》，韩长印等译，中国政法大学出版社 2003 年版，第 740 页。

出资人权益是否存续、数值大小或能否行使等问题的困扰。

出资人委员会不同于出资人组。出资人组只在重整计划草案涉及出资人权益调整事项时方得设立，仅享有对该事项的表决权。[①] 出资人组的成立具有被动性，法律并未赋予其在重整程序各阶段就危殆出资人权益的每起情势采取积极举措。此外，《企业破产法》对出资人组的表决机制、大股东对中小股东倾轧的预防、异议股东的退出与保障机制等付之阙如，出资人之间难以找到有效协调机制，弥补利益罅隙。

四、自治与管制：出资人委员会的构造

（一）出资人委员会的性质

借鉴既有对债权人委员会的探讨，关于出资人委员会的性质主要有机关说、事实上的集合说、自治团体说。机关说强调"就破产财团的管理、换价有利地进行"的出资人具有利害关系的一致性，全体成员形成了一个出资人团体，委员会是该团体的意思表示机关。[②] 机关说有主体地位模糊与概念不自洽两个痼疾。委员会以机关自居，却没有获得相匹配的权利能力，比如其不能在诉讼中取得主体地位。出资人的利益未必互通，存在差异甚至对立，出资人团体的概念不能成立。[③] 事实上的集合说反对机关说，认为"出资人尚不能形成权利主体或非法人之团体……仅能视为有必要时临时由法院召集成立之集会而已"[④]。该说以偏概全，静止地刻画委员会召开的片刻，忽视其在破产程序中维护出资人权益连续性。而且该说与委员会形成的自我约束契约相悖。[⑤] 自治团体说认为，委员会是"参酌出资人之自助自治主义"，为出

---

① 《企业破产法》第85条第2款。

② 参见［日］石川明：《日本破产法》，何勤华、周桂秋译，中国法制出版社2000年版，第112页。

③ 参见［日］伊藤真：《破产法》（新版），刘荣军、鲍荣振译，中国社会科学出版社1991年版，第75页。

④ 陈荣宗：《破产法》（再版），台北，三民书局1986年版，第170页。

⑤ 参见汤维建：《破产程序与破产立法》，人民法院出版社2001年版，第222页。

资人参与破产程序而设之私的组织。[①] 自治团体说下，委员会应将其形成的意思有效付诸实施，然而实际情况下其难以对破产管理人发号施令，又不能独立执行达成的决议。

从内部观察，出资人委员会是出资人的自治机构。出资人委员会仅在重整框架内与其他利害关系人产生作用力，无授予其法律主体的必要，但其决策能够一定程度地影响重整程序的方向。“自由人经由自主自发的合作而创造的成就，往往要比他们个人的心智所能充分理解的东西更加伟大。”[②] 出资人委员会协调和形成出资人的共同意思，借助出资人群体的力量，出资人委员会在面对债权人时维系倾斜欲坠的天平，与债权人平起平坐。从外部审视，出资人委员会须给予一定的管制。在设立与解散方面，并不是出资人做出意思表示，出资人委员会便径行成立或解散。比如，有证据显示出资人在重整企业中不再存有利益，或重整企业出资人数量有限，再另行设立出资人委员会就徒劳无益。在构成与运转方面，若交由出资人自由协商委员会构成，成员难产是大概率事件。应事前规定选拔标准，适度缩小成员范围，杜绝决议发生龃龉的可能。在权责方面，出资人委员会对出资人履行信义义务，其具体内容及违背出资人权益时应承担的责任，难以通过委员会本身予以明确，需要外部力量的约束。

（二）出资人委员会的准入与退出

在“出资人获得充分表达有确实的必要时”，出资人委员会始被准予成立。[③] 早期，源于只有在维护出资人权益“必要时”而非“有所裨益时”方得设立的思路，法院或管理人对设立出资人委员会的请求较为谨慎。[④] 随着

---

① 参见李传唐：《破产法论》（第五版），正中书局1978年版，第167页。

② ［英］F. A. 冯·哈耶克：《个人主义与经济秩序》（中译本），三联出版社2002年版，第12页。

③ 11 U. S. C. §1102（a）（2）.

④ 法院甚至要求申请人证明委员会的设立是“绝对必要”、“十分关键”或“不可或缺”的。参见［美］查尔斯·J. 泰步：《美国破产法新论》（第三版）（下册），韩长印、何欢、王之洲译，中国政法大学出版社2017年版，第1165页。

大型公众公司卷入破产程序的增加以及人们对出资人委员会功能的逐渐认可，出资人委员会在实践中声名鹊起。[①] 至于何为“充分代表”，实践中形成如下共识。[②] 其一，出资人的数量及股权分布情况。在出资人数量较多、股权分散的公司中，出资人无论自身或聘请专业人士参与重整程序均不切实际。即使出资人能够跻身谈判舞台，其持有的稀薄股权也为主要“玩家”不屑一顾。在仅考虑该因素的情况下，多数上市公司因出资人数量较多，便获得设立出资人委员会的资格。比如，在王牌实验室（Wang Lab）、鲍尔温联合公司（Baldwin-United）、贝克尔工业（Beker Industry）重整案中，鉴于出资人人数分别是 50,000 ~ 70,000 人、15,000 人、2500 人，法院准许设立出资人委员会；而在西城通用（Westgate General）重整案中，法院否决出资人委员会设立的理由是仅存在两个出资人。[③] 纵然多数股权凝聚于少数股东，数量众多中小出资人的事实也是能够支撑出资人委员会成立的理由。[④] 其二，案件的复杂程度。盘根错节的案件中，重整计划草案的拟定和通过绝非坦途，出资人受到不公正待遇的概率陡增，出资人委员会在此时价值凸显。一般认为，当出资人仅通过表决重整计划草案尚不足以全面保障自身权益的案件属复杂案件，也有观点以债权人的股权结构或确认重整计划草案的难度为衡量指标。[⑤]

---

① 比如，从 1986 年到 2000 年，在全部债务人资产超过 5 亿美元的重整案中，仅有 6 起出现出资人委员会的身影，而 2001 ~ 2005 年间，便有超过 30 起案件任命了出资人委员会。See David M. Feldman, Matthew J. Williams, Appointing Equity Committees, *New York Law Journal*, Aug. 9, 2004, at Col. 3; Neil B. Glassman, Jeffrey M. Schlerf, Christopher A. Ward, Equity Committees: A Consequence of the “Zone of Insolvency”, 24 – Jan. *Am. Bankr. Inst. J.* 28, 51 (2006).

② See Thomas Henry Coleman, David E. Woodruff, Looking out for Shareholders: The Role of the Equity Committee in Chapter 11 Reorganization Cases of Large, Publicly Held Companies, 68 *Am. Bankr. L. J.* 295 (1994).

③ See In re Wang Lab, Inc., 149 B. R. at 2 (Bankr. D. Mass. 1992); In re Baldwin-United Corp., 45 B. R. at 376 (Bankr. S. D. Ohio 1983); In re Beker Indus., 55 B. R. 945, 948 (Bankr. S. D. N. Y. 1985); In re Westgate Gen. Partnership, 55 B. R. 560, 561 (Bankr. E. D. Pa. 1985).

④ 比如在一例重整案中，4 名出资人拥有公司 51% 的股权，其他 1.5 亿股被中小出资人持有。法院仍允许设立出资人委员会。In re Gen. Growth Props., No. 09 – 11077 (Bankr. S. D. N. Y. 2009).

⑤ Albero v. Johns-Manville Corp., 68 B. R. 159 (S. D. N. Y. 1986); Victor v. Edison Bros. Stores, 1996 WL 534853, at 5 (1996).

其三，债务人的偿付能力。在债务人明显不具偿债能力时，出资人委员会的设立问题便没有讨论余地。此时，出资人通过博弈存有获得分配的可能，但与出资人委员会的运作成本不合比例，对破产财团伤害过大。一旦债务人保有微弱的偿付能力或难以辨明具体状况，就无法以偿付能力欠缺为由否决设立出资人委员会。早期判定偿付能力的标准是“无可就药地破产”（hopelessly insolvent），当前出资人“有显著概率获得有意义的分配”成为法院或管理人设立出资人委员会的依据。① 可作为债务人偿付能力的佐证包括财务报表、运营报告、出资人股份交易数额、不良债权交易情况等。其四，申请设立出资人委员会的时点。在重整程序近乎结束特别是重整计划草案已提出后才申请成立出资人委员会的，一般不被法院或管理人批准。出资人委员会的重要职责之一是就重整计划草案与债权人磋商，错过功效发挥关键时间窗口的出资人委员会徒增重整程序的期间和成本。过犹不及，在重整程序伊始的申请也难以获得法院或管理人通过。此时，债务人的财务信息尚未充分显露，难以判断出资人参与重整程序的价值。② 其五，出资人委员会的设立成本。出资人委员会的运转及聘用破产专业人士的耗费属于破产费用，为破产财团负担。若再计入因出资人委员会的提案、磋商等程序拖延而产生的间接成本，如债务人或然运营风险、滚雪球般累加的税费及债务人财产的折旧，出资人委员会的实际设立成本更加不菲。以至于有学者认为出资人委员会的存在无异于是对破产财产的“敲诈”③。即便债务人的出资人数目众多、股权分散，案件颇为复杂且债务人存有偿付能力，法院或管理人仍然必须采取成本效益分析法，在权衡设立成本后，方可做出最终结论。

中小出资人在重整程序中获偿概率不大、数额较小，维权得不偿失，动力不足，有代表性的出资人意见才有可能受到其他各方的尊重。数量众多的

---

① In re Emons Industries, Inc., 50 B. R. at 694 (1985); In re Williams Communications Group, Inc., 281 B. R. at 220 (2002).

② In re Public Serv. Co. of New Hampshire, 116 B. R. 344, 345 (Bankr. D. N. H. 1990); In re Pilgrim's Pride Corp., 407 B. R. at 217 (Bankr. N. D. 2009).

③ In re DPH Holdings Corp. Case No. 05 – 44481 (Bankr. S. D. N. Y. 2006).

出资人若忙于“内战”，内耗过大，需要强势机构予以统合。代议制、有配额的出资人委员会正是解决了股东会激励缺乏、意见难统的弊端，以更有效的决策机制带领散沙般的中小出资人一致面对强势债权人。与股东会不同，出资人委员会并非涵盖全体出资人，其成员应满足一定资质。须结合如下因素综合考虑出资人委员会的构成。首先，持股比例。权重较大的出资人更有意愿、能力和资本对抗债权人，维护层级利益，也更可能不排斥中小出资人对维权收益“搭便车”的行为。比如《美国破产法》规定，持股比例排名前7位的出资人成为委员会成员。[①] 实践中会遇到应以名义出资或实际出资作为持股比例判断标准的争议。以实际出资作为划分依据最为理想，但会显著加大管理人或法院的审查义务，也可能因出资人不愿披露真实持股状况劳而无功。因此，除非出资人主动声明，以股东名册记载事项为准当无异议。其次，出资人身份获得时间。如果组成人员在重整程序启动后才拥有出资人身份，“投机”意味较浓，在参与重整计划草案形成时或怀揣二心，该出资人动机应纳入管理人重点考察范围。[②] 再次，履职意愿。只有在有出资人愿意成为成员且对出资人承担信义义务时，才有成立出资人委员会的基本前提。不过，甘于冒着风险奉献、不计酬劳地为群体权益奔走的出资人凤毛麟角。最后，利益冲突。委员会成员不应与出资人阶层存在利害冲突，这是忠诚义务的题中之义。显然，属于董事、高管、债权人的出资人因牵涉其他利益，不宜作为委员会成员。

当不再符合破产财团最佳利益时，出资人委员会应被法院或管理人遣散。[③] 对应出资人委员会的成立要件，鉴于出资人数量及股权分布、案件复杂程度在程序启动初始即恒定，债务人的偿付能力和设立成本遂为确定其当否解散的关键。重整案件启动时债务人真实财务状况迷雾重重，出资人是否

---

① 11 U. S. C. § 1102 (b) (2).

② United States Trustee's Manual, Volume 3: Chapter 11 Case Administration, Section 3 - 4. 6, at 64.

③ In re Adelphia Commc'ns Corp., 544 F. 3d 420 (2d Cir. 2008).

留存权益不甚明朗，出资人委员会的设立或具合理性。随着程序进展，债务人资产与负债的不确定性被逐一化解。当出资人无望获得任何分配时，出资人委员会的退出不可避免。一般情况下，重整计划草案会明确其通过后出资人委员会的存续问题。若重整计划草案对该议题缄默，出于出资人委员会最主要的协商职能已履行完毕，继续运作增加破产财团负担的考虑，其职权将被大幅限缩直至取缔。① 当然，在重整计划草案注明出资人委员会将予撤除的情况下，法院仍可依职权使其起死回生。②

（三）出资人委员会的职权与责任

出资人委员会在扩充破产财团价值的基础上，以增加出资人的获偿份额为己任。为此，出资人委员会享有沟通协调权、参与谈判权、调查监督权、任免工作人员权。一旦出资人委员会成功在谈判桌上谋得一席之地，及时有效地沟通将有助于消弭各方误解，降低交易成本，出资人的利益诉求一般也会得到一定满足。有学者研究发现，在91%设立出资人委员会的案件中，出资人委员会对重整计划草案表示认可。③ 除与债务人、管理人磋商外，出资人委员会也要注重在委员会内部及其他出资人的信息交流。沟通场所并不局限于法庭内，法庭外的协调氛围更为轻松和高效。出资人委员会的权利不能过度夸大，其不应试图掌控债务人的经营或成为重整程序的主导。参与谈判权是出资人委员会的核心职能。“允许出资人委员会代表出资人，促进了通过各主要当事人间的谈判得到合意性重整的政策。”④ 出资人委员会有权参与重整计划草案形成的全过程，对草案提出修改意见，理论上也享有重整计划草案提出权。⑤ 一旦债务人和债权人执意通过对出资人不利的重整计划草案，

---

① Creditors' Committee v. Parks Jaggers Aerospace Co., 129 B. R. 265, 267 (M. D. Fla. 1991).

② Equity Security Holders' Comm. v. Wedgestone Fin., 152 B. R. 786, 788 (Bankr. D. Mass. 1993).

③ See Lynn M. LoPucki & William C. Whitford, *Bargaining Over Equity's Share in the Bankruptcy Reorganization of Large, Publicly Held Companies*, 139 U. Pa. L. Rev. 125, 138 (1990).

④ 李志强：《企业重整程序的正当性基础与规范建构》，中国政法大学出版社2011年版，第177页。

⑤ Bob Rajan, The New Wave of Equity Committees in Bankruptcy: What Are They and Are They Here to Stay? 2 (6) *Int'l Corp. Rescue* 35 (2006).

比如重整计划草案没有“对出资人权益的调整公平、公正”及“对待同一表决组的成员”,[①] 出资人委员会可号召出资人联合抵制。出资人委员会有权对债务人的决议、财务、责任、运营前景等与重整计划草案形成及案件有关的事项做尽职调查。出资人委员会可对重整程序进行监督，以确保债权人获偿的最佳比例及债务履行成本的最小化，确保债务人谨慎处置财产以实现破产财团价值的最大化。经多数成员同意和法院批准，出资人委员会可聘任律师、会计师或其他专业人士代其实施有关决议。[②] 债务人和大债权人均有自己的专业团队，出于对等考量，应允许出资人委员会聘任辅助人员，以增强出资人委员会履职效率，实现出资人委员会的设立宗旨。专业人士不应与出资人存在利益冲突，比如聘任债务人财务顾问的申请或被法院否决。聘任专业人士的费用列入破产费用，由债务人财产随时清偿。专业人士费用不菲，出资人委员会应证明拟聘任的专业人士能够做出实质贡献，对重整中维护出资人的正当权益确属必须，说服法院批准聘任申请。

出资人委员会的成员对全体出资人承担信义义务。比如，出资人委员会是在出资人存在权益或权益不明的前提下设立的。随着重整程序的发展，当出现债务人明显重整无望或出资人必然颗粒无收时，出资人委员会能否无所事事？答案是否定的。出资人委员会的职权并非源于股东授权。在法院或管理人尚未作出解散决定前，出资人委员会应当自始至终地履行职责，兢兢业业地忠于出资人。[③] 出资人委员会不得存有团体包揽主义，亦不得侵害其他出资人权益，否则将承担被罢黜、要求吐出违法所得、被起诉索赔、不计算该成员投票、适用衡平居次原则等责任。[④] 至于何种行为构成信义义务的违

---

① 《企业破产法》第 87 条第 2 款第（四）、(五）项。第 87 条规定的是法院强制批准重整计划草案的条件。一般认为，无论是法院的正常批准还是强制批准，均需要符合第 87 条列明的具体标准。参见王欣新:《破产法》(第三版），中国人民大学出版社 2011 年版，第 274 页。

② 11 U. S. C. § 1103 (a).

③ 否则，出资人委员会及其成员要承担相应的责任。In re ABC Automotive Products Corporation, 210 B. R. 437 (Bank. E. D. Pa. 1997).

④ See Collier on Bankruptcy ¶1103. 05 [4] [a] (Alan N. Resnick & Henry J. Sommer des., 16th ed. 2010).

反，一般是指攫取一己私利或实施与维护出资人权利无关的别有用心的行为，具体包括恶意减损破产财团价值、与第三方签订协议约定一旦债务人重整失败便可获得收益、掌控债务人的营业主导权等。[①] 法院对出资人委员会的责任认定较为谨慎。若不具备“故意的不法行为”（willful misconduct），出资人委员会便断然不会承担责任。[②] 因此，除非直接参与，出资人委员会对其聘任人员的不端行为无须负责。[③]

结　语

公司重整是一门谈判的艺术，立法者在搭起唱戏草台后，由各色人等自行切磋表演。理性协商的前提是存在一套合理的博弈机制，使得各方有机会在谈判桌上平等表意。在出资人个体或集体参与重整程序障碍重重，公司董监高、债权人、管理人均难以成为出资人传声筒的背景下，富有组织纪律性的出资人委员会应运而生。即便在最终分配结果上出资人难遂其愿，出资人委员会作为民主发声渠道也具有弥足珍贵的价值。债权人委员会与出资人委员会的两造对抗模式有助于出资人情绪得以发泄、理由获得倾听、误解得到消弭。《企业破产法》并未禁止出资人委员会的设立，出资人自行成立的类似组织当为法律允许之列。然未为法律赋权的自治机构如没有牙齿的老虎，权能的先天匮乏致使其在面对进击的巨人——债权人时没有铠甲护身，弱不禁风。《全国法院破产审判工作会议纪要》（法〔2018〕53 号）在重整部分要求法院加强与管理人、债务人和政府的沟通，并未涉及出资人，出资人委员会的构建运作和职能发挥任重道远。现阶段，可从明晰出资人代表选派、强化出资人表决权、增加监督权等维度迂回前行。出资人权益保障是系统性的浩大过程，还可从完善能够体现公司准确、真实、完整资产状况的评估制度，锁定重整投资人新获股份等拓展维度。

---

① In re Adelphia Commc'ns Corp., 359 B. R. 54, 60 (Bankr. S. D. N. Y. 2006).

② Luedke v. Delta Air Lines, Inc., 159 B. R. 385, 392 – 93 (S. D. N. Y. 1993).

③ Prince v. Zazove, 959 F. 2d 1395, 1401 (7th Cir. 1992).

第七章　破产法与反垄断法：以垄断行为的规制为视角

2020年5月，中共中央、国务院发布的《关于新时代加快完善社会主义市场经济体制的意见》指出，应当“修订反垄断法……维护公平竞争市场环境”。作为市场经济法治重要支柱的反垄断法以保护市场公平竞争为己任，营造自由健康的营商环境，促进生产力大幅跃进的同时，最优配置社会经济资源。反垄断法旨在将自由竞争树立为人们经济活动的权威裁判，在自由竞争法则调整下，胜者光荣体面，败者心服口服，自由竞争成为化解人们矛盾的自然解决之道。[①] 在反垄断法的保驾护航下，各市场主体大展拳脚，不断推陈出新，质优价廉的产品层出不穷，以试图获得更多消费者青睐。自由竞争必然带来成功者和失败者的分化，一些羸弱的企业不得不黯然神伤地退出市场。破产法如警示牌般地昭示企业不努力就倾覆的道理。企业必须向“死”而生，方能披荆斩棘，在激烈的市场竞争中斩获一席之地。犹如支撑自由主义市场经济的安全网，[②] 破产法确保企业家在创业前即对不利后果有准确预期，为企业稳妥善后、债权债务关系处置和债权人回收债权提供明确指引。优胜劣汰机制对企业的砥砺作用也有负外部性。为始终屹立潮头，一些大企业在竞争中实施窒息、阻滞有序竞争的行为，任凭中小企业即使全力奔跑也徒劳无功，最终损害的是包括消费者、其他经营者利益在内的整个社会福利。

---

① 参见邱本：《自由竞争与秩序调控——经济法的基础建构与原理阐析》，中国政法大学出版社2001年版，第367页。

② 参见［日］山本和彦：《倒産法概説》（第2版補訂版），弘文堂2015年版，第19页。

竞争法与破产法不仅互为因果、彼此促进，还在立法特质、理念和宗旨等方面存在龃龉。遗憾的是，当今绝大多数文献仅聚焦于经营者集中审查中的破产抗辩，考查其制度目标、价值、适用条件等，[①] 既没有深刻揭示破产抗辩机制的演变趋势和内在缺陷，又对其他垄断行为与破产法的交错视而不见。本章不局限于破产抗辩机制的探讨，而是从法律适用、制约措施、法益保护等角度，纾解垄断协议、经营者集中、行政性垄断等行为在破产程序中面临的矛盾，为两部法律协同推进市场经济高质量发展提供可行之道。

一、破产法与反垄断法的背离

（一）制度意旨的聚合与分散之别

历次破产立法都脱离不了一个共通目的：在债务人没有足够的财产可供分配时，提供一个债务清算程序，甄别和处理各类针对破产财产的请求权。从这个意义上来说，破产法的本质是一种财产的强制执行制度。[②] 破产法并不是唯一的强制执行制度，却是最佳的集体清偿机制。个别债权人的追偿措施一般遵循“时间在先，权利在先”原理。债权人须紧盯债务人的经营状况，出现任何风吹草动时要竞相追逐债务人资产。待债务人资产被其他债权人强制扣押或控制后，行动迟缓的债权人只能颗粒无收。维护个别偿付制度的合同法、民事诉讼法等被戏称为“勤勉竞赛法”或者“抢夺法”。[③] 破产法通过规定“法院受理破产申请后，债务人对个别债权人的债务清偿无效”，以集体清偿框架取代混沌的个体债权人的权利行使，确保利益不同的债权人可如一人般地与债务人解决债权债务问题，有效解决公地悲剧与囚徒困境。破产法的集体清偿机制还表现为将破产财产的分配、债务人企业的经营和行

---

① 例如，王志岗：《企业合并反垄断审查中的破产企业抗辩——金融危机背景下破产企业抗辩的适用》，载《甘肃联合大学学报》（社会科学版）2010年第2期。

② 参见［美］大卫·G. 爱泼斯坦等：《美国破产法》，韩长印等译，中国政法大学出版社2003年版，第2~3页。

③ 参见［美］查尔斯·J. 泰步：《美国破产法新论》（第三版）（上册），韩长印等译，中国政法大学出版社2017年版，第5页。

政事务的管理等事项收归于自身机制处置，排除其他法律的管辖。比如，破产程序中的债务财产保全措施应被解除，执行程序应被中止；有关债务人的民事诉讼仅能向受理破产申请的法院提起。[①] 通过如八爪鱼般将易流失、碎片化和稀缺的债务人资产牢牢吸附，破产法建立起一套自创生系统，将纷繁复杂的法律关系毕其功于一役地清理殆尽。

反垄断法反其道而行之，厌恶财产组织的过分聚集，确保竞争秩序免受不当限制的戕害。“经济自由的对立面是极其高度的经济权力。所以法律必须保障经济的优点，不为权力过分集中的缺点一笔勾销。”[②] 早期的哈佛学派秉持“结构主义”，质疑大企业存在的意义，认为应当干预市场结构以改善市场绩效——拆解大规模企业、严控企业合并。小罗斯福总统于 1938 年向国会提交国情咨文时，直指“对经济力量过度集中的忽视，是对民主传统的破坏，是走向法西斯独裁的道路”。[③] 后发的芝加哥学派推翻了高集中度带来垄断利润的单向决定论，转而采取“行为主义”思路，依据竞争者行为匹配相应措施。纵然芝加哥学派及与之一脉相承的后芝加哥学派更加注重维护竞争过程与提升效率，[④] 但人员财产聚集度大的企业仍然是反垄断法主要的规制对象。比如，鉴于执法的专业性和科层制，中小企业控制价格的行为，一般不认定为垄断协议，而是通过《价格法》第 14 条的不正当价格行为解决；滥用市场支配行为的实施主体是特殊主体，市场上的巨擘企业方能构成；经营者集中发生在市场主体“化零为整”的过程中，要求较高的营业额标准，显然大型企业较易达到。

破产法的聚合特质与反垄断法的离散趋势南辕北辙。公司正常运营时，股东是公司的最终所有权人，但在破产重整程序中股东对公司的控制权旁落。

---

① 参见《企业破产法》第 19、21 条。

② ［德］路德维希·艾哈德：《来自竞争的繁荣》，祝世康、穆家骥译，商务印书馆 1983 年版，第 124 页。

③ 胡祖舜：《竞争法之经济分析》，元照出版有限公司 2019 年版，第 14 页。

④ 参见［美］小贾尔斯·伯吉斯：《管制和反垄断经济学》，冯金华译，上海财经大学出版社 2003 年版，第 190 页。

此时，债权人会议为公司破产的最高权力机关，“相当于公司未破产时的股东会”。[①] 对破产公司资产的变价、管理、分配以及决定公司营业的前途等重大事项，悉遵循债权人会议的决定。依据《企业破产法》的规定，债权人会议的决议由出席会议的有表决权的债权人过半数，并且其所代表的债权额占无财产担保债权总额的1/2 同意即可通过，这意味着公司外部的少数几个债权人便能决定公司被瓜分还是重生的命运。如果其中部分债权人恰好与破产企业存在竞争关系，这些大债权人可能彼此串通将破产企业瓦解、分拆以消解破产企业的竞争力。如果破产企业的债权人之间存在竞争关系，亦会出现部分债权人联合损害其他债权人的情形。特别地，在破产重整程序中，公司会通过“债转股”、获得新融资和变卖营业等手段获得喘息之机，公司资产和负债将出现大幅变动，载入上述事项的重整计划草案的表决权，仍掌握在债权人手中。这会引发作为竞争对手的债权人掏空公司资产或引发公司控制权变更等情形，受害的是本可因公司东山再起而重掌公司命运的股东、债权人、雇员以及公司所在的社区经济。

（二）立法价值的效率与公平之争

通过最大化破产财团的价值，破产法实现同时保护债权人和债务人合法权益的艰巨任务。管理人或经管债务人（debtor-in-possession）开源节流以提升破产财团蓄水池的水位，债务人通过资产重组等方式止损和获得新鲜血液，破产企业利用重整机制起死回生的概率大幅提高。一旦企业重组成功，债权人获得的回报将显著大于破产清算时得到的微薄份额。破产法区别于其他市场主体退出制度的诸多特殊设计，均围绕上述宗旨。以破产后融资为例，进入破产程序中的债权人为继续营业所获得的贷款属于共益债权，优先于普通破产债权受偿。[②] 一般情况下，企业的借款属于普通债权，清偿顺位本应劣

---

① 参见张钦昱：《公司重整中出资人权益的保护——以出资人委员会为视角》，载《政治与法律》2018 年第 11 期。

② 参见《最高人民法院关于适用〈中华人民共和国企业破产法〉若干问题的规定（三）》（法释〔2019〕3 号）第 2 条；《企业破产法》第 42 条第（四）项。

后于劳动债权和税收债权，但鉴于继续营业对企业资产保值增值或有裨益，破产后融资便享有优待。在追求破产财团价值最大化的过程中，破产法更为重视运营决策的效率。毕竟，面对债权人追索压力和企业状况不佳的现实，处置受困企业、分配资产或转危为安无法依靠拖延战术。破产法应当确保当企业资不抵债时能够及时采取措施止损，包括将其交给有能力者经营管理和将剩余财产快速分配。

破产法的效率价值目标，在企业引援重组时受到严峻挑战。仍以破产后融资为例，新融资人一般以获得企业控制权为对价，可能符合《反垄断法》规定的“经营者通过取得股权或者资产的方式取得对其他经营者的控制权”。破产法对破产后融资要求的程序仅是“经债权人会议决议通过，或者第一次债权会议召开前经人民法院许可”，这意味着管理人或经管债务人可将破产财团价值的最大化作为批准破产后融资的唯一考量因素，无须考虑控制权的转移对外部利益相关人的影响。这样的决策思维快刀斩乱麻，有利于缓解陷入僵局的各方争执，但破产后融资确有可能触及《反垄断法》规定的强制事前申报标准。反垄断法执法机构审查经营者集中的程序耗时费力，《反垄断法》就规定了最长180天的审查期限，《反垄断法（修订草案意见稿）》更是在第30条规定了停表制度（stop-the-clock）制度，在保障充分审查之余，拉长经营者集中程序的时间。在经历漫长流程后，嗷嗷待哺的困境企业或将错过最佳融资时机，遭遇资金链断裂的绝境，滑向万劫不复的深渊，破产法所谓的破产财团价值最大化目标成为空谈。

（三）政府作用的显扬与矫正之异

政府在破产法中不可或缺，其地位一直得到法律法规加持。1986年颁布的《企业破产法（试行）》诸多条款体现了利用政府缓冲破产这一新兴事物对“有计划的商品经济”的冲击，避免社会上大量出现企业破产现象。[①] 比

① 参见袁木：《关于制定企业破产法的几点认识》，载《人民日报》1986年12月6日，第24版。

如，该法明确政府有关部门给予资助或采取其他措施帮助清偿债务的公用企业和与国计民生有重大关系的企业，不予宣告破产；企业经过上级主管部门同意后，方能申请宣告破产；清算组由政府部门主导。[①] 自 1994 年起我国展开政策性破产，与一般破产程序并行。政府通过补贴、放弃划拨破产企业土地使用权等方式承担职工安置费，为特定时期国有企业改革“埋单”。[②] 供给侧结构性改革路径下，政府角色被更深程度地嵌入破产程序。2019 年 6 月，国家发展和改革委员会等十三个部委联合印发的《加快完善市场主体退出制度改革方案》鼓励政府建立常态化的司法与行政协调机制，发挥政府在企业破产程序中的作用，明确政府部门的破产行政管理职能，探索研究破产经费筹措机制，研究建立市场主体强制退出制度。

竞争法一般在产业政策的维度上探讨政府的作用。产业政策是以各个产业为具体对象，通过保护和扶植该产业，调整和整顿产业组织，改善资源配置、实现经济稳定与增长。[③] 基于市场失灵现象，选择性产业政策强调政府应当对市场主体采取补贴、特定的监管措施，部分替代市场机制发挥作用，以政府对市场的直接干预快速提升产业竞争力，实现经济“后发赶超”。产业政策不可避免地与为保护和促进竞争而采取的行动、制定的法律法规以及设立的执法机构等总和的竞争政策产生冲突。[④] 产业政策与竞争政策是此消彼长的关系，产业政策影响力越大，意味着产业保护力量越强，反垄断法适用除外疆域越广，没有被纳入反垄断法管辖的范畴越多。政府以产业政策之名扶持部分行业企业，打破企业之间平等、自由的经营秩序，对竞争政策造成负面影响。基于产业政策衍生出的一些针对特定行业或者企业的政策安排

---

① 参见《企业破产法（试行）》第 3、8、24 条。

② 参见《国务院关于在若干城市试行国有企业破产有关问题的通知》（国发〔1994〕59 号）；《国务院关于在若干城市试行国有企业兼并破产和职工再就业有关问题的补充通知》（国发〔1997〕10 号）。

③ 参见［日］长谷川启之等：《经济政策的理论基础》，梁小民、刘朝译，中国计划出版社 1995 年版，第 26 页。

④ 参见陈秀山：《现代竞争理论与竞争政策》，商务印书馆 1997 年版，第 133 页。

或特殊制度，也会给反垄断执法带来阻碍。[①] 面对产业政策与竞争政策的罅隙，在《反垄断法》第5条和第7条作出努力的基础上，理论界逐步形成竞争政策优先的定论。确立和夯实竞争政策基础性地位，是“使市场在资源配置中起决定性作用”的题中应有之义，又是“全面依法治国”的基本要求和必由路径，是我国全面深化改革的交集和最大公约数。[②] 确立竞争政策的优先地位，就是要在处理市场与政府的关系上，强调市场的决定性作用，以市场作为配置资源的优先方式。[③] 2020年1月，《〈中华人民共和国反垄断法〉修订草案（公开征求意见稿）》［以下简称《反垄断法（修订草案意见稿）》］在第4条增加“国家强化竞争政策基础地位”的规定，在实证法的完善方面迈出坚实的一步。

产业政策促进企业发展壮大，滋生出政府救助企业的合理性争议。在地方支柱企业生产经营困难时，地方政府出于“维稳”的考虑，一般会给予其政府补贴、税收优惠等待遇。政府对企业的软预算约束，破坏信用经济的良性循环，助长损害信用经济的不良行为，减损信用资本和社会财富，招致诸多批评。[④]

二、破产程序中反垄断法的适配性：以垄断协议为例

（一）四维分析框架

破产法与反垄断法不是非此即彼的关系。纵然破产法的集体债务清偿机制与反垄断法的排斥集中存在分歧，反垄断法不会因破产程序的启动而被自动排斥。无论是反垄断法适用除外规则还是反垄断法豁免规则，都未提及破

---

① 参见万江：《中国反垄断法：理论、实践与国际比较》（第二版），中国法制出版社2017年版，第26页。

② 参见孙晋：《通过修法夯实我国竞争政策的基础性地位》，载王先林主编：《竞争法律与政策评论》（第4卷），法律出版社2018年版，第18页。

③ 参见焦海涛：《竞争政策优先战略的确立与实现》，载王先林主编：《竞争法律与政策评论》（第5卷），法律出版社2019年版，第8页。

④ 参见张钦昱：《软预算约束视角下破产清算程序之反思及重构》，载《法商研究》2016年第3期。

产相关情形，破产法无法成为一种特例，游离在反垄断法之外。有学者指出，法院与其判断反垄断法的哪些条款在与其他法律矛盾时失效，不如专注于反垄断法在哪些特殊情况下丧失可适用性。[①] 在一起涉及反垄断法与证券法的案件中，上级法院认为证券交易所享有的反垄断法豁免权符合“默示废止”（implied repeal），而基层法院缺乏充分论证，遂驳回基层法院的判决。[②]

在瑞士信贷（美国）证券有限责任公司［Credit Suisse Securities（USA）LLC］案中，美国最高法院确立了判断反垄断法与其他法律相容性的标准。[③] 纵然该案针对反垄断法与证券法的冲突，且得出证券法领域没有反垄断法适用余地的结论，仍对反垄断法与破产法的关系具有借鉴意义。结合该案及有关理论，下文以破产程序中的垄断协议为例，通过追问主管机关、行使绩效、影响疆域与作用后果等四个问题，厘清反垄断法于破产程序的可适用性。

第一，破产程序的主管机构能否规制垄断协议？法院是决定、监督、管理破产程序中诸多事务的权力机构。比如，负责处分债务人财产、提议召开债权人会议等具有重要职能的管理人，由法院任命，向法院报告工作，薪酬由法院确定，辞职须经法院许可。[④] 另外一个较为明显的例证是，世界银行《营商环境报告》（Doing Business）评价各国营商环境便利度的10个指标中，“办理破产”（resolving insolvency）是由各国法院主抓的三个指标之一。2017年最高人民法院印发《关于为改善营商环境提供司法保障的若干意见》（法发〔2017〕23号），将“加强破产制度机制建设，完善社会主义市场主体救治和退出机制”独立成章。

垄断协议一般发生在破产重整程序中，破产清算时因自动中止机制的适用，使得债权人之间无法发生媾和。重整制度的核心是重整计划，指重整程

① See Karen Petroski, Retheorizing the Presumption Against Implied Repeals, 92 *Cal. L. Rev.* 487, 510 (2004).

② Silver v. N. Y. Stock Exch., 373 U. S. 341, 346 (1963).

③ Credit Suisse Securities v. Billing, 127 S. Ct. 2383 (2007).

④ 参见《企业破产法》第22、23、28、29条。

序参加人在协商基础上就债务清偿和企业拯救作出的安排。[①] 重整计划的本质是一项协议，是各方当事人坐在谈判桌前，就债务人的未来展开博弈，经过妥协之后达成的契约。[②] 重整计划在协商过程中贯彻意思自治，当然会存在具有竞争关系的债权人之间达成垄断协议的可能。法院是通过审查重整计划草案，作出批准或不予批准的裁定，而对破产重整程序实现全局监管。[③] 出于对重整计划自治属性的尊重，消极被动的法院无法干预重整计划的制定过程，仅能在破产重整的终端行使管辖权。鉴于法院的职权无法前置，破产重整中的垄断协议将留由反垄断执法机构调整。

第二，破产程序主管机构的管辖权能否有效行使？即使法院试图通过不予批准重整计划草案，达到不允许在破产重整程序中达成垄断协议的目的，迫于现实的压力，法院也绝对不会行使该项权力。法院否决重整计划草案，将直接使得企业破产重整的努力宣告失败，破产企业将立即由破产重整程序转向破产清算程序。企业一旦滑向破产清算程序，其资产将被拆分出售，运营价值不复存在，企业的整体价值显著缩水，债权人的受偿份额出现滑坡，雇员失业，供货商失去关键客户，消费者难以在短时间内找到替代品，社区经济环境也将恶化。否决重整计划草案带来的连锁负面效应，是法院实行垄断协议规制的无法承受之重，给反垄断执法机构的介入提供合理背书。

第三，由哪部法律管辖破产程序中的垄断协议为宜？我国《反垄断法》的实施采取的是行政中心主义，即由反垄断法执法机构查处垄断行为，争讼程序较少。《反垄断法》第 50 条要求垄断行为给他人造成损失的，原告方能提起诉讼，要求被告承担民事责任。“损失 + 既遂”标准对原告的举证责任提出较高要求。垄断行为实施后，难以找到确定的受害者，或即使能够找到受害者，但侵害不直接或不主要针对该受害者实施，可以说垄断行为侵害的

---

① 参见王卫国：《破产法精义》，法律出版社 2007 年版，第 241 页。

② 参见张钦昱：《重整计划制定权归属的多元论》，载《社会科学》2020 年第 2 期。

③ 参见《企业破产法》第 86、87、88 条。

是一种发散性利益。[①] “从司法的观点看，这种利益并不能被分配到每个个体。个体利益集合的观念，也只能被作为一种辅助性手段。因此，这种利益很难通过私法手段获得保护。”[②] 此外，法院受理破产申请后，与债务人有关的民事诉讼仅能向受理破产申请的法院提起，而审理垄断民事纠纷案件的一审法院一般是中级人民法院。[③] 若由法院同时处置破产程序和垄断行为纠纷，会出现级别管辖混乱的麻烦。

第四，若破产法与反垄断法能够同时适用解决，是否出现南辕北辙的后果？在瑞士信贷（美国）证券有限责任公司案中，分别运用证券法和反垄断法得到的处理结果相悖，鉴于反垄断执法机构作出的决议或危殆证券市场的运转，该案法官作出两部法律难以共存的判决。[④] 对于破产程序中的垄断协议，无法是法院还是反垄断执法机构一般不会作出差别裁决。债权债务关系本质上是一种信用关系，债权人之间达成的对债务人的处置安排可以视为对信用价格的重新约定。[⑤] 只要债权人之间达成协议，即形成“固定或者变更商品价格”，法院在审理时须适用本身违法原则（per se rule）。本身违法原则是指对某些垄断行为，无须考虑行为目的、行为方式、经济后果等因素，即可直接认定其损害竞争而违法，被法院广为接受，被称为“最成功的反垄断法审判原则”。[⑥] 由此，法院可径行对破产程序中的垄断协议行为判决违法。反垄断执法机构适用《反垄断法》第 13 条，可以决定“固定或者变更商品价格”违法，而第 15 条豁免条款的规定使得决定结果具有一定的不确定性。《反垄断法（修订草案意见稿）》第 50 条第 2 款规定，反垄断执法机构不得

---

① 参见赵红梅：《论直接保护发散性正当竞争利益的集体维权机制——反不正当竞争法的社会法解读》，载《政治与法律》2010 年第 10 期。

② ［德］阿斯特丽德·施塔德勒：《德国公益诉讼》，王洪亮、黄华莹译，载汤欣主编：《公共利益与私人诉讼》，北京大学出版社 2009 年版，第 186 页。

③ 参见《最高人民法院关于审理因垄断行为引发的民事纠纷案件应用法律若干问题的规定》（法释〔2012〕5 号，已修改）第 3 条。

④ Credit Suisse Securities v. Billing, 127 S. Ct. 2383, 2393 (2007).

⑤ Catalano Inc. v. Target Sakes Inc., 446 U. S. 643 (1980).

⑥ See William L. Reynolds & Spencer Weber Waller, Legal Process and the Past of Antitrust, 48 *S. M. U. L. Rev.* 1811, 1816 – 18 (1995).

对“固定或者变更商品价格”中止调查，彰显该行为的恶劣特性。可以推知，反垄断执法机构对“固定或者变更商品价格”决定结果的不确定变得微乎其微。

（二）避风港规则的争议

在符合“诺艾尔—潘宁顿规则”（Noerr-Pennington Rule）的情况下，破产程序中债权人达成的协议可被反垄断法豁免。诺艾尔—潘宁顿规则的内容是，如果当事人的协议、决定或协同行为旨在影响政府决策，即使该行为达到排除、限制竞争的效果，也可免受反垄断法管辖。[①] 诺艾尔—潘宁顿规则起源于东部铁路主席会议诉诺艾尔卡车运输公司案。[②] 在该案中，41 名宾夕法尼亚汽车司机等原告认为24 家东部铁路公司等被告联合，以排除、限制卡车的长途运输。经查，被告通过共同游说立法机关颁布有关法律，以增加原告的运营成本，损害原告在消费者中的口碑，破坏原告与消费者形成的商业网络。法院认为，被告的行为造成不良效果，却不违背反垄断法，盖其影响的是立法决策而未直接实施垄断行为。通过联合矿业工人诉潘宁顿案、加利福尼亚汽车运输公司诉无限卡车公司案，“诺艾尔—潘宁顿规则”将反垄断法对立法机关联合游说行为的豁免，拓展到行政机关、司法机关。[③] 诺艾尔—潘宁顿规则在公民享有政治主张表达的权利、政府享有完整不受干预的管辖权、经营者享有公平竞争的权利这三个相互矛盾的诉求中找到微妙的平衡，厘清反垄断法的立法本意，即反垄断法乃是为商业社会量身打造，而非适用于政治领域。

一般情况下，诺艾尔—潘宁顿规则难以适用于破产程序中的垄断协议行为。《企业破产法》的名称明白无误地说明我国的破产法仅适用于企业，而

---

① See Alan S. Golub, The Exception of Noerr-Pennington Materialsfrom Discovery under the Petition Clause of the First Amendment, 66 *St. John's L. Rev.* 1095, 1095 (1993).

② Eastern Railroad Presidents Conference v. Noerr Motor Freight, 365 U. S. 127, 127 (1961).

③ United Mine Workers v. Pennington, 381 U. S. 657 (1965); California Motor Transport Co. v. Trucking Unlimited, 404 U. S. 508 (1972).

非行政机关。不能将法院审查重整计划草案前债权人之间针对其他经营者的共谋行为，等同于债权人联合起来谋求法院裁决通过或否决重整计划草案的行为。对于后者，诺艾尔—潘宁顿规则当然予以适用；对于前者，诺艾尔—潘宁顿规则没有适用的余地。纵然破产重整程序中必然涉及由法院裁决通过或否决重整计划草案，诺艾尔—潘宁顿规则可因债权人游说司法机关作出相关裁决而具有适用的可能性，但债权人达成垄断协议，排除、限制竞争的对象是债务人或其他债权人，意图在于相较于其他债权人获得更多受偿份额，或使得作为竞争对手的破产企业分崩离析，与政治方面的诉求几无关联。

（三）协调适用的路径

"社会市场经济并不承认企业家们有根据卡特尔协定而排斥竞争的自由；市场经济是要使企业家们负更大责任，通过自己的努力与同行竞争。"① 面对破产法与反垄断法的潜在冲突，法院更希望将个案置于特定背景，通过追溯立法者本意加以调和。

在破产法中融入垄断行为的禁止规定，能够同时协调两部法律的适用。特定于垄断协议，可以在《企业破产法》"重整计划的制定和批准"一节中，加入"在重整计划草案的制定和表决过程中禁止具有竞争关系的债权人或债务人，达成排除、限制竞争的协议、决定或者协同行为"。将反垄断规则加入破产法，能够防止产生反垄断法因破产程序的启动而被摒弃的偏颇印象。明确债权人联合起来操纵重整计划草案的债权分类、债权调整方案和债权受偿方案等条款的违法性，将促使破产重整程序成为一个各方独立表意的舞台，使得符合有效市场假说的破产程序运行，实现各方共赢。由于串通的债权人可能通过破坏债务人的经营方案、提高债权调整方案等方式，令具有竞争关系的债务人付出更多成本，加大重整成功难度，将反垄断规定写入破产法，不仅促进企业重整再生，也确保每个债权人均会以债权人整体利益最大化为

① ［德］路德维希·艾哈德：《来自竞争的繁荣》，祝世康、穆家骥译，商务印书馆1983年版，第123页。

重，作出破产财团价值最大化的决策。

除明确禁止行为外，还应当在破产法中增加相应法律责任的规定。可以参照《反垄断法》，在《企业破产法》中规定行为禁止令和行为履行令两类法律责任。责令停止违法行为等行为禁止令更具实效，使债务人面临退出市场的风险，而金钱补偿以债务人遭受损害为前提，暂不论因果关系证明难度较大，债务人发现损害时正是其倒闭之时。即使给予债务人以金钱补偿等行为履行令，也可能因债权人联合置债务人于破产清算境地而无济于事。在破产程序中添加针对垄断行为的禁止令，须考虑下列因素：是否存在侵权行为；若不给予禁令，原告是否会产生难于挽回的损失；若给予禁令，对侵权人是否能够施加影响；禁令是否有益于社会公共利益。[①]

三、破产法与反垄断法法益保护的取舍：以经营者集中的破产抗辩制度为例

（一）破产抗辩制度体现的法益之争：私人利益抑或社会公共利益

越细究破产抗辩制度，越觉得其充满玄机，人们很多时候接受破产抗辩制度的存在，仅仅是因为不断地重复记忆和时间的流逝。[②] 企业破产常以资产出售告终，诸多企业以资产出售为申请破产的目的。[③] 为加快企业的市场出清效率，经营者集中的破产抗辩机制由此创设。破产抗辩是反垄断法为破产程序量身打造的机制，企业的破产状态可以成为允许其实施经营者集中的理由。

破产法与反垄断法均可视作分散无援的利益相关者与企业议价的平台。破产法向上游回溯，为股东、债权人和雇员提供集体债务清理机制；反垄断法聚焦下游，解决难以发声的众多消费者与经营者等困扰。上游的私人利益

---

① In re Eagle-Picher Industries, Inc., 963 F. 2d 855, 858 (6th Cir. 1992).

② See William F. Baxter, Remarks: The Failing Firm Defense, 50 *Antitrust L. J.* 247, 248 (1982).

③ See Douglas G. Baird & Robert K. Rasmussen, The end of Bankruptcy, 55 *Stan. L. Rev.* 751 (2002).

与下游的社会公共利益之间本缺乏交集，但当经营者集中发生于破产程序时，双方矛盾不可避免。破产程序中的经营者集中是一个在上游各方与下游各方进行利益博弈的过程。一方面，若破产抗辩得以允许，能够避免经营者集中冗长的审批程序，提升破产财产的利用效率，增加破产企业断臂求生的概率，更会对股东、债权人、雇员等大有裨益。倘若企业因无法实施经营者集中而黯然离场，依据破产法的基本原理，股东将会劣后于有担保债权人、劳动债权人、税收债权人，位列最后顺位受偿。在大多数情况下，股东在企业破产清算时将血本无归。若破产抗辩奏效，股东投资不仅不会损失，反而因企业实力增强获得溢价收益。债权人的境遇比股东稍好，但仍然无法全部收回债权。世界银行《营商环境报告》（2020 年）显示，中国破产程序中有担保债权的回收率（recovery rate）才为 36.9%，解决债权债务争议平均耗时长达 1.7 年，遑论普通债权。破产抗辩权的成功行使，可避免耗时、费力、效果并不明显的债权追索行为。雇员在企业减产或倒闭时，往往成为牺牲品，在企业积累的专有技能将无用武之地，而在实施经营者集中后雇员将免受失业困扰。另一方面，破产企业的资产出售又确实会对竞争秩序产生负面影响。有学者发现行业内的其他企业是最常见的破产企业资产购买方，近 2/3 的买受方打算将破产企业的资产嫁接其业务，仅有 1/3 的买受方旨在投资获利。[①] 两家企业联合后，实施滥用市场支配地位行为的概率增加，威胁破坏市场自由竞争，实施集中的企业更为强大，消费者和其他经营者处于更为不利的地位，损害消费者和其他经营者利益的可能性。

在公司停滞发展、经济环境不变的情况下，股东、债权人、雇员等与消费者、其他经营者之间是零和博弈，一方获利的同时意味着另一方罹患相应损失。不同主体的利益诉求也体现了以扩大破产财团价值进而维护私人利益为目标的破产法，与以维护竞争秩序进而保护社会公共利益为目标的反垄断法之间的矛盾。

---

① See Lynn M. LoPucki & Joseph W. Doherty, Bankruptcy Fire Sales, 106 *Mich. L. Rev.* 28 – 29 (2007).

（二）破产抗辩构成要件的检讨：从私人利益到社会公共利益的转型

2010年修改的美国《横向并购指南》（Horizontal Merger Guidelines）规定企业面临资不抵债的紧迫风险、破产重整不能和救济途径穷尽等3个破产抗辩要件。[①] 后两个要件的历史变迁，凸显破产抗辩制度适用的限缩趋势，体现破产抗辩制度从保护股东、债权人和雇员等内部人利益向消费者、其他经营者等外部利益的转换。

反垄断法中的破产抗辩与破产重整是互斥关系。破产抗辩以企业无法成功破产重整为援用前提，其理由是破产抗辩为病入膏肓企业迫不得已的选择，如果有诸如重整程序等依靠企业自身即可保留运营价值的市场化方法，无须援用破坏竞争秩序的破产抗辩机制。实践中，反垄断执法机构需要在企业提出破产抗辩时，考查企业是否有扭转乾坤的可行重整计划草案，以及通过破产重整程序能否减免债务并缓解财务困境。[②] 自1978年《美国破产法》首创以来，破产重整程序纷纷为世界各国效仿，我国也在《企业破产法》第8章规定该程序，并将其篇章结构置于破产和解、破产清算程序前，意在鼓励破产重整程序的适用。2018年最高人民法院印发的《全国法院破产审判工作会议纪要》也指出，重整制度集中体现了破产法的拯救功能，代表了现代破产法的发展趋势，全国各级法院要高度重视重整工作。当今破产重整案件大量涌现，企业破产重整不能的机会自然显著减少，破产抗辩的适用每况愈下。事实上，直至破产抗辩机制诞生39年后的1969年，破产重整不能要件才在市民出版公司案中被法院承认。[③] 该要件的提出是对大萧条时代维护企业生存才能促进社会稳定的纠偏，以及破产抗辩机制被轻易援用的反思。

救济途径穷尽要件要求企业本着最大诚意寻找潜在合理的收购要约，以

---

① U. S. Department of Justice & Federal Trade Commission, Horizontal Merger Guidelines, pt. 11 (2010).

② See Kyle Digangi, Cutting the Financial Fat From the Failing Firm Defense: Refocusing the Failing Firm Defense on Antitrust Law, 86 *St. John's L. Rev.*, 277, 287－288 (2012).

③ Citizen Publishing Co. v. United States, 394 U. S. 131 (1969).

保存企业有形和无形的资产，却无功而返。任何出价高于清算价格的收购要约均属于“潜在合理收购要约”。[①] 其中，清算价格是企业被破产清算而单独出售资产的价格。由于资产此时不得不被零散出售而非用于生产，其价格将显著低于运营时的价值，这也导致“潜在合理收购要约”较易实现，“救济途径穷尽”要件很容易被推翻。值得注意的是，“潜在合理收购要约”的详细解释直至1992年美国《横向并购指南》才首次出现，此后破产抗辩被反垄断执法机构承认的频率大幅减少。[②]

（三）破产抗辩构成要件的重构：集体行动的逻辑

“实质正义是内化于人民内心的一种理想和信念，是当代社会对法律的一种期盼。”[③] 基于自然人禀赋、社会原因等因素形成不公平的社会经济关系，需要得以矫正和扭转。在面对两相冲突的利益时，立法者更应偏向主体分布分散、核心权益易于受到损害的一方，帮助他们在失衡的天平上增加更多砝码。与有更强的风险抵抗能力和资金实力的股东和债权人、有工会支撑的雇员相比，消费者和经营者理应得到更多照顾。具体而言，股东、债权人和雇员具有相对优势地位，议价能力更强，可以在事前控制因企业破产所产生的风险。股东可依据企业经营前景增资或减资，债权人可要求企业提供担保或者依据企业经营现状提高或降低贷款利率，雇员在大部分国家可依据劳动者保护基金就企业拖欠的工资获得大部分补偿。[④] 与此相反，消费者在与企业发生交易时通常无法获得企业的运营信息，形单影只难以抱团取暖，彼此竞争的经营者之间也貌合神离。也就是说，众多分散且利益受损的消费者与经营者因为欠缺天然的维权途径，处于集体经济弱势地位，他们的利益相较其他利益而言更应当具有优先性。

---

① Horizontal Merger Guidelines, at 32 n. 16 (2010).

② See Kyle DiGangi, Cutting the Financial Fat from the Failing Firm Defense: Refocusing the Failing Firm Defense on Antitrust Law, 86 *St. John's L. Rev.* 277, 305 (2012).

③ 薛克鹏、张钦昱主编：《经济法学》，中国政法大学出版社2017年版，第53页。

④ 参见张钦昱：《破产优先权之限制理论研究》，法律出版社2016年版，第193～203页。

面对破产法与反垄断法的冲突，应以反垄断法保护的法益为重。反垄断法以维护社会公共利益为立法宗旨，使反垄断法在传统私法之外，能够对同一行为具有管辖权。以经营者集中为例，已被公司法、证券法详细规定的经营者合并，同样成为反垄断法规制的对象。反垄断法对经营者集中的规定不是简单的重复，而是观念的转换。公司法要求公司应当自作出合并决议之日起 10 日内通知债权人，并赋予债权人要求公司清偿债务或者提供相应担保的权利，防止债权人因公司合并而失去追索的对象。① 证券法通过严格的信息披露程序，防止公司被恶意收购，保护股东特别是中小股东的权益。② 公司法与证券法关注的行为局限于收购方与被收购内部，无论是公司债权人还是股东，他们的利益均属于私人利益。因此，在经营者集中问题上，公司法与证券法保护的是私人利益。反垄断法则将焦点移出并购法律关系之外，从有连带关系的外部主体视角，审视收购行为是否会对其他经营者产生排除、限制竞争效果。如果并购行为对其他经营者、国民经济发展等社会公共利益产生负外部性，反垄断法将要求反垄断执法机构对合并行为作出否决意见。反垄断法是通过促进竞争进而实现经济效率的整体提升，但在反垄断法的程序设计、审查标准和决定作出等方面，效率并不是反垄断法的主要考量标准，为了有效维护竞争秩序，反垄断法对程序正义的追求压过了效率目标。

破产抗辩制度应当去“破产”化，专注实现反垄断法的法益。破产抗辩首先应更名为“资产退出抗辩”。破产抗辩的名称会令人误解：仅有处于破产程序的企业才可适用。其实，早在进入破产程序前的经营困境阶段，企业即可援用破产抗辩。破产抗辩需要证明的关键要素并非作为整体的企业是否处于破产状态，而是若不允许实施集中，被收购方的资产将在短期内确信无疑地退出市场。③ 改名后的“资产退出抗辩”机制能够避免陷入适用破产法

---

① 参见《公司法》第 172 条。

② 参见《证券法》第四章。

③ Olin Corp. v. FTC, 986 F. 2d 11295, 1307 (9th Cir. 1993).

思维理念的误区。在正本清源后，还应当移除破产抗辩中与破产法有关的构成要件，即无须证明企业面临资不抵债的紧迫风险、破产重整不能两个要素。纵然无法偿付债务或者难以重整通常是企业财产无法在市场存续的先兆，但这两个要件本身与市场竞争的变化关联不大，难以成为决定经营者集中可否实施的胜负手。

四、反垄断法对破产法的掣肘：以危困企业国家援助为例

（一）"信任—核实"准则

对陷入破产境地的危困企业施以援手，是争议最大的一种国家援助样态。[①] 一方面，对危困企业的国家援助对竞争秩序造成负外部效应。国家援助本身就被视为具有反竞争性。[②] 国家援助使得成员国之间的企业因救助措施的分野产生竞争不公，也使同一成员国内未受到援助的企业处于不利地位。如果企业无法生产出质优价低的产品，该企业所聚集的资源不如转移至更具生产效率的其他经营者，特别是当经济形势处于下行通道时，缩水的市场仅能承担为数不多的企业，效率低下的企业将首先退出市场，倘若两个企业效率差不多，大企业将不得不壮士断腕。对企业的国家援助会导致量价反向变动机制失效，企业迎合消费者的奖励机制不复存在。经营不善的企业以牺牲其他经营者为代价赢得市场竞争，大企业以牺牲中小企业为代价保持规模。优胜劣汰规则的缺位也会导致企业不愿开拓创新，错失发展壮大的机遇，无法提供更多就业机会，经济环境死气沉沉。对危困企业的援助也会浪费公共财政。比如，有学者研究了2000年至2010年190个受到国家援助的危困企业，发现大部分国家援助仅起到推迟企业退出市场时间的效果，并未从根本

---

① See Miguel Angel, Bolsa Ferruz & Phedon Nicolaides, An Economic Assessment of State Aid for Restructuring Firms in Difficulty: Theoretical Considerations, Empirical Analysis and Proposals for Reform, *World Competition* Vol. 37, No. 2 p. 210 (2014).

② See Frédéric Yves Jenny, Competition and State Aid Policy in the European Community, 18 *Fordham Int'l L. J.* 525 (1994).

上改善企业经营状况。[①] 另一方面，对危困企业的国家援助也具有一定的合理性。创新与市场力量之间的关系较为复杂，许多大企业往往成为经济进步的发动机，这使得那些想摧毁大厂商的人或宣传“大即为恶”的人举棋不定。[②] 有学者发现在垄断市场中，当大企业未能通过诸如完全价格歧视等行为将从生产环节中获得的社会剩余全部内化时，由国家对该亏损的大企业予以补偿，对社会整体福利的增加大于由垄断造成的额外经济损失。[③] 还有学者发现，当企业之间的生产效率相距较大时，消弭这种差距的国家援助将导致低效企业蚕食竞争对手的市场，但当企业之间的生产效率差别不大时，维持企业均势的国家援助将有助于社会整体效益。[④] 此外，紧急援助也会确保市场存在足够数量的经营者，维系竞争市场的可能，防止系统性危机。

危困企业的国家援助对良性市场竞争的机遇与挑战并存，对援助合法性的判断可以适用“信任—核实”原则。当被问及是否信任苏联关于武器削减的建议时，时任美国总统里根援引俄罗斯谚语“信任，但需要核实”回复，后来“信任—核实”准则成为美国军备控制的政策口号。在危困企业的国家援助中适用“信任—核实”准则，将促使政府提供有利于经济增长、培育市场和社会公共利益提升的良性助攻。当一项危困企业的国家援助对竞争扭曲影响不大时，应当删除繁文缛节，大胆鼓励；当一项危困企业的国家援助严重损害竞争时，应当从适用范围、救助形式、考量因素和竞争损害等方面，经过审慎检视、彻底审查和详细评估，方予放行。

---

① See Nicole Nulsch, Is Subsidizing Companies in Difficulties an Optimal Policy? An Empirical Study on the Effectiveness of State Aid in the European Union, *IWH Discussion Papers*, No. 9/2014.

② 参见［美］熊彼特：《资本主义、社会主义和民主主义》，绛枫（顾准）译，商务印书馆 1979 年版，第 134 页。

③ See Ilya R. Segal, Monopoly and Soft Budget Constraint, *RAND Journal of Economics*, 29 (3): 597 (Autumn 1998).

④ See Jingang Zhao, A Characterization for the Negative Welfare Effects of Cost Reduction in Courtnot Oligopoly, *International Journal of Industrial Organization*, 19 (3-4): 455-469 (2001).

（二）危困企业国家援助的控制

欧盟的国家援助及控制制度最为发达。《欧洲联盟运作条约》（Treaty on the Functioning of the European Union）在第7编“竞争、税收及相关法律”第1章“竞争规则”第2节中用3个条文规定。一般情况下，国家援助受到严格约束，比如第107条第1款明确，“除非另有规定，由成员国或通过任何国家资源对企业或其产品给予援助，扭曲或威胁了竞争，与共同体市场相抵触”。在符合第107条第2、3款列举的情形下，国家援助措施被认定为合法。其中，第2款列举的社会援助、灾害援助和分裂德国的援助的行为属于重大事由，成员国的援助行为一旦符合该款规定，便属于绝对的合法行为；第3款列举的5项行为，欧盟委员会拥有较大的自由裁量权，须在考虑地区范围、项目类型、经济绩效等因素后得出准许与否的判断。① 特别地，对危困企业的国家援助因属于第3款第3项“为促进某些经济活动或经济领域的发展”，属于被有限允许实施的范畴。

为更好地帮助成员国厘清对危困企业国家援助的适用范围、条件和程序等内容，欧盟委员会于2014年颁布《对危困非金融企业拯救与重组的国家援助准则》（以下简称《拯救与重组准则》）。② 下文将结合《拯救与重组准则》，厘清“信任—核实”准则的具体含义。

1. 适用范围的控制

危困企业的国家援助遵循“首次即最后一次”的规则，同一企业在十年内仅能援用一次国家援助措施，避免企业以国家援助为后盾鲁莽地经营，产生浪费公共财政的道德风险。企业在穷尽其他市场手段仍无法解决后，方能诉诸国家援助，作为其最后救赎的希望。

---

① 参见郑鹏程：《对政府规制的规制——市场统一法律制度研究》，法律出版社2012年版，第132～134页。

② 参见［意］马尔科·克英迪奥·科拉迪：《欧洲国家援助法发展历程》，载［美］威廉·科瓦西奇、［英］林至人、［英］德里克·莫里斯：《以竞争促增长：国际视角》，中信出版社2017年版，第124～125页。

接受国家援助的危困企业，是指在缺乏政府干预的前提下，短期内注定退出市场的企业，其必须至少满足以下四种情况之一：其一，如果一个企业是有限责任或股份有限公司等法人组织结构样态时，其一半以上的认缴资本因不累积亏损而不复存在，这种情形一般发生在当公积金减去累积亏损的数额，超过一半认缴资本时。其二，如果一个企业是合伙、个人独资企业等非法人组织结构样态时，企业账目上的一半资本由于累积亏损而损失。其三，申请进入破产程序或其他的债权债务集体清理机制。其四，对大型企业而言，负债权益比照前一年应当超过 5，当年超过 7，并且税息折旧及摊销前利润的利息覆盖率在前一年已经低于 1，当年已经低于 0。需要注意的是，成立不满 3 年的企业，即使满足上述条件也无法接受国家援助，这是因为初创企业本身就存在难以适应市场、经营经验匮乏和风险应对不足等弊端，较易出现失败的可能。危困的企业集团及下属企业一般也难以适用国家援助，除非它们能够证明企业产生的损失源于其自身原因而非出于集团的摊派，且它们的损失大到集团也难于救助。

政府对失业雇员发放的社会保险等不属于国家援助，这是因为这些救助直接下发给失业职工，而没有通过企业统筹。相反，当企业因劳动立法或工会请求，发放的经济补偿金、赔偿金或增加就业岗位的支出等，属于企业纾解困境的必要花费，对这些费用的补贴可视为国家援助。

2. 救助形式的控制

危困企业的国家援助分为拯救援助（rescue aid）、重组援助（restructuring aid）和临时重组支持（temporary restructuring support）三种样态，每种样态都有苛刻的适用条件。

拯救援助措施是紧急时期的强力临时措施，旨在帮助企业渡过破产清算、流动性危机等至暗时刻，为重组赢得时间窗口。拯救援助的启动需要符合 5 个要件。其一，拯救援助应当包括贷款及担保等临时流动性支持措施。其二，援助利率应当体现受惠企业的信用、现实困境和政府的低息优惠，促使受惠企业尽快返还贷款。现阶段，欧盟委员会要求援助利率不得低于一年期的银行间拆款利率（IBOR）加上400个基点，一旦拯救援助延期，援助利率每次应至少上浮50个基点。[①] 其三，拯救援助贷款必须偿还，期限在一般情况下是贷款被首次拨付给企业起6个月。其四，采取拯救援助措施的国家须在援助措施开始后的6个月内，向欧盟委员会提供企业已偿还贷款或贷款被中止等情况。其五，拯救援助措施不能被用于收购重要资产或企业等结构化行动，除非是在挽救受困企业不得已的情形下。

重组援助措施指通过具有操作性、连贯性和影响广泛的重组计划，帮助企业重振活力，一般持续时间较长，是较为柔性的措施。重组期间越短越好，具体样态灵活多样，比如重新规划企业经营行为，使其提高效率，尽早退出利润流失的领域；重新思考企业业务，使其更具竞争力；开展盈利的新业务。重组救援措施应当与企业面临的困境相匹配。比如，当企业面临资不抵债风险时，向企业提供融资以增加企业的资产是可行的。重组救助方案要识别出企业陷入困境的原因、企业的劣势、企业组织形态和公司治理结构等信息，明确救助措施如何作用于危困企业。如果企业危机源于其商业模式的固有缺陷，重组救助方案要写明调整方法。

临时重组支持措施是为企业恢复正常运营状态采取措施而提供的流动性保障，仅适用于中小企业。临时重组支持措施最长仅能实施18个月，在此之前可转为重组援助。在临时重组支持措施启动后的6个月内，成员国应当批准一个简易重组方案，至少包括企业在脱离国家援助措施后长期维系其生存能力的途径。

3. 考量因素的控制

在符合社会公共利益维护、必要有效和比例原则的条件时，一国采取的国家援助措施方能被欧盟委员会批准。

仅以防止企业退出市场无法作为社会公共利益因素的合理理由。成员国必须找到企业引发社会危机或对市场造成影响的原因，比如该企业倒闭将导

---

① OJC 14, 19.1.2008, p.6.

致大量裁员、地区经济危机、提供的关键服务无法被竞争对手取代、消费者享受的持续性服务被打断、其他企业跟随其倒闭或核心技术流失。

一国需要比对未接受国家援助的相似危困企业的处境，以证明政府干预的合理性。如果由市场自主调节效果更佳，国家援助就没有实施的理由。国家援助应具实效，特别是一国能够证明若不给予企业国家援助，将致使其被出售、清算。

拯救援助金额应当被限缩在维持受困企业最多6个月运营的范围内，具体数额需要遵循《拯救与重组准则》附件1的复杂公式计算得出。《拯救与重组准则》采取“风险—损失”分担原则，要求除政府的公共资金对企业救助外，股东、债权人也要对危困企业有所贡献。政府与企业自身双剑合璧，能够加强内部人对企业管理层的监督，避免董事、高管采取激进措施的道德风险，减少外部干预对竞争的扭曲。股东和债权人分担的部分应当与国家援助的效果相匹配，比如国家援助提升了企业的净资产价值，那么要求股东增资、实施“债转股”和企业对外增发股份便是恰当的方法。股东或债权人应当是实际投入而非许下的空头支票，一般认为，它们对危困企业全部的贡献率超过50%是启动国家援助的前提。

4. 竞争损害的控制

国家援助的措施会对竞争造成不利影响，应当采取结构、行为、开放市场和校准等措施，对冲、限缩其负面效果。

第一，结构举措。企业应以剥离资产、减弱经营能力和减少市场参与等为代价，换取国家援助。有效地结构性举措应当有益于新兴企业市场准入、中小企业发展壮大和促进市场要素自由流动。仅仅关闭非营利部门、变卖亏损资产并不可行，放弃企业核心领域或者创设另一个有竞争力的新实体才是值得嘉许的方法。

第二，行为举措。除非对企业恢复活力必不可少，企业在重组援助期间不得利用国家援助的资金购买其他企业的股份。该类举措旨在确保国家援助仅为恢复企业活力，而非用于投资、膨胀经营或增加市场份额。企业也不得公开宣传其获得国家援助，推广其产品，以获得不公平的竞争优势。

第三，开放市场。大型企业可考虑部分放开其固有经营领域，国家也可对受惠企业所在领域的市场准入采取较为宽松的审批标准，确保更多竞争者涌入，扩张业务范围，抵销受惠企业获得援助对其他经营者造成的潜在损害。

第四，校准措施。欧盟委员会在考虑批准国家援助时，需要考虑援助条款与企业体量、资产分布和相关市场规模的匹配程度。在分别比对国家援助实施前后、没有实施国家援助企业的经营后果后，国家援助应被调整为该领域能够存在最低程度的有效竞争。此外，倘若股东和债权人对企业奉献较多，承担更多企业经营失败的风险，矫正竞争偏离的控制措施便会显得不足轻重。

余　论

《加快完善市场主体退出制度改革方案》作为市场退出的顶层设计，特别注意到破产法与竞争法的潜在罅隙，提出应当完善竞争政策，加强对实施垄断行为的监管，严格依法查处各类垄断行为，提高市场竞争的充分性与公平性。本章着重剖析了《反垄断法》规定的垄断协议、经营者集中和滥用行政权力排除限制竞争这三类行为与破产法的交错，对与滥用市场支配地位行为花费笔墨不多。事实上，银行领域中一直存在“大而不能倒”（too big to fall）现象：在银行出现流动性不足、经营困境和清偿力发生严重问题时，是否让其步入破产程序便是一个敏感问题。在银行服务可获性原理的要求下，普惠金融成为我们生活的必需品，维护金融安全与社会公共利益息息相关。若任其破产清算，将影响储户切身利益，出现挤兑现象，危机也会由虚拟领域传导至实体经济，爆发系统性风险。“大而不倒”成了一种无法摆脱的魔咒。[①] 各国政府圈定一些规模大、组织架构和业务复杂和与其他金融企业牵

---

① 参见［美］安德鲁·罗斯·索尔金：《大而不倒》，巴曙松、陈剑译，中国人民大学出版社2010年版，序言第5页。

连性强的系统重要性金融机构，建立恢复计划和处置计划，核心措施政府施以援手，阻止其倒闭。[①] 一些学者发现银行一般将救助资金投向中高风险证券，从事更冒险的投资行为，加剧了银行业的内部竞争。[②] 政府的信用背书增加银行价值，加剧银行竞争优势，破坏公平竞争秩序。需要反垄断法匡正“大而不能倒”问题，还市场以自由竞争氛围。

破产法与反不正当竞争法也存在交集。当重整制度于1978年被正式引入后，破产法已经成为一些公司摆脱财务麻烦和法律桎梏的工具；企业进入破产程序的原因，也从早期的非自愿破产、自愿破产向当前的策略性破产演变。[③] 企业常以破产申请作为工具，使其相较于正常运营的企业获得不正当的竞争优势。比如，在企业正常运营时对由其造成的环境污染遵循“污染者负担原则”（Polluter Pays Principle），即企业需要对污染承担完全责任，无论该污染是否由其引发。一旦企业申请破产，破产前因污染产生的侵权之债便转化为普通之债，处于受偿序列的后端；发生在企业申请破产后的侵权之债即便属于共益债务，也因“实际必要”准则[④]的束缚而难以全额偿付。策略性破产与破产欺诈的区别，以及其是否违反自愿、平等和公平诚信的原则及商业道德而应被纳入反不正当竞争法的调整范畴，还需在未来详细研讨。

---

① 参见金融稳定委员会：《金融机构有效危机处置制度纲要》，张钦昱译，载李曙光、郑志斌主编：《公司重整法律评论》（第3卷），法律出版社2013年版，第285页。

② See Ran Duchin & Denis Sosyura, Safer Ratios, Riskier Portfolios: Banks' Response to Government Aid, *Journal of Financial Economics*, Vol. 113, No. 1, pp. 1–28 (2014).

③ See Robert E. Kroll, Strategic Bankruptcy, 8 *Cal. Law.* 50 (Sept. 1988).

④ 11 U. S. C. §503.

第八章　破产法与金融法：以金融创新为视角

第一节　融资租赁的处理

因所涉经济利益之巨大、制度设计之复杂、牵连法律关系之广泛，我国法律一直给予融资租赁以特殊对待。融资租赁制度集融资与融物、贸易与技术服务于一体，已经成为我国现代服务业的新兴领域和重要组成部分。融资租赁法律关系中包括三方当事人，租赁物由承租人选择，出租人不得擅自改变与承租人相关的一切买卖条款。融资租赁规范散见在民法、会计法、税法、银行法、公司法以及信托法等多个法律领域，横跨国内国际两个空间。也正因为此，《民法典》把融资租赁当成有名合同的一种给予特别调整，人们也将融资租赁与其他交易形式区分并给予特殊考量。

面对融资租赁纠纷的大量出现，我国融资租赁立法和解释工作却停滞不前。我国第十届全国人民代表大会常务委员会曾将融资租赁立法列入规划，起草小组早于2004年10月便拿出融资租赁法纲要，2005年4月底即制定出融资租赁法草案的第一次征求意见稿，后又征求若干次意见，但最终不了了之。[①] 究其原因，越来越多的人认为融资租赁不需要专门立法。[②] 在美国、英国、澳大利亚等国家，人们普遍认为虽然融资租赁有不同于传统民事法律行为的特殊性和创新性，但在本质上仍然没有摆脱传统民事行为的框架。[③] 因

---

① 参见李鲁阳、张雪松：《融资租赁的监管》，当代中国出版社2007年版，第4页。

② 参见史树林、乐沸涛：《融资租赁制度总论》，中国金融出版社2011年版，第1页。

③ 参见张宇锋：《融资租赁实务指南》，法律出版社2008年版，第57页。

此，与其说融资租赁是法律的创新，不如说是商人为追求自身利益，充分利用既存法律所创设的一种新型交易模式。在这些国家，融资租赁没有特殊立法。

具体到融资租赁中的破产法处理，在市场经济条件下，企业破产退出是优胜劣汰的结果，融资租赁也概莫能外。[①] 不过，我国法律法规在处理融资租赁中的破产方面捉襟见肘，如原《合同法》只有第242条对承租人破产时租赁物的归属有所规定，《融资租赁法（草案）（三次征求意见稿）》在承租人破产后租赁物的归属方面完全重复《合同法》的规定。近来，随着《最高人民法院关于审理融资租赁合同纠纷案件适用法律问题的解释（征求意见稿）》向社会的发布，融资租赁又成为理论实务界关注的热点。该如何在不改变《企业破产法》等法律基本原理的前提下，既考虑到融资租赁的特殊性，又能推动难产的立法与司法解释工作，还能平衡承租人与出租人的利益，就需要变换一种思路，回到起点，重新思考融资租赁的本质。本章正是从融资租赁的性质入手，提出与目前中国所采取的形式主义立法迥异的实质主义立法，试图说明实质主义立法在解决融资租赁的破产方面具有较大的优势。

鉴于无论是出租人还是承租人破产，融资租赁协议的处理与租赁物的归属都是必须考虑的最基本问题。[②] 本章将通过集中探讨形式主义与实质主义对融资租赁协议以及租赁物归属的处理，得出融资租赁中的破产在形式主义内部无法彻底解决，只有寄希望于实质主义立法的结论，希望为我国司法解释草案献计献策，为我国实践中处理相关问题提供崭新路径，为我国融资租赁法律制度的完善提供理论支撑。[③]

---

① 例如，2000年，中国华阳金融租赁有限责任公司的破产［（2006）一中民破字第8433号］。早在2004年，在被批准的16家金融租赁公司中，已有4家宣布破产或被特别清算。参见史燕平：《融资租赁及其宏观经济效应》，对外经济贸易大学出版社2004年版，第207页。

② 参见［美］苏迪尔·阿曼波：《国际租赁完全指南》，李命志、张雪松、石宝峰译，北京大学出版社2007年版，第54页。

③ 无论是出卖人、出租人还是承租人破产，在如何处理出卖人的权利义务方面均遵循一般合同的处理原则，于是本章将不予重点研究融资租赁交易中出卖人的法律地位。

一、融资租赁的法律性质

融资租赁的性质有分期付款买卖说、货币借贷契约说、无名契约说等。[①]有关形式主义与实质主义的学说则对研究融资租赁价值较大。其中，形式主义与融资租赁需要特别立法规制紧密相连，实质主义则直接采用一般租赁与动产担保的相关理论。一国采用形式主义还是实质主义对融资租赁协议和租赁物在破产中的处理影响较大。

（一）形式主义

形式主义依照形式和表象认定融资租赁。如果出租人和承租人约定一笔交易为融资租赁且具有融资租赁的表面特征，该交易从法律上即被认定为融资租赁交易。形式主义考虑当事人的意图，如果当事人约定某项交易受融资租赁相关法律的调整，那么此交易就是融资租赁，遵循法律对融资租赁的各项规定。考虑到融资租赁与其他法律行为在形式上确有不同，采取形式主义的国家往往对融资租赁单独立法。

（二）实质主义

实质主义采取与当事人意志和交易外观完全无关的经济实质分析方法，通过具体分析每个案件用以判断一项融资租赁交易属于一般的租赁交易还是动产担保交易。

1. 实质主义的内容

依据美国《统一商法典》第1A编第1－203条，当一项交易符合下述条件之一时，就不是融资租赁，而是动产担保：（1）租赁期限长于或持平于租赁物的剩余经济使用时间；（2）承租人必然会为了租赁物的剩余经济使用时间而续借租赁物；（3）承租人拥有续借租赁物的选择权，该选择权不需要或

---

① 分期付款买卖说认为融资租赁实质上是保留所有权的分期付款买卖；货币借贷契约说强调金融租赁所具有的经济实质，从而将其法律性质解释为货币借贷契约；无名契约说认为融资租赁与各既有典型契约均有差异，因此不能简单归并于任何一种。参见王涵生：《金融租赁国际比较研究》，中国金融出版社2011年版，第25～26页；刘敬东：《国际融资租赁交易中的法律问题》，中国人民公安大学出版社2002年版，第154～156页。

仅需要支付象征性对价；（4）承租人拥有成为租赁物所有权人的选择权，该选择权不需要或仅需要支付象征性对价。在实践中，法院判定的核心标准是当租赁物仍然具有经济使用价值时，出租人是否有机会使租赁物归属于自己。[①] 如果出租人仍然有机会拥有租赁物，那么该交易即为一般的租赁交易，有关租赁的设计将会被尊重；如果租赁物取回后没有实际价值或出租人根本无法取回租赁物，则该交易会被确认为动产担保。

法院在认定交易性质时，会根据每个案件的性质综合考虑多重因素。比如，在好斯津案（In re Hoskins）[②] 中，承租人被要求支付 14, 317. 92 美元以租借价值为 24, 000 美元的器械 24 个月，承租人拥有在期末支付 15, 000 美元购得器械的选择权。承租人如果想提前解除租赁协议，则会收到罚金。承租人需要为器械投保，并负责注册费、许可费等。法院最终认定该交易属于一般的租赁，因为承租人行使选择权所支付的对价大体上等于器械在行权时的实际价值，承租人并不是仅仅支付了名义价值。法院在判断名义价值的测试为“一个理性的承租人在充分考虑到所有事实和情势下是否会因没有其他选择而必须行使选择权。当仅仅是一个愚钝的人才会拒绝行使选择权时，行权的对价即为名义对价，该交易实为动产担保交易。”[③]

2. 实质主义的出发点

区分一项交易是一般租赁还是动产担保的出发点是经济实质。如果一项交易是动产担保，由于租赁物在尚有经济使用价值前不会复归出租人或者租赁物即使返还给出租人也不再具有剩余使用价值，承租人支付的租金将不仅涵盖出租人的合理利润，更会将购买租赁物的全部或大部分成本计入租金，使租金数额远远高于一般租赁。这样，承租人尚需清偿的剩余价金越少，其法律地位在经济上就越有价值。[④] 而在一般租赁的情形下，由于租赁物仍

---

① See Edwin E. Huddleson, Ⅲ, Old Wine in New Bottles: UCC Article 2A – Leases, 39 *Ala. L. Rev.* 615, 625 (1988).

② 45 UCC Rep. Serv. 2d 1025 (Bankr. W. D. Mo. 2001).

③ Id. at 161.

④ 参见［德］鲍尔、施蒂尔纳：《德国物权法》（下册），申卫星、王洪亮译，法律出版社 2006 年版，第 665 页。

会复归于出租人，出租人保有未来租赁物可能升值所带来的收益或风险，承租人支付的租金不会太高，所支付的租金是其在一段时间内使用租赁物的对价。

3. 实质主义的适用效果

若融资租赁被确认为一般租赁，则调整一般租赁的法律规范得以适用（如《美国统一商法典》第2A编），租赁物的所有权人是出租人，承租人在约定租赁期满后须向出租人返还租赁物，出租人享有向承租人收取租金的权利。若融资租赁被确认为动产担保，则有关调整担保交易的规范将被运用（如美国《统一商法典》第9编），出租人被视为出售人，其将租赁物出售给承租人并将租赁物的占有同时移转，出租人仍然保留该租赁物的所有权，待承租人确实履行支付货款的义务或满足特定条件时，租赁物的所有权才由出租人移转至承租人。也就是说，出租人保有其对租赁物的所有权，是为其与承租人的买卖提供担保。

在一般的租赁中，由于租赁物会回复出租人，出租人可以反复对外出租，其对租赁物的控制力较强。出租人对租赁物的控制也体现在其所承担的义务上，比如除当事人另有约定外，对于一般的租赁，出租人应当履行租赁物的维修义务。[①] 而在动产担保中，承租人在尚未完全支付价款时，其占有和使用租赁物限制了出租人所有权的行使，在某种程度上意味着承租人在租期结束前与出租人分享了租赁物，特别是在购买租赁物的成本被逐渐摊入租金的情形下。[②]

---

① 原《合同法》第222条。

② 有学者针对动产担保中所有权的归属提出了其他理论，不过这些理论都受到某种程度的质疑。比如时间区分所有权说，该学说认为出租人和承租人依时间先后共有所有权，为前后所有权人。参见王泽鉴：《附条件买卖买受人之期待权》，载《民法学说与判例研究》（第一册），中国政法大学出版社2005年版，第153～155页；区分所有权利益理论，see L. Vold, Divided Property Interest in Conditional Sales, 78 *U. of Pa. L. Rev.* 713. 也有学者认为承租人拥有“所有权转移之物上追溯力”，承租人实际上拥有了所有权。参见［德］曼弗雷德·沃尔夫：《物权法》，吴越、李大雪翻译，法律出版社2002年版，第337页。

（三）融资租赁的法律界定

国际公约和各国法律对融资租赁的界定有共同之处。融资租赁是指包含以下特征的租赁：承租人指定租赁物并选择供货人，并不主要依赖出租人的技能和判断；出租人不选择、制造或提供租赁物；出租人为租赁目的而取得租赁物的所有权或租赁物的占有和使用权，且供货人知道该事实。[①] 从以上要件可以看出，融资租赁包括出卖人、出租人和承租人三方当事人，涉及融资租赁协议与供货协议两份协议。在出租人和出卖人的买卖协议中，出租人根据承租人的选择，向出卖人购买租赁物；在出租人和承租人的租赁协议中，出租人将购买的租赁物提供给承租人使用，并收取租金。通常认为，不能将这两份合同视为是两个互相独立的合同，而是一个单一的、复杂交易中两个相互依存的协议。[②]

依据是否采纳实质主义，国际公约和各国法律对融资租赁又有截然不同的两种界定方法。第一类是采纳实质主义的国家或国际组织。比如，法国《融资租赁法》第1条规定，如果承租人有获取标的物全部或者部分所有权可能性的，该交易即为有担保的买卖。[③] 此外，美国、英国等国家也采用实质主义。[④] 第二类是采纳形式主义判断标准的国家或国际组织。比如《国际租赁示范法》第2条规定：无论合同条款是否包含全部或部分租赁物的购买选择权，也无论租赁项下租金或其他应付费用的构成是否考虑了出租人全部或大部分的投资的摊销，只要符合融资租赁的一般特征，该交易即属于融资

---

① 参见《国际租赁示范法》（UNIDROIT Model Law on Leasing），国际统一私法协会（International Institute for the Unification of Private Law）制定，2008年11月13日，第2条；《国际融资租赁公约》（UNIDROIT Convention on International Financial Leasing），国际统一协会制定，1988年5月28日，第1条；美国《统一商法典》，第2A－103（g）；法国《融资租赁法》，法国议会第66－455号，1966年7月2日，第1条。

② 参见程卫东：《国际融资租赁法律问题研究》，法律出版社2002年版，第64页。

③ 参见秦国勇：《融资租赁法律实务》，法律出版社2011年版，第6页。

④ 本章主要探讨美国的实质主义，关于英国的实质主义，see Gerard McCormack, *Secured Credit under English and American Law*, Cambridge University Press, p. 51－53, 2004.

租赁。也就是说，承租人只需要在一段时间里曾占有、使用过租赁物，即要受到融资租赁相关法律的调整。

二、融资租赁协议的破产法处理

如果在融资租赁协议尚未履行前出租人或承租人宣告破产，则债务人构成预期违约，双方均可以解除合同，非破产方可以向债务人的管理人请求损害赔偿，作为一般债权申报。鉴于此种情况可以比照一般破产处理，并非在融资租赁的破产中独立存在，本章不予赘述。由此，本章的研究范围将限定为融资租赁合同尚未履行完毕时出租人与承租人的权利与义务。

（一）形式主义立法对融资租赁协议的处理

1. 融资租赁协议在破产法上的性质

形式主义立法规定，尚未履行完毕的融资租赁协议在破产法上属于待履行的合同。[①] 关于待履行合同的认定，美国破产法并未明确界定，实践中一般援引康特里曼测试（Countryman Test）来判定。[②] 依据康特里曼教授的解释：当合同双方尚未履行或尚未完全履行合同的义务，且该尚未履行或尚未完全履行的义务会造成他方的重大实质侵害时，该合同则为待履行合同。[③] 从该定义可以看出，构成待履行合同的两个要件是：合同的履行尚未结束以及任何一方的不履行均构成实质性的违约。

融资租赁协议在破产法上的性质是待履行合同。运用康特里曼测试，在租赁期限结束前，承租人负有持续性支付租金的义务，而出租人则负有允许承租人使用和占有租赁物的义务，这两项义务均没有履行完毕。

---

① 待履行合同来源于美国的 Executory Contract。ExecutoryContract 有多种中文译名，比如“有效合同”“尚待执行的合同”“进行中双务契约”等，参见兰晓为：《破产法上的待履行合同研究研究》，人民法院出版社 2012 年版，第 2 ~3 页。本章采“待履行合同”的称谓。

② 有些法院没有采取康特里曼测试。See e. g. , Lubrizol Enterprises v. Richmond Metal Finishers, 756 F. 2d 1043 (4th Cir. 1985); *In re* Booth, 19 Bankr. 53 (Bankr. D. Utah 1982).

③ Vern Countryman, Executory Contracts in Bankruptcy: Part Ⅰ, 57 *Minn. Law Rev.* 439, 460 (1973).

如果承租人不支付租金，或出租人干扰承租人和平使用和占有租赁物，均会构成实质违约。由此，融资租赁协议应该适用待履行合同的相关规定。

2. 融资租赁协议在破产法上的一般处理

破产程序一旦启动，待履行合同即不必得以强制执行，债务人不再受到合同的约束，但是相对方则仍然要受到合同的约束。这使得债务人可以最大化自己的财产，保护其债权人的利益。依据《企业破产法》第18条，管理人享有挑拣履行权，有权决定解除或者继续履行。管理人决定继续履行合同的，对方当事人应当履行，但是对方当事人有权要求管理人提供担保，管理人履行合同的费用属于共益债务，优先清偿债权人。如果管理人拒绝履行，债权人只能主张一般债权。

具体到融资租赁，当出租人破产时，出租人的管理人有权决定融资租赁协议是否继续履行：管理人决定继续履行协议的，承租人必须继续支付租金；管理人拒绝融资租赁协议继续存续的，融资租赁协议立即解除。当承租人破产时，承租人的管理人同样享有挑拣履行权：管理人可以决定融资租赁协议继续有效并继续向出租人支付租金并占有、使用租赁物；管理人否决融资租赁协议效力的，融资租赁协议不再有效，出租人对承租人尚未支付的租金将作为一般债权申报。

（二）形式主义立法处理融资租赁协议遇到的问题

当出租人破产时，管理人对于融资租赁协议的解除权是一种单方行为，无须征得承租人同意，自通知到达承租人时合同即可解除。[①] 从保护债务人的角度出发，管理人的解除权可以使得债务人取回租赁物，增加破产财产，进而对债务人的债权人充分实现破产债权具有裨益。不过大部分融资租赁兼具融资与融物的特性，是否应当赋予出租人解除权成为各国立法和学者争论

① 参见最高人民法院民事审判第二庭编：《最高人民法院关于企业破产法司法解释理解与适用：破产法解释（一）、破产法解释（二）》，法律出版社2017年版，第95页。

的焦点。①

在很多情况下，承租人支付的租金本质上是承租人融物的对价，累计起来可能远超出租赁物的实际成本。很多融资租赁协议均规定在租赁期结束后，承租人可以通过支付“名义价值”而获得租赁物的所有权。随着租赁期限的临近，出租人基本上收回了购买租赁物的大部分成本，对租赁物的实际权利减少；承租人支付的租金等于融资租赁物的成本加上融资租赁利润。如果出租人在融资租赁期末行使了合同的解除权，承租人多支付的高于融资租赁利润的租赁物成本部分将无法得到充分补偿。一方面，纵然承租人因出租人解除合同所致的损失可以作为债权申报，但毕竟所申报的债权只是一般债权，在破产程序中的清偿率较低。另一方面，随着承租人对于获得融资租赁物所有权的期待逐渐加强，此时解除合同不仅会剥夺承租人对融资租赁物的占有，还会侵害承租人的期待利益。管理人若在此时拒绝融资租赁协议的履行，其实是依单方的意思表示而毁灭买受人之期待权，对买受人实属

① 与出租人破产时管理人是否享有挑拣履行权出现较大争议不同，承租人破产时，管理人享有挑拣履行权当无异议。由管理人享有继续履行或解除租赁协议的权利，无论是对承租人还是承租人的债权人都有利，对出租人至少没有坏处。

首先，管理人享有挑拣履行权对承租人有利。管理人继续履行抑或解除合同，债务人的利益衡量为唯一标准。管理人如果因为出租人难以继续履行协议而解除协议，即使可能因此丧失获得租赁物所有权的机会，也是经过反复权衡的结果，自己责任自己承担。管理人在融资租赁协议履行不久时享有行使解除协议的权利更具有合理性，可以避免债务人继续支付数额较大的租金，陷入资产进一步恶化的窘境。而管理人只要提供了出租人可能要求的担保，其继续履行协议的做法当然会受到法律保护，且在融资租赁协议即将履行完毕的情况下更具有适用性。承租人只需要按照协议预定支付租金，便可获得租赁物的所有权。

其次，管理人享有挑拣履行权对承租人的债权人有利。管理人如果解除协议，出租人因协议解除而尚未收取的租金只能作为一般债权申报，与其他一般债权按照比例清偿，这使承租人的有担保债权人可以优先受偿，也使得承租人的普通担保债权人可能获得更高的清偿比例。管理人如果继续履行协议，则租赁物会成为债务人的破产财产。债务人可能享受到租赁物升值的溢价，也有可能因租赁物的购入增加债务人的营运资产，致使债务人在被收购时获得更多对价。

最后，管理人享有挑拣履行权对出租人至少没有坏处。如果管理人要求协议继续履行，出租人可以要求其提供担保。这样，出租人的租金债权可以得到最大程度的保障。如果管理人解除协议，虽然债务人未支付的租金只能做作为普通债权申报，但是毕竟租赁物回归出租人，出租人重新掌握了租赁物的所有权，既可以再次将租赁物出租，也可以再次将租赁物出售。

不利。[①]

（三）实质主义立法对融资租赁协议的处理

按照实质主义的逻辑，由法院根据交易实质认定一项融资租赁交易是租赁交易还是动产担保交易。

如果法院认定一项交易是租赁交易，则管理人享有解除租赁协议的权利。管理人可以根据自己的判断，以追求债务人利益最大化为宗旨，经过法院批准后随时解除协议。比如《美国破产法》第365（a）条规定：管理人经过法院的批准，可以接受或拒绝债务人的任何待履行协议和未到期租约。德国《支付不能法》（1999年1月1日生效）第103条也规定，破产程序开始后，管理人享有选择权，管理人选择终止融资租赁合同的，因合同终止而产生的损失，承租人可以要求出租人承担赔偿责任，但该项请求权只能作为一般债权予以处理。[②] 需要说明的是，管理人拥有挑拣履行权是解决待履行合同的一般方法，在采取实质主义立法的国家有一定的合理性，符合其体系的一贯性。由于租赁物的成本没有摊销至租金中，管理人的挑拣履行权并不会对承租人的权益造成伤害，允许管理人行使租赁协议的解除权并无不妥。

如果法院认定一项交易是动产担保，则破产法上待履行合同的相关规定不再适用。比如德国《支付不能法》第107条规定："债务人以保留所有权为条件出卖一项动产，并且已经向买受人转移该项动产的占有的，买受人可以请求履行买卖合同，即使债务人买受人承担有其他的义务并且这些义务未得到履行或者未得到完全履行，也适用此种规定。"动产担保不适用破产法上待履行合同的规定，源于动产担保协议不再作为待履行合同处理。在动产

① 期待利益与期待权紧密相关。期待权是指因具备取得权利之部分要件，受法律保护，具有权利性质之法律地位。有关期待权的其他理论，参见王泽鉴：《附条件买卖买受人之期待权》，载《民法学说与判例研究》（第一册），中国政法大学2005年版，第137页。

② 胡晓媛：《中德融资租赁法律制度比较研究》，中国法制出版社2011年版，第81页。不过管理人选择权并非绝对。因再融资需要，出租人已将租赁物转让给再融资人的，管理人不再享有选择权。出租人因再融资的需要将对承租人的租金收取债权转让给再融资人的，为了保护再融资人的利益，管理人不应当选择解除融资租赁合同。参见《德国破产法》第108条第1款。

担保中，出租人按照承租人的指示购买货物并将其转移至承租人占有，承租人的义务则是向出租人支付价款。虽然动产担保经常含有分期付款的条款，但在租赁物已经交付承租人的情况下，承租人尚未支付的分期货款并不意味着其没有履行或没有完全履行义务。毕竟，租赁物已经交付承租人，承租人也已在按约付款，此时就应视为买卖双方履行了主要义务。① 此外，美国破产法上动产担保协议不适用待履行合同的规定也与其破产法体系的一致性紧密相关。②

三、融资租赁物的破产法处理

租赁物价值较大，是否将租赁物纳入债务人财产具有重要意义。各国法律均规定，除非当事人特别约定，出租人是租赁物的所有权人，享有对租赁物最终处分等权利。比如我国原《合同法》第250条规定，出租人和承租人可以约定租赁期间届满租赁物的归属。对租赁物的归属没有约定或者约定不明确……租赁物的所有权归出租人。但是，出租人对租赁物的所有权并不"完整"，租赁物的使用、占有、收益的权利长时间均归属于承租人，承租人成为实际上的"所有权人"。衡平理论更是认为一旦租赁物被交付，承租人就已经成了真正的或者衡平法上的财产所有人。③ 因此，破产法对租赁物的处理不应再是直接归属出租人那样简单，需要考虑承租人对于租赁物的实际诉求。

（一）形式主义立法对租赁物归属的确定及缺陷

1. 出租人破产时形式主义立法对租赁物归属的确定及缺陷

形式主义允许管理人享有对融资租赁协议的挑拣履行权，当管理人解除

---

① *In re* Rose, 21 B. R. 272, 275 (Bankr. D. N. J. 1982); See Senate Report No. 95 - 989, 95th Cong., 2nd Sess. 58 (1978).

② 涉及美国破产法第365条（待履行合同）与第544条（撤销权）。允许管理人对动产担保协议行使挑拣履行权会与管理人的撤销权相冲突。Pacific Express, Inc. v. Teknekron Infoswitch Corp. (*In re* Pacific Express), 780 F. 2d 1487 (9th Cir. 1986).

③ See Fairfax Leary, Leasing and Other Techniques of Financing Equipment under the U. C. C., 42 *Temp. L. Q.* 217, 236 (1968 - 1969).

协议时便发生租赁物的归属问题。既然出租人享有租赁物的所有权，租赁物当属债务人财产无疑。

破产法对于出租人破产时租赁物归属的规定容易引发道德风险。如果出租人在租赁物的成本已被大部分摊入租金且承租人即将获得租赁物的情况下宣告破产，那么出租人的管理人可以在解除融资租赁协议后取得租赁物，承租人支付的高于使用租赁物对价的部分将没有办法获得赔偿，甚至能否申报债权也存有疑问。

2. 承租人破产时形式主义立法对租赁物归属的确定及缺陷

承租人破产时，租赁物归属的确定涉及取回权的问题。“破产法中的取回权是指财产的权利人可以不依照破产程序，从由管理人管理、控制的债务人财产中，取回原本不属于债务人财产的权利。”① 取回权不是融资租赁中新创造的权利，而是出租人基于承租人丧失对租赁物的合法占有而请求承租人归还租赁物的权利。出租人行使取回权，其法理在于承租人没有租赁物的所有权，而出租人享有。《国际融资租赁公约》第7条就规定，出租人对设备的物权应可有效地对抗承租人的破产受托人（包括清算人、管理人或被指定为债权人全体的利益而管理承租人）和债权人包括已经取得扣押或执行令状的债权人。

取回权对于维护出租人权利具有重要价值。出租人收回了租赁物，避免了与其他债权人分享所剩无几的债务人财产，充分实现了自己的债权，减少了损失。但对于承租人，特别是在融资租赁交易附有期末承租人购买选择权等情况下，出租人的取回权对承租人而言是一场噩梦。首先，承租人丧失了可能获得的租赁物所有权，收获的只是债权。随着临近租期，承租人在租赁物的成本计提越来越大，对租赁物所有权的期待越来越多。此时出租人取回租赁物，即便出租人可能返还承租人多支付的部分，但该部分无非只是债权，承租人还是丧失了对租赁物的物权。其次，取回权行使后的清算对承租人及

---

① 参见李曙光：《破产法中的取回权》，载《法制日报》2007年9月9日，第11版。

其债权人有不利影响。租赁物的成本已经计提在租金中，承租人支付了比租赁物使用费用高得多的租金却较难得到相应补偿，使承租人的财产缩水，承租人的债权人权益受到损害。

（二）实质主义立法对租赁物归属的确定

对于被划归为一般租赁的融资租赁，承租人支付的租金即为使用租赁物的对价，出租人收回租赁物不会对承租人造成较大侵害，将租赁物作为债务人财产没有争议。对于被划归为动产担保的融资租赁，由于以下规则的存在，承租人有可能获得租赁物，从而兼顾出租人和承租人利益的平衡。

第一，动产担保允许承租人在支付剩余租金后取得租赁物的所有权。动产担保以将所有权留给出租人作为承租人支付全部价款的担保。一旦承租人付清货款，租赁物的所有权即移转至承租人。这相当于所有权的移转附有了条件。这种附带的条件，是物权法意义上的“条件”。此外，承租人支付的价款也受到法院的审查。承租人只需要支付“剩余租金”或者“租赁物实际市场价值”两者中较低的数额，便可以保有租赁物。[①] 如果租赁物的市场价值显著低于剩余租金，那么法院可以强制裁定（Cramdown）承租人支付租赁物的市场价值而使债务人保留租赁物。[②]

第二，承租人可能因为出租人没有履行公示程序而获得租赁物的所有权。在美国，动产担保需要公示担保物的权利状态。根据美国《统一商法典》，登记是公示最常用的方法。享有担保权利的主体需要将担保协议或者融资声明（Financial Statement）在每个州的秘书处报备。必须登记的项目包括：债务人和担保权人的姓名和邮寄地址，以及担保物的简略描述等。[③] 美国对于动产担保的登记效力采取登记对抗主义，亦即只有登记了的附有担保权益的买卖才能对抗第三人。

---

① Linda J. Rusch & Stephen L. Sepinuck, *Sales and Leases*: *A Problem-Solving Approach*, West, p. 440 (2009).

② Bryan D. Hull, *Sales and Leases*: *What Matters and Why*, Wolters Kluwer, p. 206 (2008).

③ 美国《统一商法典》第 9 – 502 条。

《美国破产法》第544（a）条，即所谓的“长臂权利”条款（Strong-Arm Power），是关于管理人行使撤销权的条款。该条使管理人可以行使类似于无担保债权人可以行使的权利。[①] 这样，当债务人的其中一个债权人没有履行登记程序时，管理人可以充当一个普通债权人来对抗该未登记的债权人。由于未登记的动产担保无法对抗第三人，而第544（a）条赋予了管理人类似于第三人的地位，因此管理人可以对抗未登记的动产担保权人。未登记的担保债权只能作为普通债权，与其他债权人按比例分配债务人财产。[②]

四、我国对融资租赁中破产的处理及检讨

我国目前采用形式主义认定融资租赁。原《合同法》第237条规定，融资租赁合同是出租人根据承租人对出卖人、租赁物的选择，向出卖人购买租赁物，提供给承租人使用，承租人支付租金的合同。原《合同法》对我国的融资租赁进行了法律界定，并影响了之后的《外商投资租赁业管理办法》（已失效，2005年2月3日，第5条）、《金融租赁公司管理办法》（2007年1月23日，第3条）等法规。我国并没有强制承租人在期末购买或者收回租赁物，只要符合两份协议、三方当事人、承租人选择出卖人和租赁物等形式的动产担保也属于融资租赁的范畴。不可避免，形式主义在处理融资租赁中的破产所遇到的藩篱在我国也同样有所体现。

（一）我国破产法对融资租赁协议的处理及检讨

我国《企业破产法》（2006年8月27日生效）第18条对待履行合同做出界定：待履行合同是指“破产申请受理前成立而债务人和对方当事人均未履行完毕的合同”。我国对于待履行的要求宽于康特里曼测试，没有规定实质违约的要件。由此，融资租赁协议在我国破产法中仍可被认定为待履行协

---

① Barry E. Adler, Douglas G. Baird & Thomas H. Jackson, *Bankruptcy: Cases, Problems, and Material* (fourth edition), Foundation Press, p. 276 (2007).

② Lynn M. Lopucki & Elizabeth Warren, *Secured Credit: A Systems Approach* (fifth edition), Aspen Publishers, p. 478 (2006).

议，管理人在我国可以对待履行协议行使解除权。但是，鉴于待履行协议的处理对承租人可能不公，有关融资租赁立法和解释提出以下两种应对策略。

1. 管理人解除融资租赁协议的权利被禁止

《融资租赁法（三次征求意见稿）》第 27 条规定，出租人破产时，不得影响承租人在融资租赁合同项下的权利。除本法另有规定外，管理人不得解除融资租赁合同。一些学者也持有此种观点。[①]

该观点充分考虑到融资租赁中管理人解除权的特殊性，否决了管理人解除融资租赁合同的权利，充分保护了承租人的期待利益。但是该规定仍有欠考虑。在出租人方面，该观点忽略了当融资租赁刚刚开始出租人便破产的情况。如果出租人在租赁协议履行不久时就宣告破产，允许管理人行使解除权并不会对承租人造成过大的损失，此时若不允许管理人行使解除权，价值不菲的租赁物就无法归入出租人的破产财产，出租人的债权人得到偿付的数额就会减少。

2. 管理人解除租赁协议的权利取决于承租人与出租人的协商

有草案指出：出租人破产时，租赁物已经交付给承租人使用且融资租赁合同的租赁期限尚未届满的，管理人可以同承租人就融资租赁合同是否继续履行进行协商。……协商不成的，管理人只能转让融资租赁合同项下的权利。[②] 也就是说，如果双方达成协议便按照协议履行；如果达不成协议，则出租人必须要转让租赁合同项下的权利。该观点充分照顾承租人，特别是当出租人在临近租赁期结束时破产、承租人已经支付几近租赁物成本的租金的情况下。

该观点看似同时照顾了出租人和承租人的利益，但问题仍然不小。双方在协商不成的情况下，租赁合同项下的权利必须要移转，那么合同移转给第

---

① 例如，阮赞林、唐炳洪：《试论融资租赁当事人破产后租赁物的处理》，载《商业经济与管理》1995 年第 2 期。

② 《最高人民法院关于审理融资租赁合同纠纷案件适用法律问题的解释（2013 年专家论证会征求意见稿）》第 29 条。

三方所获得的对价该如何处理，是作为债务人的财产，还是作为承租人的损害赔偿金？法律并没有明确规定。此外，鉴于租赁物一般按照承租人的要求选定或者订做，具有特定性，流动性差，变现难，在二手货物流转本不顺畅的今天，第三方不愿意支付对价获得融资租赁合同项下的权利也较为普遍。法律没有考虑到管理人无法转让租赁合同的情形，只是单纯规定租赁合同一定要被移转的做法有失妥当。

综上，无论是我国现行破产法赋予管理人以挑拣履行权，抑或专家学者提出的禁止管理人享有挑拣履行权，还是要求出租人与承租人通过协商解决问题，均难以合理周延地解决出租人破产时遇到难题，难以做到在出租人与承租人利益中找到均衡。①

（二）我国破产法对融资租赁物的处理及检讨

原《合同法》将租赁物的所有权明确为出租人。于是在附带选择权的融资租赁中，出租人既可以在承租人即将获得租赁物所有权的时候选择破产，也可以在承租人破产的时候取回租赁物，使得承租人对多支付的价款没有办法求偿，而且承租人丧失了对租赁物的占有，即将获得租赁物的期待权也受到损害。

1. 我国对出租人破产时租赁物归属的修正及检讨

有草案试图匡正现行《企业破产法》对融资租赁物归属的缺陷：在出租人破产的情况，管理人可以同承租人就融资租赁合同是否继续履行进行协商，协商不成的，管理人只能转让融资租赁物的所有权，在同等条件下，承租人申请对租赁物优先购买的，应该予以支持。② 该条通过强制管理人转移租赁

---

① 《最高人民法院关于审理融资租赁合同纠纷案件适用法律问题的解释（征求意见稿）》（2013年3月11日）第33条也试图调和出租人与承租人的矛盾，出租人破产时，租赁物已经交付给承租人使用且融资租赁合同的租赁期限尚未届满的，出租人的管理人可以……行使合同解除权。但承租人愿意按照合同约定的条件取得租赁物并履行付款义务的，或者出租人的管理人与承租人就融资租赁合同继续履行达成协议并经债权人会议同意的除外。应该看到，本条规定只是遵从当事人意思自治的一般规定，并没有从根本上解决问题。

② 同上，第29条。

物并赋予承租人以优先购买权，试图使承租人获得租赁物的所有权。这样的设计未免矫枉过正，只考虑承租人利益的保护，却忽视了出租人权益的维系。

双方达不成协议，只可能是出租人或承租人一方的原因。如果出租人因为急于清算等原因而不愿意合同继续履行，那么在合同履行伊始，承租人显然没有财力实现优先购买权，优先购买权的规定便成为具文；由于该规定强制出租人必须出卖租赁物，这就剥夺了出租人短期租赁或自己使用从而获利的机会。毕竟，租赁物的成本在此时只有少部分摊入到租金，剥夺出租人对租赁物的所有权没有足够的依据。另外，如果合同无法继续履行是承租人的原因，即使规定管理人移转租赁物的所有权也无益于承租人获得租赁物，而且是否有第三人想要购买租赁物也未为可知，承租人优先购买权的规定自然也是赘余。

2. 我国对承租人破产时租赁物归属的修正及检讨

面对承租人可能丧失租赁物占有的情况，有草案试图修正：出租人取回租赁物的，可以与管理人、清算组协商对租赁物进行处分。双方无法协商达成一致，出租人同意处分租赁物的，可以申请人民法院委托具有相应资质的机构对租赁物进行评估、拍卖；拍卖不成的，出租人和管理人、清算组可以各自对外询价，出售或出租租赁物，价高者买得或租得租赁物；出租人不同意处分租赁物的，可以委托有资质的机构对租赁物的价值进行评估，或者按照融资租赁合同约定的租赁物折旧以及合同到期后租赁物的残值认定租赁物的价值。① 租赁物的处分价款、再次出租的租金或者评估价值应当抵偿出租人的债权，以租赁物的评估价值抵偿出租人债权的，承租人可以按照评估价格买回租赁物。② 该修正对于承租人保护的设计不得不说是花了一定的心思。承租人有可能在两种情况下获得租赁物的所有权：在租赁物无法拍卖成功且承租人比出租人出价更高时，以及当出租人不同意处分租赁物，以租赁物的

---

① 《最高人民法院关于审理融资租赁合同纠纷案件适用法律问题的解释（征求意见稿）》第27条。

② 同上，第28条。

评估价值抵偿出租人债权时。

但是，该规定的纰漏也较明显。首先，出租人取回租赁物势必使债务人蒙受损失，要求出租人处分租赁物的要求不可避免。于是，当出租人与管理人无法协商达成一致时，必然是因出租人不同意处置租赁物。因此，该设计的“出租人同意处分租赁物的，可以申请人民法院拍卖租赁物……”完全没有必要。其次，该设计完全没有考虑到租赁物的成本大部分摊销至租金的情况。承租人再次买回租赁物所需要成本，不应是抵偿出租人债权后的租赁物评估价值，还应该减去承租人之前计提的租赁物成本。最后，本设计只规定了在有资质的机构对租赁物价值进行评估时，承租人可以按照评估价格买回租赁物，却并没有对类似的“对按照融资租赁合同约定的租赁物折旧以及合同到期后租赁物的残值认定租赁物价值的情形”作出规定，这种差别背后的法理不甚明晰。

五、我国融资租赁中破产法律制度的完善

《企业破产法》并未对融资租赁进行特别规制，其处理方法与一般租赁并无不同。面对融资租赁这样一种特殊的租赁模式，学者、立法者和司法者尝试在形式主义内部找到兼顾出租人与承租人的解决之道，力图通过特殊制度设计借以倾向保护承租人的利益。效果却并不理想，要么对于一般租赁交易的出租人并不公平，要么难以真正做到保护动产担保的承租人。于是，借鉴实质主义成为解决融资租赁中破产问题的必由之路。

（一）适用实质主义的优点与难点

1. 适用实质主义的优点

在出租人破产的场合，动产担保不适用于待履行协议的规定，承租人只需要支付剩余租金或者租赁物的实际市场价值中的较低者，即可获得租赁物的所有权；在承租人破产的场合，承租人也可以通过支付一定的价款，避免出租人取回租赁物，从而继续保有租赁物的所有权。动产担保的法律规定使得支付了租赁物大部分成本的承租人继续使用租赁物，避免丧失对租赁物本

身的价值所享有的权利，即实质的衡平利益。另外，在适用一般租赁法律规制的场合，出租人与承租人的权益均可以得到维系。

2. 适用实质主义的难点

在采用实质主义的国家，司法实践已经积累了丰富的经验，有较为深厚的法律历史传统。美国法院早在1871年哈维诉罗德岛火车制造厂①一案中，就将动产担保与一般租赁加以区分。1949年《统一商法典（草案）》第7-403条第一次从法律上将融资租赁区分为两种截然不同的形式。“很明显，第7-403条倾向于将大部分融资租赁划分为动产担保。”② 随着融资租赁的蓬勃展开，更多动产担保打着融资租赁的旗号，试图获得会计和税收等的优惠。③将伪装成租赁的附有担保权益的买卖从租赁中剥离，成为司法实务界的紧迫难题。于是学者对第7-403条的讨论盛行起来，并逐渐衍化为现行美国《统一商法典》第1-201（37）条。实践中，“区分一般租赁和附带担保权益的买卖已经变成了商法的基本问题”。④

与美国等采用实质主义的国家不同，我国自《合同法》起就把融资租赁当成有名合同的一种，着重从形式上区分融资租赁与一般的租赁。实践中对待融资租赁，首先遵从的是原《合同法》第十四章。可以说，我国并没有实质主义滋生的历史背景。对于融资租赁的破产法处理，学者也没有跳出形式主义的范畴，只是在出租人和承租人的利益分配上进行局部调整。想要在中国既有法律体系下实现实质主义，尚有较长的路要走。

（二）适用实质主义的具体路径

既然难以通过立法的形式直接采纳实质主义，将融资租赁区分为一般租

---

① Hervey v. Rhode Island Locomotive Works, 93 U. S. 664 (1876).

② William D. Hawkland, The Impact of the Uniform Commercial Code on Equipment Leasing, 1972 *U. Ill. L. F.* 446, 447 (1972).

③ John R. Peden, The Treatment of Equipment Leases as Security Agreements under the Uniform Commercial Code, 13 *Wm. & Mary L. Rev.* 110, 111-122 (1971-1972).

④ Joseph Epps Claxton, Lease or Security Interest: A Classic Problem of Commercial Law, 28 *Mercer L. Rev.* 599, 610 (1976-1977).

赁和动产担保，那么就需要采取变通的形式，将动产担保渗透到融资租赁的破产规定中去。

1. 纳入实质主义

实质主义并不赞成融资租赁单独立法，因此可以考虑将实质主义纳入未来的破产法司法解释中。应该借鉴美国《统一商法典》第1A编第1-203条，对相关破产条款作如下规定。[①]

出租人破产时，有下述条件之一的，管理人不得解除融资租赁协议，出租人不得影响承租人在融资租赁协议项下的权利。承租人可以在支付合理剩余租金后，获得租赁物的所有权。(1) 租赁期限长于或持平于租赁物的剩余经济使用时间；(2) 承租人必然会为了租赁物的剩余经济使用时间而续借租赁物；(3) 承租人拥有续借租赁物的选择权，该选择权不需要或仅需要支付象征性对价；(4) 承租人拥有成为租赁物所有权人的选择权，该选择权不需要或仅需要支付象征性对价。

承租人破产时，有下述条件之一的，管理人拥有在支付合理剩余租金后使租赁物归于债务人财产的权利。承租人不行使权利的，出租人可以将租赁物收回。(1) 租赁期限长于或持平于租赁物的剩余经济使用时间；(2) 承租人必然会为了租赁物的剩余经济使用时间而续借租赁物；(3) 承租人拥有续借租赁物的选择权，该选择权不需要或仅需要支付象征性对价；(4) 承租人拥有成为租赁物所有权人的选择权，该选择权不需要或仅需要支付象征性对价。

无特别规定的，适用《企业破产法》的相关规定。

2. 完善配套制度

适用实质主义会牵一发而动全身，需要对体系整体调整。其中一个重要问题涉及融资担保物的登记。我国的融资租赁业发展水平同国外发达国家相比还存在较大的差距，其中一个就是登记制度的缺失。[②] 融资租赁登记公示系统就是融资租赁业界的要求下，由中国人民银行征信中心建立的全国集中

---

① 当然，其中诸如“剩余经济使用时间”“象征性”等技术性细节尚需明晰。

② 参见高圣平、钱晓晨：《中国融资租赁现状与发展战略》，中信出版社2012年版，第243页。

统一的互联网电子化登记系统，服务于融资租赁登记与查询。[①] 不过，融资租赁登记并非法律强制，相关法规并没有融资租赁协议或合同必须登记的规定。应当明确融资租赁必须登记，以符合实质主义的逻辑。[②]

3. 建立破产法司法体系

美国《统一商法典》确立的规则简明清晰，但在适用过程中却屡遇难题，需要法官具体案件具体分析。[③] 美国由于单设联邦破产法院，专业的破产法官可以胜任案件的较高要求，可以履行诸如计算“剩余经济使用时间”等冗杂烦琐的工作。“美国的这套破产法院与法官制度值得那些对破产案件管辖独立性与专业性不强的国家借鉴。”[④] 中国如果拟采纳实质主义处理融资租赁中的破产，就需要建立专门的破产法院系统，任命专业的破产法官审理相关案件。

第二节　破产隔离的原理

破产隔离金融创新影响破产法的典型例子，与资产证券化紧密相关。有学者对资产证券化给出了狭义的定义：“在资产证券化中，卖方将固定收益资产（一般包括抵押贷款、消费者和住宅权益贷款、租赁应收账款等）卖给一个特殊目的载体（special purpose vehicle），该特殊目的载体通过发行新型证券融资购买这些资产。”[⑤] 由于该特殊目的载体具有独立主体资格，因此无

---

① 详见中国人民银行征信中心网，http：//www. pbccrc. org. cn/chanpinfuwu_ 306. html，最后访问日期：2013 年 5 月 2 日。

② 中国人民银行征信中心认为：“根据国际经验，动产融资租赁登记与动产担保登记在同一平台是最好选择。”虽然征信中心并没有承认实质主义的存在，但是该标准却透漏出融资租赁与动产担保至少存在共通性。

③ Peter F. Coogan，Leasing and the Uniform Commercial Code，1973 *Duke L. J.* 909，911（1973）.

④ 参见李曙光：《破产法院与破产法官》，载《法制日报》2007 年 5 月 13 日，第 11 版。

⑤ Hugh Thomas，Effects of Asset Securitization on Seller Claimants，10 *J. of Fin. Intermediation* 306，308（2001）.

论卖方发生什么问题，都不会殃及特殊目的载体，这被称为“破产隔离”（bankruptcy-remote）。[①]

通过交易结构的设计，债务人可以事先将应收账款进行资产证券化，并将应收账款的所有权、未来收益与风险均移转给特殊目的载体，以较快获取资金。特殊目的载体再将应收账款的未来收益进行证券化，由投资者认购。最后，特殊目的载体利用投资者的投资继续购买应收账款，完成一个交易回路。

特殊目的载体对应收账款独立享有权利和义务，债务人的破产不会连带到特殊目的载体，这使债务人的债权人便无法追索到特殊目的载体的资产。由于自动中止制度对特殊目的载体的债权人并不适用，特殊目的载体的投资者就可以快速将其于特殊目的载体的投资变现，回避风险。

破产隔离可被所有债权人利用以回避破产风险，并非专属于劳动者或税务机关等特定债权人。不过，如果弱势债权人可以组成一个连带依存的团体或者在政府的指导下建立一个特殊目的载体，那么劳动者或税务机关等特定债权人便可以在公司设立之初就有效的回避日后的破产风险，确保债权的完整实现。

图 1 中实线表示传统的借贷方法，虚线表示破产隔离法的运转流程。

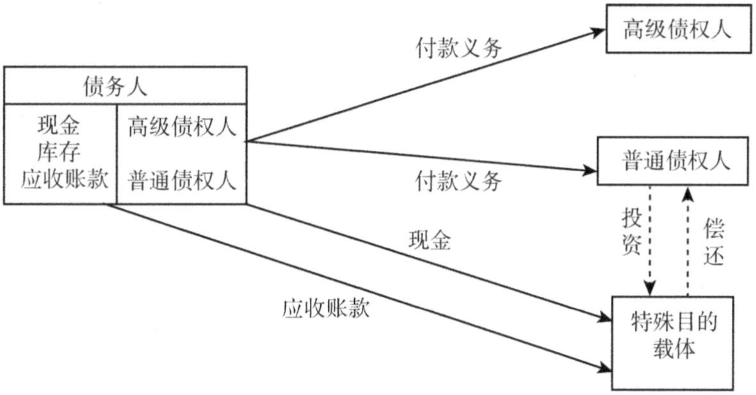

图 1　采取破产隔离法前后的比较

① 参见［美］斯蒂文·L. 西瓦茨：《结构金融》（第三版），李传全、龚磊、杨明秋译，清华大学出版社 2003 年版，第 27 页。

第三节　债务催收的实现

市场经济的本质是制度化的互惠，企业间互惠的基础源于信任，信任则产生于既往累积的交易博弈。企业之间重复博弈的后果是企业违约信息的公开化。由于存在信用减损的风险，企业自然不敢轻易违约。但是，重复博弈会随着企业退出市场而终止，对企业违约的约束也随之失效。为了在企业退市过程中确保博弈机制得以延续，破产法应运而生，其依赖的正是朴素的公平正义价值观。

公司遇到经营困难的信号如同比赛开始的枪响，引发债权人竞相展开收割公司资产的速度竞赛。因受偿在先的债权人将所剩无几的公司资产瓜分一空，大多数后续求偿的债权人便成为输家。破产法则以集体清偿框架取代单个债权人行权逐利的混沌格局，营造和谐共赢的协商氛围，有效解决集体行为困境。我国《企业破产法》第 1 条便开宗名义地表明，破产法的目的与功能即规范企业破产程序，公平清理债权债务，保护债权人和债务人的合法权益，维护社会主义市场经济秩序。

破产法是债权债务关系平等受偿的基本法。破产法不偏不倚的行事风格，恰恰实现了各债权人经济利益的最大化。首先，破产法实现了债务催收成本的最小化。债权人抱有债务人资不抵债时的处置预期，不再紧盯目标公司的风吹草动，如此便降低债权人对债务人的监督成本。其次，破产法降低了协商机制的适用成本。债务人财产的准确价值、债权的范围和属性等问题在几乎每一个受困企业的债务清收中都会出现，破产法所提供的单一强制性框架有力地避免了不同债权人之间可能达成的迥异纠纷处置规则，提高了债权债务关系的处理效率。最后，破产法实现债务人资产价值的最大化，进而增加全体债权人的受偿份额。在多数情况下，债务人公司的资产整合在一起方能体现其价值，若债权人饥不择食地选择其中一部分，将显著减损债务人财产的整体价值。破产法使得破产企业支离破碎的资产整合成为可能，增加全体债权人获得的份额。此外，当信息不准确或难于披露等原因，债务人的资产可能无法出售或出售价格显著低于其市值时，重整制度的适用能够避免因盲目出售所致的债务人资产价值的减损。这是因为，与向第三方出售资产的清算程序不同，重整程序中的资产是以继续运营公司的样态出售给既存债权人，确保债务人资产的价值能够得到充分变现。

当前中国诸多企业家面临企业经营困境时，往往将"影子银行"、民间高利贷、互联网 P2P 平台作为筹集资金以维持企业经营运转的优先项，但企业经营不可逆转的恶化和信用的过度透支势将企业家们一步步逼向深渊。倘若企业能够及早提起破产申请，破产法中贯穿的多重制度设计将能确保破产企业及其负责人、为企业贷款提供担保之人不会受到债权人强制催收的侵扰。

首先是自动中止制度。法院在受理破产申请后，有关债务人财产的保全措施解除且执行程序中止，已经开始而尚未终结的有关破产企业的民事诉讼或者仲裁应当中止。通过冻结破产企业的财产，自动中止制度抑制了债权人对债务人财产哄抢的混沌状态，同时给予破产企业暂时摆脱债权人求索侵扰的"冷静期"，确保其有时间整理债务，梳理偿债脉络，为接下来选择和解、重整抑或清算赢得喘息良机。

其次是撤销权制度。对于破产申请被法院受理后的债务人的个别清偿行为，自动中止制度可使其无效化，而对于破产申请被法院受理前一定时期的个别清偿行为，则可由管理人行使撤销权并追回财产。撤销权制度给债权人吃了一颗"定心丸"，债权人不必忧心企业在破产程序启动前转移财产、逃避债务或对个别债权人的偏袒性清偿行为，而使自身债权受损，也就大大降低其采取强制手段催收债务的可能。

再次是破产管理人制度。破产程序启动伊始，法院指定管理人接管债务人的财产，由管理人依据市场化方式处理破产事务。管理人既非仅关注破产企业的利益，亦非仅关照某一特定债权人的利益，而是以破产财团价值最大化为宗旨，统筹债务人、债权人及其他利害关系人的权益。以管理人的"挑拣履行权”为例，法院受理破产申请后，管理人对破产申请受理前成立而双方均未履行完毕的合同有权决定解除或者继续履行，其唯一判断标准就是破产财团价值是否达到最大化。鉴于管理人对于涉及破产财团的事项有独立判断的权利，债权人再去对毫无破产财产处置权利的破产企业股东或董事进行单独追索，不仅毫无必要，更得不偿失。

最后是重整制度。重整程序适用于可能或已经发生破产原因但又有挽救希望与挽救价值的企业，通过协调各方利害关系人的利益，给予破产企业出售冗余资产、整合原有部门、吸引新的资本等机会，从而使企业重获新生，有效避免破产清算带来的企业解体、有形和无形资产流失、员工失业、债权人投资难以收回、经济震荡等消极影响，进而维护社会公共利益。重整制度短期内抑制债权人求偿的冲动，看似减损债权人的求偿权，但从长远来看，债权人可能因企业转危为安而获得更多甚至完全的清偿，反倒为债权人提供了更为周全的保障。

现实中，诸多企业在遭遇严重债务危机时，往往选择通过民间借贷等融资途径渡过难关而非及时申请破产，破产法的实施存在“梗阻”现象。在破产法即将迎来实施十周年的当下，应当进一步铺开下述破产机制的改革，凸显破产法公平清理债权债务的制度优势，让人们勇于、善于、乐于适用破产法，重拾对破产法的信心。

第一，大力营造良性的破产文化。对于破产的陌生、退出的不甘和死亡的畏惧，致使困境企业苦苦支撑不愿承认失败，希冀不断借贷以堵住资金缺口。这种企业续命的方法效果适得其反，最终导致每况愈下的企业成为吸金的无底洞，滑向背负巨额债务的深渊。中国人“欠债还钱，天经地义”的固有观念，也使得债权人对债务人一味追索，直至全额受偿方肯作罢。构建正确的破产文化，有利于失败企业坦然退出市场，也有利于树立债权人面对破产企业难以获得全额受偿的风险意识。

第二，扭转破产程序的启动难问题。破产法“有劲无处使”的瓶颈在于破产程序的启动困境，而其中一个重要原因是我国目前普遍存在的软预算约束现象。破产法作为企业有序、有效、公正退出市场的保障，担负着实现硬预算约束最后也是最重要的一环。破产机制是对市场主体的“硬约束”，是市场经济下企业优胜劣汰的净化器，其能去粗取精，淘汰痼疾，过滤污浊的雾霭，促进整个社会有机体的健康活力。而破产法则是这种硬约束的法律保障。历史经验证明，没有行之有效的破产法，市场经济共同体就会发生脑血栓、心肌梗死等恶劣后果，其他市场经济法律很难有效地发挥作用，从这个意义上说，破产法是市场经济中其他法律的前提。若破产程序因外部诸多力量的干涉而难以启动，将使得企业正常经营时各种硬预算约束机制前功尽弃。因此，该破产的企业当主动申请退出市场；银行不应再对连年亏损、营利无望、负债累累的企业继续输血，甚至可主动申请企业破产；政府也不应逾越边界试图维护企业的主体地位，为债权人申请破产设置障碍。

第三，加快个人破产立法。《企业破产法》被称为“半部破产法”，原因就是缺少对个人破产的保护。实践中基层民营企业家个人财产往往难以与企业财产相区分，因人格混同而形成无限连带责任，致使企业即使因为破产程序的完结而实现债务豁免，企业家个人还会被无穷无尽的债务纠缠。在我国个人征信体系的逐步完善和社会经济的稳定发展的背景下，应当尽早启动个人破产立法，促使债务人摆脱旧债的困扰，给予诚实的市场主体一个彻底重生的机会。

第四，强化重整制度的优势。供给侧结构性改革和市场出清过程中应当强化重整制度的适用。如果仅为减少过剩产能而一味鼓励清算，则会对那些暂时陷入困境的企业造成误伤。因此，应当突出破产重整制度的功效，推动债务重组和资本重组并举，为有重整价值的企业的发展注入智力、资本和管理经验，从而盘活资产，推动企业转型。通过企业资产的增值提高债权人的清偿率，实现破产企业、债权人、员工、供应商、批发商的共赢，社区环境和社会整体利益的优化提升。

古有“苛政猛于虎”，今有“催债猛于虎”。破产法作为债权债务关系处置的最后一道屏障，不仅仅是失败企业退出市场或重获新生的桥梁要道，更应成为处置愈演愈烈的催债现象的公正天平。我们欣慰地看到，近年来破产受理案件的数量显著攀升，这预示着破产法在我国的回春。应当充分秉持破产法内在的公平正义观，加快现有破产制度改革的步伐，发挥破产法在债权债务关系纾解中的定海神针价值，确保破产法在供给侧结构性改革中成为中流砥柱。

第四节　区块链时代的变革

人类社会进入区块链时代，法律制度概莫能外。科技的进步与社会的发展相向而生，区块链技术的发展不仅是人们的日常生活智能化，也使得法律的运行机制获得了新的机遇和挑战。对适用于企业步入生老病死最后一个阶段的破产法，区块链技术对数据资源的创新运用促进了破产法的革故鼎新，但也一改传统观念中破产法在解决集体债务清偿中的独占地位，破产法或被区块链引发的技术革命所颠覆。

一、天使还是魔鬼：破产法与区块链的交错

（一）破产法与区块链功能的契合：信用机制的视角

在市场经济中，信任是所有交易的前提。[①] 作为与市场准入法、市场运行法共同形成市场经济法治体系的市场退出法——破产法，为信用经济良性循环的维护筑起最后一道屏障，在净化市场信用环境、补全市场信用纰漏方面起到至关重要的作用。随着社会分工的普及，在经历所有权与经营权两权分离的公司革命后，原始小作坊似的企业不断发展壮大。在信用经济的推动下，企业对外负债经营变得稀疏平常，由此出现企业恪守信用与难以偿债的分野。倘若一些企业竭尽所能仍无法避免业绩每况愈下，仍然秉持最大善意

---

① 参见张维迎：《信息、信任与法律》，生活·读书·新知三联书店2003年版，第2页。

愿意承担不良后果，是否有一种机制保障它们获得东山再起的机会？破产法正是这样一种保障诚实而善良债务人的法律框架。当企业出现偿债危机后，破产法确保债务人在按照既定步骤偿付债权后，稳步退出市场，完成一次信用危机与处置的闭环。信用机制是“社会资本”的一种形式。[①] 如果没有破产法的保驾护航，投资者、债权人等便因缺乏风险预期、损失分配与争端解决机制，缺乏合作共赢创设企业契约束的动力，最终受害的恰是整个社会的稳定秩序、经济的欣欣向荣、人类福祉的持续提升。

破产法的信用属性在适用中面临些许挑战。首当其冲的是部分债务人利用破产程序逃废债务。有学者就指出，“有破产就有破产欺诈”的规律性现象在我国破产实践中反映得尤为强烈，一些企业打着“企业优化资本组合”的大旗，大搞“破产甩包袱”“资产剥离”“大船搁浅，舢板逃窜”“空壳破产”等破产欺诈行为。[②] 破产欺诈行为损害了破产法的声誉，破产法终将“破产”。此外，破产法恪守程序正义，但这是以牺牲债权人的受偿率为代价的。为确保公平清理债权债务的立法宗旨得以实现，破产程序冗余漫长。比如，《企业破产法》规定了最长 25 日的裁定破产申请公告期、30 日至 3 个月的债权申报程序、最长 9 个月的重整计划草案制定与提交期间。在破产程序持续推进过程中，破产财产折旧不可避免，存在损毁风险，还要因企业为继续营业而支付给雇员劳动报酬、社会保险费用而流失。上述共益债务与破产案件的诉讼费用，管理、变价和分配债务人财产等破产费用，在所有普通债权前由债务人财产随时清偿，使企业本就所剩无几的资产在偿付债权人时难免捉襟见肘。破产费用是破产企业的沉重负担，比如从 1998 年至 2007 年，美国破产企业支付给管理人的费用年均增长 10%，数倍于利率增长幅度。[③] 中小企业由于高昂的破产花费而落入“无产可破”境地，真实受损的是选择

---

① See John C. Coffee, The Rise of Dispersed Ownership: The Roles of Law and the State in the Separation of Ownership and Control, *Yale Law Journal*, 2011, p. 78 – 79.

② 参见张艳丽：《破产欺诈法律规制研究》，北京大学出版社 2008 年版，第 2 页。

③ Lynn M. Lo Pucki & Joseph W. Doherty, Routine Illegality in Bankruptcy Court, Big-Case Fee Practices, *Am. Bankr. L. J.*, 423, 425 (2009).

相信破产程序的债权人。

“信息是个人行为受到监督的基础。”[①] 企业要取得他人的信任，离不开信息的传播与积累。区块链带来的信息革命，使其在增加破产程序的信任方面颇有建树。乡土社会中，熟人网络能够使得小社区生活的人获得足够真实的信息。在现代社会，交易多发生于陌生人之间，交易方获取准确的信息难度陡增，亟需一种安全、稳定的信息供给框架。债务人隐匿、转移财产、虚构财产等行为增加债权人与债务人的信任成本，破产程序面临体系性危机。区块链统筹债务人跨领域、跨行业、跨机构的各项数据，确保海量数据实时共享、有效追溯。记载于区块链的事项一般不会被篡改，除非全局中至少一半的参与方改变意志。这意味着理论上该记录可被修改，但在现实中实现的概率几乎为零。因此，债务人在破产申请前6个月内每一笔开销、财产变卖情况、债务承担状况均被如实记录，债务人破产欺诈行为无所遁形。区块链记录与公示的绝佳功效也对债务人的讨债决策起到警示作用。由于害怕道德风险所致的名誉受损，债务人趋向诚实守信地履行偿债承诺。有学者指出，任何两个主体之间的债权行为有可能在“区块链+物联网+智能合约”的系统下，可以通过共同维护的账本以查阅系统内链接与联动的信息，使得所有债权债务“可视化”。[②] 信息有规模效应与非竞争性两个特点：规模效应是指一个信息被收集使用后，额外增加一个人使用，收集者的成本不会增加；非竞争性是指信息不会因一人使用而减损其价值。信息的特点决定了信息在由专业化机构生产时，能够最大限度节约社会成本，提升权威性。破产程序中，解决债权人与债务人信息不对称，为破产财团各方当事人提供专业信息的是破产管理人及履行监督职能的法院。管理债务人的财产、印章和账簿、文书等资料以及核实财产状况等工作琐碎，占用管理人、法院大量精力，容易遗漏或被债务人规避。区块链账本全局可见的特点，使得债务人信息来源更加准确性、信息共享更加便捷性，信息传播更具时效，破产程序中信息混沌无

---

① 张维迎：《产权、政府与信誉》，生活·读书·新知三联书店2001年版，第6页。

② 史明洲：《区块链时代的民事司法》，载《东方法学》2019年第3期。

序的局面得以打破。

（二）破产法与区块链理念的背离：集体清偿与去中心化

破产法以虚拟协商（hypothetical bargain）假设为理论前提。公司遇到经营困难的信号一旦扩散，债权人便会展开收割公司资产的速度竞赛，以免其他受偿在先的债权人将公司财产瓜分干净。若理性的债权人之间能够在公司遇到经营困境前就能展开协商，同意限缩单个债权人的求偿权利，确保所有债权人都能如一人般地与债务人统一解决债权债务关系，便能公平、有效地纾解债权债务纠纷。[①] 破产法正是这种并未实际发生的事前处置机制的体现，它以集体清偿框架取代了混沌的单个债权人权利的行使。作为集体清偿机制的破产法有以下三个优点。首先，破产法实现债务人资产价值的最大化。在一些情况下，债务人公司的资产整合在一起方能体现其价值，若债权人饥不择食地选择其中一部分，将显著减损债务人的整体价值。破产法使得支离破碎的债务人资产整合成为可能，增加全体债权人获得的份额。当由于信息不准确或难以披露等原因，致使债务人出售资产的价格显著低于其市值或无法出售资产时，破产重整制度的适用能够缓解债权人急于获偿的盲目。这是因为与向第三方出售资产的清算程序不同，破产重整程序中的资产是以继续运营公司的样态出售给既存债权人，这确保了债务人资产能够得到充分兑现。[②] 其次，破产法实现了债务催收成本的最小化。债权人拥有了债务人资不抵债时的处置预期，不再紧盯目标公司的风吹草动，破产法降低了债权人对债务人的监督成本。最后，破产法降低了协商机制的适用成本。债务人财产的准确价值、债权的范围和属性等问题在几乎每一个受困企业的债务清收中都会出现，破产法所提供的单一强制性框架有力地避免了不同债权人之间可能达

① See Thomas H. Jackson, *The Logic and Limits of Bankruptcy Law* 1-19 (Bear Books, 1986).

② See Robert Clark, The Interdisciplinary Study of Legal Evolution, 90 *Yale L. J.* 1238, 1250-1254 (1981).

成的迥异纠纷处置规则，提高了债权债务关系的解决效率。[①]

区块链在组织结构上是“去中心化”的，即多个实体均保有该分类账的副本。[②]“去中心化”是区块链的最核心特质，该特质直接导致了以中心化为立法根基的破产法遭到空前危机。破产法是处置债权债务关系的法律，债权债务一般记录在企业的会计账簿上。传统账簿较为复杂，使用经典的复式记账法，需要专业人士处理。当企业破产时，需要设立由律师、会计师、破产清算师等组成的管理人，调查企业具体的财产状况，制作财产状况报告。企业拖欠债务的状况亦不甚明朗，或有虚假、争议、未决等情况，需要在债权人申报债权后，由债权人会议核查。管理人、债权人会议等正是破产法独有的争端解决机构，债权人申报程序、债务人财产范畴的确定也是破产法特有的争端解决机制。区块链采取数字化的方式记账，账簿被划分为一个又一个单元，每一个单元即称为一个“区块”，每个“区块”都记载着全部账目交易的详情。区块链本质上是一个去中心化的分布式账本数据库，它按时间顺序将数据连接起来，每个数据块包含了多次交易有效确认的信息，密码学的设计又确保了账本不可篡改和不可伪造。[③] 区块链就是用一套技术系统取代信任中心，用数学算法实现陌生人之间在不借助第三方的基础上完成交易。在广义层面上，区块链不受任何一个单一个体控制，不由任何中心化机构维护或运作。[④] 交易参与者可以自证并非直接交易，不需要依赖第三方机构的信任背书。[⑤] 由此，企业的每一笔交易被区块链的众多节点储存登记，无须

---

① See Thomas H. Jackson, Bankruptcy, Non-Bankruptcy Entitlement, and the Creditors' Bargain, 91 *Yale L. J.* 857, 866 (1982).

② See Albert Wenger, Bitcoin: *Clarifying the Foundational Innovation of the Blockchain*, Continuations, Dec. 15, 2014. http://continuations.com/post/105272022635/bitcoin-clarifying-the foundatinal-innocation-of, last visited on Dec. 20, 2019.

③ 参见余丰慧：《金融科技：大数据、区块链和人工智能的应用与未来》，浙江大学出版社2018年版，第86页。

④ 参见［法］普里马韦拉·德·菲利皮、［美］亚伦·赖特：《监管区块链·代码之治》，卫东亮译，中信出版集团2019年版，第30页。

⑤ 参见杨东：《炼金有法——区块链商业实践与法律指南》，北京航空航天大学出版社2017年版，第13页。

再由专业人士记录。记载于区块链账簿的内容，不再仅包括该企业的进货、销货、负债等情形，而是包括了参与区块链社群的所有经营者的全部账目。当全部经营者未来均利用区块链作为账簿，破产企业的债权债务关系便一目了然。区块链系统的各个节点为保持同步，彼此相互联系。[①] 区块链上破产企业的账目恰似共享账簿，对参与这个联盟的所有债权人公开透明，且账簿数据真实、可信，破产财产无法篡改转移，债务人不可耍赖扯皮。债权人的债权亦无须急于申报、等候债权人会议的层层核查。2017 年 7 月，第一个区块链信用证信息传输系统在中国民生银行发布，信用证的开立、通知、交单、承兑报文、付款报文等直接通过系统完成，无须形式上的中介机构。未来债权申报后，其审查、分配或也可通过区块链系统完成，甚至可以省去管理人、债权人会议等机构，破产成本将迅速降低，效率进一步提升。

债权债务关系的相对性是传统法律固守的基本原则。无须公示的协议不具有公信力，每一个债权人与债务人签订的契约难以为其他债权人知晓，单一债权人也难以清楚地查明债务人经营的健康程度以及其他债权人追索债权的情况，造成债权人对债务人、其他债权人负担较大的注意义务与监督成本。在所有债权人都被接入区块链的情况下，即在区块链的联盟链形式下，每一个债权人对债务人的追债行为均能及时被其他债权人知晓，以债务人为中心的各个债权债务法律关系将向联盟所有成员公开，供债权人准确评估债务人境况及自身处境，并对其他债权人的行为迅速应对。更为重要的是，当全部债权人的一举一动变得可视化后，债权人竞速收割破产企业财产的做法便失去效用。全部债权人将在企业破产前就对企业资不抵债时的资产处置作出预案，或者在发现企业资不抵债后，凭借区块链上“公示”的债务人财产状况及各个债权人的债权种类与数额展开博弈，进而达成符合自身利益的清偿协议。由此，区块链聚合了目标一致的社区成员，规范成员的追偿行为。无论债权人在上述哪个阶段达成一致意见，都意味着破产法的存在不再是必要选

---

① 参见［美］凯文·沃巴赫：《链之以法——区块链值得信任吗?》，林少伟译，上海人民出版社 2019 年版，第 22 页。

项。债权人之间的协议亦会在达成后上传至区块链系统，区块链系统的安全属性确保该协议可被集体遵守，破产财产的变价和分配程序亦将得以省略。

二、区块链对破产法的促进：信息技术与破产法的融合

区块链通过加密技术形成了“去中心化”、可靠、透明、安全、可追溯的分布式数据库，为破产程序的高效稳定运行提供了技术支撑。[①] 区块链技术是对数据的高效率运用与高强度结合，进一步提高了信息资源获取和利用的容易程度：信息来源不再需要依赖特定的服务中介，信息共享程度显著增强；信息内容不再依赖特定主体的信用背书，信息可信度和透明度与日俱增；信息使用不再过分关注程序参与的成本，信息决策更加理性。这些进步有利于债权人在破产案件伊始及时参与破产程序，充分行使破产法规定的各项权利。依托区块链搭建的信息共享网络加大破产程序中信息披露的公正透明，债权人权益得到及时、充分、有效的保护。

（一）信息共享推动破产程序效率

破产法的发展历程表明，破产法律是一个逐步扩展其关注的利益相关者范围，从单一的债务集中清偿程序发展为基于公共政策考量，进行企业拯救、风险分担与疗治经济创痛的市场经济基本法的过程，因此破产程序更加强调群体的集中参与。[②] 区块链技术是互联网发展进阶的产物，随着万物互联的新趋势，各类信息公示系统建设成为一项系统性工程。区块链技术的发展，打破了传统信息中介组织沟通交易双方的结构设置，不同主体间的信息共享使得信息互联成为可能，这增进了破产程序中利害关系人的参与程度。

区块链技术降低了债权人参与破产程序的识别成本。传统模式下，债权

---

① 参见邓建鹏、孙朋磊：《区块链国际监管与合规应对》，机械工业出版社2019年版，第3页。
② 参见贺丹：《互联网经济发展与破产法变革趋势》，载《法学杂志》2016年第2期。

人申报债权应当出具相关证明文件，[①] 实践中往往存在因债权人保管不当等原因导致的原始债权凭证遗失、证据毁损灭失等情况，债权人需要为此承担的证明成本显著提高。针对有争议的债权债务关系，法院作为居中裁判者，需要对债权人的举证和债务人的抗辩居中裁判，核验债权债务关系的真实性和准确性，大量的时间和物力成本消耗在破产初始程序中，不利于破产程序经济价值的实现。对参与破产清算程序的各方当事人而言，其意旨在于使得债务人企业加速企业剩余资产的变现，迅速清偿债权人，防止资产因程序拖延而导致的价值贬损，实现企业在市场的及时出清，保障市场活力；对参与破产重整程序的各方当事人而言，其意旨在于通过保护企业的持续经营价值（going concern value），实现破产企业的转型升级，帮助债务人及时运用企业资产，走出财务困境和债务泥沼。

区块链技术使得债权债务关系的建立不再仅仅留痕于债权人和债务人双方，而是通过区块链技术中的实人认证等技术存储于共享的数据网络中，所有的数据变更和交易信息都被记录在云系统上。[②] 信息一旦录入就很难再进行添加、删减或修改。[③] 债权人在得知相关破产程序开启后，仅需调取存在于数据网络中的合同等存信凭证，即可实现完成债权的申报程序。债权异议的处置机制也因区块链技术的发展而大大简化。区块链中存储的数据由于其难以篡改，因此具有较强的公信力，债权人伪造债权和债务人隐匿债务的情形因行为成本巨大而几乎无法实现。[④] 基于数学的密码学贯穿从区块链形成到交易记账的关键环节，使得区块链被誉为“信任的机器”。[⑤]

---

① 《企业破产法》第 49 条规定，债权人申报债权时，应当书面说明债权的数额和有无财产担保，并提交有关证据。申报的债权是连带债权的，应当说明。

② 参见徐明星等：《区块链重塑经济与世界》，中信出版集团 2019 年版，第 36 页。

③ 参见浙江金道律师事务所：《法律炼金术——区块链法律实践剖析》，浙江大学出版社 2019 年版，第 4 页。

④ See Joanne Molinaro, *Blockchain – Not Bitcoin – in Bankruptcy* (Jan. 24, 2019), https://www.foley.com/en/insights/publications/2019/01/blockchain--not-bitcoin--in-bankruptcy (last visited Dec. 19, 2019).

⑤ 参见李中、周思宇、李杨：《审慎变革——区块链与证券市场的未来之路》，清华大学出版社 2018 年版，第 96 页。

区块链技术降低了债权人参与破产程序的技术成本。大型破产企业的债权人遍布全国，他们参与破产程序往往需要承担较高的成本；侵权债权人由于参与破产程序中的非自愿性，也会因参与破产程序的时间和金钱因素不愿申报其债权。区块链技术提供了破产程序债权人参与组织管理的新模式，其可以通过线上投票、直播互动等方式实现债权人的有效参与，最大限度地提升债权人参与破产程序的积极性。①

（二）数据开放实现信息披露透明

1. 数据监控网与债务人交易信息的追溯

区块链技术的核心在于数据的开放性，除了交易各方的私有信息被加密外，市场主体之间的交易行为不再是“仅对某人可见”，而是通过终端互联实现数据共联。公平且有效率的实现债权偿付是破产法内在运行机制的一大特色，为了避免债务人逃避债务，法律对破产程序前的财产转让和破产程序后的财产处置作出明确限制。② 但是，如何鉴别特定交易行为是否符合法律的规制情形需要较强的商业判断。鉴于交易的复杂性和瞬时性，债权人无法实现对债务人财产转让行为的实时追踪。即使债权人发现有关线索，为达到相应的证明标准，仍要在证据证明力上花费工夫。即使债权人大费周章后致使债务人特定交易被撤销或被宣告无效，该债权人也并非直接获益，其潜在收益仍然要遵循财产分配方案或者重整计划的调整，发现成本和行为成本有时往往会导致债权人安于现实不愿追踪。这不仅滋生了债务人破产欺诈行为的蔓延，也不利于市场经济条件下破产法对社会信用体系的构建。

随着区块链技术的发展，任何数字资产的认证、记录、交易和登记都将留下可追溯的交易痕迹。③ 当债务人申请破产时，在区块链技术的“数据监

---

① 参见《杭州余杭区法院首用“区块链 + 钉钉”赋能破产审判高效、可信》，载中文科技资讯网：http：//www. citnews. com. cn/commerce/brand/weixun/201910/103696. html，最后访问日期：2019 年 12 月 19 日。

② 参见《企业破产法》第 31 ~ 34 条。

③ 参见赵增奎：《以区块链技术推动互联网金融稳健发展研究》，载《经济纵横》2017 年第 11 期。

控”下，通过数据追溯，可以筛查出可能存在的欺诈性财产转让行为，债权人无须耗费大量精力寻找相关证据，仅需向法院提交争议交易的信息记录。在破产申请受理后，债务人也难以通过偏颇清偿减损债务人财产，因为对于偏颇清偿行为，区块链技术都会将交易数据及时呈现给管理人和利害关系人，管理人、利害关系人可将此作为向法院申请撤销交易的核心依据。区块链下的算法机制也有助于构建实施监测系统。通过预设交易参数，一旦某一交易行为符合破产法的偏颇清偿行为要件或有损于债权人公平受偿的行为方式，便会触发相应的预警机制，管理人和债权人无须再对债务人的各类交易保持敏锐的嗅觉，也无须花费大量精力寻找充分的证据向法院提出抗辩或听证申请。[①]

2. 实时数据链与债权人知情权的保障

债权人在破产程序中的知情权主要体现在对涉及其利益调整事项的及时知晓，而债权人利益调整事项集中于清算程序中的财产分配方案和重整程序中的重整计划。财产分配方案是企业破产清算的最后步骤，为保障分配的公正和交易安全，应当保障债权人在财产分配方案执行前有充分的知情权，对可能存在不公平分配行为向法院提出抗辩。破产清算程序信息披露的要义是在债权人之间公平地分配财产，保障各项债权确认、财产变现与分配的合法性、合理性。[②] 破产清算程序中的债权人没有对分配方案的投票权，因此事前的信息披露对于债权人及时保护其权利尤为重要。破产重整程序中，重整计划是重整程序的最核心文件，系企业在持续经营过程中对各方权益调整和安排的集中体现。债权人在重整中对企业享有控制权，而债权人行使控制权的前提便是充分享有知情权。[③] 为保障债权人在重整计划表决前能够对重整

---

① See Andrew Helman and Carl Wedoff, *When Blockchain Meets Article 9 And Bankruptcy* (Feb. 9, 2018), https://www.law360.com/articles/1011153/when-blockchain-meets-article-9-and-bankruptcy (last visited Dec. 19, 2019).

② 参见栾甫贵：《破产企业治理结构与破产会计信息质量监控》，载《会计研究》2005 年第 2 期。

③ 参见纪红勇：《浅谈破产重整程序中债权人的知情权》，载《法律适用》2012 年第 11 期。

计划的制定和权益调整的原因有充分的了解，重整前的信息披露是十分必要的。无论是财产分配方案还是重整计划，都具有较强的商业判断色彩。为保障商业判断的诚实信用原则，利害关系人的实时参与能够建立对管理人或自行管理债务人的外部约束机制，促进其依法履责。

区块链技术的发展促进了信息更新的实时性，信息的实时同步使债权人知情权的保障成本大幅降低。区块链系统使用开源的程序、开放的规则和高参与度，区块链数据记录和运行规则可以被全网节点审查、追溯，具有很高的透明度。① 无论是财产分配方案还是重整计划，债权人通过各数据终端都能及时了解资产处置和权益调整的运作方式和操作细节，系统对各阶段程序的实时更新使破产程序中的利害关系人能够克服地理、时间等因素的障碍，保障其信息获取的实时性。在很多区块链节点中，会包含一千个甚至一万个节点，这些节点之间是一个相互备份的过程。② 可以通过点对点网络同步记录数据，实现数据的分布式共享。③ 区块链技术使信息数据的记录不再存储于一台终端中，而是各个终端联网互通并同步，这样实现的是一个持续更新的、没有中心化权威版本的、共同认可的实时记录。④ 破产法要求的信息披露在区块链的安排下做到真实、准确、完整，确保债权人权益调整程序的正当。

（三）加密算法维护破产结果公平

贯彻传统商事法律制度中的“多数决”特色，破产法中的重大事项需要利害关系人的投票表决。表决结果对破产程序的推进与方向选择具有重要意义。表决结果的有效性要求意思表示和主体身份的真实，这在大型破产案件

---

① 参见长铁、韩锋等：《区块链——从数字货币到信用社会》，中信出版集团2016年版，第55页。

② 参见任仲文主编：《区块链——领导干部读本》，人民出版社2018年版，第55页。

③ 参见杨东：《炼金有法——区块链商业实践与法律指南》，北京航空航天大学出版社2017年版，第14页。

④ 参见［美］保罗·维格纳、迈克尔·凯西：《区块链——赋能万物的事实机器》，凯尔译，中信出版集团2018年版。

中尤为重要。特别是跨国企业的破产案件中，囿于地理和时间条件的限制，境外债权人和其他利害关系人在破产程序中发表意见的前提是需要对主体身份加以验证，传统的逐个验证方式不利于破产程序的效率要求。区块链技术能够促进参与结果的公平性。为了保障意思表示的真实性，在重大事项的投票程序中，个体参与者的投票数据都通过高级算法的方式予以加密，个体投票者受影响投票的可能性大大降低。破产管理人也在系统中的每一步操作中都留下数据记录，加之数据的共联与同步，几乎不存在他人在多台存储着投票数据的平台上篡改全部投票数据的情况。此外，在利害关系人作出价值选择时，可以根据算法系统获取权益的调整安排对自己的潜在收益，以决定财产分配方案或者重整计划是否实现其在破产程序中的最佳利益，这将减少其因雇用专业人士辅助决策判断而产生的中介成本。此外，对计算机系统能够根据预设参数计量得出的数据，利害关系人可直接就此作出决策。

表决结果是各方利益博弈的产物，破产程序结果的公平性更加强调过程。表决结果公示后，当个别利害关系人对投票结果提出异议时，法院或者管理人仅需从区块链项下的各数据终端调取投票信息，在验证投票主体身份并确定投票过程的真实性之后，即可判断其投票的有效性。在这一过程中，异议权益人与管理人无须就投票程序本身的公正性展开举证与抗辩，法院也无须花费大量的时间从表决程序开始的各个节点逐一判定投票结果是否真实。根据区块链系统内预设算法，司法裁决关注的焦点转向程序本身是否符合法律规定，进而对投票结果的有效性予以追溯地审验。

三、区块链对破产法的挑战：基于区块链资产的特性

科技的发展本身是一把“双刃剑”。区块链所承载的数据资产价值的易波动性与复合性，致使区块链语境下的破产法面临诸多挑战。破产法适用的门槛、破产财产的确定以及财产处置的传统规制路径在区块链时代都变得摇摇欲坠，急需理论探讨与大胆实践。

（一）破产界限的模糊与厘清：基于区块链资产价值的波动性

破产的实质是债务人丧失债权清偿能力。关于如何认定债务人丧失清偿

能力，各国破产立法主要采取了列举主义与概括主义两种立法方式。[①] 我国《企业破产法》第2条采用了复合式的破产原因，属于概括主义立法模式，即法律仅抽象地规定，当债务人不能清偿到期债务与资产不足以清偿全部债务或者与明显缺乏偿债能力这两个选择项中的任何一个组合在一起，才构成一个完整的破产原因。[②] 复合标准的关键在于企业能否有持续稳定的现金流用于清偿债务。考虑到债权人证明债务人已经丧失清偿能力的难度，法律采用了推定的方式，债权人仅需证明债务人停止偿付或者已经明显缺乏偿债能力，接下来由法院对偿付能力作出司法裁量。[③]

区块链资产中的数据通常呈现出动态变化的特点，资产的价值往往与资产的使用效益呈正相关，加之对于特殊资产例如数字货币而言，在没有得到各国政府普遍承认时，其价值还会受到国家政策和市场参与者的剧烈影响。以作为数字货币的代表比特币为例，其内在价值完全取决于市场参与者的价格感知与预期，金融消费者购买并持有比特币将面临巨大的市场风险，此外还面临操作失误、黑客盗取等非系统性风险。[④] 如何判断企业不能清偿到期债务且资不抵债或者明显缺乏偿债能力，成为区块链企业面临债务危机而打算申请破产保护时需要面对的重要问题，也成为企业债权人申请该企业破产的重要考虑因素。

区块链资产价值的不确定性，致使法院在裁定破产申请时面临困惑：当企业被申请破产时，其往往会举证抗辩未来企业的资产价值的增值可以保障充分的现金流偿还债务，债务人并非终局地丧失清偿能力，当前财务困境可

---

① 参见齐明：《我国破产原因制度的反思与完善》，载《当代法学》2015年第6期；王欣新：《破产法》（第三版），中国人民大学出版社2011年版，第34~35页。

② 参见韩长印：《破产原因立法比较研究》，载《现代法学》1998年第3期；李永军等：《破产法》（第二版），中国政法大学出版社2017年版，第19页。

③ 《最高人民法院关于审理企业破产案件若干问题的规定》（法释〔2002〕23号）第31条第2款明确指出，债务人停止清偿到期债务并呈连续状态，如无相反证据，可推定为“不能清偿到期债务”。

④ 参见杨东：《炼金有法——区块链商业实践与法律指南》，北京航空航天大学出版社2017年版，第261页。

以理解为暂时的市场波动。依据企业当下会计报表等实时数据判断企业的偿债能力，债务人在当下处境符合破产条件；[①] 若用动态的视角评估企业的价值，考虑到数据、数字货币等特殊资产的存在，既有破产界限的结论将存在较大不确定性。在司法裁量时，法院可以借助诉讼法中有关证明标准的理论，在企业的区块链资产存在未来显著增值的可能时，债务人认为其不符合破产条件的抗辩应当达到更高的证明标准，必要时或可采用刑事诉讼中排除合理怀疑标准。高门槛的证明标准，有利于使确无清偿能力的企业及时进入破产程序，使得真正有潜在增长实力的债务人通过成功举证摆脱破产申请对企业正常运营带来的消极影响。

（二）破产财产的排除与识别：基于区块链资产构成的复合性

1. 破产财产的确定与区块链资产保密性的矛盾

区块链的特色在于“链”，数据存储不再是“独树一帜”而是“融会贯通”，通过分布式共享机制将各方数据连接起来。区块链技术的发展得益于数据库技术的支撑，[②] 数据在区块链的运行中发挥着重要作用，数据资产也成为区块链的重要资产表现形式。与一般的有体物不同，数据本身并非来源于单一个体自己的创造，而是通过记录、调取和加工形成的“行为分析产物”。以“一站式”区块链医疗服务为例，个体居民凭借其存储在区块链内的有关个人数据，无须再在不同科室重复检查，就医效率有效提高。这些就医数据往往也会同社会保障部门、保险类金融机构共享，以实现社保政策和保险条款的有效执行。这些基于个体行为产生的数据通常具有较强的私密性，承载着个人隐私数据或商业秘密。区块链的加密技术能够有效保护这些数据不外泄，其自身的算法机制能够从运行层面防止数据被不法侵入。通过数据加密的方式，区块链技术得以将特定的数据信息存储于众多网络计算机之上，

---

① 《最高人民法院关于适用〈中华人民共和国企业破产法〉若干问题的规定（一）》第3条。

② 参见管同伟：《区块链在资产证券化风险控制中的应用研究》，载《新金融》2018年第1期；徐闲：《区块链与保险创新：机制、前景与挑战》，载《保险研究》2017年第5期；王晟：《区块链式法定货币体系研究》，载《经济学家》2016年第9期。

实现数据信息的共享，消除了单一存储模式下的数据丢失难题。① 智能合约最突出的特点是可以自动实施预设的合约内容，当满足代码中的条件时，程序将触发预设的操作。② 但是，当这些数据的持有者申请破产保护时，这些数据与智能合约也应当被看作债务人资产而受到自动中止原则的保护。进入破产程序后如何及时中止原有智能合约导致的财产转移，是解决智能合约的自动执行与自动中止原则保护债务人财产之间的冲突之关键。此外，数据资产的价值属性通常可作为债务人对外融资担保的担保物，但是，由于数据资产强烈的时间价值属性，如果管理人没有及时更新或者处分持有的数据，其内在价值会显著减低，担保权益人也会就此要求债务人提供更加充分的财产担保。为了确保在保护个体信息数据的同时实现债务人财产价值的最大化利用，促进管理人优化债务人财产结构和财产运营方式，保障债务人企业持续经营获得持续充分的现金流支持，破产程序中数据财产的确定与数据信息的保护成为一对潜在的矛盾。

2. 破产企业区块链资产双重属性的分离

数据资产以代码的形式存储在不同的节点上，数据持有者的范围不仅包含数据原始采集对象，还包括在此基础上加工、处理的信息使用者。由于区块链数据共同识别机制的存在，区块链上的任意智能合约代码和状态必然要求公开，③ 数据产生者的个人信息和企业基于此创造出的数据财产相互交织。在区块链企业进入破产程序后，其首先面临的问题是企业在区块链中所拥有的哪些数据属于破产财产。如果笼统地将债务人持有的全部数据资产纳入破产财产池中，将会显著影响未来财产分配时各类债权人的分配比例和债权人的受偿金额。以网络购物场景为例，消费者是消费记录的创造者，电商企业是消费数据的记录者和加工者，电商企业通过分析消费行为获得有关消费者

---

① 参见张玉洁：《区块链技术的司法适用、体系难题与证据法革新》，载《东方法学》2019 年第 3 期。

② 参见陈吉栋：《智能合约的法律构造》，载《东方法学》2019 年第 3 期。

③ 参见蔡一博：《智能合约与私法体系契合问题研究》，载《东方法学》2019 年第 2 期。

的消费偏好和消费理念，进而改进和优化其营销模式。如果将消费者看作数据的所有权人，则消费者对该数据资产具有完全的所有者权益，电商企业与消费者之间仅成立信息保管合同法律关系，故电商企业的债权人对该资产不会享有任何的破产利益。然而，如果将该数据定位债务人财产，消费者成为债务人的潜在债权人之一，应当与其他同类债权人按照特定比例对债务人财产享有破产财产分配利益。

在确定破产企业的区块链资产时，应当首先剥离出企业不享有所有者权益的数据信息，这些数据信息通常因具有强烈的个人私密性而受到了其他网络安全法律和个人信息法律的保护，其处分行为也受到严格限制。① 破产管理人在区分数据资产和数据信息时，可以借鉴知识产权法领域有关作品“独创性”的定义，区分收集形成的数据样本与智能分析形成到数据加工成果，留下具有经济价值的数据加工“作品”。对于难以按照前述识别方法剥离的数据资产，破产管理人应当按照《民法典》《网络安全法》等规定，告知相关权利人可能发生的包含个人信息的数据处分行为，再征得权利人同意后遵循债务人财产处置的一般规则；权利人不同意财产处置的，应当及时将该数据剔除出债务人财产，通过加密处理等方式予以妥善保存。在对企业的数据资产作价评估时，管理人应当结合数据资源合成的难易程度、数据自身的可获取性与稀缺性以及数据基础的可变动性等因素综合考虑。此外，区块链系统是开放的，除了交易各方的私有信息被加密外，区块链的数据对所有参与者公开，任何参与者都可以通过公开的接口查询区块链数据和开发相关应用。② 区块链的开放性使区块链上的信息共享者对于每个节点所拥有的数据

---

① 个人信息的使用受到现行法的严格规制，《网络安全法》第44条规定，任何个人和组织不得窃取或者以其他非法方式获取个人信息，不得非法出售或者非法向他人提供个人信息。《民法总则》第111条规定，自然人的个人信息受法律保护。任何组织和个人需要获取他人个人信息的，应当依法取得并确保信息安全，不得非法收集、使用、加工、传输他人个人信息，不得非法买卖、提供或者公开他人个人信息。可见，个人信息可以视为一般的财产作为交易标的物，因此个人信息具备财产法上财产权保护基础。

② 参见杨东：《炼金有法——区块链商业实践与法律指南》，北京航空航天大学出版社2017年版，第14页。

资产一目了然，近乎透明的资产分布和数量拥有状况，减小了信息不对称导致的估值偏差，资产评估作价不再是债务人企业的“一言堂”，价值的公允性不再具有强烈的争议。应当区分破产申请后数据资产的增值部分和破产申请前数据资产的累计价值。部分数据资产的长期收益远高于短期收益，有时需要更长的时间投入才能实现更大的收益。管理人在确定数据资产池的价值时，应当充分考量不同类型的数据资产价值的增值模型，对于远期收益显著的数据资产，应当从公平原则的角度出发，运用商业判断规则对评估作价后资产价值适当调整，将远期的资产增值反映在当前资产的现值中，必要时还可以求助司法裁量权对评估结果予以确认和复核，保障评估结果的公正性。

（三）破产财产的定性与处置：基于区块链资产功能的双重性

拥有区块链资产的企业进入破产程序后，需要面对的另一个棘手问题是对数字货币属性的认定。数字货币目前还没有普遍的学术定义，一般认为，数字货币是电子货币形式的替代货币，依靠校验和密码技术来创建、发行和流通的电子货币。[①] 数据资产是基于日常经济行为产生的经济数据，可以作为商品交易的标的物实现其价值。与数据资产不同，数字货币不仅承载着虚拟数据，还可能承担着交易流通的角色，可以直接使用数字货币购买区块链资产。在处置数字货币资产时，面对价值资产和货币流通的双重角色，一个关键的前置问题在于应当将数字货币视为商品还是货币。两种不同的对待方式，将会影响破产财产的价值，导致债权人的预期清偿收益显著不同。若作为商品，按照《民法典》“物权法编”的规定，企业可以在日常经营中以该商品的价值为基础设立担保物权，企业在转让该资产时，该资产之上的担保物权将一并转让。在破产程序中，当债务人存在欺诈性财产转让或通过偏颇性清偿行为使个别债权人获得优位受偿或实质提高其获偿比例时，管理人可以撤销该交易行为，要求该行为的获利一方返还财产或赔偿因财产转让行为

---

① 参见樊云慧、栗耀鑫：《以比特币为例探讨数字货币的法律监管》，载《法学论坛》2014 年第 7 期。

给破产财产造成的损失。按照破产法的基本原理，破产财产的价值应当包括截至债务人进入破产程序前的全部价值，因此法院在计算因欺诈行为或者个别清偿行为导致的破产财产的损失时，应当包括转让时的财产价值和转让后该资产的增值两部分。如果将数字货币视为货币，根据货币作为一般等价物的基本属性，货币在流通中的增值不能归属于前任货币持有者的持有收益，而应当视为货币流通的应然结果。因此，管理人此时仅能恢复转让该数字货币时的实时币值。受到数字货币价值波动的影响，财产转让行为无效或撤销给破产财产带来的影响也存在较大不确定性。

当前，各国对数字货币的认定态度不一。2013 年，中国人民银行联合证监会等部委联合发布的有关防范比特币风险的文件中明确指出，比特币“不是由货币当局发行，不具有法偿性与强制性等货币属性，并不是真正意义的货币……应当是一种特定的虚拟商品”。① 倘若依据前述定义，将数字货币作为虚拟商品，其性质应当属于《民法典》第 127 条中的数据资产，在破产程序中可以通过拍卖的方式变价出售。② 考虑到一国货币金融体系的稳定和安全，市场经济体系的完善与区块链配套法律、财政制度尚未建立，将数字货币认定为流通中可交易的货币尚需时日。破产法有关财产转让的法律规则也应随着数字货币定位的发展而进一步细化，针对货币资产的处置予以针对性回应。

四、区块链对破产法的替代：法庭外协商机制的勃兴

破产事件的法律整理在维持破产处理的恰当性上不可缺少，但也不能因此而期待所有的破产都由法律整理来完成，也不能抱有这样的期待，正如并非所有的纠纷都能希望由诉讼程序来解决一样。③ 替代机制的存在使破产法

---

① 详见中国人民银行等机构颁布的《关于防范比特币风险的通知》（银发〔2013〕289 号）。

② 《民法典》第 127 条规定，法律对数据、网络虚拟财产的保护有规定的，依照其规定。《企业破产法》第 112 条规定，变价出售破产财产应当通过拍卖进行。但是，债权人会议另有决议的除外。破产企业可以全部或者部分变价出售。企业变价出售时，可以将其中的无形资产和其他财产单独变价出售。

③ 参见［日］伊藤真：《破产法》，刘荣军、鲍荣振译，中国社会科学出版社 1995 年版，第 22 页。

在处置债权债务关系方面不再“独领风骚”，但传统替代机制也存在集体行动困境等烦恼。智能合约的出现有力地解决了传统替代机制的困惑，促使替代机制有机会在实践中为各方接受，成为与破产法分庭抗礼的债权债务高效处置机制。

（一）破产法与其替代机制的争鸣

以集体清偿解决机制作为安身立命的破产法存在一些可商榷之处。破产法将企业视为简单财产集合的理解过于简单粗暴。破产法认为企业无非是一个资产池，[①] 破产法的目的在于确保债权人之间对公司资产的争夺有序化。但不可否认，企业员工的人力资本、企业多年与供销商形成的关系网等同样是公司的一种价值，且这些价值甚至更为重要。科斯便认为，在那些劳动者间的协同效率优于市场机制作用的领域，公司始得诞生。[②] 债权人仅聚焦资产池的瓜分，漠视运营价值的维系，忽略企业破产清算后资产价值会因拆分变卖而显著降低，乃至不赞成重整程序的实施，这种不顾债务人的长远利益而选择直接套现了事的做法并不明智。破产法认为资不抵债的债务人在面对公司失败时始终无所作为，未能重视债务人对破产机制的积极影响。债务人始终笼罩于债权人权利行使的阴影下，不能发挥任何作用。但是，债务人能否在公司破产前就有所作为，达到劝阻债权人对于公司财产竞相追逐的效果？能否在事前便能规避其资产因债权人的侵夺而缩水的风险甚至其被拆分的厄运？债务人这种事前的解决方案是否能替代破产法仅能作为最后诉诸手段的无奈？[③] 对这些疑问，破产法难有令人满意的回答。

传统上的破产法替代机制指法庭外协商机制，又称为庭外重组、非正式庭外程序或非正式和解。法庭外协商机制是指陷入财务困境的企业与其债权

---

① See Douglas G. Baird & Robert K. Rasmussen, The End of Bankruptcy, 55 *Stan. L. Rev.* 751, 772 (2002).

② See Ronald H. Coase, The Nature of the Firm, *Economica*, Vol. 4, p. 386 (1937).

③ 有数据表明，债务人并不都是消极被动的。特别是在资产几近亏空时，债务人表现得颇为积极主动。See James W. Bowers, Groping and Coping in the Shadow of Murphy's Law: Bankruptcy Theory and the Elementary Economics of Failure, 88 *Michigan Law Review* 2097, 2114 (1990).

人之间以协议的方式，对企业进行债务调整和资产重构。[①] 与依赖法院强制力处置债权债务的破产程序不同，法庭外协商机制的最大特点是所有争议均置于各当事人的完全意思自治之下解决，无须外力干涉。由此，各方当事人能够随时随地就其债权债务安排展开磋商，采取多种多样的债务清偿手段，实施弹性开放的重组计划，无须受到诸多约束。鉴于债务人的资产池所剩无几，从成本—收益的视角出发，债权人倾向于选择迅捷、轻便的解决途径——费用低廉的法庭外协商机制。更难能可贵的是，法庭外协商机制无须像破产程序一样接受公开调查与外部监督，各方最终达成的合意不会减损债权人与债务人的信用与声誉，也不会影响债务人企业的经营运转。

法庭外协商机制的致命缺陷在于"钳制"问题与"搭便车"问题。每个债权人的信用、分担风险能力、债权数额有所区分，他们对债务人的诉求或迥然不同，满足法庭外协商机制的债权人一致同意的要求较为困难。由于缺乏保障各方达成协议的外在强制措施，一个债权人的异议将使得其他债权人的艰辛努力化为泡影。于是，该债权人便会以此要挟其他债权人给予其优待，这即是所谓的"钳制"问题。债权人越多，"钳制"问题自然越严重，直至法庭外协商机制最终"破产"。此外，债务人财产类似于一个为满足所有债权人获得清偿的公共物品。当一群理性人聚在一起想为获取某一公共物品而奋斗时，其中的每一个人都可能想让别人去为达到该目标而努力，而自己则坐享其成，这即是所谓的"搭便车"问题。[②] 当一些债权人通过让步和努力达成法庭外协议时，未参加协议的债权人或可能单独发起对债务人企业的追偿行动，这样捷足先登的协议"破坏"行动会导致已经达成的庭外协议前功尽弃。

（二）智能合约驱使破产法沦为"备用规则"

破产法以虚拟协商论作为其理论前提，预设债权人之间的真实协商过程

---

① 参见胡利玲：《困境企业拯救的法律机制研究——制度改进的视角》，中国政法大学出版社2009年版，第143页。

② 参见［美］曼瑟尔·奥尔森：《集体行动的逻辑》，陈郁、郭宇峰、李崇新译，格致出版社、上海三联书店、上海人民出版社2014年版，第9页。

耗时费力，且由于其中夹杂着个人利益而难以达成，于是将破产机制作为各方一致同意的解决集体清偿困境的框架。[①] 法庭外协商机制成本更低、针对性更强、效用更高，但其在实际操作时容易因债权人之间利益的龃龉出现集体决策困境。倘若如果有一种方法确保大型公司的众多债权人之间、债权人与债务人之间能够达成和履行协议，并设定行之有效的监督措施，那么各方当事人便不用通过司法程序即可公平受偿，讲求程序正义的破产法便失去制度优势，让位给灵活、简单、便捷的新型争端解决框架。区块链中智能合约的出现，顺应了债权债务争端解决的理想设想。随着区块链这一崭新机制的普及，未来或出现破产法退出历史舞台的一幕。

作为"去中心化"应用的基础，区块链 2.0 阶段中出现了智能合约机制，该机制威胁破产法的地位，促使法庭外协商机制有机会重燃生机。智能合约的概念早于比特币产生，是专属于区块链的概念。[②] 区块链与比特币这两个概念本没有联系，直至比特币被发明，其利用智能合约交易，智能合约则利用比特币的分布式分类账运作自治权。[③] 智能合约像一个沙盒，将债务人与全部债权人全部框在其中。债务人状况对联盟内成员可视，各方的追讨及偿债信息透明。由于各个债权人的反制行动或擅自行动能够轻易被其他债权人察觉，信息不对称问题在各个债权人之间得以消除，他们无须陷入"囚徒困境"。此时，理性的债权人会在事前就债权债务处置事项达成协议。在企业出现资不抵债情形时，完全由计算机代码控制的智能合约能够确保法庭外协议自动执行。智能合约机制与企业的契约属性不谋而合。契约"不过是有关规划将来交换的过程的当事人之间的各种关系"。[④] 随着契约的"期限和

---

① See Thomas H. Jackson, *The Logic and Limits of Bankruptcy Law*, Bear Books, pp. 14 - 17 (1986).

② See Nick Szabo, *The idea of Smart Contracts*, https://nakamotoinstitute.org/the-idea-of-smart-contracts/, last visited on Dec. 20, 2019.

③ See VitalikButerin, *A Next-Generation Smart Contract and Decentralized Application Platform*, http://lambda-the-ultimate.org/node/5003, last visited on Dec. 20, 2019.

④ ［美］麦克尼尔：《新社会契约论》，雷喜宁、潘勤译，中国政法大学出版社 1994 年版，第 4 页。

复杂性”逐步增强，传统的新古典契约调整过程被具有更彻底的交易专用性、持久管理特征的关系契约论所取代。[①] 关系契约论认为，赋予企业所谓“人格”只不过是为了方便起见，它本身并非现实的人。[②] 公司乃为契约各方预期的产物，其本质是一系列相互关联契约的固化。公司的功能在于节省市场中的交易费用，[③] 是市场参与者在价格机制作用下，不必就公司内部同他合作的一些生产要素签订一系列的合约，而用一组契约束代替若干较短期合约而成立的指导资源配置的机构。[④] 劳动者、股东和债权人分别为公司提供劳动、股权和债权资本，均以从公司获得预期回报为目的。例如，当债权人与公司签订贷款协议时，协议条款中有关利率、偿还方式和违约责任的约定事实上或多或少地体现了债权人对公司的破产预期和风险考量。以贷款利率为例，债权人对贷款利率的谈判，必然会考虑其收回贷款的概率和大小：若公司稳健经营，债权人便趋之若鹜；若公司危如累卵，则贷款利率必然水涨船高。只要贷款协议对公司破产风险和破产处置的约定完全且明确，债权人便会理性判断，作出符合市场规律的最佳决策。[⑤] 当公司陷入破产境遇时，诸如债权收益、投资期限、违约责任等事项自然要受到既有契约束的安排，贷款契约的条款当然继续有效，债权人与破产公司彼此应当信守契约或通过修正契约条款重新分配权利义务。“公司和利益相关人比破产法官更能洞悉何种行为能为他们带来最大效益。”[⑥] 由于反复博弈后的契约最能彰显各方意

---

① 参见［美］罗纳德·科斯：《企业的性质》，载［美］兰德尔·S. 克洛茨纳、路易斯·普特曼编：《企业的经济性质》，孙经纬译，格致出版社、上海三联书店、上海人民出版社2015年版，第112页。

② 参见［美］弗兰克·伊斯特布鲁克、丹尼尔·费希尔：《公司法的经济结构》（中译本）（第2版），北京大学出版社2014年版，第13页。

③ 张维迎：《企业理论与中国企业改革》，世纪出版集团、上海人民出版社2015年版，第56页。

④ 参见［美］罗纳德·哈里·科斯：《企业、市场与法律》，盛洪、陈郁译，格致出版社、上海三联书店、上海人民出版社2009年版，第7页。

⑤ See William H. Meckling, Financial Markets, Default, and Bankruptcy: The Role of the State, *Law & Contemporary Problems*, Vol. 41, pp. 13, 21 (Autumn 1977).

⑥ Marshall E. Tracht, Contractual Bankruptcy Waivers: Reconciling Theory, Practice, and Law, 82 *Cornell L. Rev*. 301, 329 (1997).

旨，法庭外协议使得各方无须守约成本，破产法存在的意义就大幅度下降了。[①]

法庭外协商机制勃兴后，破产法演变为一套在公司资不抵债时，为利益各方提供纷争处理的“备用规则”。“没有任何事情暗示，这种规范破产程序必须由政府规定，而不能由有关各方自己来制定。”[②] 与赋权性规则、强制性规则并列，备用性规则是指当事人只要不排除适用就发挥效力的规范。[③] 比如，若债权人在与公司的合同中并未约定诉讼未决的债权可否作为破产债权进行申报，则可适用破产法准许未决债权进行申报的一般规则。[④] 经过补充协议，债权人与公司也可排除破产法的规定，不承认未决债权作为破产债权。破产法从未试图取代当事人之间的谈判，其作用仅相当于一个现成可用的标准契约，为债权人提供公司支付不能时的债权回收预期和受偿程序。破产法实行“选择退出原则”（opt out principle）[⑤]，即公司契约的当事人可随意改变破产法条文，根据自身需要享有恣意跳出公司法束缚的选择权。在智能合约出现前，破产法是市场经济下理性人对成本收益的自然选择，是将被证明是最有效的契约安排以法律文本的形式为世人周知。伴随着区块链技术的成熟与智能合约的普及，破产法将沦为当事人因种种原因未予签订法庭外协议的候补争端解决机制。毕竟，破产法由具有丰富经验的立法者拟定，“将公

---

① 其实，成熟市场国家大约只有一半受困企业会申请进入破产程序。See Stuart C. Gilson, Bankruptcy, Boards, Banks and Blockholders, 27 *Journal of Financial Economics* 353, 306 (1990).

② ［美］奥利弗·哈特：《企业、合同与财务结构》，费方域译，格致出版社、上海三联书店、上海人民出版社 2006 年版，第 198 页。

③ 梅尔文·爱森伯格（Melvin Avon Eisenberg）将公司法规范分为赋权性、补充性或缺省性和强制性规范，参见［美］梅尔文·爱森伯格：《公司法的结构》，汪辉敏、历镛译，载吴敬琏主编：《比较》（第十四辑），中信出版社 2004 年版，第 125 页；布莱恩·R. 柴芬斯（Brian R. Cheffins）将公司法规范分为许可适用（可以）、推定适用（可以放弃）和强制适用（必须和必须不）规范，参见［加］布莱恩·R. 柴芬斯：《公司法：理论、结构与运作》，林华伟、魏旻译，法律出版社 2001 年版，第 234 页。两种分类基本相同，其中的补充性或缺省性以及推定适用（可以放弃）即为备用性规范。

④ 《企业破产法》第 47 条。

⑤ 参见［美］杰弗里·N. 戈登：《公司法的强制性结构》，载［美］弗兰克·H. 伊斯特布鲁克等：《公司法的逻辑》，黄辉编译，法律出版社 2016 年版，第 54～55 页。

司历史演进中沉淀下来的市场智慧，转化为公共产品，向公司参与方提供”,[①] 一定程度上节省了社会资源。

结 语

人类迎来区块链时代。对于破产法而言，这是最好的时代，也是最坏的时代；破产法在其面前应有尽有，也在其面前一无所有。区块链时代的破产法，面临如此多地不确定。一方面，破产法能够和区块链共生共荣。作为一种更加优秀的记录系统，区块链的分布式记账特质有效扩充了破产法的信用疆域，强大算力提升了破产程序运转功率，降低债权人之间、债权人与债务人的交易成本。另一方面，套用密码朋克（cypherpunk）运动创始人之一蒂莫西·梅（Timothy May）于1988年对人类的警告，“幽灵正萦绕着现代世界”,[②] 幽灵正萦绕着破产法世界。历经数千年发展宛若磐石的破产法大厦面临倾覆危机，盖因以去中心化为核心特质的区块链动摇了破产法的集体清偿根基，与破产法的“公共池塘”理念背道而驰。

面对区块链带来的重重挑战，坐以待毙不是破产法的风格。历史上，破产法曾面对数次危机，但其都转危为安，成功转型。破产法紧扣社会经济发展脉搏，历久弥新。适应奴隶社会与封建社会的义务本位理念，破产法自诞生起就采取破产惩戒主义，在要求债务人承担财产责任之外，还对其施以人身上的苛责。伴随启蒙运动与天赋人权思潮，破产免责主义大行其道，破产惩戒主义宣告终结。20世纪中叶，当代表雇员、消费者、社区环境等的社会政策论成为主流学说后，破产法遂萌发出促使企业重生的再建型债权债务解决制度——破产重整制度。破产法由单纯保障债权人利益的一元论立法宗旨及时调整为维护社会公共利益的多元论立法宗旨，破产法从企业肢解法一跃

---

① 罗培新：《公司法强制性与任意性边界之厘定：一个法理分析框架》，载《中国法学》2007年第4期。

② Timothy May, *The Crypto Anar-chist Manifesto*, https://activism.net/cypherpunk/crypto-anarchy.html, last visited on Dec. 18, 2019.

变为企业拯救法，纯粹的事后危机处置不再是破产法的唯一职能，破产预防理念深入人心。面对区块链带来的强力挑战，破产法唯有抱着壮士断腕的决心，精简僵化呆板的程序设计，优化烦琐冗杂的财产管理手段，融入崇尚自治的自由观念，拥抱互联网时代给破产法带来的制度红利，大刀阔斧地对破产法实施改革，以增强破产法的吸引力、影响力、竞争力。历经数千年洗礼的破产法在面对数次时代大潮中一直与时俱进，其在区块链时代仍能迎难而上，实现蜕变。

第九章　破产法与财政法：以软预算约束为视角

破产法在清理“僵尸企业”、淘汰落后产能，将资源要素从严重资不抵债或增长空间有限的产业中释放出来方面，发挥着举足轻重的作用，是供给侧结构性改革的重要依托。2006 年修订通过的《企业破产法》承载了人们过多愿景。立法者十年磨一剑，认为《企业破产法》将大大加快中国法律体系的市场化进程，显著增强市场信心，并自信《企业破产法》将会是世界上最为先进的破产立法，拥有极佳的实践市场。① 然而令人困惑的是，《企业破产法》实施以来，虽然破产案件受理数量触底反弹，但仍然不甚理想。我国每千家公司进入破产程序的数量仅为 0.11 户，显著低于西欧国家平均 70 户的水平。②

立法预期与司法实践的显著差异已引起破产学界和实务界的关注，一些文献剖析了我国破产立法与实践脱节的现状，对破产立法和司法实践具有一定的指导意义。③ 然而这些论述并未聚焦破产法功效不佳的根本原因。当前

---

① 参见李曙光、王佐发：《中国破产法实施三年的实证分析——立法预期与司法实践的差距及其解决路径》，载《中国政法大学学报》2011 年第 2 期。

② 参见中国政法大学破产法与企业重组研究中心整理：《中国破产案件总体数据（2002—2019 年）》，载李曙光、刘延岭主编：《破产法评论（第 2 卷）：营商环境与破产重组》，法律出版社 2021 年版，第 437 ~ 438 页；Creditreform Economic Research Unit，Corporate Insolvencies in Europe（2013 - 2014），Creditreform Economic Research Unit，2014，p. 5.

③ 例如，有学者认为思想、法院、管理人制度、税收等因素是造成我国破产案件受理数量下降的原因。参见王欣新、徐阳光：《中国破产法的困境与出路——破产案件受理数量下降的原因及应对》，载《商事审判指导》2014 年第 1 期。有法官认为破产程序启动资金不足、企业注销手续烦琐、破产企业税负过重等是案件逐年萎缩的症结。参见刘敏：《破产文化暨破产制度的构建——在第六届中国破产法论坛上的发言》，载王欣新、郑志斌主编：《破产法论坛》（第九辑），法律出版社 2015 年版，第 11 页。

市场经济下，我国破产法难有用武之地的症结在于企业经营失败处置过程中的成本外部化问题，即破产清算程序的软预算约束（soft budget constraint）现象。[①] 本章以预算约束理论为视角，在剖析我国破产清算程序存在的缺陷后，试图在制度设计与观念层面上实现破产清算程序软预算约束的硬化，希冀对我国破产法理论及实施完善有所裨益。

一、分析框架：破产清算程序的软预算约束与硬预算约束

软预算约束借用了微观经济学中与消费者行为决策有关的预算约束概念。消费者多种多样的偏好与面临约束之间的冲突决定了消费者对于具体商品的独特选择。在消费者面临的众多约束中，由消费者收入决定的预算约束是最重要的构成类型。[②] 消费者在购买商品时，不能超过其可获得的资金来源，必然会受到收入水平和市场上商品价格的限制，这就是预算约束。[③] 预算约束具体划分为软预算约束与硬预算约束两种类型，判定标准主要有：企业是否是其投入品和产出品的价格接受者，在税收征收数额或日期上是否有企业可以获得豁免，企业内部是否存在用以弥补日常开支费用的国家或其他方面的无偿拨款，企业是否完全依赖自有资金以及企业投资是否存在外部资金来源。[④]

软预算约束最早被用来描述一种状态：国有企业即便持续亏损也能生存下去，因为国家总是不断地、仓促地给予救助。当国有企业的经理或厂长在企业经营不善、举步维艰时，并不会担忧企业步入倒闭的险境，也不会有增

① 软预算约束是由匈牙利经济学家雅诺什·科尔奈于 1980 年在研究东欧国家经济转型时提出的概念，用来解释计划经济中的短缺现象。See Kornai J.：The Economics of Shortage，North Holland，1980.

② 参见［美］罗伯特·S. 平狄克、丹尼尔·L. 鲁宾费尔德：《微观经济学》（第七版），高远等译，中国人民大学出版社 2009 年版，第 79 页。

③ See N. Gregory Mankiw，*Principle of Microeconomics*，（Third Edition），South-Western，p. 393（2004）.

④ See J. Kornai，Resource-Constrained versus Demand-Constrained Systems，47 *Econometrica* 806（1979）.

加利润、优化结构和提高生存率以迎合市场的激励，因为国家往往会通过税收优惠、注资或补贴等措施确保国有企业得以生存。软预算约束的存在导致国有企业对投入的需求具有无限增长的趋势，软预算约束是造成社会主义国家普遍短缺的主要原因。① 软预算约束理论现已发展成一个基本的分析框架，其内涵也调整为受困经济体借助外部组织的救助而产生的利润外溢或亏损转嫁，即企业的成本由其他机构承担。在对地方政府的乱收费和乱摊派、股票与债券的风险衡量、金融危机中的困境金融机构救助、金融制度对经济增长的影响以及高等学校办学自主权等研究方面，软预算约束理论均能提供令人信服的支撑。② 在软预算约束的分析框架中，受困经济体被称为预算约束体，外部组织被称为支持体。比如，中央银行若通过再贷款等方式向系统重要性银行提供流动性或注资，帮助其免于倒闭，则中央银行可以作为支持体，商业银行相对应地被称为支持体。

与软预算约束相对应的是硬预算约束。硬预算约束是指依据企业的资金运用不能超过资金来源的原则对经济主体行为的限制。③ 硬预算约束是经济学理论的一个基本假设前提，预设所有的生产者和消费者均应在硬预算约束环境中活动。在一般情形下，市场上的每个企业均应受到硬预算约束，这是“看不见的手”机制发挥作用的隐含推论。企业应以其掌控的资源和盈利能力为边界，有效调控支出和负债规模，不应让利润外溢或亏损转嫁。硬预算约束的实质是优胜劣汰的市场机制。

硬预算约束与软预算约束在作用机制上存在如下分野。首先，硬预算约束下，企业成本投入和销售利润直接关联到企业的生死存亡，“产品为王”是企业成功的唯一准则；在软预算约束下，企业因可以获得政府税收减免或

---

① 参见［匈］雅诺什·科尔奈：《增长、短缺与效率》，潘英丽译，商务印书馆2013年版，第25页。

② 参见周雪光：《“逆向软预算约束”：一个政府行为的组织分析》，载《中国法学》2005年第2期；苏洁澈：《英美银行破产法述评——以银行特殊破产制度为中心》，载《环球法律评论》2013年第2期；曹淑江：《高等学校的软预算约束与财务自主权》，载《高等教育研究》2005年第10期。

③ 参见厉以宁主编：《市场经济大辞典》，新华出版社1993年版，第477页。

国家的财政拨款，并不担心产品营销与经营绩效，反倒更关心能否从外界获得额外资源，这可能滋生权力寻租的弊端。其次，企业在硬预算约束的框架下具有向死而生的危机感，其对于市场环境的风吹草动反应灵敏，通过及时调整经营策略能够适应价格涨跌；在软预算约束下，企业往往具有即使经营不善也会有其他“外援”托底的预判，不可避免地导致企业机构冗余，员工人浮于事，经营层对于产品转型升级时机动作迟缓，进而引发企业滑向产品滞销的泥沼。最后，企业在硬预算约束下受到利润和购买投入品价格的限制，自行承担经营失败的后果；而在软预算约束下，企业即使已停产、半停产、连年亏损、资不抵债，仍然可以通过政府补贴和银行续贷维持经营，这即是产生“僵尸企业”的根源。

破产法作为企业有序、有效、公正退出市场的保障，担负着实现硬预算约束最后也是最重要的一环。破产机制是对市场主体的“硬约束”，是市场经济下企业优胜劣汰的净化器，其能去粗取精，淘汰痼疾，过滤污浊的雾霭，促进整个社会有机体的健康活力。而破产法则是这种硬约束的法律保障。历史经验证明，没有行之有效的破产法，市场经济共同体就会发生脑血栓、心肌梗死等恶劣后果，其他市场经济法律很难有效地发挥作用，从这个意义上说，破产法是市场经济中其他法律的前提。[①] 若破产程序因外部诸多力量的干涉而难以启动，将使得确保企业正常经营时预算约束得以硬化的各种机制均前功尽弃。若破产程序启动后，债务人得益于支持体而将亏损转嫁，那么预算约束软化将产生债权人之间利益分配严重不均的后果，债权人竞相逐利的集体选择困境将严重冲击破产法存在的根基——实现破产财产有序、有效、合理地在权利人之间得到分配。[②] “一种软行为约束（排除某些例外的情况）绝不可能是有效的。”[③] 应当对破产清算程序的软预算约束采取硬化措施。

---

① See Alan C. W. Tang, *Insolvency in China and Hongkong*: *A Practitioner's Perspective*, Sweet & Maxwell Asia, 2005. Foreword.

② 破产财产的合理分配是破产制度的核心所在。See Elizabeth Warren, Bankruptcy Policy, 54 *U. Chi. L. Rev*. 785 (1987).

③ ［匈］雅诺什·科尔奈：《短缺经济学》（上卷），经济科学出版社1986年版，第34页。

二、事实表现：破产清算程序的制度性软预算约束与政策性软预算约束

当代经济学理论认为软预算约束是市场经济的基本特质之一，通过明确的法律制度或较为随意的政策指引表现。[①] 相应地，本章将源于破产法规定而使得预算约束体的成本非由自身承担的制度安排称为制度性软预算约束；将缺乏明确实施标准和条件而由支持体相机实施的非法律规定的安排称为政策性软预算约束。

（一）破产清算程序的制度性软预算约束

作为我国特色主体的国有企业在破产法上一直享有优待。在着手制定1986年《企业破产法（试行）》过程中，人们最为担心的问题之一是：制定和实施破产法后，企业破产现象会不会因此而增加。[②] 破产法在内部酝酿阶段就发生激烈的争论。[③] 事实上，我国制定破产法的最初指导思想是利用破产制度来促进经济体制改革，并不希望看到大量企业破产倒闭。[④] 比如《企业破产法（试行）》规定，公用企业和与国计民生有重大关系的企业，政府有关部门给予资助或者采取其他措施帮助清偿债务的，不予宣告破产。[⑤]《企业破产法（试行）》充斥着政府通过行政权力避免企业破产的立法思路。[⑥]

国务院自1994年起对纳入国家计划调整范围内的国有企业实施政策性破产。政策性破产将债务人财产优先安置劳动者，突破了《企业破产法（试行）》的规定。比如依照政策性破产处置的国有企业土地使用权所得应作为安置费用优先安置劳动者；而适用普通破产程序的企业，其中通过划拨方式

---

① 参见崔之元：《“看不见的手”范式的悖论》，经济科学出版社1999年版，第95、96页。

② 参见袁木：《关于制定企业破产法的几点认识》，载《人民日报》1986年12月6日。

③ 甚至在全国人大召开第一次会议讨论《企业破产法（试行）》时，51名发言者中只有10人赞成通过。参见董胜：《大胆突破——中国企业破产成为现实》，吉林出版集团有限责任公司2010年版，第16页。

④ 参见邹海林：《破产程序和破产法实体制度比较研究》，法律出版社1995年版，第41页。

⑤ 《企业破产法（试行）》第3条。

⑥ 比如《企业破产法（试行）》第8、20、24、42条。

取得的土地使用权将被国家无偿收回。显然，政策性破产中，国家通过放弃划拨破产企业的土地使用权等措施，达到了向破产企业提供资金解决劳动者安置的目的。[①] 通过特殊安排，国家间接承担了破产企业的大量劳动者安置费用和债权人损失，为特定时期的国企改革“埋单”。

破产清算程序制度性软预算约束的另一个表现是劳动债权的优先受偿。[②] 劳动债权在有担保债权前得以优先受偿的本质，是国家通过商业银行对破产企业劳动者安置的变相补助。我国间接融资占企业融资比例较大，提供间接融资的主要是国有商业银行，且贷款通常要求担保。当企业破产时，若被抵押财产首先用于偿还劳动债权，由于破产财产在企业安置劳动者后一般所剩无几，首当其冲的便是商业银行。不过在破产程序中颗粒无收、呆坏账比例显著增长的银行并无倒闭之虞。受到“大而不倒”（too big to fail）[③] 规律的庇佑，银行常会得到国家救助，这在我国国有商业银行中表现得尤为突出。[④] 因此，破产企业安置劳动者的成本看似由作为担保债权人的银行承担，最终的兜底者还是国家。

围绕劳动债权和有担保债权的清偿顺位的巨大争议，直接导致了本该在2004年底提交全国人大常委会第三次审议的《企业破产法》于第二次审议后

---

① 再如，《国务院关于在若干城市试行国有企业破产有关问题的通知》第5、6项规定，政策性破产还规定国有商业银行的破产债权在计划调整的国有企业破产案件中可以进行呆坏账核销以及破产企业财产拍卖所得安置职工仍不足的，按照企业隶属关系由同级人民政府负担。

② 有学者同时指出，除劳动债权优先权外，破产程序中的船舶优先权、民用航空器优先权同样效果不佳。参见冯辉：《破产债权受偿顺序的整体主义解释》，载《法学家》2013年第2期。而有学者持有相反意见，比如林一：《侵权债权在破产程序中的优先受偿顺位建构——基于“给最少受惠者最大利益”的考量》，载《法学论坛》2012年第2期。

③ See Robert A. Hetzel, Too Big to Fail: Origins, Consequences and Outlook, 77 (6) *Federal Reserve Bank of Richmond Economic Review* 3 (1991). “大而不倒”指当一家商业银行陷入财务或流动性困境时，政府往往会通过各种方式救助。比如，在金融危机时，中央银行作为“最后贷款人”向系统重要性银行提供再贷款或注资，使系统重要性商业银行“大而不倒”。

④ 我国曾多次向银行无偿注资或提供低息长期再贷款，对商业银行进行股份制改造。有学者统计出自1997年至2005年，我国向四家国有商业银行注资约9000亿元，2009年再次对农行注资500美元；截至2006年年底，中国人民银行的再贷款余额近2万亿元。参见施华强：《银行重组、金融稳定和软预算约束：中国经济转型时期的国家—银行关系及其政策含义》，载《金融评论》2010年第1期。

意外搁浅。历经两年立法争论后，《企业破产法》改变了劳动债权的清偿顺位，将其劣后于有担保债权而优先于普通债权。遗憾的是，劳动债权优先权依靠外部债权人承担破产企业安置破产企业劳动者成本的制度设计，仍是软预算约束的一种表现。有学者指出："法制建设应当以促进经济发展为劳动者争取更多的利益为出发点，那种以为只有从一个破产企业财产中为劳动者'多拿一块'才是维护劳动者利益的认识是片面的。"[①] 通过实证调查近年来加拿大的破产案件，平均每个案件的劳动者债权数额迅猛增加，达到债务人财产的一半左右。[②] 由于劳动者债权数额的不确定，企业破产概率难于估算，普通债权人更难估算对企业放贷的收益和风险。《一般破产调查报告》(General Insolvency Inquiry)[③] 指出："劳动债权破产优先权在不断发展的社会福利等制度面前存在的理由越来越不充分。优先权剥夺了其他无担保债权人对破产债权的权利，特别是独立承揽人（independent contractor）。这些债权人可能与劳动者一样处于受雇佣的状态，面临雇主的不公平待遇，却在破产来临时因被划归为普通债权人而没有得到应有的保护。"[④] 各国也在反思劳动债权破产优先权制度，纷纷调整立法。[⑤]

（二）破产清算程序的政策性软预算约束

企业破产是市场经济发挥资源配置的基本方式，市场存在失灵的客观规律需要国家对破产程序适当干预。但在我国转型期，政府职能的错位反倒成为阻碍破产程序正常展开的重要因素，这突出表现在政府出于政绩和

---

① 陈甦：《新破产法应当合理规定债权清偿的优先次序》，载《中国社会科学院院报》2005 年 2 月 3 日。

② See Rupert Chartrand, Labor and Insolvency in the 1990s, 24 *Can. Bus. L. J.* 193 (1994).

③ 澳大利亚法律改革委员会（The Law Reform Commission）发布的《一般破产调查报告》（俗称《哈默报告》），是澳大利亚破产法改革最具影响的报告。

④ Harmer Report, ¶722 (1988).

⑤ 劳动债权破产优先权的弱化有五种趋向：以劳动债权破产优先权各类型全面取消为代表的德国，以劳动债权破产优先权的数额和类型均有缩减为代表的日本，以劳动债权破产优先权优先清偿顺位变化为代表的巴西，以判例形式约束劳动债权破产优先权适用为代表的美国，以及变相限制劳动债权破产优先权为代表的英国。

声誉的考虑采用各种措施越权救助受困企业。时至今日，我国尚未有一家上市公司进行破产清算，甚至退市企业也寥寥无几。[①] 这其中政府所扮演的角色毋庸置疑。据统计，2010 年 67 家濒临退市的*ST 公司共获各项政府补贴近 22 亿元，平均每家 3200 万元，这使得大部分公司扭亏为盈，成功“保壳”。[②]

我国国有企业破产案件结案数量成明显下降趋势，从 2011 年国有企业占当年全部审结的破产案件比重超过 51%，逐年下滑至 2014 年的 27%。[③] 政策性破产结束后国有企业的真实破产数据表现，或许与政府因政绩观、维稳压力、税收衰退等而干预企业进入破产程序息息相关。法官指出，如果有大中型企业退出市场，不干预不仅意味着地区生产总值的减少、地方财政收入的流失，而且意味着晋升机会的减少。[④] 因此，地方政府一般不愿所辖企业破产，尤其是那些资本密集、高产值的大型企业。此外，政府对民营企业的救助也不遗余力。在全国民营企业 50 强之一的海鑫钢铁和国内资本市场第一只事实违约的公募债券“11 超日债”中均能看见政府兜底的影子。而震动一时的宝港公司破产案，虽然宝港公司仅是民营企业，当地政府仍将机场、铁路等国有资产作抵押获得贷款 1.5 亿元，贴补偿债资产，才平息了这场震动南通的风波。[⑤]

退出机制的监管失灵是破产程序政策性软预算约束的另一种体现。我国企业每年退出市场数量众多，但适用破产程序的企业数量与吊销相比极少。以 2018 年为例，全国企业注销数量为 1,813,551 户，吊销数量为 580,464 户，而全国法院一共审结的破产案件数量仅为 3408 件。适用破产程序的企业

---

① 2012 年 12 月 24 日，*ST 炎黄和*ST 创智的退市是继*ST 联谊退市 5 年后，再次实施退市的两家公司。直到 2014 年 6 月 5 日，*ST 长油才成为下一个退市公司。

② 参见唐卫毅：《对濒临退市 ST 公司就该见死不救》，载《中国商报》2011 年 7 月 12 日。

③ 数据来源于马剑：《2003—2012 年人民法院审理破产案件的统计分析》，载《法制资讯》2014 年第 3 期。

④ 参见浙江省温州市中级人民法院课题组：《政府在企业破产审判中的定位及职能》，载王欣新、郑志斌主编：《破产法论坛》（第十辑），法律出版社 2015 年版，第 392 页。

⑤ 参见邓聿文：《“南通首富” 破产案与政府理性抉择》，载《第一财经日报》2007 年 12 月 7 日。

仅为吊销的0.59%，是全部退出市场企业数量的0.19%。再如，2019年全年注销企业数306.26万户，因破产原因注销企业数仅为5233户；2020年全年注销企业数289.95万户，因破产原因注销企业数仅为3908户。[①] 适用破产程序与退出市场企业数量的严重不匹配，显然不是源于我国企业经营状况良好，解散或吊销后绝大多数均有剩余财产，可以分配给股东而不必经历破产程序。一个恰当的解释或许是企业退出市场途径的监管无效。吊销营业执照后，企业仍应进行清算，并经注销登记后方能退出市场。但是，仍然有大量被吊销企业未能向工商行政管理部门申请注销登记。比如2014年，吊销后又注销的企业数量（23,624户）仅占全部企业吊销数量（214,130户）的11.03%。[②] 众多企业资不抵债，在被吊销营业执照后，却可以不经过清算或破产仍在市场存活。大量本该由企业承担的损失由于一直得不到清理，"被动"地由社会负担。"监管宽容"[③] 导致的软预算约束难辞其咎。

三、消极后果：破产清算程序软预算约束对信用经济的冲击

市场经济本质上是一种信用经济，依靠信用维持秩序，促进竞争，保障参与者的权益。"市场经济中各种经济主体之间错综复杂的经济联系，全靠信用关系来维系。"[④] 信用文化是现代市场经济的灵魂。[⑤] 缺失良性的信用制度和信用文化，对一个社会而言是无法想象的。

破产法的缘起与演化烙印着信用经济的基因，破产法的实施与革新涌动着信用经济的脉搏。破产法与市场准入法、市场交易法一道，共同筑起市场经济的信用平台。破产法的各项制度应能体现市场信用，受到信用的约束，并通过信用对市场结构和交易运转施加积极影响。破产程序的外在目的，乃

---

① 李曙光、刘延岭主编：《破产法评论（第2卷）：营商环境与破产重组》，法律出版社2021年版，第416、437～438页。

② 资料来源于中国政法大学破产法与企业重组研究中心的统计，未公开发表。

③ Jin-Wook Choi, Regulatory Forbearance and Financial Crisis in South Korea, 42 (2) *Asian Survey*, 251 (2002).

④ 胡健：《破产立法二十年：回顾与展望》，载《华东政法学院学报》2006年第6期。

⑤ 参见林其屏：《找回缺失的信用》，江西人民出版社2007年版，第80页。

是确保开放之信用经济至上的地位。① 而破产清算程序的软预算约束极大挑战了信用经济和社会信用体系，违背了破产法促进信用经济正常发展的宗旨。

（一）破坏信用经济的良性循环

市场经济离开信用难以为继。“一个诚实的市场，将会让为客户提供公允价值的公司兴旺，并免予同欺诈者的竞争。”② 破产法正是通过淘汰生产成本高、资源利用率低的企业，成功扼制濒死企业继续浪费社会财富，强迫其将丧失活力的社会资源释放，成功地“将有限的社会资源按照使用最节约、产生效益最大的原则分别配置到社会经济各部门的社会资源配置规则”③。同时，破产法也将债权人的损失控制在合理的商业风险之内，维系市场经济的良性循环与发展。现代的市场交易已形成相互连续的锁链，及时防止资质较差的企业与其他市场主体发生交易，就可以防止其债务恶性膨胀。

因监管失效、处罚不力和救济渠道欠缺等因素而产生的吊销、注销等行政手段与破产程序衔接不畅，大量企业该退不退的怪异现象，对信用经济的良性运转构成极大威胁。受困企业被支持体“消极”干预而存活，不良债务如“滚雪球”般累积。市场经济“新陈代谢”的紊乱导致稀缺养分被诸如恶性肿瘤般的劣质企业挤占，有机体的能量被不断吞噬，产生“劣币驱逐良币”的后果。有学者切中肯綮的评价：很多处于“僵尸状态”的企业占据大量的信贷资源，好像企业用了银行的糖做成了冰棍，还在不断的融化，这对金融债权、其他贸易伙伴的债权或劳动债权，均会造成潜在的损失。只有尽快将没有拯救可能的企业“快刀斩乱麻”地切除，盘活企业占据的优良资产并复归于债权人，债权人才得可能将复归资本再次注入鲜活的市场经济中，

---

① Lawrence P King, *Collier on Bankruptcy* (Volume B), Matthew Bender, 15th Revised Edition, App. Pt. 4 – 314 ff.

② Shahien Nasiripour, Elizabeth Warren's Farewell Note: "I Leave This Agency, But Not This Fight", Huffington Post, July 29, 2011, http://www.huffingtonpost.com/2011/07/29/elizabeth-warren-farewell-note_n_913425.html, 2015-08-25。

③ 丁云本、王新建主编：《社会主义市场经济实现论》，中共中央党校出版社 1993 年版，第 18 页。

完成市场经济信用的良性循环。债务人也有机会从头再来，在破产法机制的保障下重铸信用，成为增进社会财富的信用节点。

（二）助长损害信用经济的不良行为

市场经济是企业之间重复博弈的良好互动过程，破产法强化了该重复博弈机制对企业的约束机制，确保企业在退出市场时仍然守信。企业之间重复博弈的后果是企业的违约信息公开化，企业不敢轻易违约。但是，重复博弈会随着企业退出市场而终止，对企业违约的约束机制也随之失去效力。[①] 破产法正是在企业退市后，延续重复博弈功效的强化机制。通过公平处置债权债务关系，破产程序避免了信用不佳的债务人与债权人之间的“捉迷藏”游戏，有效解决了债务人破产欺诈问题。若破产法难以发挥应有功能，将会极大降低社会生产效率，拉高市场经济的交易成本。

由于破产程序软预算约束机制的存在，企业会产生市场惩罚机制不可信的错觉，“复活投机”[②] 劣质项目。以劳动债权破产优先权为例，受困企业一旦意识到劳动债权的优先清偿可以为其所用，便可在经营不善时动员劳动者暂时延缓领取几个月的工资，将延迟发放的工资恣意挪作他用，试图为企业转机奋力一搏。由于破产优先权至少会弥补劳动者一段时间的债权，劳动者往往漠视用人单位的恶意拖欠行为，不去积极追缴，或是主动暂缓领取工资，为企业做出牺牲。毕竟，劳动者的“赌注”如果成功，企业复苏后其劳动债权也相应转危为安；如果企业最终破产，劳动债权也会优先得以清偿。我国既没有对债务人滥用破产优先权的禁止性条款，也没有限制劳动债权优先受偿数额和期间的相关规定，这导致破产优先权诱发道德风险的可能性大为增

---

① 众多事实均可以说明当一个企业在其经济生命快结束时，或一个人在其职业生命或政治生命快结束时，违约现象逐渐增多。参见刘益：《信用、契约与文明》，中国社会科学出版社 2010 年版，第 85 页。

② Mitchell Janet, Strategic Creditor Passivity, Regulation, and Bank Bailouts, *William Davidson Institute Working Papers Series*, No. 46, 1997. p. 5.

加，后果也更为严重。①

（三）减损信用资本和社会财富

拥有良好信用秩序的社会，可以顺畅地整合物质资本和人力资本，提供资本运行效能，削减社会运行的摩擦力和离心力，像一种资本一样，创造出更好的社会资本。②“社会中存在高度信任感，能够促进大规模企业的产生，如果大科层组织能够透过现代化信息技术，使小一点的公司慢慢转型并加入他们的网络，这时拥有高度信任感就如虎添翼了。”③ 破产法在制度层面宣示企业退出市场的信用性，维护了社会的信用品质，提升了社会的共识和认同，增加了社会资本。

破产清算程序中的政府援助等软预算约束措施，破坏了破产法通过市场手段和透明规则为债权人提供合理损益预期的机制。企业的生产重心不再聚焦于科技创新、节约成本和提高社会生产率以创造更多财富，而是关心如何利用软预算约束逃避风险或通过“寻租”得到潜在施援机构的宠爱。克里森斯与比特斯对保加利亚盛行的软预算约束综合征的分析也表明，预算约束越软，促进经济增长的适应能力、竞争能力和生存效率就越低。④

四、重构路径：破产清算程序软预算约束的硬化

破产清算程序的硬预算约束是维持市场经济健康“有机体”免疫信用经济病毒侵害的最后一道屏障。关于硬化预算约束的进路，存在“华盛顿共

---

① 另外一个知名案例是三鹿奶粉事件。在该事件中，政府积极介入调控的适当性也值得反思。参见郭娅丽、邵彦铭：《大规模侵权事件中未来侵权债权的法律保护——以“三鹿奶粉事件”为例》，载《理论探索》2015 年第 6 期。

② 社会资本，即社会组织的那些可通过促进协调行动而提高社会效能的特征，比如信任、规范及网络等，社会资本是信任、社会网络和有效性三者的交融物和混合物。参见［英］肯尼斯·纽顿：《社会资本与现代欧洲民主》，冯仕政译，载李慧斌、杨雪东：《社会资本与社会发展》，社会科学文献出版社 2000 年版，第 379 ~380 页。

③ ［美］弗朗西斯·福山：《信任——社会道德与繁荣的创造》，李宛蓉译，远方出版社 1998 年版，第 41 页。

④ 参见［匈］雅诺什·科尔奈、艾里克·马斯金、热诺尔·罗兰：《解读软预算约束》，徐菁编译，载吴敬琏主编：《比较》（第四辑），中信出版社 2002 年版，第 81 页。

识”（Washington Consensus）与“进化制度论”（evolutionary-institutionalist perspective）两种主要观点。可以把前者称为“大爆炸”或“休克疗法”观点，把后者成为“渐进主义”或“增量主义”观点。[①] 赞成华盛顿共识的学者认为，硬化预算约束主要是一个外生的政策选择，取决于决策者的政治意愿；持进化制度论观点的学者则认为，软预算约束是与承诺的可信性相关，硬化预算约束是为此目标而进行的制度变动的内生结果。[②] 本章认为，两种观点是硬化软预算约束这一个问题的两个方面，并没有根本性差别。华盛顿共识论证了规制作为外部因素的政府越权干预对硬化软约束的重要意义，而进化制度论则强调了法律制度内部革新对硬化预算约束的重要功效。

在解决我国破产清算程序中软预算约束的问题时，应内外兼修，双管齐下，既应从外部积极营造企业破产的正确理念，杜绝政府失灵触发的政策性软预算约束，又应从内部以信用为标准改造破产法系统，剔除、转化制度性软预算约束，并设立破产管理局和破产法院监督硬化预算约束的过程，保障破产清算程序软预算约束的硬化目标得以顺利实现。

（一）前提：树立正确的破产观念与破产文化

我国数千年来既不存在破产制度，也不具备孕育破产制度的文化土壤，破产法根植的精神理念与我国传统文化相去甚远。《企业破产法》实施逾10年，人们对企业破产以及破产法的认知仍然没有根本改观。一提到破产，人们脑中呼之欲出的是生产凋敝、劳动者失业以及随之而来的群体性上访、社会不稳定等破产引发的“瀑布效应”[③]。地方政府往往“谈破色变”，对破产避之不及，希冀利用直接注资或减免税收对地方支柱企业力挽狂澜。法院多

---

① 参见［比］热诺尔·罗兰：《转型与经济学》，张帆、潘佐红译，北京大学出版社2002年版，第306页。

② See Gerard Roland, Ten Years After... Transition and Economics, *IMF Staff Papers*, Vol. 48, *International Monetary Fund*, 2001, p. 8.

③ 破产的“瀑布效应”指一方的破产通常会产生涟漪效应，损坏破产人的债权人的清偿能力，环环相扣从而影响更广的范围，这样，破产经常掀起的是狂潮而非仅仅涟漪。参见［英］菲利普·伍德：《国际金融的法律与实务》，蒋丽勇、许懿达译，法律出版社2011年版，第57页。

承担其本职工作外的维稳等政治功能，受理案件时不得不对破产申请知难而返，破产审判举步维艰。体量较大的受困企业延续政策性破产的惯性思维，以既往贡献和社会利益要挟政府，“等靠要”思想严重。债权人也对其依据破产程序的获得的分配不甚满意，经常遇到很多债权人威胁欠债老板“不还钱就砍人”的情况，很多已经准备申请破产的民营企业主无奈之下只能选择跑路。[①] 错位的破产观念与文化累加，导致破产程序中的“市场失灵”与“政府失灵”并生，形成了我国特有的畸形破产实践。

在资源配置中市场起决定性作用的新形势下，应当强化企业破产不是衡量各地经济发展水平的指标，破产法也不是对企业经营失败的处罚法的认识，重塑破产理念与文化。良性的破产制度对债务人、债权人和社会利益均具有不可估量的价值。破产法的免责主义确保积重难返的债务人从债权债务关系中解脱，创业者拥有从头再来的机会。破产法透明、清晰、有序的运转机制避免了债权人与债务人“猫捉老鼠”的游戏，帮助深陷其中的债权人及时公平受偿。破产法又起到一种实感性预警的作用。“这种宣告对全社会各企业则是一种颇富压力和促进作用的提示和引导，一切有感知的企业都将为之战栗和奋进。”[②]

继续大力普及和宣传破产法的功能与理念，厘清对破产法的偏见与误解，积极营造破产法实施的良好氛围刻不容缓。企业经营者与劳动者应被灌输危机意识，不等不要，开拓进取。债权人应当对破产程序的保障功能深信不疑，不贪婪，坦然接受投资风险引起的部分受偿后果。政府应有壮士断腕的勇气，不再对受困企业爱惜呵护，甚至拔刀相助。社会应视破产为顺其自然的正常现象，对难以适应市场的经营主体毫不辜惜地通过破产程序“清理市场门户”。毕竟，任何以外部强行方式显示对弱者的妥协，都是对优胜者的变相抑制，是社会财富的巨大浪费。

---

① 王峰、李伊琳：《最高法报告称4万多起破产案中国企集体企业占八成》，载《21世纪经济报道》2014年9月4日，第6版。

② 柴发邦主编：《破产法教程》，法律出版社1990年版，第14页。

（二）进路：以信用为核心硬化软预算约束

区分制度性软预算约束与政策性软预算约束的意义，在于不同的软预算约束对约束体和支持体的动态激励机制不同。制度性软预算约束的目标具有一定正当性，故可以考虑在符合破产法价值的前提下，找到制度性软预算约束的替代机制，除给予支持体更为明确的救助承诺和约束体的纾困预期外，削弱对其他利益相关人的影响。而作为比制度性软预算约束更“软”的软预算约束形式，政策性软预算约束缺乏明确稳定的预期，约束体和支持体的博弈成本更大，引发的后果更不理想，因此应通过强化政府信用，杜绝政策性软预算约束。

1. 制度性软预算约束的转化

在破产价值“多元论”[①] 成为通说的当下，社会本位、实质正义等理念被注入破产法。[②] 围绕弱势群体利益保护、社会责任承担等中介目标，破产优先权、政策性破产等制度性软预算约束应运而生，为特定历史阶段破产法迎合人们的合理预期提供注解。但是，破产法是维护所有人权益的破产法，以平衡协调为原则。破产法上的特定制度不能厚此薄彼地偏袒一方，更不能以损害法律永恒的价值选择——信用为代价。信用应当成为衡量特定破产制度正当性的指针。为了既实现破产法的多重目标，又能对所有利益相关人“无公害”，制度性软预算约束应被调整为符合信用精神的替代制度，即在未来破产法治改革建设中推进“规则之治”。[③]

以劳动债权破产优先权以及国有企业特殊破产安排的制度性软预算约束为例。破产程序中对劳动者的倾斜保护体现了对社会公共利益的维系，但忽

---

① “一元论”以 Douglas G. Baird、Thomas H. Jackson 等学者为代表，认为破产法存在的正当理由仅有一个，即实现债权人利益最大化。“二元论”以 Elizabeth Warren、Jay Lawrence Westbrook 等学者为代表，认为破产法应该照顾到所有受到破产法影响的利益相关人。See Elizabeth Warren, Bankruptcy Policy, 54 *U. Chi. L. Rev.* 777 (1987).

② 参见卢代富：《经济法对社会整体利益的维护》，载《现代法学》2013 年第 4 期。

③ 参见庞凌：《作为法治思维的规则思维及其运用》，载《法学》2015 年第 8 期；陈金钊：《“法治改革观”及其意义——十八大以来法治思维的重大变化》，载《法学评论》2014 年第 6 期。

略了整个企业界获取资本的长期难易程度，一味地强调劳动者利益至上而漠视其他市场参与主体的合法利益。可以考虑设立劳动者保护基金，用以替代劳动债权破产优先权制度。[①] 劳动者保护基金是指由政府和（或）企业贡献出资金，以便在公司破产时偿付劳动者的制度。“在雇主因破产而无法偿债时，工人因其就业而产生的对其雇主的债权，需由担保机构保证偿还。”[②] 新西兰等国及我国台湾地区均建立了劳动者保护基金或类似制度。[③] 劳动者保护基金是保护劳动者的最好方法。与动辄历经数月、需要经过烦琐清算程序才能实现的破产优先权不同，劳动者保护基金支付给劳动者的时间更短，手续也更为容易。比如比利时相关法律规定，一旦破产程序开始后若债务人无法在 15 日内给付劳动者，劳动者保护基金便即刻启动偿付程序。劳动者保护基金最为人称道的是其没有减损债权人的受偿额，精巧地实现了债务人、债权人、劳动者与社会之间的利益平衡。

至于国有企业破产处置的转化，可以考虑在国有企业破产时，将非经营性资产的转让所得直接分配给劳动者。在计划经济体制下，国有企业劳动者的低工资及没有兑现的劳保福利，实际上隐含着对劳动者的历史欠债。诸如房产、公务用车等承担职工生活服务功能的非经营性资产本是劳动者的福利，劳动者理所当然地将企业的非经营性资产看作自己酬劳的一部分，甚至是相当大的一部分。因此，在国有企业破产时，国家应将非经营性资产作为历史劳动债权分配给劳动者，以实现对职工的社会保障承诺。这样的处置从法理

---

① 劳动者保护基金亦被称为工资担保基金，参见侯玲玲：《比较法视野下倒闭企业工资风险分担机制研究》，载《法商研究》2015 年第 2 期。与以劳动者保护基金取代劳动债权破产优先权类似，有学者建议建立损害补偿基金，以解决大规模侵权纠纷中受害人赔偿不足的问题。参见刘水林：《风险社会大规模损害责任法的范式重构——从侵权赔偿到成本分担》，载《法学研究》2014 年第 3 期。

② 国际劳工组织《在雇主无偿付能力的情况下保护工人债权公约》（Convention concerning the Protection of Workers' Claims in the event of the Insolvency of their Employer）第 9 条。

③ 例如，1996 年新西兰《劳动权利法案》（Employment Rights Act）第 86 条规定，劳动者在企业破产时有权要求州政府秘书长从国家保险基金中支付工资、休假费用和一定的离职费用。我国台湾地区 1984 年“劳动基准法”第 28 条要求雇主应当按其当月雇佣的劳工薪资总额及规定之费率，缴纳一定数额之积欠工资垫偿基金，作为垫偿积欠工资之用，雇主积欠之工资，经劳工请求未获清偿者，由积欠工资垫偿基金垫偿之。

上解决了其他债权人的疑虑，又避免国家额外拨款妥善安置劳动者，硬化了国有企业破产程序中的软预算约束。

2. 政策性软预算约束的消除

因未被整合入法，政策性软预算约束的灵活性较强，留给约束体和支持体腾挪空间更大，政策性软预算约束的可预期性自然大为减弱，对信用经济的危害更为明显。政府用公共预算对“该破不破”的企业违规输血，模糊了政府和市场的边界。当企业遇到困难，无论是债权人还是企业均希冀政府牵头行政和解或者进行注资，但这是以政府滥用职权、降低资源配置效率为代价。有学者指出，“监管者有强烈的意愿使我们确信财政援助是必要的，即使事实上它并不十分必要……它可以使监管者的生活在许多方面变得混乱，用纳税人的钱在一两年内支持公司的重建只是暂时性的选择”。[①] 即便在西方发达国家，破产程序中的政府援助也为人诟病。比如克莱斯勒破产案中政府的资助与安排交易受到评论家们的强烈谴责，被批评为公开地漠视《美国破产法》。[②]

确保政府简政放权、划清政府与市场的边界，是政府实现信用的防火墙，也是政府对市场信用的间接维护。“现实经济生活中存在的市场化以及反向的政府弥补市场失灵的‘双向运动’，必须结合现实问题辨证施治”。[③] 具体到企业破产领域，政府不应以解决市场失灵的公共利益为名，利用政府之手直接救助因竞争失败而受困的企业，干涉市场的资源配置。正如查尔斯·沃尔夫所言：“企求一个合适的非市场机制去避免非市场缺陷并不比创造一个完整的、合适的市场以克服市场缺陷的前景好多少。换句话说，在市场‘看不见的手’无法使私人的不良行为变为符合公共利益行为的地方，可能也很

---

① ［美］戴维·斯基尔：《金融新政：解读〈多德·弗兰克法案〉及其影响》，丁志杰、张红地等译，中国金融出版社 2012 年版，第 112 页。

② 参见张钦昱：《论破产财产出售的程序规制——以克莱斯勒破产案为例》，载《法学杂志》2013 年第 2 期。

③ 张守文：《政府与市场关系的法律调整》，载《中国法学》2014 年第 5 期。

难构造‘看得见的手’去实现这一任务。”[①]

加强政府信用，消除政策性软预算约束，应施以如下措施。首先，政府应具有破产法的“底线思维”。政府配置资源的经济手段和行政手段应以法治为前提，确保政府不敢越权救助企业，而政府有限的救助也会通过预算等形式纳入人大和社会的监督。其次，政府应转变干预破产程序的固有思维。政府在破产程序中的角色应从直接管理转变为公共服务，消极避免转变为积极推动，行政主导转变为法治主导。政府应当利用其强制力和规模效应等优势，将注意力集中在建立和维护企业破产秩序，确保债务人的信息披露透明准确，营造公平公正的清偿环境，严格督导执行法院的破产裁定，并惩治破产欺诈或逃避破产程序的失信行为。政府也应在破产程序之外完善社会保障体系，解决劳动者的后顾之忧，以免在企业破产后再动用公共资源亡羊补牢。最后，政府应改变对破产程序各参与主体的监管方式。比如，银行业监管机构应秉持资本充足率等指标约束银行的不良资产率，并加强审查银行呆坏账的核销程序，以逆向改变政府对于银行的非市场化干预。再如，国资监管部门应出台具体指标强制企业推行精益生产管理模式，以避免企业过度膨胀而引起的产能过剩。[②]

（三）保障：引入硬化软预算约束的监督与实施机制

软预算约束的硬化，离不开强有力的监督与实施机制。需要设立破产管理局和破产法院，作为硬化破产清算程序的保障机制。

破产管理局作为“破产程序的看门狗”，[③] 为促进破产体系的完整和效率，保护所有债务人、债权人、股东和公众利益而努力。破产管理局独立于立法机关和司法机关，便于其既作为政策的适格参谋者，又在法院之外提出

① ［美］查尔斯·沃尔夫：《市场或政府——权衡两种不完善的选择/兰德公司的一项研究》，谢旭译，中国发展出版社 1994 年版，第 34 页。

② 参见李曙光：《完善破产制度：推进供给侧结构性改革》，载《中国法律评论》2016 年第 2 期。

③ House Report No. 989, 95th Cong. , 2nd Sess. at 88 (Reprinted in 1978 U. S. Code Congressional & Admin. News at 5787, 5963, 6049).

破产法修改和完善建议，提供专业的决策参考。破产管理局的宗旨是促进破产法体系的效率，确保破产案件及时有效的解决，并实现破产法实施的不断演进。美国破产管理局（The United States Trustee Program）、英国破产管理署（Insolvency Service）等机构均在各自国家的破产法实践中发挥着举足轻重的作用。

破产管理局有整理统计破产案件申请数量、列明破产案件的多种程序、刊登破产法改进报告、为社会公众提供破产案件查询服务等功能，对企业退出市场的途径和数量有着天生的敏感触觉。我国可以考虑设立破产管理局作为国务院的一个职能机构，利用其统筹协调功能，在中国人民银行征信体系的基础上，依托全国企业信用信息公示系统，对企业的信用链条进行全方位监控，对逃避破产程序的企业及时向社会公示，并移交告知工商行政管理部门或法院处理。破产管理局的设立势必对督促企业及时清理债权债务关系，扼制企业因“跑路”等情形引起的债务负担外部性问题有着积极的促进作用。

法院是破产程序中异议的裁判者、各方利益博弈的平衡者以及公平公正信仰的捍卫者。法院在破产程序中作用的发挥，依赖于专业性较强的法官和独立审判的保障。美国特设的破产法院较好地体现了破产审判的独立、专业和效率的要求。比如美国破产法院的经费由国会审批、法官由巡回法院任命，州政府均无权干涉；破产法官的每届任期为14年，专属审理破产案件，除渎职或违反职业道德外不得无故弹劾。这些制度设计确保法院不会成为地方政策意图的实施工具，公平公正对破产案件定分止争，树立了法院与法官的权威。

由于财政权和人事任免权受制于地方政府，我国法院受到地方政府牵制较多，独立性不强，审判依法独立行使难以完全实现。法官的流动性较大，专职审理破产案件的法官寥寥。因此，我国可以选择经济发展较好的基层法院和已有丰富破产审判经验的中级法院先行试点破产法院和破产法官制度，再择机推广。法官的专业声誉，是确保破产审判超脱于地方利益羁绊的绝佳利器，是实现破产法律制度真正承担扫除市场经济“信用垃圾”职责的护身符，是硬化软预算约束体系中不可或缺的一环。

结 语

市场经济的精髓在于允许市场主体之间的公平竞争。伴随着激烈竞争的是物竞天择、适者生存的进化论法则。优胜劣汰成了企业面临的严峻现实，而不再是停留在书本中哈姆雷特式的诘问。一个系统如果恪守传统抱残守缺，阻碍企业的自然更迭，就别想继续发展壮大，成熟演化。而破产法正是通过一套公平、高效和简便的程序，保障孱弱的有机体有秩序地退出交易市场，防止市场信用经济链条断裂，提升全社会的资源配置效率。破产法不是死亡促进法，恰恰是捍卫市场经济良性运转的卫道士。因此，人们应正视破产法的巨大价值，不应对其排斥拒绝，甚至采纳一些制度或施行临时性政策以干涉、阻碍破产程序的正常开展。《企业破产法》目前在实践中遇到的始料未及的尴尬，其原因大抵在于此。《中共中央关于全面深化改革若干重大问题的决定》要求“完善企业破产制度”。企业破产制度的日臻完善，除了部分法律制度亟待弥补升级外，有赖于全社会破产法律观念的共同提升，政府在破产程序中角色的重新定位，以及强有力的实施监督机制的构建。

第十章　破产法与税法：以税收债权的清偿为视角

税收债权是指作为税收债权人的国家得请求作为税收债务人的纳税人履行缴纳税款这一金钱给付的法律关系。① 优先权是税收债权中一项重要的制度设计。依据规定的法律和适用程序的不同，税收优先权可以分为一般的税收优先权和破产程序中的税收优先权。本章着重国家作为债权人在破产程序中对企业债权的享有和实现，因此特用“税收债权破产优先权”指称当纳税人资不抵债进入破产程序时，税收债权得排除普通债权人实现优先清偿的权利。虽然税收债权因法律规定而生，在履行上限制较多，但税务机关在请求实现税收债权时仍与其他债务人具有相对平等的地位和权利。② 该判断的作出意义重大，这使得对税收债权破产优先权限制的讨论存在可资发展的空间。

对董事、监事和高级管理人员责任的追索是大部分国家在限制税收债权破产优先权之后对税务机关采取的补偿方式。比如，澳大利亚规定董事、监

---

① 参见施正文：《税收债权论》，中国政法大学出版社2008年版，第7页。

② 税收债务关系说是目前税收法律关系的通说。金子宏指出，“债务关系说照亮了迄今为止的法律学上的一直被忽视的‘公法上的债务’这一法律领域……对税法的概念给以了全新的界定和独立的体系”。[日] 金子宏：《日本税法》，战宪斌、郑林根等译，法律出版社2004年版，第21页。刘剑文秉承北野弘久的理念，认为“税法不单纯是税务机关行使征税权的根据，即‘征税之法’，更为重要的是，税法是保障纳税者基本权利的、旨在对抗征税权滥用的‘权利之法’”，并详细论述了税法的基础理论。参见刘剑文、熊伟：《税法基础理论》，北京大学出版社2004年版，第1页。税收债务关系说认为税收法律关系是国家对纳税人请求履行税收债务的关系，国家和纳税人之间乃是法律上的债权人和债务人的关系。税收债务关系说在本质上是用一个债的关系，也就是契约的形式来规范国家与人民之间的税收关系，它是人民与国家法律地位平等的体现。参见翟继光：《财税法原论——和谐社会背景下的税收法治建设》，立信会计出版社2008年版，第343、352页。关于税收债务关系说在我国的历史演变，参见王鸿貌：《税法学的立场与理论》，中国税务出版社2008年版，第93～113页。

事和高级管理人员对公司欠税务机关的代扣代缴和代收代缴的税负有个人责任,[①] 德国规定常务董事对所欠税款负有个人责任。[②] 本章将仅对税收债权破产优先权的限制方法进行分析。

一、税收债权优先清偿的质疑

税收来源于纳税人。不与民争利、充分照顾普通债权人的利益，是“放水养鱼”，可以涵养税源，增加税收；而过分强调税收优先权则会“涸泽而渔”，反倒不利于税收的增加。有调查显示：债务人所欠的商品和服务税债权一般占到了债务人负债的一般以上，而总赋税更是占到了债务人负债的60%。[③] 这意味在清偿税收债权之后，留给普通债权人的“蛋糕”寥寥无几。

在没有国际义务需要满足的现实下，税务机关在获取企业经营资讯、收回税收债权和承受损失的能力都远远强于没有国家强制力作后盾的普通债权人。也正因如此，澳大利亚、丹麦、挪威、瑞典和芬兰等国近年来纷纷对破产债权税收优先权制度采取了激进改革，将其降格为与普通债权同一顺位清偿。美国布鲁金斯学会（Brookings Institutions）尖锐地指出：“税收优先权建立在可疑的逻辑和站不住脚的社会政策之上。”[④] 基于以下三个理由，税收债权破产优先权应该予以限制。

（一）税务机关信息获取途径广

税务机关每隔一段时间即有机会从纳税人处获得其经营情况的反馈。比如《税收征收管理法》第25条规定，纳税人必须依照法律、行政法规规定或者税务机关依照法律、行政法规的规定确定的申报期限、申报内容如实办理纳税申报，报送纳税申报表、财务会计报表以及税务机关根据实际需要要

---

① Adam Townley & David Pratt, *A Practical Guide to Insolvency*, ¶2.17.4, at 97 (1995).

② Abgabenordnung § § 34, 69.

③ *Revenue Statistics – Claims in Bankruptcy and Liquidations*, Submission of Inland Revenue Department, Nov. 27, 1998.

④ David T. Stanley & Marjorie L. Girth, *Bankruptcy: Problem, Process, Reform*, Brookings Institution (1971).

求纳税人报送的其他纳税资料。也就是说，只要主动索取并且尽职尽责，税务机关就必然会定期获取到企业最为核心的财务会计报表等财务资料。此外，税务机关也可以进行书面和实地检查，更为迅速和准确地掌控纳税人的经营状况。[①] 在获得信息后，税务机关聘请的实务经验丰富的审计师、分析师将会对收集到的信息整合分析，凭借多种手段判断企业的营运状况，对企业步入泥沼的概率作出预警。

无论是通过纳税申报，还是通过税务检查，税务机关均较普通债权人享有更为丰富的手段获取更为全面、充分、准确的信息。既然有能力、有实力也有途径判断企业的经营状况，如果税务机关在企业进入破产程序之前还有尚未收缴的债权，其理应自己承担责任，不应再通过破产优先权将债权无法实现的风险转移至普通债权人。

（二）税务机关权力保障手段多

税务机关有诸多确保纳税人纳税的保障手段。纳税人如果确有困难不能按期缴税的，必须经相关税务机关批准，且最长不得迟延 3 个月；[②] 税务机关可以采取税收保全措施，比如冻结纳税人存款和扣押、查封纳税人商品、货物或其他财产；[③] 税务机关也可以采取强制措施，从纳税人的开户行扣缴税款或将扣押、查封、拍卖或者变卖的纳税人商品、货物或其他财产抵缴税款。[④] 在破产程序中，税务机关依照《企业破产法》第 31 条等享有更大的权利。税务机关权力享有的保障之多，效力之强，远非普通债权人所能比拟，其完全可以在企业正常经营时充分实现税收债权，而不必等到企业进入财产分配程序后再要求优先清偿。

德国税务机关依据《德国财政法典》（Abgabenordnung）征缴所有类型的税收。依据《德国财政法典》和惯例，德国税务机关的征收过程进展很

---

① 《税收征收管理法》第 54 条。
② 《税收征收管理法》第 31 条。
③ 《税收征收管理法》第 38 条。
④ 《税收征收管理法》第 40 条。

快，对纳税人迟付税款的行为几乎不予任何通融。在纳税人对征税数额没有异议的前提下，税务机关既可以直接查封破产企业的部分财产，也可以通知破产企业的债权人向税务机关支付破产企业所欠税款。[①] 税务机关还可以就破产企业所欠税款在其房地产上设立抵押并登记，在需要时依据《强制销售和民事程序法》（Forceable Sales and Civil Procedure Laws）行使抵押权。[②] 同样，澳大利亚规定税务机关有权在税款尚未确定时即可启动非自愿破产程序，[③] 这赋予了其及早保全债权的较大权力。德国和澳大利亚税务机关拥有的强大权力确保了它们可以在税收债权破产优先权不复存在的情况下，仍可充分完成国家税款的征缴任务。

税务机关的权力保障已然充分，如果再赋予其破产优先权，将可能产生税收机关怠于行使催缴职权的不良效果。由于破产优先权的保障，即使企业破产，欠税较多，税务机关作为直接责任人不必承担追缴不力的后果，没有受到任何处罚，甚至充分实现了债权，反倒是没有过错的普通债权人蒙受了损失，权利义务错配。

（三）税务机关应对风险实力强

即使剥夺税务机关优先清偿的权利，税务机关因缺少优先权保障而在破产程序中多损失的债权与政府全部的收入与支出相比也属九牛一毛，不足以威胁到税务机关的正常运转，市场经济健康稳健的发展，以及需要国家转移支付所保障的弱势群体利益。毕竟，税务机关可以轻松地将损失分担给成百上千的纳税人。形成鲜明对比的是，本金能否收回对于劣后受偿的普通债权人可谓天堂与地狱的差别。普通债权人承受风险的能力本就较弱，无法经受风吹草动，较少的损失即有可能直接把他们送上破产的轨道。

有学者质疑上述论断，认为诸如美国和加拿大等国均是“赤字财政”，小政府大社会的理念使每一分税收的损失都可能致使政府财政陷入

---

① Abgabenordnung § 309.

② Abgabenordnung § 322.

③ Adam Townley & David Pratt, *A Practical Guide to Insolvency*, ¶2. 17. 4, at 97 (1995).

困境。[1] 但是现实的情况是国家总是试图通过负债经营拉动投资经济增长，没有充裕的资金，而且政府实施行政管理、经济调控等多方面行为也随时消耗着政府的财力。以牺牲普通债权人的利益补足政府财政的理由不足为信。有学者甚至对政府能否代表公共利益表示怀疑，“我们也许拥有做出这些决策的程序，但我们无法了解是否已经作出了正确的决策，‘公共利益’”事实上是不可捉摸的”。[2] 巴斯夏在《看得见的与看不见的》中也指出，“你把国家比喻成一块炎热干旱的土地，而赋税就是救命的及时雨，的确如此。不过，你也应该问问自己，这场及时雨是从哪儿来的，这场及时雨是不是从潮湿的地方吸上来而又使这个地方也变得干涸了？你应该再进一步问问自己，这块土壤从这场及时雨中得到的宝贵的雨水，是不是比它由于蒸发而损失的水分要多？”[3]

事实上，从表面看国家可能因税收债权破产优先权的限制而损失大量税收，但其却可能因为普通债权人获得更多分配财产从而进行更多投资或花费在其他领域受益。与其缘木求鱼，不如退而结网。国家应该多采取退耕还林、涵养水源的方法，以长远眼光促进经济的可持续发展。

二、税收债权优先清偿的衰落趋势

在最近的一些破产法中，几类优先权的数目大为减少，这反映了公众对此种待遇的接受态度起了变化。例如，少数国家最近取消了历来给予税收债权的优先权。……对多种债权保持若干种不同的优先地位，有可能使破产的基本目标复杂化，而且难以保证程序的切实有效性。这样做可能造成不公正，而且在重整过程中会使计划的拟订复杂化。此外，不应忘记，为确立这些优

---

① Morris G. Shankert, Worthier Creditors (and a Cheer for the King), 1 *Can. Bus. L. J.* 343, 340 – 351 (1975 – 1976).

② ［美］乔·B. 史蒂文斯：《集体选择经济学》，杨晓维等译，上海三联书店、上海人民出版社 1999 年版，第 182 页。

③ ［法］弗雷德里克·巴斯夏：《财产、法律与政府——巴斯夏政治经济学文粹》，秋风译，贵州人民出版社 2003 年版，第 9 页。

先权而调整分配顺序不会增加债权人可获得的资金总额。这样做只会造成厚此薄彼，对某一组债权人有利而有损于另一组债权人的利益。优先债权人的类别越多，其他类别要求得到优先待遇的范围也越大。得到优先待遇的债权人越多，这种待遇的实惠就越少。

——联合国国家贸易法委员会《破产法立法指南》①

"一个法律制度，如果跟不上时代的需要或要求，而是死死抱住上个时代的只具有短暂意义的观念不放，那么是没有什么可取之处的。"② 缘自封建时期的不受约束的优先权制度成为明日黄花，不适应破产法利益平衡的当代理念。

学者早已意识到此点，纷纷发布翔实的报告详陈理由。德国和澳大利亚也积极响应，依据学者的智慧大胆实验，在破产程序中取消了税收优先权制度。其他国家也纷纷跟进，对税收债权破产优先权作出一定的限制。本部分将通过发掘税收债权破产优先权在起源国家——英国的发展脉络，借以观察税收债权破产优先权的限制趋势。值得注意的是，英国限制税收债权破产优先权的努力并非一蹴而就，而是经过多轮博弈、多部法律与案例重塑才得以展现今天的风貌。

对政府税收的优待肇始于英国封建专制时期，当时政府的宣传口号是"即使债务人死亡，国王仍得优先清偿"。③ 随着英国普通法体系的向外输出，税收优先权的观念也为各国接受，即使这些各国并不是类似英国的专政体制。破产法上的税收债权优先清偿制度的产生则要晚得多。在 1789 年，由于美国财政基本倚靠关税和威士忌酒的税收，立法机关最初的一项动议便是赋予新的联邦政府在债务人破产时可以就其所欠债权第一个得到清偿的权力。④

① 联合国国际贸易法委员会《破产法立法指南》（中文版），载 uncitral. un. org/zh/texts/insolvency/legislativeguides/insolvency_law，最后访问时间：2021 年 8 月 28 日。

② ［美］E. 博登海默：《法理学——法律哲学与法律方法》，邓正来译，中国政法大学 1999 年版，第 186 页。

③ Barbara K. Morgan，Should the Sovereign be Paid First？—A Comparative International Analysis of the Priority for Tax Claims in Bankruptcy，74 *Am. Bankr. L. J.* 461，463（2000）.

④ 1 Stat. 42（1789）.

在英国，代表皇室的税务机关一直拥有不受约束的权力，税收债权在破产程序中总是第一个受偿。不过，税务机关在破产程序中行使债权需要在管理人接管债务人的财产并代表债务人对外行使事务之前。一旦管理人被任命，债务人财产的性质即发生改变，税务机关无法再行使优先权。[①] 除了税收债权破产优先权，税务机关还享有其他多种权利，比如可以扣押债务人的生产设备和一些产品以确保债权得以实现。比如在巴莱斯诉唐森（Brassey v. Dawson）[②] 一案中，一个欠有较多土地税的债务人破产，税务机关在自动中止程序中扣押债务人财产的行为被法院裁定为有效，因为扣押虽然发生在破产程序开始后，但却是在正式任命管理人前，这赋予税务机关超越其他任何债权人的权利。

1849 年《英国破产法》第一次明确规定了税务机关相较于其他债权人的破产优先权。虽然皇室仍然没有承认税务机关受到破产法的约束，[③] 但是《英国破产法》仍然试图限制税务机关之前享有的较大权利。1849 年《英国破产法》规定税务机关仅对估定税额（assessed taxes）享有优先权，且将税务机关的权利限缩为债务人过去 12 个月所欠的税款。税务机关对超过规定的税款不再享有优先权。相较于劳动债权破产优先权，税务机关在破产程序中享有较大的特权，比如法院不能在破产程序中行使自由裁量权以减少税务机关的优先权，但却可以自由裁量是否给予劳动债权以优先权地位。[④] 1869 年《英国破产法》第 32 条虽然将优先权类别扩充至土地税、所得税，但破产程序开始前 12 个月的限制没有改变。

1883 年《英国破产法》第 150 条明确了税务机关要受到破产法的管辖。[⑤] 该条乍看起来显得冗余，毕竟经过 30 多年的实践，1849 年破产法对税务机

---

① *R v. Cotton* 2 Ves 295（1751）.

② 2 Str. 978（1734）.

③ 依英国法律，除非皇室明确声明，税务机关不受议会制定的任何法律的约束。

④ 1849 年《英国破产法》第 166、168 条。

⑤ 1883 年《英国破产法》第 150 条规定，与债务人财产、优先权、和解制度的效力、自愿安排程序、清算效力相关的部分，均适用于税务机关。

关产生效力已经成为既定事实。但是 1849 年《英国破产法》的明文宣告仍然弥足珍贵，它显示出税务机关已经正式同意破产优先权的限制规定，也为国会下一步将优先权引入公司破产打下基础。

英国采取的是个人破产和公司破产的双轨制立法体系，个人破产和公司破产分别受《英国破产法》和《英国公司法》的调整。1883 年《英国破产法》对税务机关的效力，并不意味着税务机关在公司破产程序中同样受到约束。1862 年《英国公司法》规定，一旦公司破产，所有的债权债务纠纷均需由法院解决，对债务人财产的其他执行程序均告中止，财产以平均分配为基本原则。① 此法并未明确税务机关的权利，可以认为税务机关不受 1862 年《英国公司法》规制，在破产程序中权力较大。1875 年《英国司法组织法》（Judicature Act）在规定公司破产中的税收优先权时指出，当公司资不抵债时，有担保债权人和无担保债权人之间优先权的规定适用于当时《英国破产法》规定。② 该条虽然将个人破产中对税务机关权力的约束引入公司的破产程序中，但是在实践中却并未得到法院认可。在上诉法院审理的汉雷公司（Re Henley & Co.）③ 破产案中，法院完全忽视了《英国司法组织法》，仍然适用《英国公司法》的相关规定。汉雷公司破产案得到了爱尔兰上诉法院（Irish Court of Appeal）和枢密院（Privy Council）的批准，判决结果在 1883 年国会通过的《英国公司法》第 4 条中再次得以肯定。

1888 年《英国破产法中的优先支付法案》（The Preferential Payments in Bankruptcy Act）列出了个人破产与公司破产的优先权类别，税收债权破产优先权包括“全部估定税额、土地税、财产和所得税”。④ 该法案并没有明确将税务机关纳入规制范围，不过意图较为明显，即公司破产与其他破产程序均应适用统一的程序，税收优先权在所有破产程序中没有差别。不过，法院在

---

① 1862 年《英国公司法》第 87、134 条和 163 条。

② 1875 年《英国司法组织法》第 10 条。

③ 9 Ch. D. 469（1878）.

④ 1888 年《英国破产法中的优先支付法案》第 1（1）（a）条。

审判案件中继续选择忽视该法案，汉雷公司破产案仍然是解决公司破产中税收优先权问题的唯一指针。这种情况即使在吸收了 1862 年《英国公司法》第 133 条、1875 年《英国司法组织法》第 10 条以及 1888 年《英国破产法中的优先支付法案》第 1 条、1908 年《英国公司法》第 186、207、209 条也没有发生改变。

直到 1922 年上诉法院审理的韦伯公司破产案[①]（Re HJ Webb & Co. Ltd.），税务机关在公司破产程序中的权力才最终受到《英国公司法》的约束。在本案中，债务人得到贸易服务控制公司（Trade's Food Controller）董事会的任命以销售和分发从澳大利亚进口的冷冻兔肉，并获取佣金。债务人因无法偿还贸易服务控制公司的债权而进入破产程序。本案的争点在于税收债权是否享有优先权地位。上诉法院认为，1888 年《英国破产法中的优先支付法案》已经取消了税务机关对于税收债权的绝对优先地位，并且通过 1908 年《英国公司法》再次确认。汉雷公司破产案在审理时确实忽略了 1875 年《英国司法组织法》第 10 条的规定，而仅是依据 1862 年《英国公司法》的规定。上诉法院最终认定税务机关在公司破产程序的优先权应局限在《英国公司法》中明确列举的种类，而且要按照法律规定的顺序与劳动债权和其他债权一起受偿，税务机关不再享有不受约束的权利。1908 年《英国公司法》关于税收债权破产优先权的规定在 1929 年和 1948 年《英国公司法》第 264、319 条得以保留，直到英国审查委员会发布的《破产法与实践》（以下简称考克报告）建议大范围重构优先权制度，限制破产优先权才得以修改。

三、税收债权优先清偿的限制方法

过去几十年，人们对税收债权破产优先权重新认识，检讨之声不绝于耳。颇具影响力的是各国智库的观点，它们对破产法的改革与发展作用较大。比

① 2 Ch. 369（1922）.

如[1]建议“取消个人所得税、企业所得税和资本利得税债权的优先权地位，保留类信托债权（如增值税、预扣所得税）的优先权，但要限制期间”；[2]《哈默报告》建议“全面支持从根本上取消带有代扣代缴和代收代缴性质的税收类型作为优先权，并且建议取消地方税的优先权地位，诸如市政税和土地税通常会有债务人的土地作为担保，地方税享有优先权不甚必要”；[3] 加拿大破产立法研究委员会（Study Committee on Bankruptcy and Insolvency Legislation）发布的塔斯报告（Tasse Report）认为“税务机关在现代社会拥有优先权的理由是站不住脚的，建议取消”；[4] 加拿大破产法咨询委员会（Advisory Committee on Bankruptcy and Insolvency）发布的考特报告（Colter Report）认为“只要不是通过合同方式缔结的中央和地方的税收优先权在破产程序中均需废止，所有税收债权应该与普通债权同比例清偿”；[5] 美国破产法委员会（Commission on the Bankruptcy Laws of the U. S.）则建议“将税收债权破产优先权限定在所得税、从价税、劳务税、关税和代扣代缴、代收代缴领域，期限最高为1年。此外，除非有债务人财产担保或者为了支付公共评估费用，税收债权也不应被优先清偿”；[6] 德国立法建议机关也建议取消所有税收债权破产优先权。[7]

（一）限制税收债权优先清偿的受偿额

各国一般对享有优先权的税收债权的发生期间加以限制，从数额上控制优先清偿的税收债权数额。英国规定的期间最为严苛，一般在破产程序开始前6～12个月不等。《英国破产法》附录6列举了个人破产和公司破产程序中

---

① 考克报告是英国破产法改革最具影响的报告，Cmnd. 8858（1982）.

② Cork Report，¶1450 at 328－329（1982）.

③ Harmer Report，¶¶741－743，at 303－304（1988）.

④ Tasse Report，¶3. 2. 079，at 123（1970）.

⑤ Cork Report，¶68，at 10－11（1986）.

⑥ *Report of the Commission on the Bankruptcy Laws of the United States*，H. R. Doc. No. 93－137，at 215－216（1st Sess. 1973）.

⑦ Klaus Kamlah，The New German Insolvency Act：Insolvenzordnung，70 *Am. Bankr. L. J.* 417，420（1996）.

的税收优先权限制：对酬劳和次级建筑承包商通过代扣代缴和代收代缴税款方式取得的优先权均限制在破产程序开始前12个月，增值税和对保险金的税收限制在破产程序开始前6个月，[①] 对博彩业执照的税收限制在破产程序开始前6个月或12个月，对社会保险缴款的税收限制在破产程序开始前12个月。[②] 美国对税收债权的发生期间相对而言较为宽松。依据《美国破产法》第507（a）条，税收优先权包括：破产程序开始前3年以内的所得税，破产程序开始前1年以内的财产税，破产程序开始前3年以内的工资、佣金税，破产程序开始前3年以内的营业税以及破产程序开始前1年以内的关税。[③] 法国对税务机关的优先权虽然给予期间的限制，但是时限较长，税务机关实现债权也较为容易。比如，税务机关可以实现的所得税和营业税的期间可以长达4年，注册税和印花税期间为2年，其他间接税（比如税务机关对饮料、体育赛事和电视广告的税款）期间为2年，海关没收冲关、恢复原状、实施罚金处罚的期间为3年。[④]

（二）限制税收债权优先清偿的类别

一些国家的立法机关对智库的建议反响较为积极，甚至采取了更为激进大胆的措施。德国和澳大利亚做得最为彻底，将税收债权破产优先权全部取消。1999年生效的《德国支付不能法》不仅取消了税收优先权，还将劳动者、社会保险机构、财政机构、教堂、外科医师和儿童的破产优先权一并取消。[⑤] 使得原有的优先清偿的债权和普通债权处于同一顺位。《支付不能法》起草者在解释取消优先权的原因时指出，“破产优先权与破产法公平分配的原则相背。为了充分照顾破产程序发生之前的既定权利，防止对债务人财产

---

① 1986年《英国破产法》吸收了考克报告的部分建议，将原来增值税债权破产优先权享有的12个月期限减少为6个月。

② 1986 Insolvency Act § 386.

③ 11 U. S. C. § 507（a）.

④ Alain David, Preferences of the Tax Authorities and Bankruptcy Law in France, in *Corporate Insolvency and Rescue*: *The International Dimension* 221, 221 – 230 (Dennis Campbell and Anthony E. Collins eds., 1993).

⑤ CCH Europe, *German Tax and Business Law Guide*, ¶289 – 290 (1992).

重新排定分配座次，《支付不能法》取消了所有破产优先权类型”。①

澳大利亚对于税收债权破产优先权的限制经历了十余年的演变。② 1978年，参议院宪法和法律事务常务委员会（Senate Standing Committee on Constitutional and Legal Affairs）建议取消所有税收债权破产优先权，1981年议会实施了取消优先权的第一步——将直接个人所得税（Direct Personal Tax）排除出优先权阵营，仍保留通过代扣代缴和代收代缴等其他税收在破产程序中的优先权。③ 随着《哈默报告》在实践层面引起的较大反响，澳大利亚在1993年6月30日最终取消了通过代扣代缴和代收代缴方式取得的税款。

英国、加拿大、新西兰对于税收债权破产优先权的改革比较温和，在保留优先权的基础上减少了税收优先权类别。与澳大利亚一样，英国、加拿大、新西兰对直接个人所得税的优先权地位不予承认，但却保留了通过代扣代缴和代收代缴方式取得税款的优先权地位。只有英国对通过代扣代缴和代收代缴方式取得税款的优先权的行使期间加以限制。在英国，破产优先权也被给予破产程序开始前一年的多种营业税。代扣代缴和代收代缴是加拿大唯一保留的优先权类别，同时也是新西兰法律委员会（New Zealand Law Commission）建议保留的唯一类别。④

表3总结了美国、法国、英国、新西兰、加拿大、澳大利亚和德国等国的税收债权破产优先权类别。可以看出，诸多国家在尝试限制税收债权在破产程序中优先清偿的类别。

---

① Manfred Balz, Symposium Commentary, Market Conformity of Insolvency Proceedings: Policy Issues of the German Insolvency Law, 23 *Brook. J. Int'L.* 167, 174 & 174 n. 34 (1997).

② 澳大利亚现行破产程序的法律依据是1989年《澳大利亚公司法》。依据《澳大利亚公司法》，除非有明文规定，所有债权的地位平等。1993 Corporations Law § 555.

③ Harmer Report, ¶736, at 299, 301 (1988).

④ 新西兰法律委员会认为，基于历史传统、公众利益和被动负债等理由，均无法证明其他税种存在的合理性。除了代扣代缴和代收代缴类别，其他税收债权破产优先权类别均应予以取消。See the New Zealand Law Commission, *Advisory Report to the Ministry of Commerce on Priority Debts in the Distribution of Insolvent Estates*, ¶249, at 62 and ¶146, at 40.

表 3　部分国家税收债权破产优先权类别

国家	代扣代缴和代收代缴	间接税		直接税		其他
		增值税	营业税/关税	社会保险费	所得税	
美国①	√	√	√	√	√	√
法国②	√	√	√	√	√	√
英国③	√	√	√	√	×	×
新西兰④	√	√	√	×	×	×
加拿大⑤	√	×	×	×	×	×
澳大利亚	×	×	×	×	×	×
德国	×	×	×	×	×	×
丹麦	×	×	×	×	×	×
挪威	×	×	×	×	×	×
瑞典	×	×	×	×	×	×
芬兰	×	×	×	×	×	×
奥地利	×	×	×	×	×	×
葡萄牙	×	×	×	×	×	×

四、限制税收债权优先清偿的补偿方法

自 1892 年英国臭名昭著的卡迪夫储蓄银行案（Re Cardiff Savings Bank）⑥

---

① 11 U. S. C. § 507（a）.

② Alain David，Preferences of the Tax Authorities and Bankruptcy Law in France，in *Corporate Insolvency and Rescue*：*The International Dimension* 221，221 – 230（Dennis Campbell and Anthony E. Collins eds.，1993）.

③ 1986 Insolvency Act § 386，Sched. 6.

④ 1993 Company Act § 312，Sched. 7.

⑤ Income Tax Act，ch. 19，1998 S. C. § 226.

⑥ 在卡迪夫储蓄银行案中，一名董事在 6 个月大时即被任命进入董事会，在长达 38 年的时间里仅参加过 1 次董事会。法院认为在本案中该董事不必因董事会的管理失误而承担责任。See *Re Cardiff Savings Bank*，2 Ch 100（1892）.

发生以降，对董事、监事和高级管理人员的责任研究已经有了长足发展。除了公司法的一般规定外，破产法亦衍生出要求董事、监事和高级管理人员在破产程序中承担责任的情形，分别为：欺诈交易，即明知或有理由预见到企业没有办法履行债务却仍然与债权人交易；过失交易，即依据客观标准认定企业没有办法履行债务却仍然与债权人交易；停止交易，比如当公司资本损失50%以上或者资产负债表有巨额波动时，没有及时采取必要措施止损；错误决策，违反商业判断规则（business judgment rule）作出了错误决策且未履行通报义务。①

梳理各个国家和地区的公司法、破产法，几乎所有国家均对破产中的董事、监事和高级管理人员的责任有详细规定。② 仍然不断有学者为增加破产程序中董事、监事和高级管理人员的责任振臂高呼，③ 一些利益集团也试图游说立法者改变现行立法。④ 董事、监事和高级管理人员承担责任的理论基础是什么？是否可以将对董事、监事和高级管理人员的追索引入破产优先权中？一些国家已有的立法经验值得借鉴和检讨。

（一）责任人追索法的责任基础

信义义务（fiduciary duty）是债权人追索董事、监事和高级管理人员基

---

① 商业判断规则要求有权做出商业判断的人一定是财产独立于公司且与公司没有利益冲突的人，比如在有担保财产出售的场合，与该有担保债权有关的董事绝对不能参与表决。See Allen, Lraakman& Subramanian, Commentaries and Cases on the Law of Business Organization253 (Wolters Kluwer, 3rd ed. 2009).

通报义务是指公司的管理层一定要将财产出售的详细情况通报给各位董事。比如在史密斯诉凡高克木（Smith v. Van Gorkom）案中，凡高克木公司私自与普来兹克（Prizker）公司签订了协议出售公司，即使财产出售的价格没有经过债权人和股东的反对，但由于该决议并未充分通知到各董事，法院就判决该协议无效，这是该规则效力的典型体现。

② 《处于困境公司的董事》（Directors in the Twilight Zone, INSOL International, 2013）报告以调查问卷的方式整理了一些国家的困境公司董事的责任情况。这些国家包括阿根廷、澳大利亚、百慕大、巴西、加拿大、中国、英国、法国、德国、印度、意大利、日本、马来西亚、荷兰、新西兰、波兰、俄罗斯、西班牙、美国和越南。

③ See RozaLozusic, *Workers' Entitlements and Corporate Insolvency*, NSW Parliamentary Library Research Service, Briefing Paper No. 17/99, p. 14.

④ See *Liberals Join Call to Protect Workers*, Sydney Morning Herald, Jul. 9, 1999, p. 4.

础的一个责任。公司正常运营时，董事的信义义务包括两个方面：一方面是注意义务，即勤勉义务，要求董事在履行职责时真诚善意，至少像一个通常谨慎的人在类似环境下为公司利益最大化所做的努力。[①] 另一方面是忠实义务，要求董事在代表公司和股东时避免出现自我交易、滥用公司机会以及其他可能损害公司而自己获益的行为。[②] 董事、监事和高级管理人员仅对公司和股东负有信义义务，对债权人等其他利益相关人并没有信义义务。毕竟，债权人只是因为与公司的贷款协议才与公司发生关联。[③]

当公司已经破产时，通常认为董事对债权人也负有信义义务。[④] 而一些州甚至认为当公司即将破产（vicinity of insolvency）时，董事即要对包括股东、债权人、劳动者及其他所有“利益相关人”（community of interests）负有信义义务。[⑤] 比如董事、监事和高级管理人员需要为削减公司债务而积极努力，以及向债权人及时告知相关情况等。

高级管理人员和监事一般与董事承担相同的信义义务。比如《美国示范公司法》（Revised Model Business Corporation Act）即规定非董事的高级管理人员与董事承担同样标准的注意义务。[⑥] 一些判例甚至认为，基于高级管理

---

① 注意义务可以被州法规定，See，e. g. Or. Rev. Stat. § 60. 357（1），也可以被判例法确定，see，e. g.，Graham v. Allis-Chalmers Mfg. *Co.*，188 A. 2d 125，130（Del. 1963）.

② See，e. g.，Guth v. Loft，Inc.，5A. 3d 503，510（Del. 1939）.

③ 一些州的法律虽然允许董事、监事和高级管理人员在做公司决策时考虑其他利益相关人的利益，但这并不是创设了董事、监事和高级管理人员对其他利益相关人的新义务，只是在使股东利益最大化的同时兼顾其他利益相关人的利益。董事、监事和高级管理人员如果忽略股东利益而照顾其他利益相关人，属于违背信义义务。See Revlon v. MacAndrews & Forbes Holdings Inc.，506 A. 2d 173（Del. 1986）.

④ 有很多理论支撑公司破产时董事对债权人的信义义务。比如“信托基金原理”（Trust Fund Doctrine）认为一旦破产，董事即成为公司财产的信托人，董事应该首先对债权人负责，其次才是对股东负责。See，e. g.，American Nat'l Bank v. Mortgage America Corp.，714 F. 2d 1266，1268 - 1269（5th Cir. 1983）. 另外一个较多人接受的理论是在破产程序中债权人无法按照合约行使既定权利，债权人变得与股权一样需要董事予以保护。

⑤ 并没有详细的标准界定何为公司“即将破产”，通常认为当公司的财务状况极度恶化而导致董事必须采取行动时，是公司“即将破产”的表现。Credit Lyonnais Bank Nederland，N. V. v. Pathe Communications Corp.，No. 12150，1991 WL 277613，*34，*36 n. 55.

⑥ Revised Model Bus. Corp. Act § 8. 42.

人员可以接触到公司的实质信息，甚至每天随时掌控公司的第一手资料，应当加重他们的义务。[①]

“刺破公司面纱”（piercing corporate veil）理论是债权人追索董事、监事和高级管理人员责任的另一个基础。公司拥有独立法人资格，有限责任确保股东和公司内部的董事不必因为公司破产而承担个人责任。由于违背有限责任，“刺破公司面纱”的情形只有在极端情况下才予以考虑。至于破产优先权所涉及的故意延期或未能支付劳动债权、税收债权等情形是否属于“极端情况”，存在一定争议。有学者指出，“通常情况下，债权人是与公司签约，而不是与董事、监事和高级管理人员直接发生法律关系。‘刺破公司面纱’只有发生在董事、监事和高级管理人员故意欺诈时，而未能支付债权人不属于类似情形。”[②] 但是，另一些专家支持将“刺破公司面纱”作为董事、监事和高级管理人员承担责任的理论基础。比如“‘刺破公司面纱’可以被掀起一角，以暴露那些操纵公司结构，故意没有支付劳动者的董事。”[③]“刺破公司面纱”理论可否作为破产程序中债权人因债权未能实现而追索董事、监事和高级管理人员的责任基础，尚需立法的明文确定和实践的经验累积。

（二）责任人追索法的责任内容

本部分以立法相对完善的澳大利亚和美国为例，将董事、监事和高级管理人员的责任置于税收债权的情境下讨论。

《澳大利亚所得税评估法》（Income Tax Assessment Act）[④] 于 1993 年修改，对多个征税系统[⑤]增加了可以向第三方征税的规定，从而为追究董事责

---

① Masonic Bldg. Corp. v. Carlsen, 128 Neb. 108 (1934).

② Cymes CF, Do Not Dismiss the Employee as a Statutory Priority Creditor in Corporate Insolvency, 26 *Austl. Bus. L. Rev.*, 450, 462 (1998).

③ *Employers Back Howard on Entitlement Safety Net*, Sydney Morning Herald, Jul. 7, 1999, p. 8.

④ ITAA36 (1936).

⑤ 例如预扣所得税系统（pay as you earn system）、预付款系统（prescribed payments system）、可报告的支付系统（reportable payments system）和预提税系统（withholding tax system）。

任开辟了通道。增加的修正案俗称“破产优先权（税收）修正案”。[①] 为了迎合税收债权破产优先权的取消，督促公司及早履行纳税义务，修正案要求董事、监事和高级管理人员必须履行以下四项特殊义务：保障公司履行特定的支付义务，签订某项支付协议，[②] 指定管理人，[③] 开始清算程序。[④] 对于其中的第一项义务，税务机关会首先向董事、监事和高级管理人员出示一份书面说明，并注明没有支付税款的数额，董事、监事和高级管理人员需要在 14 天之内确保公司可以及时支付，否则就要面临与公司未按时缴纳税款数额相同的处罚。[⑤]

美国不同州法对董事、监事和高级管理人员未能及时缴纳税款的责任规定大同小异。比如，依据伊利诺伊州法，如果董事、监事和高级管理人员拥有监督、控制纳税的职权却未能及时缴纳税款，董事、监事和高级管理人员即对公司未能缴纳的税款总额负有个人责任，可以对他们予以全额追缴。[⑥] 依据得克萨斯州税法，董事、监事和高级管理人员对没有报告和履行的税收与罚款承担连带责任，除非该董事和高级管理人员可以举证其在公司决策表决中已提出异议，或未能缴纳税款的原因超出了其认知。[⑦]

（三）责任人追索法的经验检讨

因税收债权的支付问题而追索董事、监事和高级管理人员的责任在澳大利亚被认为对董事、监事和高级管理人员过于严苛。[⑧]

税务机关经常同意与公司协商进入自愿管理程序（voluntary

---

① Insolvency（Tax Priorities）Legislation Amendment Act 1993.

② ITAA36 s 222ALA.

③ Corporations Act Pt 5. 3A.

④ Corporations Act s 459A.

⑤ ITAA 36 s 221AOE（b）；ITAA 36 ss 222AOC or 222APC，222ANA（2）.

⑥ 35 Ill. Comp. Stat. 735/3 – 7 （2001）；*Seealso Stoecker v. State of Illinois*，*Department of Revenue*，179 F. 3d 546（7th Cir. 1999）.

⑦ Tex. Tax Code Ann. § 171. 255（Vernon 1999）.

⑧ Helen Anderson，Directors' Liability for Unpaid Employee Entitlements：Suggestions for Reform Based on their Liabilities for Unremitted Taxes，30 *Sydney L. Rev.*，470，486 – 487（2008）.

administration）以实现更多债权，但是征税机关也会选择向董事、监事和高级管理人员进行追索，这导致了两方面问题。一方面，传统上对董事、监事和高级管理人员的个人处罚并没有因为新进引入的追索制度而失效，董事、监事和高级管理人员可能面临多次处罚的情况，[①] 甚至可能被追究刑事。[②] 另一方面，如果董事、监事和高级管理人员按照税务机关的书面通知补缴了税款，那么在公司随后破产的情况下，补缴行为却可能因被认定为优惠清偿而撤销，董事、监事和高级管理人员仍然要对撤销承担责任。这常常置董事、监事和高级管理人员于两难处境，无论选择支付抑或忽略税务机关的纳税通知，均有可能被追索，董事、监事和高级管理人员往往无所适从。澳大利亚参议员约翰·沃森（John Watson）就指出，"当董事、监事和高级管理人员无法说服董事会履行第222AOB（1）条的强制规定以满足税务机关的要求时，其仍然可能因为被其他董事、监事和高级管理人员认定为不称职而被罢免。该罢免对于善意的董事、监事和高级管理人员显然不公；即便按照第222AOI条的规定将损失在所有董事、监事和高级管理人员中分担，对于无过错的董事、监事和高级管理人员也是不公平的"。[③]

澳大利亚关于责任追索的制度设计也可能导致董事、监事和高级管理人员有逃脱责任的可能。比如，法律仅仅追究董事、监事和高级管理人员直接导致公司破产或在破产程序中的违法交易行为，由于拖欠税收债权属于非商业的交易安排，董事、监事和高级管理人员可能因此逃脱法律的处罚。

五、我国税收债权优先清偿的完善

（一）我国税收债权优先清偿的立法缺陷

国家作为税收债权的享有者稍显不妥。国家分担损失能力强，应对风险手段多，征缴税款的行政措施强制力大，国家再以优先权人的地位出现在破

① Gould v. Federal Commissioner of Taxation，147 FLR 173（1998）.

② S 21B of the Crimes Act 1914.

③ Commonwealth，Parliamentary Debates，Australian Senate，at 1295（May. 26，1993）.

产程序中未免牵强。

依据我国税收法律法规，企业需要缴纳增值税、城乡维护建设费、教育费附加、企业所得税、房产税、土地使用税、印花税、车船使用税、契税等税费，从事房地产开发的企业还可能缴纳土地增值税，文化类企业还应缴纳文化事业建设费等。这些种类繁多的税种在企业破产时均需要由国税或地税追缴并且得到优先清偿。可以预见，债务人财产在清偿名目繁多的各类税费后，还能留有多少给"嗷嗷待哺"的普通债权人。

（二）设置我国税收债权优先清偿的限制方法

1. 限制税收债权优先清偿的受偿额

税收取之于民，用之于民。公民有权监督税务机关，确保其提供保质保量的公共服务。税务机关如果懈怠履行职责而无法按时收缴税款，就应该承担税款流失的责任。税务机关不应再以社会利益为借口，要求破产优先权给予其第二次机会。否则，不良债务的累积会损害社会经济秩序的稳定和信用体系，也损害后来的债权人。

从限制税收债权破产优先权的期间入手，或许是在现阶段税收债权破产优先权难以被轻易取消的情况下不得已的权宜之计。税收债权破产优先权首先要受到除斥期间的限制。《税收征收管理法》规定，因税务机关的责任，致使纳税人、扣缴义务人未缴或者少缴税款的，税务机关在三年内可以要求纳税人、扣缴义务人补缴税款；因纳税人、扣缴义务人计算错误等失误，未缴或者少缴税款的，税务机关在三年内可以追征税款、滞纳金；有特殊情况的，追征期可以延长到五年；对偷税、抗税、骗税的，税务机关追征其未缴或者少缴的税款、滞纳金或者所骗取的税款，不受前款规定期限的限制。[①] 当然，超过一定期限，税收债权破产优先权随着税收债权的消灭自然消灭。

此外，《企业破产法》只是笼统地规定所有种类的税款均无限期追缴，没有针对每个税种的特性加以特别的限制。需要借鉴其他国家的经验，细化

---

① 《税收征收管理法》第52条。

税收债权破产优先权的规定，依据每个税种的课税实体法要素和程序法要素，对每类税种破产优先权的享有加以区分，分别规定不同的限制条件和期限。

2. 限制税收债权优先清偿的类别

税收债权包括主债权——应纳税款，以及因主债权而生的从债权，包括罚款、滞纳金和利息等。那么这些从债权是否因依附于主债权而可得优先清偿呢？本章义务，罚款不应属于破产优先权的一种。首先，罚款不应属于破产优先权。《税收征收管理法》第7章是关于纳税人法律责任的规定，罚款是税务机关处罚种类中最为重要的一种方式。依据《税收征收管理法》，罚款最低一档为2000元，此外还有5万元以及纳税人未缴或者少缴税款50%以上3倍以下的档次。故而，罚款不应属于税收债权破产优先权的范畴。这是因为罚款是对债务人的一种惩戒措施，不是政府正常运转不可缺少的资金。而且罚款出自债务人的资产池，是将债务人在破产之前的过错转嫁给无辜的其他债权人。依据自己责任原则，其他债权人不应因债务人的过错受到不公平对待。《最高人民法院〈关于审理企业破产案件若干问题的规定〉》赞同了该观点，在第61条第1项将行政、司法机关对破产企业的罚款、罚金以及其他费用排除出破产债权的范畴，罚款也就不再涉及优先权的问题。

至于滞纳金是否属于破产优先权，我国学者的分歧较为明显。有学者基于从权利的理论，主张滞纳金属于逾期缴税给国家造成损失的补偿，应该优先清偿；[①] 有学者认为，税收滞纳金应当作为破产债权申报，但是其毕竟不是新破产法上的债务人所欠税款，只能以一般债权申报，而且比照《企业破产法》第46条第2款规定，税收滞纳金可以在破产申请受理时停止计算。[②]《最高人民法院〈关于审理企业破产案件若干问题的规定〉》将人民法院受理

① 参见田学伟、徐阳光：《论破产程序中的税收债权》，载《政治与法律》2008年第9期。

② 参见闫海：《新破产法中税收债权问题研究》，载《法治论丛》（上海政法学院学报）2008年第2期。

破产案件后债务人未支付应付款项的滞纳金排除出破产财产的范畴，[①]却未明确破产程序开始前未缴纳的滞纳金是否属于破产财产。国家税务总局则指出，滞纳金是纳税人因占用税款而应对国家作出的补偿，属于税款被占用期间的法定孳息，与滞纳税款不可分割。[②]很明显，国家税务总局认为滞纳金从属于税款，具有不可分割性，滞纳金当属破产债权，但是国家税务总局也没有明确滞纳金在破产程序中得以优先清偿。直至《最高人民法院关于税务机关就破产企业欠缴税款产生的滞纳金提起的债权确认之诉应否受理问题的批复》（以下简称《滞纳金批复》），滞纳金在破产程序中的地位才最终得以确认，依照企业破产法、税收征收管理法的有关规定，破产企业在破产案件受理前因欠缴税款产生的滞纳金属于普通破产债权。最高人民法院法官在解读《滞纳金批复》时，认为不应赋予滞纳金优先权地位源于三个理由，即对该滞纳金予以优先清偿并无法律依据，滞纳金的性质与功能不同于税款本身，以及有利于推动破产企业摆脱困境及合理保护其债权人利益所需要。[③]

至于税款利息的破产优先权地位，可以比照滞纳金来研究。对税款利息予以优先清偿基于同样的理由仍不应计入破产优先权种类。第一，税款利息的优先清偿缺少法律依据。第二，即使按日加收万分之五的滞纳金相当于按年缴纳 18.25%，[④]多于税款利息的 3.3%[⑤]，但同滞纳金一样，税款利息的性质与功能也不同于税款本身，只是对因债务人欠缴税款而占用国家资金的一种补偿。第三，税款利息也会出现“如果把破产企业在破产案件受理前欠缴税款产生的滞纳金作为税收债权的组成部分予以优先清偿，就会由于滞纳金数额过高，不仅会使本可以通过和解程序或者重整程序生存下去的企业破产倒闭，也会使许多普通债权得不到实现，既无法取得良好的法

---

① 《破产规定》第 61 条。

② 《国家税务总局关于广信深圳公司破产案件有关法律问题的批复》（国税函〔2000〕103 号，已失效）。

③ 参见陈龙业：《解读最高人民法院〈关于税务机关就破产企业欠缴税款产生的滞纳金提起的债权确认之诉应否受理问题的批复〉》，载《民事法律文件解读》2012 年第 10 期。

④ 《税收征收管理法》第 32 条。

⑤ 按照 2014 年 3 月一年期存款利率。

律效果，更会造成不好的社会效果，影响社会和谐稳定”[①] 的问题。出于企业重建和债权实现的目的，确立税款利息为破产优先权应三思而后行。

当破产优先权的缺陷逐渐被人们所认同时，可以考虑适时减少税收债权破产优先权的种类。可以首先取消除了通过代扣代缴、代收代缴方式取得税款之外的其他税种的优先权地位。代扣代缴是指按照税法规定，负有扣缴税款的法定义务人负责对纳税人应纳的税款进行代扣代缴的方式，由支付人在向纳税人支付款项时，从所支付的款项中依法直接扣收税款并代为缴纳。代收代缴是由与纳税人有经济业务往来的单位和个人在向纳税人收取款项时依法收取款项，并向税务机关解缴。[②] 代扣代缴与代收代缴从严格意义上来说并不是独立的税种，只是法定义务人作为中介帮助税务机关征收税款的一种方式，是为了对离散、不易监控或难以征收的税款进行源泉控制。之所以保留代扣代缴与代收代缴的税款作为税收债权破产优先权是因为扣缴义务人征缴税款的来源不是自有财产，而是出自劳动者或委托方。如果不向扣缴义务人追索货款，就是对其私自截留税款的一种变相承认，侵犯了实际纳税人对国家的义务。而将通过代扣代缴和代收代缴方式取得的税款设置为优先权，则可以督促扣缴义务人将更加重视源泉控管，履行法律对于扣缴义务人的法定义务，将本应交给国家的税款及时上缴，同时也充分保障实际纳税人已经对国家履行的义务得以最终实现。

（三）我国引入限制税收债权优先清偿的补偿方法

现阶段可以从对既有法律和实践影响较小的制度入手，通过对已有制度进行解释、修改或者通过司法实践的引导等方式建立一些补偿方法。一些破产优先权的补偿方法可以从现行法律中通过解释得出，比如对董事、监事和高级经理的责任追索。由于赔偿款项最终由董事或股东承担，在贯彻了自己责任原则的同时，债务人财产的蛋糕也将有更多的份额分给普通债权人。追

---

① 陈龙业：《解读最高人民法院〈关于税务机关就破产企业欠缴税款产生的滞纳金提起的债权确认之诉应否受理问题的批复〉》，载《民事法律文件解读》2012 年第 10 期。

② 参见杨秀琴、钱晟：《中国税制教程》，中国人民大学出版社 1999 年版，第 329 页。

索责任人法是限制破产优先权的最佳补偿方法。

《企业破产法》规定了董事、监事和高级管理人员在破产程序中的义务，即他们若违反忠实义务、勤勉义务致使所在企业破产的，依法承担民事责任。有前款规定情形的人员，自破产程序终结之日起三年内不得担任任何企业的董事、监事、高级管理人员。[①] 该规定在第 11 章法律责任中，从法律责任的角度规定了董事、监事和高级管理人员的两种原则性义务，忠实义务和勤勉义务。既然责任是第二性的义务，那么董事、监事和高级管理人员在破产程序中的忠实义务和勤勉义务如何作解？《企业破产法》仅在第 6 条原则性地规定了人民法院审理破产案件，应当依法保障企业职工的合法权益，依法追究破产企业经营管理人员的法律责任。分析该条，保障企业职工的合法利益与依法追究破产企业经营管理人员的法律责任均是《企业破产法》赋予法律的职权，难以将第 6 条看作董事、监事和高级管理人员忠实义务与勤勉义务的具体内容。在法律条文中明确出现忠实义务和勤勉义务的是《公司法》。《公司法》先是在第 147 条第 2 款原则性地规定董事、监事、高级管理人员应当遵守法律、行政法规和公司章程，对公司负有忠实义务和勤勉义务，董事、监事、高级管理人员不得利用职权收受贿赂或者其他非法收入，不得侵占公司的财产。[②] 并进而在第 148 条规定了董事、高级管理人员的禁止行为：挪用公司资金；将公司资金以其个人名义或者以其他个人名义开立账户存储；违反公司章程的规定，未经股东会、股东大会或者董事会同意，将公司资金借贷给他人或者以公司财产为他人提供担保；违反公司章程的规定或者未经股东会、股东大会同意，与本公司订立合同或者进行交易；未经股东会或者股东大会同意，利用职务便利为自己或者他人谋取属于公司的商业机会，自营或者为他人经营与所任职公司同类的业务；接受他人与公司交易的佣金归为己有；擅自披露公司秘密；违反对公司忠实义务的其他行为。《公司法》的规定显然没有纳入对董事、监事和高级经理在破产程序中的忠实义务与勤

① 《企业破产法》第 152 条。

② 《公司法》第 148 条。

勉义务。

可以通过由法院在审判实践中解释《企业破产法》或在一些案例中援引《企业破产法》进行判决，进而引进对董事、监事和高级管理人员的责任追索制度，并将追索的款项注入债务人的资产池中。为此，法院需要在解释和适用《企业破产法》时，明晰以下几点。

第一，关于责任基础。规定董事、监事和高级管理人员对债权人也负有忠实义务和勤勉义务。《公司法》中的董事、监事和高级管理人员对公司和股东承担了忠实义务和勤勉义务，《企业破产法》没有明确董事、监事和高级管理人员忠实义务和勤勉义务的对象。可以借鉴通行的理论与各国实践，让董事、监事和高级管理人员在破产程序中对债权人同样负有忠实义务和勤勉义务，以便明确债权人追索董事、监事和高级管理人员的责任基础。

第二，关于责任内容。在司法审判中，可以将董事、高级管理人员拖欠劳动债权和税收债权的行为列入他们违反忠实义务和勤勉义务的范畴。不过要区分董事、高级管理人员的主观方面：如果董事、高级管理人员恶意拖欠劳动债权和税收债权，即要无条件追索他们的责任；而如果劳动债权和税收债权的拖欠源于企业经营恶化或其他原因，就要适度限制对董事、高级管理人员的追索。

第三，关于追缴程序。除相关债权人基于直接利益受到损害享有原告资格外，需要赋予破产管理人提起追缴程序的权利。《企业破产法》第34、36条规定了破产管理人可以撤销、追回债务人财产，并且可以追回债务人的董事、监事和高级管理人员利用职权从企业获取的非正常收入和侵占的企业财产，其也应该享有代表债权人向违反忠实义务和勤勉义务的董事、监事和高级管理人员追索赔偿金的权利。向董事、监事和高级管理人员追索赔偿金后，赔偿金应归属于债务人财产无疑。由于债务人财产在优先清偿破产费用和共益债务后即归属于破产优先权人，因此不必再强调追索后的赔偿金应优先清偿于优先权人。

另一些破产优先权的补偿方法本身不为法律禁止，可以通过司法实践的引导起到确认的作用，比如出售财产法、破产隔离法、合并重整融资法和非经营性资产的处理方法。这些方法通过交易制度的重新设计，改变了不同债权的清偿顺序，但也一直饱受非议。法院要谨慎运用上述方法，需要具体问题具体分析，通过个案审查确认限制破产优先权的最佳补偿方法。

第十一章　破产法与劳动法：以劳动债权的清偿为视角

公司破产确实会影响数以万计的劳动者，这在世界范围内屡见不鲜。安然（Enron）公司的轰塌导致4500名劳动者离职，多数劳动者的养老储蓄金荡然无存。[①] 澳大利亚安捷航空（Ansett Australia）的破产影响了近16,000名劳动者，这些劳动者一度对债务人享有670,000,000澳元的债权。[②] 卡尔派集团（Calpine）、世通公司（Worldcom）等跨国公司的破产也牵连到了更多的劳动者。而在受到经济危机冲击较小的德国，仅2012年上半年就有15,200家公司倒闭，150,000名劳动者面临失业危机，这比2011年同期增长了36.6%。[③]

公司破产影响了与公司有利益瓜葛的多方主体，其对劳动者更具特殊意味。劳动者劳力和智力的付出使其成为公司的“资产”，而当公司陷入困境时，他们又成为债权人，对公司尚未支付的薪水享有请求权。劳动者将时间和精力投入工作而难以进行其他投资，这使得劳动者过于依赖公司，与公司“一荣俱荣，一损俱损”。无论主动还是被动，劳动者违反了“不能将风险装到一个篮子里”的基本投资准则，受到公司破产的冲击力也因此较其他债权人更为猛烈。此外，失业的劳动者不仅陷入经济困境，还可能因迫于维持生

---

① See McNulty, S., Skilling is Failed for 24 Years over Enron, *Financial Times*, Oct. 24, 2006.

② Department of the Parliamentary Library, Australia, *Corporate Insolvencies and Workers' Entitlements'* (Sep. 15, 2004), available at: http://www.aph.gov.au/About_Parliament/Parliamentary_Departments/Parliamentary_Library/Publications_Archive/archive/Insolvencies (last visited on Nov. 25, 2013).

③ Ernst Wolff, *New Bankruptcy Law Strengthens German Employers*, Jul. 27, 2012, available at: http://www.wsws.org/en/articles/2012/07/germ-j27.html (last visited on Nov. 25, 2013).

计而产生较大的精神波动和健康问题，这可能产生连锁反应，影响公司所在的社区及周边商业和生活氛围。

各国纷纷意识到劳动者在公司破产中遇到的特殊风险，采取多种措施试图缓解劳动者在企业破产时的损失。劳动债权破产优先权便是其中较具典型性的措施之一。但是，劳动债权破产优先权也因剥夺了其他债权人受偿的空间，没有注意到维持劳动者权利和资本市场逐利属性的平衡而被广泛质疑。是否应对劳动债权破产优先权施以限制，又是否有其他更好地保护破产中劳动者利益的方式？本章将在介绍劳动债权破产优先权含义的基础上，从历史维度阐释其发展趋势，找到其缺陷，并通过比较法的维度梳理劳动债权破产优先权的限制方法与补偿性措施。

一、劳动债权优先清偿的质疑

“为什么破产程序之外劳动者对雇主的普通债权，仅仅因为雇主申请破产就在刹那间享有优先清偿的地位?!”[①] 破产程序中应当对劳动者提供适当形式的保护是实质正义的必然要求，但是破产法不能涸泽而渔，不能以劳动者利益为中心而忽略了整个企业界获取资本的长期难易程度；也不能顾此失彼，一味地强调劳动者利益至上而漠视其他市场参与主体的合法利益。毕竟，如果破产优先权没有节制地加以适用，企业的生存条件就有可能持续恶化，最终结果必然是大量劳动者失业。国家经济发展的目的是促使包括劳动者在内的全社会根本利益和长远利益的共同提升。如果破产优先权的安排导致经济运行环境恶化，最终将导致全社会福利的降低，这其中当然也包括职工福利的降低。[②]

（一）劳动债权优先清偿的含义

研究劳动债权破产优先权的起点是明晰破产中劳动债权的含义。破产中

① Daniel Keating, The Fruits of Labor: Worker Priorities in Bankruptcy, 35 *Ariz. L. Rev.* 905, 926 (1993).

② 王卫国：《破产企业财产分配为何是“银行优先”》，载《解放日报》2006 年 9 月 25 日，第 13 版。

的劳动债权是学理的概念，法条中并没有相关表述。明确提出“劳动债权”的是贾志杰《关于〈中华人民共和国企业破产法草案〉的说明——2004 年 6 月 21 日在第十届全国人民代表大会常务委员会第十次会议上》，“劳动债权，即企业所欠职工工资和社会保险费用，以及法律、行政法规规定应当支付给职工的补偿金等其他费用”。[①] 贾志杰的表述只是圈定了劳动债权的外延，并未触及其准确内涵。理论界对于劳动债权的研究深入得多。王欣新从劳动债权的基础、形态和功能出发，认为劳动债权“是劳动者个人享有的基于劳动关系产生、以工资为基本形态、用以维持其社会生活的债权”。[②] 王利明从劳动债权的发生原因角度，认为“所谓劳动债权，是指因为企业拖欠职工工资、劳动保险费、因企业破产解除劳动合同而应支付给职工的补偿金等所发生的职工请求企业给付一定金钱的权利”。[③] 本章则将劳动者基于劳动者身份和劳动合同关系享有的债权称为劳动者债权。[④]

劳动债权破产优先权是指基于法律规定而使劳动债权优先于其他债权得以清偿的一种制度。劳动债权破产优先权具有以下特点：

劳动债权破产优先权的核心是清偿顺序的优先性。破产财产经过变价出售后，需要分配给不同性质、不同类别的债权人。破产财产的分配顺序，既不是按照公示优先或时间优先的原则，也不是按照平均分配的原则，而是直

① 贾志杰：《关于〈中华人民共和国企业破产法草案〉的说明——2004 年6 月21 日在第十届全国人民代表大会常务委员会第十次会议上》，载《全国人民代表大会常务委员会公报》2006 年第7 期。

② 王欣新、杨涛：《破产企业职工债权保障制度研究——改革社会成本的包容与分担》，载《法治研究》2003 年第1 期。

③ 王利明：《关于劳动债权和抵押权》，载《法学家》2005 年第2 期。

④ 本章采用“劳动债权”的表述，与贾志杰的用法一致。而有学者认为采用“职工债权”而非“劳动债权”更能涵盖基于职工身份而依法享有的各种请求权，包括劳动法上的请求权和社会保障法上的请求权，也反映了我国在劳动合同之外，通过设立法定请求权加强职工保护的现实。参见王卫国：《破产法精义》，法律出版社 2007 年版，第 140 页。

国内关于劳动者的表述有“职工”“雇员”“雇工”“工人”等称谓，比如《工伤保险条例》中即有“雇工”和“职工”两种用法。国外关于劳动者的表述有 employee、personnel、worker、laborer 等。

除了引用他人文献外，本章采用“劳动者”的表述，这是为了与《劳动法》与《劳动合同法》等法律的用法保持一致。

接由法律确定。劳动债权优先权制度确保劳动债权可以在分配过程中享有一定程度的优先性。

劳动债权破产优先权体现了法律的强制性。劳动债权破产优先权属于债权平等受偿原则的例外，必须基于法律的明文规定，由法律创设。法律的强制性可以分解为以下几重含义。第一，劳动债权破产优先权无法由当事人自行创设。由债务人和债权人自行创设的优先权缺乏合法的根基，属于被法律禁止的偏颇性清偿，法院应当撤销。第二，劳动债权破产优先权的权利人、类型和内容由法律确定。只有法律明文规定的主体才能在破产程序中优先清偿，而且优先权类型也必须有法律明文规定，超出清偿内容的债权无法优先清偿。第三，劳动债权破产优先权具有不可转让性。该特点与劳动债权享有主体的特定性有关，只有权利人才享有劳动债权破产优先权，"体现了'契约到身份'的法律观念的再转变"。①

（二）劳动债权优先清偿的缺陷

本章第一部分在一般意义上论述了破产优先权的缺陷，这部分将着重探讨劳动债权破产优先权的特殊不足。市场在资源配置中的决定作用，更好保护劳动者的追求以及劳动者自由意志和自己责任的理念，使破产优先权面临越来越多的质疑。

1. 过度干涉市场在资源配置中的作用

党的十八届三中全会指出，"要紧紧围绕使市场在资源配置中起决定性作用深化经济体制改革。"因此，非市场的因素在介入资源配置时，要慎之又慎，避免干涉本应由市场自身即可调整的事项。

"破产财产分配，对一个破产企业来说是'最后的晚餐'，但却不是整个经济体系的'最后的晚餐'。法制建设应当以促进经济发展为职工争取更多的利益为出发点，那种以为只有从一个破产企业财产中为职工'多拿一块'

---

① 谢德成：《论劳动报酬权的优先权属性》，载《河北法学》2004 年第 12 期。

才是维护职工利益的认识是片面的。"[①] 破产法应该注意资本市场的要求，鼓励一向谨慎精明的放贷人大胆放手向企业贷款，无须畏首畏尾、瞻前顾后。

对劳动债权的过度保护并不利于一国国内市场的发展，对同属市场的其他债权人造成损害。通过实证调查近年来加拿大的破产案件，平均每个案件的劳动者债权数额迅猛增加，达到债务人财产的一半左右，而且由于劳动者债权数额的不确定，企业破产概率难于估算，贷款人更加难以估算对企业的放贷收益和风险。[②] 法律需要在劳动者利益与其他债权人的利益之间做出平衡，这不仅关涉到相关方的利益，更关乎凭劳动者酬劳而支撑的本地经济能够欣欣向荣，市场能否健康稳定有序发展，以及社会能够完成新陈代谢的良性循环。

此外，应将劳动者置于市场经济的背景下观察其是否处于弱势地位。劳动者在面对用人单位时可能被欺压，但与其他债权人相比可能并不值得同情。澳大利亚法律改革委员会（The Law Reform Commission）发布的在英联邦国家较具影响力的《一般破产调查报告》（General Insolvency Inquiry，俗称《哈默报告》）[③] 指出："劳动债权破产优先权在不断发展的社会福利等制度面前存在的理由越来越不充分。优先权剥夺了其他无担保债权人对破产债权的权利，特别是独立承揽人（independent contractor）。这些债权人可能与劳动者一样处于受雇佣的状态，面临雇主的不公平待遇，却在破产来临时因被划归为普通债权人而没有得到应有的保护。"[④]

2. 难以及时充分补偿劳动者

劳动债权破产优先权像一汪清泉，可以缓解劳动者干涸的资金压力，但是往往又因为"远水解不了近渴"或是水源的不断分流，难以满足劳动者的需要。

---

① 陈甦：《新破产法应当合理规定债权清偿的优先次序》，载《中国社会科学院院报》2005 年 2 月 3 日，第 3 版。

② See Rupert Chartrand, Labor and Insolvency in the 1990s, 24 *Can. Bus. L. J.* 193 (1994).

③ 《哈默报告》是澳大利亚破产法改革最具影响的报告。Report 45 (1988).

④ Harmer Report, ¶722 (1988).

一方面，劳动债权破产优先权难以及时补偿劳动者。劳动债权破产优先权的实现一般要求劳动者首先向企业请求清偿债权，而从企业被申请破产停止支付劳动者工资到劳动者可得破产财产分配有较长的时间间隔。曹思源认为，“按照现行破产法各项有关时效的规定，一般破产案件从申请到劳动者最终破产程序终结，即使不包括和解整顿，最快也得花半年。……而且破产程序每延长一天，破产财产有形损耗、无形损耗和流失的风险就大一分。”①劳动者刚失业时，往往身心俱疲、经济压力较为严重，如果此时无法雪中送炭，而是让劳动者历经漫长煎熬后才索取到债权，即便劳动债权破产优先权最终全额实现劳动者的请求权，也将于事无补。

另一方面，劳动债权破产优先权难以充分补偿劳动者。债务人有价值的资产之上一般都存有担保债权，在企业破产后，排在担保债权之后的劳动债权人要么因为破产财产所剩无几，要么因为破产财产缺乏价值而难以实现债权，优先权制度对劳动者而言可能只是杯水车薪。

3. 代替劳动者承担责任

处于弱势地位的劳动者是非自愿债权人（involuntary creditors），他们被动进入破产程序，没有办法抵御风险，这是证明劳动债权破产优先权为正当的常用理由之一。有的学者甚至认为，最为理想的破产优先权设计应该是使得所有不具有债务调整能力的债权人具有最高的优先等级，而且应当减少有担保债权人在破产程序中的优先等级和数额。② 这是因为有担保债权人在企业破产前就已与用人单位签订了相关条款从而能锁定风险；而对于其他只是被动进入破产程序、没有足够能力或还没有来得及与债务人讨价还价的债权人，应当优先偿还他们的债权。符合上述理论最为典型的当属基于侵权行为而生债权。劳动债权破产优先权也常被提及。③

---

① 曹思源：《论现行破产法的修改》，载《开放时代》1999 年第 1 期。

② See, e. g. , Barry E. Adler, Financial and Political Theories of American Corporate Bankruptcy, 45 *Stan. L. Rev.* 311, 340 (1993).

③ See Lucian Arye Bebchuk & Jesse M. Fried, The Uneasy Case for the Priority of Secured Claims in Bankruptcy, 105 *Yale L. J.* 857, 885 (1996).

暂不论基于侵权行为而生债权的优先权性质，上述关于劳动债权破产优先权的正当性理由需要再做探讨。首先，劳动者在辞职之后能够立即谋求到新职具有一定难度，但与侵权之债的债权人无法选择债务人不同，劳动者在劳动合同方面享有的自主选择权是毋庸置疑且不容侵犯的。拥有完全行为能力的劳动者既没有精神问题，也非残疾，可以自主选择用人单位，决定劳动期限，商定工资和福利等。而且劳动者也可以“用脚投票”，规避风险。因此，即便难以充分获取企业的经营信息，劳动者也应对未能及时从濒临破产的企业抽身负有部分责任。自由市场经济理论就认为，劳动者受雇公司等同于劳动者向雇主提供了没有抵押的无息贷款，应该意识到公司存在破产的风险。[①]

其次，破产法并未设立任何障碍以阻止劳动者与用人单位协商工作的待遇。劳动者当然可以通过要求用人单位提高工资的方式，未雨绸缪地应对未来企业破产的风险。破产程序中，劳动者在某些情况下拥有的谈判权颇为强大，比如“当债务人试图重整时，劳动者的态度往往对重整成功与否至关重要”。[②] 因此，劳动者是一个可以根据经济形势作出合理判断的理性人，可以通过自身的选择和努力保护债权不受侵害，也应该承担劳动债权无法满足的风险。

最后，劳动债权破产优先权的设立不仅考虑到劳动者的权益，也照顾到其家庭的存续。[③] 但是随着有限责任的建立和诸多国家个人破产制度的兴起，家庭成员之间不必再为其他成员的债务负责。夫妻双方均外出工作的现实也使一方破产对整个家庭而言并不具有决定性的打击。因此，保护劳动债权的焦点应围绕劳动者自身，而不是其所牵连的利益。美国法院在破产案件的审

---

① See Symes C. F., Do Not Dismiss the Employee as a Statutory Priority Creditor in Corporate Insolvency, 26 *Austl. Bus. L. Rev.* 450, 458 (1998).

② Daniel Keating, The Fruits of Labor: Worker Priorities in Bankruptcy, 35 *Ariz. L. Rev.* 905, 907 (1993).

③ See Edward J. Balleisen, *Navigating Failure: Bankruptcy and Commercial Society in Antebellum America*, The University of North Carolina Press, p. 104 (2001).

理中，就从保护家庭成员的利益，逐渐转移到以考虑劳动者责任自负为中心。[①]

需要说明的是，上述质疑劳动债权破产优先权的理由并非为了证明劳动债权不值得保护。恰恰相反，由于劳动者在破产程序中面临特殊的风险，劳动者利益可以被认为是社会利益的一种，而且我国也加入了相关的国际公约，破产程序中的劳动债权仍然需要立法的适度倾斜，只不过这种倾斜保护劳动者利益的制度不必限于劳动债权破产优先权。

二、劳动债权优先清偿的衰落趋势

早于 1818 年，苏格兰就产生了劳动债权破产优先权的雏形，[②] 并被大多数国家援引。近年来，有学者指出早期破产法对劳动债权的优先清偿只不过是权宜之计，却沿用至今而未曾受到有效质疑。[③] 无论是英美法系还是大陆法系国家，限制劳动债权破产优先权的趋势较为普遍。

随着近代对劳动者权益的保护强调，立法呈现爆炸式发展，几乎所有国家和地区都竭尽所能地创建不同方法，设法保护劳动者利益。随着理性回归，立法热潮消退，各国和地区开始反思对劳动者的过度保护。本部分将以五个国家为例，说明劳动债权破产优先权弱化的不同趋向：即以劳动债权破产优先权各类型全面取消为代表的德国，以劳动债权破产优先权的数额和类型均有缩减为代表的日本，以劳动债权破产优先权优先清偿顺位变化为代表的巴西，以判例形式约束劳动债权破产优先权适用为代表的美国，以及变相限制劳动债权破产优先权为代表的英国。

---

① See David M. Wagner, The Constitution and Covenant Marriage Legislation: Rumors of a Constitutional Right to Divorce Have Been Greatly Exaggerated, 9 *Regent U. L. Rev.* 54 (1999 - 2000); John Tuskey, What's a Lower Court to Do? Limiting Lawrence v. Texas and the Right to Sexual Autonomy, 21 *Touro L. Rev.* 597 (2005).

② 苏格兰规定雇主破产时，应优先支付仆人的酬劳、劳动者的最后医疗费用和丧葬费用等。See A. A. Doria, *The Law and Practice in Bankruptcy: Under the Provisions of the Bankrupt Law Consolidation ACT*, 1849, Gale, Making of Modern Law, p. 664 (2010).

③ See Bruce Gleig, Unpaid Wages in Bankruptcy 21 *UBC L. Rev.* 61 (1987).

（一）以取消劳动债权优先清偿为代表的德国

被称为“最杰出的德国司法制度法律”①，颁布已逾百年的1877年《德国破产法》，于1994年10月5日被《支付不能法》取代。已经失效的《德国破产法》第61条是关于破产优先权的规定。依据《德国破产法》第61条，破产债权的清偿包括6个顺序：（1）延迟支付的破产开始前或破产人死亡之前6个月至1年之内应当支付的受雇工人的工资报酬，失业补偿金，破产企业代理人的佣金报酬，养老金，社会保险金，联邦机构征收的捐税、滞纳金……②也就是说，在《支付不能法》生效前德国将劳动债权置于清偿的第一顺位，仅次于担保物权和破产费用在破产程序中得到清偿。德国的劳动债权范围也较为广泛，基本涵盖与劳动相关的所有报酬和费用，体现了对劳动者充分而全面的保护。

《支付不能法》取消了所有破产优先权类型，劳动债权破产优先权概莫能外。产生于破产程序开始之前的劳动债权在《支付不能法》中只能被认定为普通债权，与其他债权同一顺位清偿。不过劳动债权仍得优于第39条规定的劣后债权得到清偿。③产生于破产程序之后的劳动债权因属于共益债务范围而享有有限的优先权。劳动债权可以包括工资、假日报酬、奖金和养老金等。劳动债权在德国不能优先清偿的一个例外是，如果劳动债权被写入为补偿或减少劳动者因计划变更而遭受的经济上的不利益的社会方案中，则可以依据《员工解雇保障法》第10条第3款的规定，得到最多不超过2.5个月的月薪和破产财产总额1/3的优先清偿；当用于清偿社会方案债权的财产超过破产财产总额的1/3时，各项债权应当按比例减少。④

---

① 李飞：《当代外国破产法》，中国法制出版社2006年版，第1页。

② 张卫平：《破产程序导论》，中国政法大学出版社1993年版，第213～214页。

③ 劣后债权包括：债权自破产程序开始起就继续产生的利息；债权人因参与程序而产生的费用；罚金、罚款、强制性罚款和法院的秩序罚款以及类似的犯罪行为或违反秩序行为所引起的负担金钱支付义务的附随结果；以债务人的无偿给付为内容的债权；以返还替代资本的股东贷款为内容的债权或具有相同地位的债权。

④ 《支付不能法》第123条。

劳动债权破产优先权在德国被取消的主要原因是德国的劳动者担保基金（Guarantee Fund）机制运作较为成熟，在保护破产中劳动者利益方面令人印象深刻。[①] 比如，破产程序开始前没有得到满足的最后3个月的工资请求权，即可以由国家设立的劳动者保护基金支付。[②] 此外，德国也建立了退休金担保基金（Pensions-Sicherungs-VereinVersicherungsvereinaG-PSVaG）用以补偿劳动者因企业破产而损失的退休金。退休金担保基金的资金来源于各个企业，在企业破产时，由联邦劳动机构（Federal Labour Agency）负责发放。[③] 退休金担保基金每月最多可以支付劳动者7875欧元（2012年）的退休金。劳动者担保基金和退休金担保基金可以确保劳动者在丧失劳动债权破产优先权后，其债权仍得较高程度的清偿。

（二）以劳动债权优先清偿的数额和类型均有缩减为代表的日本

《日本破产法》（Hasan ho，1922年颁布，2004年修改）规定了三类破产债权的清偿顺位：优先的破产债权、一般的破产债权和劣后的破产债权。其中工资的清偿属于第一顺位，称为“工资的先取特权”。依据《日本破产法》第39条和《日本民法》第306条第2项和第308条规定，破产申请前6个月的工资为先取特权。这里的工资并不限定于每月的报酬，它包括了奖金、退休金等具有作为劳动等价性质的全部。[④] 从修订前的《日本破产法》可以看到，劳动债权被给予较为优先的清偿顺位，且几乎所有的劳动债权类型均

---

① 劳动者在德国公司治理模式下可以较多的参与企业决策也是德国取消劳动债权破产优先权的重要原因。根据德国相关法律规定，德国劳动者参与公司治理有四种途径：一是劳动者通过参加公司的监事会参与公司管理，二是劳动者通过参加公司董事会、参与公司决策，三是劳动者通过企业委员会参与决策，四是职工直接参加公司民主管理。由于劳动者获知企业经营信息能力较强，对企业经营决策制定具有较大权利，让其承担企业破产的部分风险是合理的。参见刘俊海：《公司的社会责任》，法律出版社1999年版，第224页。

② 参见［德］W. 杜茨：《劳动法》，张国文译，法律出版社2005年版，第71页。

③ Paul M. Secunda, An Analysis of the Treatment of Employee Pension and Wage Claims in Insolvency and Under Guarantee Schemes in OECD Countries: Comparative Law Lessons for Detroit and the United, 41 *Fordham Urban L. J.*, 1, 60－61 (2014).

④ 参见［日］伊藤真：《破产法》（新版），中国社会科学出版社1995年版，第103～104页。也有学者对日本退职金的规定有不同认识。参见付翠英：《破产法比较研究》，中国人民公安大学出版社2004年版，第366页。

可得以清偿。

日本传统的“倒产五法”体系在实践中已显陈旧，“彼此之间相互关联性十分脆弱，而规定上有许多脱漏之处，特别系日本自平成二年（1990年）起开始进入泡沫经济崩坏时期、长期经济不振……倒产法制中的法律在处理债务人的债务整理程序时，均呈显出无力、矛盾之处”。① 在世纪交接之际，日本对破产法体系作了大范围修订。目前，日本有4部与破产相关的立法：《日本破产法》、《会社更生法》（Kaisha kosei ho，1952年颁布，2002年修改）、取代《合议法》（Wagi ho，1922年颁布）的《民事再生法》（Minjisaisei ho，1999年颁布，2004年4月实施）和《商法》（Sho ho，1899年颁布）中的会社整理部分。其中，2004年6月2日修订的《日本破产法》第149条是有关劳动债权破产优先权的规定。依据《日本破产法》第149条，破产程序开始前3个月之内的企业雇佣员工的工资请求权，可以作为财团债权。退休金的破产优先权限额与工资相同。②

新修订的日本破产法从两个方面限制了劳动债权破产优先权：一是劳动债权破产优先权的数额，由1922年《日本破产法》规定的破产申请前6个月的工资缩减为现在的3个月；二是劳动债权破产优先权的类型，相比原破产法囊括几乎所有的劳动债权类型，目前只有企业尚未支付的工资和退休金才可以在破产程序中优先清偿。

（三）以劳动债权优先清偿顺位变化为代表的巴西

自1945年起一直实施的《巴西破产法》将破产中的劳动债权置于有担保债权之前受偿，且对劳动债权破产优先权的数额和期间完全不予限制。巴西的破产优先权导致其破产法体系官僚化、效率低下和腐败丛生。③ 普通债

---

① 石有为、陈清怡：《论破产之和解——以日本民事再生法为中心》，载《台湾司法研究年报》第24辑第4篇，第135~136页。

② 《日本破产法》第98、151条。

③ See Thomas Benes Felsberg & Paulo Fernando Campana Filho, Corporate Bankruptcy and Reorganization in Brazil: National and Cross-border Perspectives, in *Norton Annual Review of International Insolvency* 278 (Paul J. Omar eds., West Publications, 2009).

权人获得清偿几无可能。[1] 投资者四散逃离，巴西的投资环境迅速恶化。[2] 巴西不得不改弦易张，重新在劳动者和放贷人之间找到平衡，以确保资本可以持续涌入巴西。

新《巴西破产法》自从20世纪90年代起就一直酝酿，直至2005年2月9日才最终通过，并于2005年6月9日施行。新《巴西破产法》最重要的改革是在第83条对劳动债权破产优先权进行了限制，规定只有不超过相当于150个月的月最低基本工资（约为13,000美元）的劳动债权才能优于担保物权得以清偿，其他部分的劳动债权属于普通债权，没有优先权。[3] 虽然《巴西破产法》中劳动债权的清偿仍然部分优先于担保物权，但相较于之前完全的不受限制，限制的趋势已然明显。

（四）以判例形式约束劳动债权优先清偿为代表的美国

美国劳动债权破产优先权第一次出现在1841年《美国破产法》（1843年失效）第5条中。从该制度诞生起，就受到数额（不高于25美元）和期间（不超过6个月）的双重限制。[4] 有学者对劳动债权破产优先权的出现表示不甚理解，认为美国当时布满了原始的农业人口和城市手工业者，信用在范围甚小的商业阶层之外没有生存的空间，劳动者的利益被较为紧密的个人利益包围，没有劳动债权破产优先权甚至破产法出现的必要。[5] 劳动债权破产优先权在实践中也运用不佳，几例与劳动债权破产优先权相关的案例中，即出现因劳动债权请求权可能被代为行使而被法院认定为无效的情形。

1898年《美国破产法》（1978年失效）是在美国实施最久、影响最为深

---

① See Thomas B. Felsberg & Troy Francis Petit, 2004 *Annual Survey of Bankruptcy Law* 551 (West, 2004).

② See Janis Sarra, Employee's Rights in Insolvency Matters, in Comparative and International Insolvency Law Central Themes and Thoughts, Papers from the Honours Class "Comparative and International Insolvency Law", Organized at Leiden Law School, the Netherlands, March - June 2009.

③ Article 83 of Law 11101.

④ 11 U. S. C. § 5 (1841) (repealed 1943).

⑤ See Charles Sellers, *The Market Revolution: Jacksonian America*, 1815 – 1846, Oxford University Press, 1994.

远的一部破产法。其在第104（b）（4）条有劳动债权破产优先权的相关规定。依据第104（b）（4）条，工人、职员、旅行推销员或市政推销员在破产申请前3个月并且不超过300美元的工资享有优先权。[①] 尽管立法已有明文规定，美国最高法院还是认为，“广义上，破产法的作用是对破产财产的平等分配。如果其中一项债权优先于其他债权清偿，破产法的目的将无法实现”。[②] 在大使馆餐厅案（United States v. Embassy Restaurant, Inc.），美国最高法院通过限缩解释第104（b）（4）条，认为尚未支付的、为雇员福利计划而贡献的集体协商债权（Collectively Bargained Claims），其持有者是福利计划的资金托管人，不是劳动者，因此该项债权不属于劳动债权破产优先权，也不符合工资的本质特征，工会的主张无效。[③] 1968年，美国最高法院再次肯定了其一贯限缩适用劳动债权破产优先权的立场。在电气工业联合协会案（Joint Industry Board of Electrical Industry v. United States），美国最高法院认为尚未支付的为劳动者年金而贡献的债权不是劳动债权破产优先权。[④]

即使1978年《美国破产法》拟定了第507（a）（5）条，认为“对一个雇员福利计划有贡献而被批准的无担保债权”可以在工资债权之后得以有限度的优先清偿，但是通过下文霍华德运输公司案（Howard Delivery Service, Inc. v. Zurich Am. Ins. Co.）[⑤] 的判决，美国最高法院仍然秉承着对“对雇员福利计划的贡献”在破产程序中可以优先清偿的怀疑态度。

（五）以变相限制劳动债权优先清偿为代表的英国

劳动债权优先清偿的地位早在1825年《英国破产法》第48条便得以确立，劳动者在破产程序开始前最多6个月的工资可以优先清偿，且没有数额上限。1849年《英国破产法》第168、169条将仆人和文职人员享有的劳动

---

① 11 U. S. C. § 104（b）（4）（1898）（repealed 1979）.

② *Kothe v. R. C. Taylor Trust*, 280 U. S. 224, 227（1930）, *Kuebner v. Irving Trust Co.*, 299 U. S. 445, 451（1937）.

③ *United States v. Embassy Restaurant, Inc.*, 359 U. S. 29, 31（1959）.

④ *Joint Industry Board of Electrical Industry v. United States*, 391 U. S. 224（1968）.

⑤ *Howard Delivery Service, Inc. v. Zurich Am. Ins. Co.*, 126 S. Ct. 2105（2006）.

债权破产优先权限定在破产程序开始前3个月的工资和最多不超过30英镑的数额，将工人享有的劳动债权破产优先权限定在不超过40先令。1869年《英国破产法》第32条提高了仆人和文职人员的劳动债权破产优先权限额，达到了破产程序开始前4个月以及最多不超过50英镑，对于工人享有的劳动债权破产优先权则变为破产程序开始前2个月，没有最高数额的限制。1883年《英国破产法》第40条统一了仆人、文职人员和工人的劳动债权破产优先权的限制，规定均为破产程序开始前4个月和50英镑限额。1948年《英国公司法》第319条和1976年《英国破产法》附录一将50英镑的限额分别提高至200英镑和800英镑。劳动债权破产优先权的破产程序开始前4个月的期间和800英镑的限额延续至今。

依据国际劳工组织的数据，英国人月最低工资数额是1365美元，[①] 800英镑（约1340美元）的限额约等于英国人一个月的最低工资数额。考虑到通货膨胀的因素，英国30余年没有提高劳动债权优先清偿的限额即是劳动债权破产优先权弱化的一种体现。

三、劳动债权优先清偿的限制方法

破产程序中，债权人的分配份额是此消彼长的关系。如果径由全部劳动者的所有类型债权全额得到优先清偿，将使得早已不够分配的“蛋糕”所剩无几。囿于劳动债权破产优先权的缺陷，各国纷纷对其进行了一定约束。本部分将运用比较分析的方法，从主体、受偿额度、类别等维度梳理各国和地区劳动债权破产优先权的限制方法。

（一）限制劳动债权破产优先权的权利人

享有劳动债权破产优先权的主体应为劳动者。《欧盟劳动者保护指引》将劳动者界定为受到与劳动合同约束，为雇主雇用的人，而不论该劳动合同涉及体力劳动或是脑力劳动，是显名还是隐名，是口头还是书面，是服务、

---

① OECD. Stat，Real minimum wages，2013.

学徒抑或其他种类的合同。除了通常意义上的劳动者，《欧盟劳动者保护指引》中的劳动者还包括：没有其他雇员的个人工商户；与雇主签约培训合同的劳动者；家庭劳动者；其他国内劳动法规定的等同于劳动者的其他人。[①]《澳大利亚公司法》第556（2）条也对劳动者做了定义：劳动者是指破产程序开始前被公司雇佣的人，其酬劳既可以是薪金、工资、佣金，也可以是其他形式。[②] 此外，法国规定海员和推销代表也可以享受破产优先权的优惠。[③]

一些国家和地区对破产优先权的权利人范围施加了限制，规定一些主体不能享有或者需要一定的门槛才能享有劳动债权破产优先权。比如，有的国家和地区规定董事、监事和高级管理人员不能享受破产优先权的保护。[④] 这是因为董事、监事和高级管理人员与职工所处位置完全不同：董事和高级管理人员属于公司决策层和公司的内部人，监事也有机会接触到公司的核心信息。他们的财力也比一般劳动者雄厚，控制风险的能力也更强。因此，董事、监事和高级管理人员不应在企业破产时与普通劳动者一样享有破产优先权。此外，德国要求学徒具有一定资质才对享有破产优先权。学徒（见习生）在德国是指正式获得某项资质前参加职业培训的人。学徒身份仅仅适用于联邦政府认定的名目范围的职业，[⑤] 根据行业的不同，学徒期2~3年不等。德国为学徒制度成立了专门的考核委员会，考核程序非常详细。[⑥] 只有在考核委员会出具意见后，学徒才成为破产优先权的享有者。

---

① Council Dirctive 80/987/EEC，Section Ⅱ，Articles 4（2）–（3）.

② 《澳大利亚公司法》第556（2）条。此外，澳大利亚公司法也规定满足一定条件的非雇员（Excluded Employee），即在破产申请日前12个月内劳动合同到期或被解除的雇员、董事，或者它们的配偶或亲属也享有破产优先权。

③ 《法国商法典》第六卷第621–130条，《法国劳动法典》第L.143–10条、第L.143–11条、第L.742–6条和第L.751–15条，《法国民法典》第2101条第4项和第2104条第2项。

④ 比如挪威于1994年颁布的《债权实现法》（Satisfaction of Claims Act）；加拿大于1992年颁布的《破产法》（Bankruptcy and Insolvency Act）第140条。

⑤ 学徒在香港破产法上不仅指实习生，还包括随破产人实习的实习律师。《香港破产条例》第6章第39条。

⑥ 参见［德］曼弗雷德·魏斯、马琳·施密特：《德国劳动法与劳资关系法》，倪斐译，商务印书馆2012年版，第70页。

（二）限制劳动债权优先清偿的数额

国际公约和一些地区性法律文件规定对于破产优先权可以限定一个数额，但这一数额不得低于社会能够接受的水平。[①] 基于此，《第 173 号公约》规定，只有一段期间内发生的劳动债权才可得优先清偿：（a）工人对雇主破产或本人雇佣关系终止前一段规定时间内因工资所拥有的债权，这段时间不得少于三个月；（b）工人在雇主破产或本人雇佣终止的一段时间因所从事的工作而在假日报酬方面拥有的债权，这段时间可以包括当年，也可以包括前一年；（c）工人对雇主破产或本人雇佣终止前一段时间内因其他形式的有酬缺勤而拥有的债权，这段规定的时间不得少于 3 个月。但是对工人因雇佣终止而应该得到的遣散金，则没有规定数额要求。[②]《欧盟劳动者保护指引》也规定企业应该保证劳动者享有破产申请前不少于 6 个月的劳动债权，各会员国可以设立补偿期限的最高限额，只须通知欧盟委员会即可[③]（见表 4）。

表 4　部分国家或地区在破产程序中对优先清偿的劳动债权数额和发生期间的限制[④]

国家或地区		期间限制（破产申请前多长时间的工资债权可以得到优先清偿）	数额限制（多少限额内的工资债权可以得到优先清偿）
美国		180 天	11, 725 美元
英联邦国家	英国	4 个月	800 英镑（约 1319 美元）
	加拿大	6 个月	2000 美元
	澳大利亚	无	2000 美元
	新西兰	4 个月	15, 000 新西兰元（约 12, 156 美元）

① 《第 173 号公约》第 13 条。

② 《第 173 号公约》第 6 条。

③ Council Directive 80/987/EEC, Section Ⅱ, Articles 4 (3).

④ 表 4 仅统计了工资债权优先受偿的数额和期间限制。

续表

国家或地区		期间限制 （破产申请前多长时间的工资债权可以得到优先清偿）	数额限制 （多少限额内的工资债权可以得到优先清偿）
东亚地区	中国香港	4 个月	8000 港元（约 1031 美元）①
	日本	3 个月	无
	韩国	无	无
金砖国家	印度	4 个月	无
	俄罗斯	无	无
	南非	3 个月	12,000 南非兰特（约 1486 美元）
	巴西	无	巴西 150 个月的最低工资（约 13,000 美元）
北欧地区	瑞典	破产申请前 3 个月——法院批准破产申请后 1 个月	39,000 瑞典克朗（约 6000 美元）
	芬兰	破产申请前 1 年——破产判决作出之日	债务人财产的 50%
	挪威	4 个月	月平均基本工资的 6 倍
	丹麦	破产申请前 6 个月——破产判决作出之日	无
欧洲其他国家	法国	6 个月②	无
	比利时	无	7500 欧元（约 10,331 美元）
	爱尔兰	4 个月	2500 英镑（约 4119 美元）
	荷兰	13 周	无

① 是工资和离职费总共不超过 8000 港元。

② 申请破产清算之前 60 天的劳动者工资、津贴和带薪假期的补偿金享有特别优先权，由破产管理人从破产企业财产或者工资保障保险中优先支付给职工。司法清算日之前 6 个月以内拖欠的工资以及因解雇所产生的补偿金等只享有一般优先权。

续表

国家或地区	期间限制（破产申请前多长时间的工资债权可以得到优先清偿）	数额限制（多少限额内的工资债权可以得到优先清偿）
阿根廷	6个月	无
维尔京群岛	6个月	无

表4统计了部分国家和地区对工资债权破产优先权的享有数额和期间的限制。观察统计图表，大部分国家和地区的法律对劳动债权可以优先清偿的数额和期限做出双重限制。以公认的对劳动者权益保护水平较高的北欧国家为例，除了丹麦外，瑞典、芬兰和挪威均规定了劳动者可以获得的最大优先清偿数额。其他没有优先清偿的劳动债权只能在扣除各优先偿付的数额后，与普通债权同比例受偿。北欧各国也对可以优先清偿的劳动债权的发生期间作了限制规定。

（三）限制劳动债权优先清偿的类别

劳动债权破产优先权的规制对象是劳动债权。劳动债权可以基于劳动者身份产生，也可以基于劳动合同关系产生。基于劳动者身份产生的主要是法定的劳动者请求权，主要是社会保险等费用。而要明晰基于劳动合同关系产生的债权，首先要确定何为劳动合同。“劳动合同乃劳动关系之核心，一切劳动关系均建立在劳动合同之上，并由此展开。”[①] 劳动合同是劳动者与用人单位之间确立劳动关系、明确双方权利和义务的协议，劳动者支出劳动力，用人单位负责提供劳动条件并以劳动义务的履行结果为衡量标准支付对价，劳动合同的实现过程就是劳动的实现过程。[②] 一旦用人单位破产，劳动者的劳动权在破产程序中具体体现为劳动者的债权。[③] 劳动债权破产优先权只不

① 黄越钦：《劳动法新论》，中国政法大学出版社2003年版，第81页。

② 参见王雪芳：《劳动和社会保障法》，法律出版社2010年版，第89页。

③ 参见周宝姝：《企业破产与劳动者权益的保护》，载《安徽大学学报》（哲学社会科学版）2005年第7期。

过是劳动债权在破产程序中的优先清偿，无法从根本上改变其债权属性。因此，劳动债权破产优先权不应具有担保物权或类似担保物权的担保功能。[①]

一些国际公约列举了劳动债权破产优先权的范围，只有特定种类的债权才得以享有优先清偿的地位。比如，《第173号公约》规定，劳动债权破产优先权至少应包括：（a）工人对雇主破产或本人雇佣关系终止前一段规定时间内因工资所拥有的债权；（b）工人在雇主破产或本人雇佣终止的一段时间内因所从事的工作而在假日报酬方面拥有的债权；（c）工人对雇主破产或本人雇佣终止前一段时间内因其他形式的有酬缺勤而拥有的债权；以及（d）工人因雇佣终止而应该得到的遣散金。[②] 此外，加拿大要求佣金必须在货物装船、运输或付款后，才能请求破产程序中的优先清偿。[③]

我国香港特别行政区对劳动债权破产优先权类型也加以限制。依据《香港破产条例》，工资及薪金虽然包括佣金，但所有款项在破产申请日前必须是固定或可以确定的，其“包括凭借该人的雇佣合约而须支付予该人作为农历新年花红的任何款项，但不包括任何累算的假日薪酬”，其中“累算的假日薪酬”（accrued holiday remuneration）就任何人而言，包括假若该人继续受雇于破产人直至有权获取某段假期为止，则凭借该人的雇佣合约或凭借任何成文法则（包括根据任何条例作出的任何命令或指示），按通常情况下须就该段假期支付予该人的薪酬而需予支付的所有款项。[④]

（四）实证分析：霍华德运输公司案

本部分将介绍美国最高法院最近一次阐释劳动债权破产优先权的案例：霍华德运输公司案。本案中，美国最高法院最终认为，尚未支付的工伤保险

---

① 有学者认为，劳动债权破产优先权具有一定的担保性。参见蔡福华：《民事优先权研究》，人民法院出版社2000年版，第9页。

② 《国际劳工组织第173号公约》第6条。

③ 《加拿大破产法》第81.3（2）条。

④ 《香港破产条例》第6章第38条。

费用不属于《美国破产法》第507（a）（5）条[①]的“对雇员福利计划的贡献”（contributions to an employee benefit plan），在破产程序中不能优先清偿。

霍华德运输公司是一家总部设立在西弗吉尼亚州，在各州拥有多家分公司并开展跨州运输的公司。霍华德运输公司雇用有近500名员工。1997年，霍华德运输公司与苏黎世公司（Zurich）签订了一份合同，由苏黎世公司向霍华德运输公司在10个州的分公司提供工伤保险。截至2002年1月霍华德运输公司进入破产重整程序，其共欠苏黎世公司400,000美元保险费用。2002年1月30日，苏黎世公司向法院提交了要求霍华德运输公司优先偿还410,215美元保险费用的证据。霍华德运输公司拒绝了苏黎世公司的提议。

第四巡回法院以2∶1的票数推翻了破产法院和区法院拒绝苏黎世公司优先清偿的判决，但是法官之间分歧较大，同意推翻判决的2名法官的理由迥异，不得不各自出具判决理由。事实上，第四巡回法院不是第一个审理有关工伤保险费用是否可以在破产程序中优先清偿的巡回法院。第八巡回法院[②]、第十巡回法院[③]与第四巡回法院观点一致，认为在法律没有排除的情况下，工伤保险费属于破产优先权范畴。第九巡回法院与上述法院的观点相左。[④]

美国最高法院从工伤保险不具有劳动者福利的性质、破产优先权因违背平等分配破产财产的原则而应被限缩解释这两个方面排除了工伤保险费用的破产优先权属性。一方面，美国最高法院拒绝援引《劳动者退休收入安全法案》（Employee Retirement Income Security Act）中对“劳动者福利、利益计划”（employee welfare benefit plan）定义以解释《美国破产法》中的“劳动

---

① 在破产法院、区法院和巡回法院判决霍华德运输公司案时，第507（a）（4）条是有关雇员福利计划的规定。在美国最高法院审理该案时，由于2005年《防止破产滥用和消费者保护法案》（The Bankruptcy Abuse Prevention and Consumer Protection Act）的生效，第507（a）（4）条整体变成了第507（a）（5）条。

② *Employers Ins. of Wausau, Inc. v. Ramette* (*In re HLM Corp.*), 62 F. 3d 224, 226 (8th Cir. 1995).

③ *State Ins. Fund v. Southern Star Foods, Inc.* (*In re Southern Star Foods, Inc.*), 144 F. 3d 712, 716 (10th Cir. 1998).

④ *Employers Ins. of Wausau v. Plaid Pantries, Inc.* (*In re Plaid Pantries, Inc.*), 10 F. 3d 605 (9th Cir. 1993).

者权益计划”（employee benefit plan）。依据《劳动者退休收入安全法案》，“劳动者福利、利益计划”指由企业或劳动者组织建立或维持的任何计划、资金或项目，旨在让参与人通过购买保险或其他方式为受益人提供因遭受疾病、意外、死亡、失业等而接受的医疗、手术或住院照顾等费用。[①] 按照《劳动者退休收入安全法案》的定义，工伤保险由企业出资设立，用于支付劳动者因为意外而遭受的各项损失，当属“劳动者福利、利益计划”的范围。但是，由于美国破产法典里没有允许法院将“劳动者福利、利益计划”和“劳动者权益计划”等同的规定，美国国会也未曾有过指引《美国破产法》里的有关条款以适用《劳动者退休收入安全法案》的先例，因此美国最高法院并不认为工伤保险属于《美国破产法》第507（a）（5）条所说的“劳动者权益计划”。此外，美国最高法院也发现有些州并不要求企业为劳动者投保工伤保险，这也进一步动摇了工伤保险作为破产优先权的基础。

另一方面，美国最高法院认为应当限缩解释破产优先权。本案中多数法官考虑到普通债权人的利益，认为“每一笔为高级债权人获得的清偿，势必减少低级债权人获得破产财产的可能性”，因此必须限缩破产优先权的适用。正如判决中指出的那样，“任何关于尚未支付的工伤保险费用属性的争论都应以破产法典的平等清偿原则为考虑问题的出发点。除非美国国会作出相反规定，工伤保险费用不是第507（a）（5）条所规定的破产优先权”。

本案中，美国最高法院通过破产法的体系解释和目的解释，为实践中适用条件较为宽松的破产优先权上了“紧箍咒”。法院重新平衡了破产程序中各个债权人的利益，使得普通债权人的投资风险有了一定的回报预期。值得注意是美国最高法院在本案中没有以劳动者的弱势地位为理由赞成或驳斥巡回法院的判决，也对美国破产法自1841年就确立的“保护劳动者及

---

① 29 U. S. C § 1002（1）.

其家庭”的原则置之不理。这极大地动摇了劳动债权破产优先权的制度基础。[1]

四、限制劳动债权优先清偿的补偿方法

破产法的立法目的是公平清理债权债务，保护债权人和债务人的合法权益，[2] 并不仅仅局限于保护一些债权人的特殊利益。依靠提升劳动债权在破产程序中的清偿地位以便更好地保护劳动者利益的努力要考虑普通债权人的“感受”，不能没有节制。但是毋庸置疑，限制劳动债权破产优先权又不可避免地减损了劳动债权的实现，影响了劳动者的切身利益，与实质正义理念倾斜保护社会弱者的要求相背。解决上述两难困境的良法即是在试图限制劳动债权破产优先权之前，预先建立破产程序中劳动者权益保护的其他方法，用以补充劳动债权破产优先权在供给程度减弱后留下的效力空缺。

除了向董事、监事和高级管理人员追偿以及设计调整交易的方法外，破产程序中还可以通过建立劳动者保护基金、处置特定资产的方法对劳动者提供特别保护。这些方法通常与经过限制的破产优先权共同发挥作用，确保普通债权人在不必过多让渡权益的情况下，劳动者的债权仍可得充分清偿。

《第180号建议书》在序言中着重指出，（国际劳工组织大会）认识到，如果策划得当，担保机构（guarantee institution）能为工人的债权提供更大的保护……[3]《第173号公约》第9条也明文指出，在雇主因破产而无法偿债时，工人因其就业而产生的对其雇主的债权，需由担保机构保证偿还。[4] 据此，诸多国家和地区建立了劳动者保护基金（wage earner protection funds）或类似制度。比如1996年《新西兰劳动权利法案》（Employment Rights Act）

---

① 也有学者认为，美国最高法院判决书中没有提及这些理由是考虑到广泛存在的劳动者福利、利益计划已经充分满足了劳动者的利益，无须再多提及。*See* C. Scott Pryor, The Missing Piece of the Puzzle: Perspective on the Wage Priority in Bankruptcy, 16 *ABI L. Rev.*, 121, 145 - 146 (2008).

② 《企业破产法》第1条。

③ 《第180号建议书》序言。

④ 《第173号公约》第9条。

就规定劳动者在企业破产时有权要求州政府秘书长从国家保险基金中支付工资、休假费用和一定的离职费用，[①]我国香港特别行政区依据 1987 年《香港破产欠薪保障条例》成立破产欠薪保障基金，[②]我国台湾地区 1984 年“劳动基准法”要求雇主应当按其当月雇佣的劳工薪资总额及规定之费率，缴纳一定数额之积欠工资垫偿基金，作为垫偿积欠工资之用，雇主积欠之工资，经劳工请求未获清偿者，由积欠工资垫偿基金垫偿之。[③]

劳动者保护基金是指由政府和（或）企业贡献出资金，以便在公司破产时偿付劳动者的制度。可以从保护模式、资金来源、基金管理、偿付内容和偿付条件五个方面对劳动者保护基金加以探讨。

（一）破产程序中对劳动债权的保护模式

破产程序中对劳动债权有三种保护模式：单一劳动债权破产优先权模式，单一劳动者保护基金模式，以及劳动债权破产优先权与劳动者保护基金并用模式。表 5 统计了经济合作与发展组织（OECD）共 34 个国家劳动债权保护的立法模式。

表 5　经济合作与发展组织国家的劳动债权保护模式

模式	国家	比例
只采用破产优先权模式的国家	智利、墨西哥、新西兰、土耳其	12%
破产优先权与劳动者保护基金并用模式的国家	比利时、加拿大、丹麦、爱尔兰、冰岛、以色列、意大利、挪威、瑞典、瑞士、英国、澳大利亚、捷克、法国、希腊、匈牙利、日本、韩国、卢森堡、荷兰、波兰、葡萄牙、斯洛文尼亚、斯洛伐克、西班牙、美国	76%
只采用劳动者保护基金模式的国家	奥地利、爱沙尼亚、芬兰、德国	12%

① Section 86 of Employment Rights Act 1996.

② 《香港破产欠薪保障条例》第 6 条。

③ 我国台湾地区“劳动基准法”第 28 条。

单独采用劳动债权破产优先权模式的典型国家是墨西哥。墨西哥将破产优先权置于所有债权之前清偿，且没有建立劳动者保护基金。[①] 造成墨西哥劳动债权破产优先权强势地位的原因是墨西哥的社会保障体系不甚健全，在企业破产的情况下劳动者几乎难以获得任何补偿。墨西哥单一劳动债权破产优先权模式遭广泛质疑，对劳动者的保护过于偏激。此外，墨西哥对董事和高级管理人员难以实现劳动债权优先清偿的结果苛责过重（通常追究他们的刑责）。破产企业的董事和高级管理人员往往害怕因继续经营导致损失扩大，对劳动者清偿数额变少而拒绝引入外部资本，有重生希望的债务人难逃夭折的厄运。[②]

单独采用劳动者保护基金模式的典型国家是德国。《支付不能法》取消了所有破产优先权类型，用补偿性方法全面替代。德国建立了劳动者担保基金、退休金担保基金等诸多方式，在破产优先权体系之外，确保劳动者权益可以得到更为全面、充分和及时的偿付。

同时采用劳动债权破产优先权与劳动者保护基金模式的国家占到了全部国家比例的四分之三强。这种立法模式既符合破产优先权限制的潮流，照顾了普通债权人的利益，又至少补足了劳动者因破产优先权的限制而损失的权益，因此为较多国家效仿和采用。

（二）劳动者保护基金的资金来源

劳动者保护基金的资金来源有两种途径。最为普遍的一种是来源于企业或劳动者。比如英国 1996 年《劳动权利法案》（Employment Rights Act）设立了国家保险基金（national insurance fund），由企业和劳动者分别缴纳一定比例的资金，劳动者按照男女性别每周每人分别缴纳 4 便士、3 便士，企业

---

① 《墨西哥商业破产法典》（Commercial Insolvency Law）第 224 条。

② Rowat Malcolm, *Reforming Insolvency Systems in Latin America*, *Public Policy for the Private Sector*, The World Bank Group, Note 187 (1999).

按照男女性别每周每人分别缴纳 8 便士、6 便士。[①] 芬兰劳动者保护基金（wage guarantee fund）成立于 1993 年，资金均来自企业，由企业按照劳动者工资的 0.05% 缴纳。[②] 法国也规定企业平时必须交纳职工工资的 0.25% 用以设立全国性的破产企业劳动者工资偿付基金。[③] 而我国香港特别行政区的劳动者保护基金来自按每张商业登记证（每个登记雇主）每年收取一次的征费，该笔征费由我国香港特别行政区税务局在有关机构缴交商业登记费时一并收取。[④]

该途径的优点是资金来源广泛，利用企业预缴的资金，类似于保险一样对受困企业的劳动者施以援手。缺点也颇为明显，过多的资金占款可能抑制企业活力，优质企业为劣质企业的不当行为埋单实属不公。

资金来源的第二种途径是从国家税收中提取部分比例，即所有资金完全来源于政府的财政预算。比如澳大利亚 2001 年新的劳动者保护基金——普通劳动者权利和离职计划（general employee entitlements and redundancy scheme）采即是采取这种途径的典型国家。[⑤] 这种方式运转的基金由于有政府背书，来源稳定可靠，对劳动者是强有力的保障，但是以社会公众资金对本该由企业负担的劳动债权进行补偿有失偏颇。

（三）劳动者保护基金的管理

劳动者保护基金的管理机构依据国家不同可以归为由地方运作、由社会组织运作和由企业运作三种方式。

第一种是地方运作方式。很多国家没有统一的基金运作机构，各地成立

---

① Hon. P. Reith, *The Protection of Employee Entitlements in the Event of Employer Insolvency, the Overseas Experience*, Minister for Employment, Workplace Relations and Small Business (1999).

② Finland Wage Guarantee Fund Act, No. 53/1993.

③ 参见张文魁：《放弃破产法中的劳动债权优先》，载《21 世纪经济报道》2006 年 6 月 26 日，第 34 版。

④ 《香港立法局破产欠薪保障条例》第 6 条、《香港商业登记条例》第 310 章第 21 条。

⑤ 澳大利亚旧的劳动者保护基金是劳动者权利支持计划（Employee Entitlements Support Scheme）。

不同的基金，分别运作管理。

第二种是社会组织运作方式。多数欧洲国家和其他一些国家遵循了《第180号建议书》① 的规定。依据《第180号建议书》，担保机构对工人债权的保护在范围上应尽可能地广泛……担保机构可按下列原则操作：（a）它们应在行政管理、财务和法律上独立于雇主；（b）雇主应向这些机构提供摊款资金，除非其资金系全部由政府机构提供；（c）它们应对受保护的工人承担义务，而不论雇主是否履行了他们可能承担的向机构缴纳摊款的任何义务；（d）它们应就受担保机构保护的债权为破产雇主的债务承担辅助性的责任，并应当通过取代权的方式，能够行使它们因已提供代付而取得的工人的权利；（e）担保机构所管理的资金，只能专款专用，但来自一般收入的资金除外。② 这些国家建立了独立于企业的独立机构运作基金，企业对劳动者保护基金的影响较小，因此无论企业经营状况如何，基金均能正常运作。

第三种是企业自行运作方式。这种方式中，大部分企业会将基金委托给信托机构，确保劳动者和其他债权人无法直接追索到企业。但是如果企业破产，这种方式对劳动者的冲击却最为剧烈。③

表6列出了经济合作与发展组织中采用不同基金管理模式的国家。④

表6 经济合作与发展组织国家的劳动者保护基金管理模式

模式	国家	比例（%）
地方运作	智利、捷克、爱沙尼亚、希腊、匈牙利、斯洛伐克、土耳其	21

---

① 《第180号建议书》第7条。

② 《第180号建议书》第8条。

③ James M. Lukenda & Kimberly A. Wittrock, Underfunded Pension Plans: A Looming Crisis for Corporate America? *Am. Bankr. Inst. J.* 20, 22 (2003).

④ Paul M. Secunda, An Analysis of the Treatment of Employee Pension and Wage Claims in Insolvency and Under Guarantee Schemes in OECD Countries: Comparative Law Lessons for Detroit and the United, 41 *Fordham Urban* L. J., 1, 41 (2014).

续表

模式	国家	比例（%）
社会组织运作	澳大利亚、比利时、丹麦、芬兰、法国、冰岛、以色列、意大利、日本、韩国、卢森堡、墨西哥、荷兰、新西兰、挪威、波兰、葡萄牙、斯洛文尼亚、西班牙、瑞士	58
企业运作	奥地利、加拿大、德国、爱尔兰、瑞典、英国、美国	21

（四）劳动者保护基金的偿付内容

劳动者保护基金偿付的主要是企业拖欠的工资、欠薪、解约金等，类别大致与破产优先权的补偿范围相同。依据《第173号公约》，受担保机构保护的债权包括：（a）工人对雇主破产或本人雇佣终止前一段规定时间内因工资而拥有的债权，这段时间不得少于8周；（b）工人在雇主破产或本人雇佣终止前一段时间内因从事的工作而在假日报酬方面拥有的债权，这段规定时间不得少于6个月；（c）工人对雇主或本人雇佣终止前一段规定时间内因其他形式的有酬缺勤而拥有的债权，这段规定时间不得少于8周；以及（d）工人因雇佣终止而应该得到的遣散金。①

《第180号建议书》将受担保机构保护的劳动债权分为两类：应该保护的债权和可以保护的债权。担保机构应该保护的债权包括：（a）与雇主破产或本人雇佣终止前一段时间内所从事的工作有关的工资、加班费、佣金和其他形式的报酬，这段规定时间不应少于3个月；（b）根据雇主破产或本人雇佣终止的当年以及前一年所从事的工作而应支付的假日报酬；（c）对雇主破产或本人雇佣终止前的一段时间，按国家法律或条例、集体协议或个人就业合同而应予支付的年终奖金和其他奖金，这段规定时间不得少于12个月；（d）对雇主破产或本人雇佣终止前一段规定时间内因其他形式的有酬缺勤而拥有的债权，这段规定时间不得少于3个月；（e）因未能对雇佣终止提前通

① 《第173号公约》第12条。

知而应给予的补偿；（f）终止雇佣时应付给工人的遣散金、失业补偿及其他费用；（g）由雇主直接付给的对职业事故和职业病的补偿费。[①] 担保机构可以保护的债权包括：（a）若不付清会对工人权利产生不利影响的对国家法定社会保障制度应缴纳的摊款；（b）若不付清会对工人权利产生不利影响的对国家法定社会保障制度之外的私人、行业、行业间或企业的社会保护计划应缴纳的摊款；（c）工人因参加企业社会保护计划而在破产前享有的、应由雇主支付的津贴；（d）在破产前3个月内经判决或仲裁而判给工人的、符合本款中规定的工资或任何其他形式的报酬。[②]

当劳动者保护机构偿付劳动者后，是否可以再向企业代位追偿，各国一般持肯定态度。不过，对于代为追偿时是否可以享受原有劳动债权的优先顺位，各国略有分歧。比如，德国、捷克、瑞典等国虽然允许劳动者保护机构继续追偿欠薪的企业，但是却将其债权视为普通债权。

表7分别列出不允许代位清偿、允许代位清偿但不享有原权利顺位以及允许代位清偿且享有原权利顺位的国家类别。[③]

表7 经济合作与发展组织国家的劳动者保护机构代位追偿的方式

模式	国家	比例（%）
不允许代位清偿	智利、爱沙尼亚、墨西哥、新西兰	13
允许代位清偿但不享有原权利的清偿顺位	捷克、丹麦、芬兰、德国、希腊、瑞典、瑞士、英国、美国	28
允许代位清偿且享有原权利的清偿顺位	加拿大、澳大利亚、奥地利、比利时、法国、匈牙利、爱尔兰、以色列、意大利、日本、韩国、卢森堡、荷兰、挪威、波兰、葡萄牙、斯洛文尼亚、斯洛伐克、西班牙	59

① 《第180号建议书》第9条。
② 《第180号建议书》第9条。
③ 冰岛、土耳其找不到相关信息，暂不列入。

（五）劳动者保护基金的偿付条件

对劳动者最为有效的保障方式是允许劳动者直接向劳动保护基金要求补偿，而不是以将劳动者向企业的追偿作为前置程序。这是因为，从劳动者方面来看，在企业破产与清算分配之间通常有较长的时间间隔，在有担保债权人优先清偿后，是否有足够的财产留给劳动者也存有疑问，更重要的是劳动者通常没有时间、精力、能力和财力向劳动者不断索赔，他们更关心自己是否可以早日择业，渡过难关。劳动者保护基金应该在劳动者最为困难和脆弱的时候带给他们宽慰，帮助他们渡过难关。劳动者需要的是雪中送炭的紧急援助，而不是过了较长时间后的“锦上添花”。从劳动者保护机构来看，劳动者保护机构并不因对劳动者的支付而受到损失。劳动者保护机构可以在清偿补偿劳动者后，代位取得劳动债权，继续向债务人追偿。这对于劳动者和劳动者保护机构而言均不失为一种稳妥的解决方法。

遗憾的是，为了避免欺诈，多数国家要求劳动者必须首先请求债务人偿还并出示债务人无法清偿的证据。比如比利时的劳动者裁员补偿金（fund for compensation in case of closures of laid off workers）规定劳动者如果想要得到该基金偿付，就需要请求企业支付并且企业的延迟支付至少达到 15 天。[1]

（六）对劳动者保护基金的评价

《哈默报告》指出：“劳动者保护基金是保护劳动者的最好方法。”[2] 各式各样的劳动者保护基金拥有破产优先权不具备的优点：清偿的确定性、快速性和简易性。劳动者保护基金确保劳动者在企业破产时一定会得到补偿，避免了债务人无产可破时劳动者得不到清偿的困境。与动辄历经数月、需要经过烦琐清算程序才能实现的破产优先权不同，劳动者保护基金支付给劳动者

---

① Janis Sarra, Widening the Insolvency Lens: The Treatment of Employee Claims, in *International Insolvency Law* 312 (Paul J. Omar eds., Ashgate Publishing Limited, 2010).

② Harmer Report, ¶¶726, 727 (1988).

的时间更短，手续也更为容易。比如，有些国家规定，一旦破产程序开始后债务人无法在15日内给付劳动者，劳动者保护基金便即刻启动偿付程序。[①]

劳动者保护基金也为人诟病。一方面，劳动者保护基金是用经营良好企业或社会公众的贡献补贴经营较差的企业，这对业绩优良、无破产之忧的市场主体或社会公众而言是一种不必要的负担，对没有劳动者的企业（比如壳公司）更显不公。[②] 澳大利亚首相曾指出，“如果规定企业采取劳动者保护基金模式来保护破产程序中劳动者的权益，将会使得一些企业，特别是小微企业缺乏投资和经营的资本”。[③] 不过也有学者指出，劳动者保护基金如果在政府管理下，仅需要企业支付0.3%的税款，即可运转良好。[④] 另一方面，劳动者保护基金一般按劳动者数量对企业征收部分税金，对劳动者人数虽少但数目众多的小微企业而言，征税成本未免过大，缺乏效率，但是不征收税款又违背了税收公平的原则。

由于劳动者保护基金有利有弊，多数国家并用劳动债权破产优先权的限制和劳动者保护基金方式对劳动债权进行保护的立法模式不足为奇。

五、我国劳动债权优先清偿的完善

（一）我国劳动债权优先清偿的立法缺陷

我国劳动债权破产优先权虽然受到了一定程度的约束，但在权利人、类别和额度等方面限制不够，存在继续削弱的空间。

1. 劳动债权优先清偿享有主体过泛

《企业破产法》限制了董事、监事和高级管理人员的工资，旨在避免他们明哲保身，将其他债权人和劳动者的利益置之不顾，同时也杜绝他们利用

---

① European Employment and Industrial Relations Glossaries（EMIRE）, *Notice*, *Belgium*, available at http://www.eurofound.europa.eu/emire/BELGIUM/NOTICE-BE.htm.

② Harmer Report, ¶723（1988）.

③ *Manufacturing Bosses Reject Trust Fund*, Sydney Morning Herald, Jul. 13, 1999, p 5.

④ Tim Pallas, *Law Leaves Workers out in the Cold*, Sydney Morning Herald, Jul. 7, 1999, p. 19.

职权为自己设计数额较大的拖欠工资。该规定“加强了董事、监事和高级管理人员的责任意识，促使他们切实履行对企业的忠实义务和勤勉义务”。① 不过，《企业破产法》对董事、监事和高级管理人员的工资留有余地，他们的平均工资仍可得以优先清偿，这种设计仍显得过于仁慈。董事、监事和高级管理人对企业的破产难辞其咎，遑论由他们负责发放和监督的工资、社会保险和补偿金被拖欠。董事、监事和高级管理人员较其他劳动者更为了解公司的营运信息，具有较好的抗击风险能力，不应再使他们的平均工资优先于对企业破产没有责任的普通债权人。最高人民法院的法官也认为，高级管理人员工资高，作为未来损失性质的劳动补偿也相应提高，如不限制就会对破产债权人的受偿机会产生重大影响；这些人一般具备优越的就业条件，就业机会多，因企业破产解除劳动合同后的损失不会很大。②

2. 劳动债权优先清偿的类别过多

《企业破产法》规定工资享有破产优先权，但是何为工资，税法与会计准则的规定并不统一。依据我国《企业所得税法实施条例》，工资薪金是指企业每一纳税年度支付给在本企业任职或者受雇的员工的所有现金形式或者非现金形式的劳动报酬，包括基本工资、奖金、津贴、补贴、年终加薪、加班工资，以及与员工任职或者受雇有关的其他支出。③ 而依据《企业会计准则第9号——职工薪酬》，职工薪酬是指企业为获得职工提供的服务或解除劳动关系而给予的各种形式的报酬或补偿，包括短期薪酬、离职后福利、辞退福利和其他长期职工福利，企业提供给职工配偶、子女、受赡养人、已故员工遗属及其他受益人等的福利，也属于职工薪酬。④ 很明显，《企业所得税法

---

① 王卫国：《破产法精义》，法律出版社2007年版，第336页。

② 李国光等：《正确理解〈关于审理企业破产案件若干问题的规定〉》，中国法制出版社2002年版，第148页。

③ 《企业所得税法实施条例》第34条第1款。

④ 《企业会计准则第9号——职工薪酬》第2条。其中，短期薪酬包括：职工工资、奖金、津贴和补贴，职工福利费，医疗保险费、工伤保险费和生育保险费等社会保险费，住房公积金，工会经费和职工教育经费，短期带薪缺勤，短期利润分享计划，非货币性福利以及其他短期薪酬；带薪缺勤。

实施条例》规定的工资外延小于《企业会计准则第9号——职工薪酬》,《企业所得税法实施条例》中的工资不包括离职后福利、辞退福利和其他长期职工福利。工资、"五险"再加上医疗、伤残补助、抚恤费用以及法律、行政法规规定应当支付给劳动者的补偿金，对于资不抵债的破产企业无疑是一个天文数字，普通债权受到侵蚀的程度可想而知。

3. 劳动债权优先清偿的限额过高

除了对董事、监事和高级管理人员的平均工资限制外，《企业破产法》中找不到任何其他有关破产优先权的限制性表述，无论是时间限制、数额限制还是程序限制。也就是说，在不经过诉讼时效和除斥期间的情况下，债务人需要就其所欠的全部债权偿还给优先权人，而优先权人对所有优先债权也拥有不加限制的权利。"法律不保护权利的睡眠者。"如果优先权人没有及时催促债务人，没有及时缩小损失，法律就不应毫无保留地保护该类债权人。否则，优先债权像"滚雪球"般越来越大，成为压垮破产企业最后一根稻草的同时，也不利于普通债权人稳定的投资预期和热情，不利于市场信用体系的完善。

（二）设置我国劳动债权优先清偿的限制方法

可以从限制破产优先权权利人、受偿额和优先权类别三个方面入手，建立我国劳动债权破产优先权的限制框架。

1. 限制劳动债权优先清偿的权利人

《企业破产法》在规定劳动债权破产优先权的享有主体时使用了"职工"一词。职工和劳动者概念的异同在我国比较复杂。有学者从范围上指出，"劳动者"本来和人们通常所称的"职工"同义，包括在各种形式的单位、组织工作的人，但经劳动法圈定后，劳动者成为一个法学概念，实际外延小于职工。① 该观点将职工作为所有可以参加现实劳动的劳动者的同义词，并

① 参见胡玉浪：《劳动报酬权研究》，知识产权出版社2009年版，第7页。

排除了我国劳动法调整的劳动法律关系主体的劳动者，即国家机关、事业单位、社会团体中拥有行政编制、工资待遇来源于财政的工作人员和农民等群体。[①] 也有学者将职工做了广义与狭义的区分，指出广义的职工指具有劳动权利能力和劳动行为能力并且已依法参与劳动关系（但不一定为劳动法律关系）的公民；狭义的职工仅指具有劳动权利能力和劳动行为能力，并且已依法参与劳动法律关系的公民。[②] 该观点将矛盾的焦点集中于劳动关系与劳动法律关系上，并借此区分广义与狭义的职工定义。需要说明的是，劳动关系包括劳动法律关系和附随劳动法律关系，后者包括管理劳动力方面的社会关系、处理劳动争议方面的社会关系以及监督劳动法执行方面发生的社会关系等。[③] 本章认为，我国破产法中的劳动者应该是为用人单位所雇佣的法定范围内的劳动者。这与我国破产法的适用范围相适应。一方面，我国破产法没有规定个人破产程序，其对没有被雇用的城镇事业人员、待分配人员等无法适用，对于虽存有雇佣关系、但既非公司法人又非合伙企业或个体工商户等，如家庭雇佣，也无法参照适用。另一方面，《企业破产法》调整的仅为企业破产程序，对行政事业单位无适用余地，对其中的国家公务员也就自然没有调整的空间。

关于破产程序中的劳动者的分类，较有意义的当属有固定期限劳动者、无固定期限劳动者和以完成一定工作任务为期限的劳动者。早期对于劳动者有正式工和临时工之分，这是以劳动者的用工形式为标准进行的分类。[④] 但是根据《劳动部办公厅对〈关于临时工的用工形式是否存在等问题的请示〉的复函》（劳办发〔1996〕215 号，已失效）第 1 条，过去意义上相对于正

① 参见郑尚元、李海明、扈春海：《劳动和社会保障法学》，中国政法大学出版社 2008 年版，第 51 页。

② 参见王全兴：《劳动法学》，人民法院出版社 2005 年版，第 103 页。

③ 参见郑尚元：《劳动法学》，中国政法大学出版社 2004 年版，第 55 页。

④ 正式工是安排在常设性岗位上劳动，使用期限在 1 年以上的职工。临时工，是以劳动合同确立劳动关系、安排在临时性或季节性岗位上劳动、使用期限不超过 1 年的职工。

式工而言的临时工已经不复存在，用人单位在临时性岗位上用工，可以在劳动合同期限上有所区别。《劳动合同法》则在第 12 条确立了上述的分类体系。那么固定期限劳动者、无固定期限劳动者和以完成一定工作任务为期限的劳动者是否均享有破产债权优先权呢？《企业破产法》只是规定了“破产人所欠职工”这一个标准，《最高人民法院〈关于审理企业破产案件若干问题的规定〉》第 37 条有详细解释，债务人所欠非正式职工（含短期劳动工）的劳动报酬，参照《企业破产法（试行）》第 37 条第 2 款第 1 项规定的顺序清偿。由于该规定颁布于《企业破产法》之前，参照的仍为《企业破产法（试行）》的相关规定，但是其意思表述地很清楚，“职工”应当包括有固定期限、无固定期限和以完成一定工作任务为期限这三类劳动者。

值得探讨的是董事、监事、高级管理人员的破产优先权享有问题。其他国家一般将破产企业的董事、监事和高级管理人员的劳动债权整体视为普通债权。比如，尽管《美国破产法》并没有限制享有劳动债权破产优先权的主体，但是有法官自职业生涯伊始就不愿意将劳动债权破产优先权的范围延伸到一家经纪公司的分支机构的经理，[①] 并且在 15 年后仍然认为“使一家生产收音机工厂的设计总监享有劳动债权破产优先权是对破产法的滥用”。[②] 其他法院也拒绝公司的主席、经理等享有劳动债权破产优先权。[③] 即使 1906 年《美国破产法》将旅行推销员和市政推销员纳入优先权人范畴，法院仍然拒绝了一家工厂中的监管者、一家商店的经理和监管者的优先权请求。[④] 伊藤真也认为，“由于董事等高级职员的报酬并非基于雇佣关系，所以不予保护。”[⑤] 因此，本章认为，应将破产企业的董事、监事和高级管理人员的所有

---

① *In re Albert O. Brown Co.*, 171 F. 281 (S. D. N. Y. 1909).

② *In re Lawsam Electric Co., Inc.*, 300 F. 736 (S. D. N. Y. 1924).

③ *In re Carolina Cooperage Co.*, 96 F. 950, 953 (E. D. N. C. 1899); *In re Grubbs-Wiley Grocery Co.*, 96 F. 183, 184 (W. D. Mo. 1899).

④ *In re Continental Pain Co.*, 220 F. 189 (N. D. N. Y., 1915); *Blessing v. Blanchard* (*In re Pacific Motor Car Co.*), 223 F. 35, 37 (9th Cir. 1915).

⑤ ［日］伊藤真：《破产法》，刘荣军、鲍荣振译，中国社会科学出版社 1995 年版，第 104 页。

工资剔除出破产优先权范围，并尽量限制或取消他们的医疗、伤残补助、抚恤费用等其他债权。

此外，在剔除董事、监事和高级管理人员的劳动债权破产优先权时，也需要细化具体程序并考虑不同情况的处理。比如，国际破产学会社会诉求委员会（International Insolvency Institute Social Claims Committee）建议各国在考虑是否将对董事、监事和高级管理人员的追索作为保护劳动者及其债权的途径时，需要考虑以下因素：董事、监事和高级管理人员对工资等债权的责任承担是否适合；内、外董事的责任承担是否应有区别；董事、监事和高级管理人员对于责任承担的抗辩；被罢免的董事是否应当承担其在职期间的责任。①

2. 限制劳动债权优先清偿的受偿额

将债权人享有的破产优先权数额和时间限制在何种区间较为合适？较高的优先权限额可能意味着限制破产优先权的努力形同虚设，而过低的标准则可能对亟需救济的债权人杯水车薪。需要找到一个均衡的限额是一个严峻的挑战。

本章试图通过考察以下参数，分析劳动债权破产优先权的限额。

参数一，部分国家劳动债权破产优先权限额和月最低工资标准的比较。第四章已经统计过各国和地区的劳动债权破产优先权限额，这里仅体现存在限额且限额为固定数额的国家。至于为什么选择月最低工资为参数，一是因为各国的月最低工资均有统计，存在统一对比口径。二是因为各国法规对工资的内涵和外延有所差异，而对最低工资的定义基本相同。三是因为基于与债权人利益的平衡，对于劳动者的补偿不应定得较高，满足劳动者的最低生活保障即可，劳动者还有劳动者保护基金等补偿途径实现更多债权。四是因为知道了最低工资，就可以推知平均工资。如图 2 所示，横轴表示最低工资

---

① *Employee, Pension and Related Social Claims in Insolvency*, Report by the Social Claims Committee of the International Insolvency Institute, Jun. 9, 2009.

与平均工资的比例，纵轴表示各档次国家占所有抽样国家的比例。从图示可以清晰地看出，各国的最低工资与平均工资比例一般处于30%～40%。较为集中的比例意味着即使选择最低工资标准，也可以较为容易地换算成平均工资数额，选择最低工资还是平均工资标准的争论便迎刃而解。

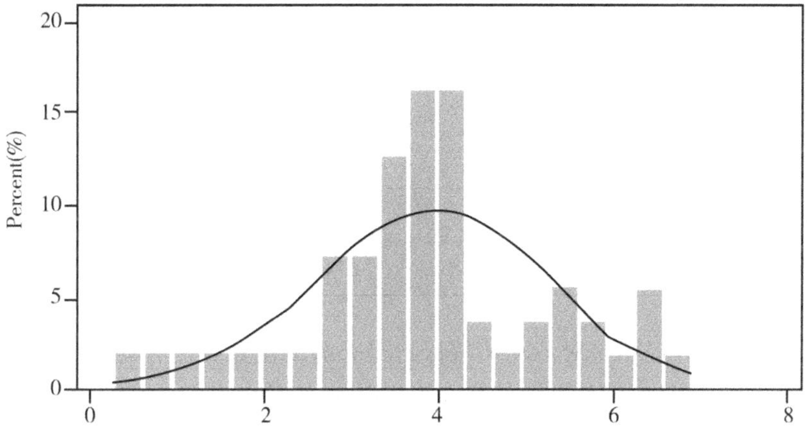

图2 世界各国最低工资与平均工资的比例①

表8是部分国家劳动债权破产优先权限额和月最低工资标准的比较。分别列出了劳动债权破产优先权限额、月最低工资数额，并且计算了劳动债权破产优先权限额与月最低工资数额的比值。

表8 部分国家劳动债权破产优先权限额与月最低工资数额的比较②

国家	劳动债权破产优先权限额（美元）	月最低工资数额（美元）	劳动债权破产优先权限额/月最低工资数额
美国	11, 725	1233	9. 51
英国	1319	1365	0. 97

① International Labor Office, *Global Wage Report* 2008/09—*Minimum Wages and Collective Bargaining Towards Policy Coherence*, p. 48 (2008).

② 月最低工资数额源于OECD. Stat, Real minimum wages, 2013。月最低工资数额已经换算成美元，并四舍五入。表格选取了既对劳动债权破产优先权数额有限制，又有最低工资的国家进行对比。

续表

国家	劳动债权破产优先权限额（美元）	月最低工资数额（美元）	劳动债权破产优先权限额/月最低工资数额
加拿大	2000	1361	1. 47
澳大利亚	2000	1682	1. 19
新西兰	12, 156	1494	8. 14
南非	1486	173	8. 59
巴西	13, 000	402	32. 33
比利时	10, 331	1733	5. 97
爱尔兰	4119	1874	2. 20

观察数据，巴西是对劳动债权保护最充分的国家，其劳动债权破产优先权限额相当于该地 33 个月的最低工资。巴西对于劳动者的优待与其劳动债权优先于有担保债权具有一致性。巴西为劳动者提供最大保护的同时，毋庸置疑地也会受到普通债权人的质疑，对于巴西经济的可持续发展颇为不利。除了巴西外，其他国家都给予劳动者相当于当地 1～10 个月最低工资的破产优先权。这些国家中，尤以英国、加拿大、澳大利亚的限额最低，约为当地 1 个月最低工资的数额，这与英国、加拿大、澳大利亚均有完善的劳动者保护基金制度，以及追索董事、监事和高级管理人员责任的丰富判例基础是分不开的。

图 3 列出了劳动债权破产优先权限额/月最低工资数额以及第四章统计过的各国和地区破产优先权的限制期间。① 两者之间最大的差距是英国的 4 倍，这与其多年没有调整过破产优先权限制期间有关。而最小的差距是美国，从一定程度上反映了两组数据存在一定动态关联性。

① 劳动债权破产优先权限额/月最低工资数额得出的数值与劳动债权破产优先权一章中所统计的期间限制有所区别。这是因为本章是以月最低工资数额与劳动债权破产优先权限额进行的比较，由于作为除数的月最低工资数额较包括劳动者离职金、抚恤金等等的广义的工资薪酬要小得多，因此得出较各国破产优先权的期间限制偏大的结果不足为奇。

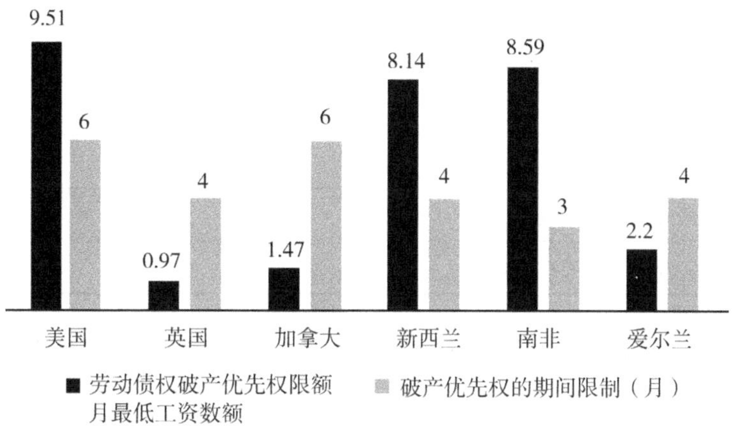

图 3　部分国家劳动债权破产优先权限额/月最低工资数额与破产优先权的期间限制对比

参数二，劳动者持续失业时间，即劳动者再就业所需时间。显然，劳动债权破产优先权的期间绝不应超出失业持续时间，否则劳动者可以凭借失业非法获利。而优先权的保护期间也应当涵盖劳动者失业的大部分期间，在劳动者较为脆弱和需要帮助时雪中送炭。对比劳动债权破产优先权限额/月最低工资数额和第二组数据世界部分国家和地区 25～54 岁男性劳动者失业持续时间，发现各国和地区这两组数据存在一定关联。美国具有较高的一致性，而加拿大、澳大利亚的重合度也较高。可见，各国在制定破产优先权的限额和期间时，同时考虑到了当地月最低工资数额和失业持续时间等因素（见表 9）。

表 9　世界部分国家和地区 25～54 岁男性劳动者失业持续时间（2012 年）①

国家或地区	失业持续时间（单位：月）
美国	9.67
加拿大	4.7

① 资料来源：OECD. Stat，Average duration of unemployment。

续表

国家或地区	失业持续时间（单位：月）
澳大利亚	2.43
欧洲各国	16.44
西方七国集团（G7）	9.34
经济合作与发展组织各国	10.78

参数三，工资在我国企业注册资本中所占比例。截至2012年年底，全国实有企业1366.6万户，实有注册资本（金）82.54万亿元。城镇单位就业人员工资总额5.996万亿元。① 将工资总额除以注册资本，得出工资在我国企业注册资本中的一般比例为7.3%。鉴于被除数是城镇单位就业人员的工资总额，不包括其他地区就业人员的工资总额，而且考虑到劳动债权破产优先权的类型在我国不仅仅包括工资，因此劳动者的工资以及职工医疗、伤残补助、抚恤费用等占企业注册资本的实际比例要远高于7.3%（见图4）。

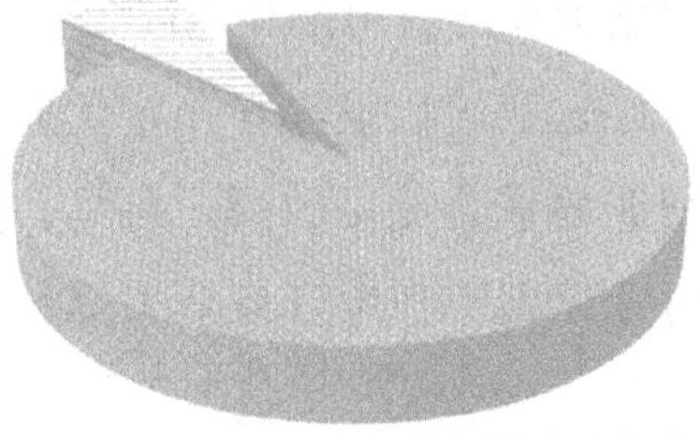

图4　我国工资占企业注册资本比例

如表10所示，世界各国的平均资产负债率约为58.90%，中国的杠杆率较低，为44.34%。劳动者债权约占中国企业全部负债的约1/6。企业在进入破产程序前，可能因资金链断裂而迟付工资。每迟付一个月工资，工

① 国家统计局人口与就业统计司、劳动部综合计划与工资司：《分登记注册类型城镇单位就业人员工资总额及指数》，载《中国劳动统计年鉴（2012年）》，中国统计出版社2013年版，第28页。

资占企业注册资本的比例就至少增加 7.3%。随着企业继续拖欠工资，劳动者债权将不断累积，在推高企业总负债的同时，占有的比例亦直线上升。

表 10 美国、中国和世界企业平均资产负债率（2013 年）①

国家	资产负债率/%
美国	63.46
中国	44.34
世界	58.90

综合考虑以上数据，设计我国的破产优先权的限额。确定我国劳动债权破产优先权限额的其中一个指标是最低工资标准。最低工资标准，是指劳动者在法定工作时间或依法签订的劳动合同约定的工作时间内提供了正常劳动的前提下，用人单位依法应支付的最低劳动报酬。② 最低工资标准在参考当地就业者及其赡养人口的最低生活费用、城镇居民消费价格指数、职工个人缴纳的社会保险费和住房公积金、职工平均工资、经济发展水平、就业状况等因素的水平上确定，可以较为全面地反映当地劳动者维持基本生活的水平，可以成为我国劳动债权破产优先权限额的参考。我国的最低工资标准由各省、自治区、直辖市依据各自地方的实际情况分别发布。

确定劳动债权破产优先权限额的另一个指标是优先权的限额和期间。可以从以下几个方面考虑。

第一，设计劳动债权破产优先权的限额应避免“懒人现象”。诸多学者研究了最低工资制度、失业保险等与就业效应分析的关系，得出如果失业劳动力觉得领取的救济金足以维持生活，那么就会使这样的劳动力产生劳动惰性，从而造成劳动力的浪费和闲置，即国家养“懒人现象”。③ 与此类似，劳

① 资料来源：http：//pages. stern. nyu. edu/-adamodar/New_ Home_ Page/data. html，最后访问日期：2014 年 3 月 25 日。

② 《最低工资规定》第 3 条。

③ 参见李永涛：《失业救济金的“懒人”效应及实证分析》，载《西安财经学院学报》2009 年第 4 期；聂爱霞：《失业保险对失业持续时间影响研究综述》，载《人口发展》2008 年第 3 期。

动债权破产优先权的限额也要注意保护劳动者的“度”，不应将期间拉得过长，数额定得过高。

第二，设计劳动债权破产优先权的限额需要考虑持续失业时间。通过部分国家和地区劳动债权破产优先权限额与月最低工资数额的比较以及世界部分国家和地区 25～54 岁男性劳动者失业持续时间的图表可以发现，劳动债权破产优先权的限制数额和期间与失业时间紧密相关。各国一般将破产优先权的限制期间设定在 10 个月以下。我国劳动者持续失业的时间并未有相关发布。对比失业保险领取期限，即失业人员失业前所在单位和本人按照规定累计缴费时间满 1 年不足 5 年的，领取失业保险金的期限最长为 12 个月；累计缴费时间满 5 年不足 10 年的，领取失业保险金的期限最长为 18 个月；累计缴费时间 10 年以上的，领取失业保险金的期限最长为 24 个月。① 可以发现领取失业保险的期间与缴款年限挂钩，但最长不超过 2 年。需要指出的是，《失业保险条例》施行于 1999 年，当时较为强调劳动者权益的保障，在社会转型、市场机制改革深化的今天，上述期间值得商榷。

第三，设计劳动债权破产优先权的期间需要考虑资产负债率。在目前工资占我国企业注册资本较重的情况下，拖欠 6 个月工资将使得拖欠劳动债权数额达到企业注册资本的约 50%，12 个月将达到约 100%。考虑到企业的其他负债，普通债权将很难再获清偿。

此外，考虑到通货膨胀的因素，限额不应有固定数值，将其规定为各地最低工资标准的 6～12 倍为宜。亦可将劳动债权破产优先权规定为一个固定限额，通过修正案的方式变更。至于变更频次，可以参考我国部分省、自治区、直辖市调整月最低工资标准的频次。我国多数省份至少每两年调整一次②（见表 11）。

---

① 《失业保险条例》第 17 条。

② 《最低工资规定》第 10 条“最低工资标准发布实施后，如本规定第六条所规定的相关因素发生变化，应当适时调整。最低工资标准每两年至少调整一次。但是仍然有少数省份没有遵循该规定”。

表 11 我国部分省、自治区、直辖市调整月最低工资标准的频次（2004～2013 年）①

调整次数	省、自治区、直辖市	比例/%
8	上海、北京	6.5
7	湖南、陕西	6.5
6	江苏、浙江、天津、河北、山西、吉林	19.4
5	广东、山东、海南、福建、新疆、云南、广西、辽宁、内蒙古、河南、宁夏、青海	38.5
4	湖北、四川、安徽、西藏、重庆、黑龙江、甘肃	22.6
3	贵州、江西	6.5

同样地，依据《美国破产法》的规定和立法实践，美国对工资和佣金债权享有的破产优先权限额是每 3 年调整一次（见图 5）。

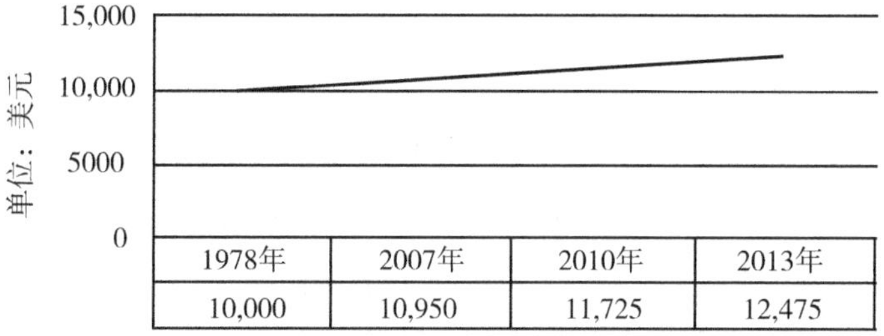

图 5 美国对工资和佣金债权享有的破产优先权限额的调整②

3. 限制劳动债权优先清偿的类别

劳动者的基本债权无疑应该予以保障，但同时也要认识到劳动者对企业的债权属于主动债权，是劳动者在经过自主决策后才决定与企业签订劳动合同的，劳动者对于企业的破产在签订劳动合同时可以预见，并且对劳动债权不能完全实现负有一定的责任，因此，对于劳动者工资薪金在破产程序的处

① 未统计香港、澳门特别行政区和我国台湾地区。

② 美国对工资和佣金债权的破产优先权限额依据美国劳工部发布的消费者价格指数（Consumer Price Index）平均每三年调整一次。现行工资和佣金债权的破产优先权限额于 2013 年 3 月 13 日提高至 12,475 美元，并于 2013 年 4 月 1 日生效。11 U. S. C. A. § 104.

理，应该仅认同基本工资享受优先清偿权，而将奖金、津贴、年终加薪等划归为普通债权，以求在有针对性保护工资债权并使得其他债权仍有希望得到补偿的情况下，保障劳动者权益。

此外，关于“法律、行政法规规定应当支付给职工的补偿金”也享有破产优先权的规定过于宽泛，比如丧葬补助费、安家费、防暑降温费等也可能因法律的这条“兜底条款”得到优先清偿，将会使得劳动者的债权不断膨大，挤压其他债权的实现空间，应当予以限制。

（三）我国引入限制劳动债权优先清偿的补偿方法

建立破产优先权的补偿方法绝不是一蹴而就。立法成本的制约和社会效益的影响都是不得不考虑的因素。现阶段可以从对既有法律和实践影响较小的制度入手，通过对已有制度进行解释、修改或者通过司法实践的引导等方式建立一些补偿方法。待条件成熟时，再由点到面，逐步建立为国际上大部分国家采用的较为成熟的制度，为未来全面限制破产优先权打好基础。

1. 现阶段较易实现的补偿方法

对负有责任的债务人董事、监事和高管追索，能够在限制破产优先权的同时增加破产财产的数额，用可分配财产的增量向需要照顾的债权人适当倾斜。责任人追索法使得所有债权人达到了帕累托最优，实属最佳。本部分以立法相对完善的澳大利亚和美国为例，将董事、监事和高级管理人员的责任置于劳动债权的情境下讨论。

“第一个没有吃到任何东西的人仍然一无所有。”[①] 债务人在偿还更高等级的债权后，留给劳动者的份额已然不多。针对劳动者债权面临不能过度侵蚀普通债权，又无法得到充分保障的两难困境，在经历1998年滨海地区破产案件后，[②]《澳大利亚公司法》在2000年颁布了修订案，插入第5.8A部分，并对5.8B部分进行修改。修改后的《澳大利亚公司法》为劳动者追索董事和高

---

① Joellen Riley, Bargaining for Security: Lessons for Employees from the World of Corporate Finance, 44 *J. of Indus. Rel.* 491, 499 (2002).

② See Maritime Union of Australia v. Patrick Stevedores No. 1 Pty. Ltd., 77 FCR 456 (1998).

级管理人员提供两种途径。第一种途径是依据第596AB（1）条，任何人都不能故意介入交易或合约以阻碍劳动者对公司的债权请求，或者显著降低劳动者的债权数额。该途径要求证明董事和高级管理人员的主观故意。依据此条，刑事方面，董事和高级管理人员可能面临最高10年的监禁。民事方面，劳动者可以选择与董事、高级管理人员达成补偿协议，并就补偿优先清偿；[①] 如果劳动者与董事、高级管理人员无法达成协议，劳动者也可以去法院起诉。[②] 第二种途径是依据第588FB（1）条，该条对董事创设了一种"推定债务"（deemed debts），即公司一旦实施《澳大利亚公司法》第588G（1A）条列出的任何行为，即直接推定董事和高级管理人员因未能有效避免公司实施这些行为而自动承担了债务。管理人或清算人可以据此向董事和高级管理人员要求补偿。第二种途径无须证明董事和高级管理人员的主观故意。

美国也有关于董事、监事和高级管理人员因没有支付劳动者债权而承担责任的规定。如果有证据表明董事有能力确保公司支付劳动者报酬而董事却故意未能行使该职权，则董事对劳动者尚未支付的薪酬负有责任。[③] 判例也对董事因没有支付劳动者养老金和福利计划应承担的责任有类似规定。[④]

因劳动债权的支付问题而追索董事、监事和高级管理人员的责任与因税收债权的支付问题而追索董事、监事和高级管理人员的责任在澳大利亚的适用情况分属两个极端，前者被认为只是"纸老虎"，难有鼓舞人心的案例；[⑤] 而后者则被认为对董事、监事和高级管理人员过于严苛。[⑥] 以下分别对这两种情况进行剖析。

---

① 《澳大利亚公司法》第596AC、596AF条。

② 《澳大利亚公司法》第596AH、588条。

③ Stafford v. Purofied Down Prod. Corp. , 801 F. Supp. 130 (N. D. Ill. 1992).

④ Plumbers' Pension Fund, Local 130 v. Niedrich, 891 F. 2d 1297 (7th Cir. 1989); Johnson v. Wsetern Amusement Corp. , 510 N. E. 2d 991 (Ill. App. Ct. 1987).

⑤ Cymes CF, Do not Dismiss the Employee as a Statutory Priority Creditor in Corporate Insolvency, 26 *Austl. Bus. L. Rev.* , 450, 461 (1998).

⑥ Helen Anderson, Directors' Liability for Unpaid Employee Entitlements: Suggestions for Reform Based on their Liabilities for Unremitted Taxes, 30 *Sydney L. Rev.* , 470, 486 – 487 (2008).

因劳动债权的支付问题而追索董事、监事和高级管理人员的责任在澳大利亚被认为只是“纸老虎”，难有鼓舞人心的案例。[①] 劳动者向董事、监事和高级管理人员追索在澳大利亚尤为困难。一方面，劳动者追索责任最大的挑战来自需要证明剥夺劳动者债权是出于董事、监事和高级管理人员的主观恶意，这不可避免地缩减了董事责任追索方法的有效性和范围。[②] 辨别董事、监事和高级管理人员作出一项决策的意图看似简单，但如果他们的行为借助公司结构并客观上促进了公司的管理水平，那么该行为的性质就难以判断了。[③] 董事、监事和高级管理人员也可以通过修改会议记录和选择记录的方式以确保其决策总是恰当且充满善意，而劳动者却难以获得真实有效的证据。另一方面，即使经过破产管理人同意，劳动者对董事、监事和高级管理人员做出非商业交易（uncommercial transactions）的追偿也颇为困难。根据《澳大利亚公司法》第588M（3）条，劳动者仅能针对董事、监事和高级管理人员明知公司破产却仍然与债权人展开交易的行为享有直接诉权。由于董事、监事和高级管理人员干预劳动者工资的行为属于公司内部行为，只有破产管理人或澳大利亚证券和投资委员会（Australian Securities and Investments Commission）享有诉权。劳动者只能等待破产管理人与澳大利亚证券和投资委员会向董事、监事和高级管理人员追索后，才会得到相关补偿，这种制度设计并没有为劳动者权利的实现带来便利。[④]

2. 待条件成熟实现的补偿方法

我国应当建立劳动者保护基金。现有的失业保险难以扛起破产程序中保护劳动者权益的重担。我国的失业保险是指在劳动者失业期间由国家或社会保险管理机构定期发放失业救济金，以保障其基本生活并促进其再就业的一

---

① Cymes C F, Do not Dismiss the Employee as a Statutory Priority Creditor in Corporate Insolvency, 26 *Austl. Bus. L. Rev.*, 450, 461 (1998).

② Jennifer Hill, *Corporate Governance and the Role of the Employee*, in Glenn Patmore & Paul Gollan, Partnership at Work: The Challenge of Employee Democracy 110, 119 (Pluto Press, 2003).

③ Patrick Stevedores Operations No. 2 Pty Ltd. v. Maritime Union of Australia 77 FCR 478 (1998).

④ Christopher Symes, A New Statutory Directors' Duty for Australia: A "Duty" to be Concerned about Employee Entitlements in the Insolvent Corporation, 12 *Int'l Insolvency Rev.* 133, 137 (2003).

种社会保险制度。[①] 就破产程序而言，失业保险只是劳动者因企业破产被解雇后可以得到的基本生存保障，失业保险基金来源于劳动者与雇主的共同缴纳。但是，企业在滑入破产深渊的过程中，均会遇到压缩生产，减员增效的情况，也往往因为资金链断裂发不出工资，无法发放劳动者的各项福利。而劳动者或因与企业共患难的决心或怀揣企业可以转危为安进而弥补拖欠的劳动债权的希望，像“温水煮青蛙”一样被企业牢牢拖住，损失了大部分的时间成本和机会成本。企业由经营恶化申请破产直至劳动债权最终得以满足，往往因破产程序的拖沓冗长持续几年，劳动者因未与企业正式解除劳动关系，没有办法领取到失业救济金。在劳动者生产生活最脆弱的时期，我国需要建立一种制度对劳动者之前被企业拖欠的债权进行部分先行偿付。

不过，劳动者保护基金的建立在我国并没有可以依靠的制度基础，构建劳动者保护基金需要全新的立法加以规定，需要调研并进行立法成本效益分析。劳动者保护基金的框架内容也有待商榷。

第一，劳动者保护基金的资金来源。如果劳动者保护基金的资金来源于企业，比如香港每年按照企业的注册资本征收一定比例的款项作为劳动者保护基金，那么劳动者保护基金就相当于对企业征收了额外的税费，使得缴费企业产生了其用缴纳的基金去补贴另一个企业的不公平感觉。对于企业税负本已沉重的我国企业来说，劳动者保护基金制度的拟定势必遭到企业界的反对。如果劳动者保护基金的资金来源于国家财政，也会产生用广大纳税人的税收为少部分违法企业埋单的质疑。如果劳动者保护基金的资金来源于劳动者，劳动者保护基金则意味着将企业拖延劳动债权的责任转嫁于劳动者，对劳动者不公平的同时也加重了他们的负担。

第二，劳动者保护基金的管理机构。采取新设专门的管理机构还是依托现有的行政部门值得探讨。新设部门需要招募人员，租赁场所，制定规章，启动和运转的开销不菲。但是却可以更加专业性地履行管理职责，并且确保

① 参见郑尚元：《劳动法学》，中国政法大学出版社2004年版，第272页。

资金不被挪用。依托现有的行政部门可以使得筹集资金方面依靠现有管道，管理成本也相应降低。由企业代为管理劳动者保护基金的模式也为一些国家采用。这种模式的优点是确保各个企业缴纳的款项可以专款专用于本企业的劳动者，企业的积极性较高，但缺点较为明显，企业挪用基金的行为难以监控，其缴纳的资金是否可以完全满足劳动者的请求也存有疑问。

第三，劳动者保护基金的偿付内容。关于劳动者保护基金的垫付限额，可以考虑与破产优先权的限制采取类似方法，在减少可以获得劳动者保护基金赔付的劳动债权的基础上，既可以规定劳动者保护基金涵盖破产申请前一段时间内发生的劳动债权，也可以规定一个最低的偿付限额，超过限额的不予救助，当然也可以两种方法结合使用。而对于董事、监事和高级管理人员，同样需要明确他们丧失了对劳动者保护基金的请求权。至于劳动者保护基金的管理机构在支付欠薪取得的代位权是否可以享有劳动债权破产优先权的顺位，大多数国家认为代为清偿后管理机构可以享有原劳动债权在破产企业的优先清偿顺位，但在管理机构是行政机关的情况下，由于其抗击风险能力强、损失可以为社会公众分担等特点，或许可以考虑让管理机构与普通债权同比例清偿，在劳动者利益与普通债权人利益均未受损失的情况下，使社会信用体系的流转更加顺畅。

第四，劳动者保护基金的偿付条件。劳动者保护基金的适用条件之一是企业申请破产。可是有时候企业停产时间较久，尚未进入破产程序，或者法院批准破产申请需要一段时间，这即是一种“事实破产”的状况。需要明确劳动者在等候期间是否可以得到劳动者保护基金的偿付，比如规定一个企业停产的最长期间，期间经过后即使企业没有申请破产，劳动者也可以申请保护基金。至于是否需要劳动者向企业先行追偿作为给付劳动者保护基金的前置条件也需要加以考量。要求劳动者提供债务人无法清偿的证据可以有效避免对劳动者保护基金的欺诈，但又不可避免地增加了劳动者获得基金赔偿的程序和时间。在具体实践操作的时候，或许先行垫付劳动者一笔数额较小的资金，待其取得企业不能清偿的证据后再给予劳动者全额赔付是解决问题的途径之一。

第十二章　破产法与环境法：以环境债权的清偿为视角

世界资源研究所（World Resources Institute）指出，全球工业企业每年生产所需原材料近600亿吨，其中60%无法回收利用，将以废弃物的形式回归自然。[①] 各国均要求企业对废弃物采取处置措施，但代价不菲，比如仅清理美国现有的废弃工厂，需要在未来50年内至少投入1000亿美元。[②] 随着环保标准的逐渐严苛，一些企业将因无法支撑高昂的清理费用而难以为继，遑论一些企业因环境污染事件所需要支付的巨额赔偿而被迫落入破产境地。美国环保署预计，未来30年间将有25%至30%的企业因环境治理问题申请破产。[③] 建立企业破产程序中环境债权的处置机制刻不容缓。

遗憾的是，我国相关法律法规并未对形势严峻、急需规制的破产程序中环境保护问题及时跟进，对相关问题未有任何特别对待，学者们也对该问题关注廖寥。[④] 这对破产程序中受到较大冲击、极为脆弱又需要保护的环境债

---

① See Mathy Stanislaus：Advancing Sustainable MaterialsManagement：Facts and Figures 2013，EPA，p. 4（2015）.

② See Alexander Clarkson，In the End：Towards a Complete Regime for Cleaning up Environmental Messes in the Face of Bankruptcy，69 *U. Toronto Fac. L. Rev.* 31，33（2011）.

③ See Joseph L. Cosetti& Jeffrey M. Friedman，Midlantic National Bank，Kovacs，and Penn Terra：The Bankruptcy Code and State Environmental LawPerceived Conflicts and Optionsfor the Trustee and State Environmental Agencies，7 *J. L. & COMM.* 65，68（1987）.

④ 关于破产企业环境问题的研究，起始于“政策性破产”大范围开展的20世纪90年代。围绕国有企业破产后环境问题的综合整治，有学者从必要性和指导原则等展开讨论（比如董峰等：《浅析破产重组企业环境行政责任》，载《环境导报》1997年第5期）。但是这些成果以行政管理与对行政机关赋权为着力点，未能从责、权、利角度探讨规制破产企业、保护污染受害者的具体措施。随着《企业破产法》的实施，国内出现了唯一的理论专著（朱晓燕：《构建我国破产企业环境法律责任制度研究》，中国法制出版社2012年版），不过该专著涉及环境债权的内容较少，主要探讨的是破产企业的环境责任。

权人殊为不利。本章将爬梳剔抉在破产法与环境法的立法、执法与司法方面均有较多积淀的美国经验，探讨相关制度对我国的启示意义，以期为完善我国企业破产程序中环境债权的清偿提供理论与实践建议。

一、破产法与环境法立法宗旨之背离

同以维护社会公共利益为己任的破产法与环境法，如两个部件般共同促进社会系统的良性运转。在大部分情形下，破产法与环境法在各司其职，并行不悖，而当负有清理环境污染或赔偿环境污染损害责任的企业申请破产时，两个部件便有了交集，需要啮合。诚如学者所言，“美国法律体系中，没有任何两部法律的冲突可以与破产法与环境法相提并论”①。两部法律因立法意旨分野较大，破产法与环境法在磨合时产生的火花较为猛烈。

破产法的使命在于实现债权人的平等受偿及赋予债务人重新开始的机会。② 这两大目标均与环境法有不小的差别。一方面，破产法立法根基在于债权清偿的平等性。“平等就是公平。”③ 绝大多数情形下，破产企业的财产难以完全清偿债权人。为了避免债权人之间竞争逐利，破产法为债权人有效实现其诉求提供单一解决框架，以确保对债务人享有类似权利的债权人得到相同比例的清偿。破产法的制度设计减少各债权人的诉讼成本，保护债权人之间的公平，同时树立了良好的清偿秩序，显著提升社会的整体价值。环境法则以公共利益和人民福祉为盾牌，通常给予环保部门的污染整治费用及受害人的索赔请求以优先受偿的法律地位。④ 这往往意味着环保部门和受害人可以绕过破产程序，对其债权直接全额受偿。由于环境污染清理或赔偿数额较大，权益人的优先受偿将不可避免地掏空破产企业的资产池，其他债权人

---

① H. Hamner Hill, Bankruptcy vs. Environmental Protection: A Case Study in Normative Conflict, 11 *Can J. L. and Jurisprudence* 245, 246 (1988).

② See Caroline C. Fuller, The Effect of Bankruptcy on Environment Obligations, 21 *Colo. Law.* 915 (1992).

③ Elizabeth Warren, Bankruptcy Policymaking in an Imperfect World, 92 *Mich. L. Rev.* 336 (1993).

④ 42 U. S. C. § §9604, 9607.

的债权几无获偿可能。此外，若允许环保部门和侵害受害人的诉求，诸如农业生存者、小微企业等债权人同样可以凭借社会本位、实质正义等理念而要求倾斜性保护，这将会彻底动摇破产法上的平等清偿原则。

另一方面，破产法以减轻债务人负担为己任，帮助诚实的债务人从繁重冗杂债务压迫中解脱，不受既有债务的羁绊，获得从头再来的机会。当重整制度于 1978 年被正式引入后，破产法已经成为一些公司摆脱财务麻烦和法律桎梏的工具。企业进入破产程序的原因，也从早期的非自愿破产、自愿破产向当前的策略性破产演变。[①] 重整制度避免了企业被拆分清算的命运，以及随之而来的企业商业价值的流失、员工的大量失业以及经济发展的停滞。重整制度允许企业将其意志纳入重整计划。企业一旦重整成功，未被囊括在重整计划中的债务会自动消除，以确保受困企业轻装上阵，从头再来。而环境法则作为公共卫生健康的安全保护法，旨在通过严厉规制污染行为，确保公众免受有毒物质的侵害。[②] 为此，环境法秉持“污染者负担”原则（polluter pays principle），勒令潜在污染者采取预防措施，强迫行为人清理污染，赋予代为清理者享有获得补偿的权利，并且严惩未能遵从环境法规的违法者。环境法只关注造成污染的事实状态：只要拥有或使用有毒物的事实确定无疑，环境法即对当前的所有人或持有人施加环境清理或赔偿的义务，遑论污染是否由其造成。为了体现其捍卫公众健康和安全的决心，环境法对于环境影响评价、污染物处置和彻底清理通常不设时间表，强迫污染者负责到底。显然，环境法对于环境污染行为之严苛要求，与破产法对于受困企业既往行为之纵容格格不入。若要求破产企业对污染负责到底，重整程序将因缺乏启动资金而目的落空，而背上沉重包袱的企业也难以获得新生。

“法律应是一个内在统一的体系，各具体规范是体系的组成部分，它们具有意义和含义上的相互关联性。”[③] 具体到企业破产中的环境债权保护方

---

① See Robert E. Kroll, Strategic Bankruptcy, 8 *Cal. Law.* 50 (1988).

② In re Quanta Resources Corp., 739 F. 2d 912, 913 (3d Cir. 1984).

③ 郑永流：《法律方法阶梯》，北京大学出版社 2008 年版，第 154 页。

面，破产法与环境法的冲突表现在企业破产中环境债权的内涵与外延、实现的内容及程序等维度。

二、企业破产中环境债权之构成

债权是权利人适用破产程序的“入场券”，可谓破产程序的“通货”。[①]破产法旨在收集和分配破产企业的所有债权，若没有债权存在，债权人当然无法参与其中获得清偿。破产程序中的环境债权，是指破产程序中，因债务人环境侵权或环境合同违约等所发生的权利人请求债务人给付一定金钱的权利。其产生缘于破产企业的环境侵权或违约行为，前者如下游居民因破产企业排放污水而生疾患，请求破产企业给付医疗费和误工费等；后者如权利人因破产企业未能依据合同或法律而支付代为清理污染的费用，请求破产企业补偿清理费及支付违约金等。

（一）企业破产中环境债权之判断

破产法规定的债权范围宽泛。《美国破产法》将两类权利均规定为破产程序中的债权：第一类是支付请求权，无论该权利是否确定、到期或合法，是否经过裁判或清算，是否存在争议或担保，是衡平法上的抑或普通法上的权利；第二类是对违法行为要求合理补偿的权利，只要违法行为导致支付请求权的产生，无论该权利是否确定或到期、经过裁判、存在争议或担保。[②]宽泛的债权定义旨在不遗漏任何一个可能成立的债权，有利于让更多的债权人参与破产程序。当然并不是所有的债权最终均能受偿，只有为有效证据支撑且被法院确认的债权，才有机会参与到破产财产分配程序。

围绕环保部门相关权利是否作为破产债权，在立法上缺乏明确标准的前

---

① See James C. Brand，Bankruptcy，Contempt，and the Durability ofEnvironmental Obligations，24 *Tul. Envtl. L. J.* 221，224（2010 - 2011）.

② 11 U. S. C. § 101（5）.

提下，学界对破产程序中环境债权的认定存在较大纷争。[1] 美国法院通过司法实践，逐渐达成了判断环境债权的原则性共识，即权利人要求的补偿应能被货币衡量。若债务人违法行为引发的补偿效果能够用货币给付，该权利当属破产程序中的债权无疑。比如，较为简单的情形是环保部门对已采取补救措施的支付请求以及环保部门要求破产企业停止污染的请求。前一种情形下，当环保部门已经实施清理行为，破产企业剩余的义务仅为对政府有关部门给予货币偿付时，由于环保部门享有货币支付请求权，其权利自然归属于环境债权。后一种情形下，当环保部门对破产企业发布行为禁令，要求其停止环境污染行为并作出未来不再犯的承诺时，由于该请求未涉及货币给付也难以用货币衡量或代替，环保部门的行为禁令显然不是环境债权。

较为复杂的是环保部门要求破产企业采取补救措施，即环保部门颁布行为履行令的情境。这又要分三种情况具体分析。当破产企业对遭受环境侵害的财产享有所有权且在破产申请受理前未能清理时，环保部门即使可以追究实际排污者或直接责任人的责任，但由于其尚未采取任何补救措施，也就没有产生货币给付，遑论环境债权的产生。[2] 此外，若一些环保法规只是赋予环保部门要求企业对污染行为采取补救措施的职责，而没有给予其代为清理污染并要求企业补偿时，环保部门的环境债权自始即不存在。破产企业可以要求其他企业代为清理污染并支付报酬的事实本身，并不能说明环保部门也有相应的支付请求权并进而获得环境债权。比如在哈博乐（Gubler）案中，依据《地表矿藏控制和再利用法》（Surface Mining Control and Reclamation Act），法院认为环保部门仅能强制破产企业修复土地，无权向破产企业索取环保部门代为清理污染的补偿金，因此环保部门的债权不属于破产债权。[3]

---

① See Mary J. Koks& Tim Million, Environment Issues in Bankruptcy, 40 *Tex. Envtl. L. J.* 43, 46 (2009 – 2010).

② See Matter of CMC Heartland Partners, 966 F. 2d 1143 (7th Cir. 1992).

③ U. S. v. Hubler, 117 B. R. 160 (W. D. Pa. 1990), affd, 928 F. 2d 1131 (3d Cir. 1991). 类似的案例还有 Torwico Electronics, Inc. v. New Jersey Department of Environmental Protection (In re Torwico Electronics Inc.), 8 F. 3d 146 (3d Cir. 1993)。

最后一种情况是环保法规既赋予环保部门强制破产企业采取补救措施的职能，又赋予其向破产企业请求代为清偿费用的职权。美国一些法院认为环保部门无论选择何种途径，环保法规列明选择权本身即承认环保部门对破产企业享有环境债权。[①] 另有一些法院持有不同观点，认为环保部门是否拥有环境债权取决于其行使哪种选择权。[②] 还有一些法院秉持“实际效果原则”（practical effects）加以判断。[③]

（二）企业破产中环境债权之类型

成立时间对于环境债权的能否清偿及清偿程度至关重要。依据成立时间，环境债权可以被划分为破产申请受理前发生与被受理后发生的环境债权两类，并适用迥然不同的清偿规则。肇始于科瓦奇案（Ohio v. Kovacs）[④]，过去25年间美国关于环境债权范围的争论不曾停歇，盖因环境债权发生时点的判断情况复杂，实践中遇到的困难远超立法预期。识别环境债权成立时点的要素一般有：破产企业污染行为的发生时间，环保机构代为清理污染的时间以及政府是否知悉破产企业负有清理义务等。[⑤] 最为简单的一种情况，是当破产申请受理前污染受害者即发现污染并采取了补救措施，比如政府已经清理了土壤污染，拟向污染企业索取费用。由于污染企业承担清理排污的义务发生于破产申请受理前，并只能在破产程序中得以处置，此时的债权属于破产申请受理前发生的环境债权。与此类似，在破产申请受理之后方发生的环境污染行为，债权人承担的费用被归为破产申请受理后发生的环境债权当无争议。较为困难的是当企业的污染行为发生在破产申请受理前，而

---

① In re Goodwin，163 B. R. 825，831（Bankr. D. Idaho 1993）.

② In re Chateaugay Corp.，944 F. 2d 997，999（2d Cit. 1991）.

③ 在慧科案（United States v. Whizco）中，法院采取了“实际效果原则”判断环保部门是否享有环境债权。美国第六巡回法庭认为，考虑到惠科公司已将其全部采矿设备和开采许可转让，再让其自身清理污染已不现实，惠科公司仅能额外支付货币让他人代劳，环保部门的行为履行令可以视为环境债权。United States v. Whizco，Inc.，841 F. 2d 147（6 h Cir. 1998）.

④ Ohio v. Kovacs，469 U. S. 274，275（1985）.

⑤ See Mary J. Koks & Tim Million，Environment Issues in Bankruptcy，40 *Tex. Envtl. L. J.* 43（2009 - 2010）.

其清理行为发生在破产申请受理之后的情形。一些法院认为，基于污染行为在破产申请受理后未对环境造成持续危害，企业负担的清理费用不应再延续到破产程序，该债权可以被划归为破产申请受理前发生的环境债权。[①] 而若遭受污染的财产不为破产企业所有时，将致判别环境债权的类别归属更为复杂化。

面对环境债权发生时间的纷繁复杂状况，美国法院在长期的司法实践中衍生出行为测试、权责测试以及关系测试三种标准。行为测试以污染行为发生的时间作为判断环境债权类型的时间。比如在涂涂水井（Tutu Wells）污染案中，基于破产企业的污染行为产生于破产申请受理后，法院拒绝承认政府部门对破产企业享有环境债权。[②] 权责测试标准则将焦点集中于污染行为的可苛责性上。只有企业负有清理污染义务的诸要件均齐备时，环境债权方得发生。比如在联合废铁金属（Union Scrap Iron & Metal）案中，环保部门在代为破产企业清理污染后许久才向破产企业追索环境债权，但由于破产企业所负有的清理污染义务早已成立，环保部门的环境债权不得质疑。[③] 关系测试要求环境债权的发生以破产申请前破产企业与债权人关系的确立为前提，其背后的理念是破产企业至少应对其负担的债务享有知情权。美国第七巡回法院即是该测试的拥护者。[④]

颇具讽刺意味的是，不仅行为测试、权责测试及关系测试之间难以调和，越来越多的判例和研究也指出了三项标准的内在缺陷。比如，有学者认为上述标准均认为只要破产企业因承担环境义务而支出费用，破产申请受理前的环境债权便即刻产生。[⑤] 由于破产企业承担的全部环境义务承担均会导致其直接或间接地受到损失，这将导致所有债权均被认定为破产申请受理前发生

---

① In re Chateaugay Corp., 944 F. 2d 997, 1008 (2d Cir. 1991).

② In re Tutu Wells Contamination Litigation, 846 F. Supp. 1243, 1279 (D. V. I. 1993).

③ United States v. Union Scrap Iron & Metal, 123 B. R. 831, 835 (D. Minn. 1990).

④ In re Chicago Milwalkee, St. Paul & Pacific R. Co., 974 F. 2d 775, 786 (7th Cir. 1992).

⑤ Adam P. Strochak, Jennifer L. Wine & Ern K. Yates, *Environmental Issues in Bankruptcy Cases* 43, LexisNexis Matthew Bender (2009).

的环境债权的谬误。试图挑战原有测试的新标准不断涌现。2010 年，美国受理破产案件最多的纽约南区破产法院即提出了“三阶段测试法则”。在判定环境债权的发生时间时，应首先判断破产企业是否有能力履行禁令，抑或其仅能通过偿付他人而实现清偿结果，破产申请受理前发生的环境债权只成立于破产企业无法履行禁令且仅能要求他人代为清理污染时。其次，应判断企业的污染行为在破产申请受理时是否仍在进行，若污染行为持续，债权也不能称为破产申请受理前发生的环境债权。最后，应判断债权人是否依据法规需要承担清理污染的职权。若政府依据环保法规必须清理污染，则政府的花销方有被划归为破产申请受理前发生的环境债权的可能。① “三阶段测试法则”有力回避了行为测试、权责测试及关系测试的缺陷，但囿于其提出不久，尚待实践的检验，美国通行的判断标准仍有待明确。②

（三）企业破产中环境债权之数额

有统计称，美国破产企业的环境清理工作平均要在其关闭污染工厂后 5 年才能完成。③ 如何在破产程序中准确计算出未来才会实际发生的环境债权是个较为棘手的问题，对破产企业和债权人意义重大。破产程序中的债权评估，对破产企业而言可以锁定未来债权数额，减少重整计划商谈和通过的不确定性；对债权人而言，可以减少其对尚未发生的清理费用能否实现的担忧，使其对污染处置费用有准确预期，并对破产重整计划的可行性有充分的考虑依据。

美国破产法对债权评估方法与程序并没有具体规定。④ 实践中形成了法院对破产程序中或有债权的预估有较大自由裁量权的惯例。破产债权的评估

---

① In re Mark IV Indus., Inc., 438 B. R. 460, 467 - 69 (Bankr. S. D. N. Y 2010).

② See DanielBelzil, Why Congress should Clean up The Bankruptcy Codeto Render Environmental Cleanup Orders into Claims, 14 *Vt. J. Envtl. L.* 101, 114 (2012 - 2013).

③ In re Combustion Equip Assocs., 838 F. 2d 35, 36 (2d Cir. 1988).

④ 《美国破产法》第 502（c）条规定，应当对下列债权作出评价：（1）任何附条件的或未经裁定的债权，根据案件具体情况，其调整或裁定，可能会不当延迟案件进行的；（2）对违约行为请求合理赔偿所产生的权利。《美国破产法》并没有规定债权数额评估的方法与程序。

通常集中在产品责任和股东诉讼领域，[①] 而环境债权的评估则始于20世纪90年代初的美国国家石膏厂的破产案。法院在此案中，经过听取破产企业与美国环保署各自专家证人的证词后，评估出濒临破产清算的国家石膏厂所应支付的环境债权数额。[②] 一些法院采用"补救调查（RI）与可行性研究（FS）"的步骤作为评估程序。[③] 环保部门等债权人在调查和研究污染的性质和危害性后，再结合补救措施的实施细节与途径估算出环境债权总额。有学者则指出应由债权人提出及证明其享有的或有债权数额，再由法院最终裁定，并保持债权在清理过程中因各种原因而增加的灵活性，这将显著增进破产程序的审理效率，进而造福债权人和破产企业。[④]

三、企业破产中环境债权之清偿

探讨企业破产中环境债权的清偿，可以从其清偿内容与程序两个维度着手。鉴于环境债权在破产程序中的优先受偿问题多被提及，本部分将特别探讨企业破产中环境债权的清偿顺位。

（一）企业破产中环境债权之清偿内容

在破产清算程序中，一个债权必然属于有担保债权、共益债务、破产优先权、普通债权的一类，并依照相应的优先级顺位得到清偿。环境债权应被划归为何种类别？以下逐一进行判别。有担保债权在破产程序中又称为别除权，其优先受偿地位是基于债务人特定财产上原已存在的担保物权或特别优

---

① 比如在产品责任诉讼中，法院通过评估计算出被告对受到损失的所有消费者偿付约14亿美元。See Menard-Sanford v. Mabey (In re A. H. Robins, Inc.), 880 F. 2d 694 (4th Cir. 1989). 在股东诉讼中，法院判定破产企业对股东无须偿付任何财产，因为股东的索赔证据并不是"优势证据"。See Bittner v. Borne Chemical, 691 F. 2d 134 (3d Cir. 1982).

② In re National Gypsum, No. 390-37213-SAF-I1, (Bankr. N. D. Tex. June 24, 1992).

③ See Sheldon M. Novick, The Law of Environmental Protection § 13.05 (3) (f) (ii) (A) (1992).

④ See James K. McBain, Environment Impediments to Bankruptcy Reorganizations, 68 *Ind. L. J.* 233, 265 (1992 – 1993).

先权所具有的排他性优先受偿权力沿袭而来的，包括约定担保权和法定担保权。[①] 我国破产法和其他各国破产法均未将环保债权作为法定担保权，而环保债权是因"私犯"[②] 而生，不为各方当事人约定，难以成为有担保债权以得到个别、及时且优先清偿。破产优先权是一种特定债权人依照企业破产程序较普通债权人就债务人全部财产享有优先受偿的权利。作为债权平等分配原则的例外，破产优先权为各国法律明文规定，是各国在综合本国的历史传统、现实的制度环境以及经济和社会政策的基础上所作的现实主义选择。[③] 经统计世界41个国家和地区的破产法立法情况，尚没有一个国家将环境债权列入优先权范畴。[④]

依据包括美国在内的大部分国家破产法规定，环境债权若发生于破产申请被法院受理前，比如污染受害者持有的债权，其在破产分配阶段将作为普通债权，劣后于有担保债权、共益债务、劳动债权、税收债权之后按照比例清偿，得到足额受偿的概率自然较为渺茫。没有优先受偿地位的环境债权在破产清算程序中一般难以获偿，这将导致破产企业摆脱沉重的环境义务而新生的概率显著增大，但这是以由代表社会公共利益的政府对污染清理费用买单为代价而实现的。至于破产企业的罚款或罚金，由于其对破产企业的价值保护仅有负作用，不能被划归共益债务，有的国家甚至将其顺位劣后于普通债权。[⑤] 破产申请受理后发生的环境债权则属于破产企业的共益债务。共益

---

① 参见王欣新：《破产法》(第三版)，中国人民大学出版社2011年版，第292页。

② "私犯"与危害国家的"公犯"相对应，指侵害他人人身或私人财产的行为。参见张俊浩主编：《民法学原理》(修订第三版下册)，中国政法大学出版社2000年版，第641页。

③ 参见殷慧芬：《破产法》，法律出版社2014年版，第201页。

④ 笔者统计了印度、俄罗斯、南非、巴西、英格兰和威尔士、爱尔兰、苏格兰、加拿大、澳大利亚、新西兰、马来西亚、新加坡、日本、泰国、越南、老挝、印度尼西亚、智利、哥伦比亚、墨西哥、瑞典、芬兰、挪威、丹麦、德国、法国、比利时、意大利、西班牙、拉脱维亚、罗马尼亚、若是、奥地利、捷克、爱沙尼亚、匈牙利、以色列、波兰和百慕大等40多个国家或地区的破产法相关规则。95.1%的国家或地区将劳动债权列为破产优先权，43.9%的国家或地区将税收债权列为破产优先权，没有国家将环境债权列入破产优先权。

⑤ See Stanley M. Spracker& James D. Barnette, The Treatment of Environmental Matters in Bankruptcy Cases, 11 *Bankr. Dev. J.* 85, 105 (1994 - 1995).

债务是指为保存破产企业财产而产生的真实、必要的费用。包括破产企业的日常管理与运营支出以及维系破产企业财产价值而由破产企业或第三方的花费，[①] 比如破产企业的经管债务人有义务在破产企业最终地位未决时运营破产企业，经管债务人为破产企业继续营运而应支付的劳动报酬和社会保险费用，以及他们执行职务致人损害所产生的债务便属于共益债务。[②] 破产申请受理后发生的环境债权因属于企业在日常运营中可以预见的成本，清理环境污染得以让破产企业因不违反法律而继续运营，有利于保存破产企业的运营价值，应当被归为破产企业的共益债务，在有担保债权后优先受偿。[③]

（二）企业破产中环境债权之清偿顺位

随着环保意识的觉醒和环保立法的强化，针对破产法未能对环境债权作出任何特殊规定的困境，一些学者提出应赋予环境债权以“超级优先权”（super-priority）地位，环境债权应优先于包括有担保债权在内的所有债权，位列第一顺位受偿。[④] 但是，确立环境债权为优先权因具有以下三个方面的问题值得商榷。

第一，损害有担保债权人的权益。“人类的相互交往，包括经济生活中的相互交往，都依据于某种信任。信任以一种秩序为基础。而要维护这种秩序，就要依靠各种禁止不可预见行为和机会主义行为的规则。我们称这些规则为‘制度’。”[⑤] 有担保债权人基于债务人特定的财产担保，与债务人建立了信任关系，当事人本着良好的意愿和实现契约的允诺完成要约和

---

① 11 U. S. C. § 503（b）.

② 《企业破产法》第 42 条。

③ 认为破产申请受理后发生的环境债权属于破产企业共益债务的其他理由包括保护公众的健康安全。不合理和违法的环境污染行为对公众造成急迫和可以识别的危险，消除公众危险的花费应被优先受偿。In re Stevens，68 B. R. 774，783（Bankr. D. Ma. 1987）.

④ See Richard L. Epling，Environmental Liens in Bankruptcy，44 *Bus. Law.* 85（1988－1989）；Alexander Clarkson，In the Red：Towards a Complete Regime for Cleaning up Environmental Messes in the Face of Bankruptcy，69 *U. Toronto Fac. L. Rev.* 31（2011）.

⑤ ［德］柯武刚、史漫飞：《制度经济学》，韩朝华译，商务印书馆 2000 年版，第 3 页。

承诺的交换，并进而促进社会信用关系的流转。若将环境债权列于有担保债权前受偿，则本该由企业及社会公众承担的污染整治成本便转嫁给无过错的有担保债权人。在有担保债权人通常为银行的现实情况下，银行利益的减损不可避免地导致众多中小储户风险的加大，于社会公共利益毫无益处。

第二，不能有效减少企业环境污染行为对社会的危害。超级优先权的立法价值是旨在通过提高优先级顺位，将债务人财产首先用于清理资产，防止破产企业以资产不足为由逃避清理责任。这种良好的夙愿却可能引发意想不到的后果——破产企业遗弃污染财产的概率显著增加。作为企业破产财团的代表，[①] 当某一财产的处置致使债权人可得分配利益最大化的目标难以实现时，破产管理人可以放弃该财产。[②] 当企业某一财产受到污染时，若治理该财产而耗费之巨额费用优先受偿，将对本就受偿份额不足的债权人雪上加霜，破产管理人此时选择遗弃污染财产当在常理之中。

第三，难以及时补偿环境清理费用。环境债权破产优先权像一汪清泉，可以缓解亟需环境治理干涸的资金压力，但是往往又因“远水解不了近渴”，难以满足实际需要。环境债权破产优先权的实现一般要求债权人首先向破产企业请求清偿债权，而从企业被申请破产到债权人可得财产分配有较长的时间间隔。环境污染造成的损害往往扩散速度快，与人们的健康和社会福祉息息相关，清理污染刻不容缓。若此时无法雪中送炭，而是让代为清理污染的债权人历经漫长煎熬后才索取到债权，即便环境债权破产优先权制度设计帮助债权人最终全额实现请求权，其效用也大为降低。毕竟，“迟来的正义非正义”。

---

① 关于破产管理人的性质，有代理说、职务说、特殊机构说等，越来越多的学者开始接受“财产代表说”，即债务人财产因破产程序的开始或者破产宣告裁定的作出而成为以破产预防或破产清算为目的而独立存在的财产，破产管理人是这种人格化财产的代表机关。参见韩长印：《破产法学》，中国政法大学出版社2007年版，第53页。

② 11 U. S. C. § 554.

（三）企业破产中环境债权之清偿程序

环境债权的变价、分配程序与一般债权并无差异，而环境债权的申报则是企业破产中环境债权实现的难点。环境债权申报程序的复杂性和特殊性，缘于诸多环境污染是日积月累、逐步显现的结果，在企业破产当下难以觉察。若污染事实待企业财产被变价分配完毕后始得发现或确认，环境债权的偿付遥不可及，社会利益随之受到牵连。为了确保破产程序尽可能多地囊括现有及潜在的债权人，美国立法者和学者提出了强制申报与代表人参与申报两种解决途径。强制申报规定在2006年参议员坎特维（Cantwell）等推动的《清理保证和污染者责任法案》（Cleanup Assurance and Polluter Accountability Act）[①]。依据该法案，当一个企业申请破产时，必须向环保部门提交对其既有行为侵害环境的评估及完整组织框架报告。该法案同时要求环保部门不得虚构环境债权，以杜绝其未雨绸缪地预留未来清理款项。[②] 通过赋予环保部门在企业破产前的充分知情权，环保部门便可及时跟进破产程序，提前介入环境污染调查，待核实后提出分配债权的合理请求。

代表人参与破产债权申报是指法院选定一名代表人参与破产程序，该代表人集合了或有环境债权人的利益，申报预估债权，确保未参与到破产程序的未来环境债权人亦可得到同样的清偿份额，代表人良好完成任务的基础是信义义务。[③] 代表人参与破产债权申报借鉴了大规模侵权中的代表人诉讼制度。[④] 代表人参与是正当程序要求的必然体现，确保了破产企业向环境债权人的告知义务得以充分履行，避免了或有环境债权人因未能参与破产程序而受到不公正待遇，实现了企业的破产财产在所有债权人中的公正分配。

---

① S. 452，110th Cong. § 101（a）（3）（2006）.

② See Daniel Belzil，Why Congress should Clean up the Bankruptcy Code to Render Environmental Cleanup Orders into Claims，14 *Vt. J. Envtl. L.* 101，123（2012－2013）.

③ See Kathryn R. Heidt，Product Liability，Mass Torts and Environmental Obligations in Bankruptcy：Suggestions for Reform，3 *Am. Bankr. Inst. L. Rev.* 117，144（1995）.

④ In reJohns-ManvilleCorp.，36 B. R. 743，749（Bankr. S. D. N. Y. 1984）.

四、我国企业破产中环境债权清偿之完善

《中共中央关于制定国民经济和社会发展第十三个五年规划的建议》首次将生态文明建设写入五年规划的任务目标，提出“坚持绿色发展，着力改善生态环境”。遗憾的是，与市场准入法与市场交易法共同筑起市场经济法律基石的市场退出法，在环境保护领域鲜有作为。应该在明确破产中环境债权基本含义的基础上，对其清偿内容与程序上加以特别设计，实现我国企业破产中环境债权的良好规制，确保污染受害人合理获偿、破产企业环境风险可控、社会福祉增加。

（一）我国企业破产中环境债权清偿法律之缺陷

《企业破产法》对环境债权并没有任何特殊规定。破产债权指“人民法院受理破产申请时对债务人享有的债权”。[①] 破产债权源于一般债权，但其产生时点与破产程序启动时间吻合，以破产申请被法院受理为前提，仅指法院受理破产时对债务人享有的债权。债权人因清理污染或受到损害而生的环境债权既可以发生于企业破产前，也可以发生于企业破产后，与破产债权的范围有所交叉。

依据债的一般原理，债权是请求为特定行为的权利，包括实物之债、货币之债、利息之债、损害赔偿之债以及劳务之债。[②]《企业破产法》对破产债权的定义粗糙，不可避免地发生环保部门的债权可否得以承认或在多大程度上被承认的问题。比如环保部门发布的排污行为禁止令与清污行为履行令因属于劳务之债，给付标的不能用货币评价，难以依据《企业破产法》第49条的规定明确债权的数额，导致环保部门代为清理污染所生之债权不能被认定为环境债权并参与到破产程序。此外，《企业破产法》并没有环境债权数额计算的参考指引。环境污染是一种扩散性危害，波及一定区域内不特定的

---

① 《企业破产法》第107条。

② 参见江平主编：《民法学》，中国政法大学出版社2007年版，第453～454页。

人及自然环境，计算环境污染造成的现有及潜在损失绝非一蹴而就，这就意味着受害人因侵权而生的环境债权及环保部门因代为清理环境污染而生的环境债权均难以准确、快速评估，这对于依据《企业破产法》第57、61、65条负有审查义务的破产管理人、债权人会议以及具有最终裁定权的法院，均是不小的挑战。

关于环境债权在破产程序中的清偿，《企业破产法》同样未对其优待。依据破产法原理，破产申请被法院受理后环保部门代为清理污染而生之环境债权，为破产企业继续营业所必需，乃为全体债权人之共同利益，应被计入为《企业破产法》第42条规定之破产企业的共益债务，而肇始于破产申请被法院受理后发生之损害赔偿，受损人申报之债权属于“债务人财产致人损害所产生的债务”，亦应被划归为破产企业的共益债务。争议较大的是破产申请受理前发生的环境债权的清偿。破产申请受理前发生的环境债权不属于《企业破产法》第113条规定的任何一种优先权类别，因而仅得作为普通破产债权受偿，但有学者结合《企业破产法》第六章关于破产债权的申报、调查和确认亦无环境债权的特殊程序设计，认为环境债权往往代表公共利益，乃保障受损者之生存必须以及损害影响深远，而我国法律较不重视环境债权的保护，具体体现在环境债权受偿范围过窄、受偿不完全和未能有效受偿等。①

（二）厘清我国企业破产中环境债权之含义

应将内容可否用货币衡量，作为判定破产中环境债权的重要标准。“破产法的本质就是一种财产的强制执行制度。”② 债务人财产在破产程序中被强制拍卖变价，有形资产变成了货币符号。债权人在通过债权申报，被债权人会议核查具体的债权数额后，在破产清算程序中得到这些货币。因此，破产程序是通过债务人财产的变现，以货币偿付来满足债权人权益的，这也就决

---

① 参见王锦：《论破产公司环境债权之优先受偿途径》，载《法律适用》2010年第10期。

② ［美］大卫·G. 爱波斯坦等：《美国破产法》，韩长印等译，中国政法大学出版社2003年版，第3页。

定了难以被兑换成货币的行为履行令与行为禁止令，不可能在破产财产分配程序中符合《企业破产法》第114条“破产财产的分配应当以货币分配方式进行”的要求。因此，环保部门命令破产企业停止或清理污染等请求，不能作为环境债权在破产程序中得以实现。

破产程序中环境债权的发生时间对环境债权清偿的较大影响，以企业排污行为的发生时间、违法或违约构成要件的齐备时间或债权人请求权的成立时间作为单一判断标准均存在片面性，应多标准并举，方能谨慎判别环境债权的发生时间。首先，应观察违法或违约的所有要件是否构成。若要件有所缺失，则判定环境债权的发生时间便无从谈起。其次，应关注企业排污行为的结束时间。若污染行为结束于破产申请被受理前，则此债权必不属于破产申请被受理后发生的环境债权。最后，还需要断定债权人请求权的成立时间。即使企业污染环境行为发生于破产申请被受理前，若其清理债权或让人代为清理的时间持续到破产申请被受理后，则该债权仍然属于破产申请被受理后发生的环境债权。

关于环境债权的外延，应承认或有环境债权的存在，并允许预先评估具体的债权数额。《企业破产法》规定破产债权仅能为“人民法院受理破产申请时”存在的债权，间接否决了或有债权在破产法的适用空间，这使得在破产宣告结束许久才发现身体健康受到企业污染行为影响的受害人，难有索赔的对象。鉴于环境污染行为的特殊性，应承认或有债权属于环境债权的一种，允许代表人对未来发生的环境债权进行申报。此外，应当预先确定或有环境债权的数额，便于债权人会议表决与破产财产分配。鉴于环境债权的申报与确认关系人民福祉，其程序应严谨并体现民主思想。比如，可以采取“补救调查与可行性研究”程序或听证程序，由专家证人对债权人的请求进行质证并经法院进行确认，最终确定环境债权的最终评估数额。

（三）优化我国企业破产中环境债权之清偿内容

随着我国环境污染事件的增加和人们环保意识的觉醒，要求在破产程序将环境侵权债权纳入优先受偿范围的文献也呈递增之势。[①] 但是确立环境债权超级优先权的设想有待商榷。破产优先权的立法本意是维护实质正义，依靠向社会弱势阶层或代表社会公共利益的群体倾斜分配资源，使他们在破产财产分配中处于领跑地位，借以维系之前摇摇欲坠的正义天平。如果优先权群体过于臃肿，享有的债权数额过于庞大，则正义的天平反倒会偏向另一端，破产优先权未免矫枉过正。“破产财产分配，对一个破产企业来说是‘最后的晚餐’，但却不是整个经济体系的‘最后的晚餐’。”[②] 破产企业资不抵债，僧多粥少的局面意味着必然有债权人要做出牺牲。债权人之间对于破产企业有限资产的博弈属于“零和游戏”，过多分配给优先权人必然意味着普通债权人可获份额的减少。国家经济发展的目的是促使包括社会环境在内的全社会根本利益和长远利益的共同提升。如果破产优先权的安排导致经济运行态势恶化，最终将导致全社会福利的降低。此外，环境债权超级优先权破坏了债权人稳定的投资预期，诱发债务人的道德风险，并且可能增加对企业的监督成本。

“中国的法治建设不仅应有法治思维，更要强调系统思维，唯有如此，才可能促进法律系统各构成部分的协调发展。”[③] 法律适用者在面对某个具体法律问题时，应该通观全局，从整体上鸟瞰法律体系的全貌，而不应管中窥豹、眼光狭隘。解决破产程序中环境债权清偿的其中一种可行方法是建立破产企业环境保护基金制度。这是通过把饼做大，而不是面对有限的破产企业资产池的前提下，确保在普通债权人不必让渡权益的情况下，环境债权仍可得到充分清偿。破产企业环境保护基金是由政府和（或）企业贡献出资金，以便在企业破产时能够偿付环境债权的制度。可以借鉴的是已经在广泛建立

---

① 李丹萍：《论破产公司环境侵权债权的优先受偿性》，载《中南林业科技大学学报》（社会科学版）2013 年第 2 期；张剑波：《美国破产企业的环境清理责任及其启示》，载《重庆社会科学》2011 年第 4 期。

② 陈甦：《新破产法应当合理规定债权清偿的优先次序》，载《中国社会科学院院报》2005 年 2 月 3 日，第 3 版。

③ 张守文：《论经济法与宪法的协调发展》，载《现代法学》2013 年第 4 期。

的破产企业劳动者保护基金制度。[①] 保护基金的资金可以来源于企业，也可以来源于政府。前一种途径的优点是资金来源广泛，利用企业预缴资金，类似于保险一样对受困企业的环保问题施以援手，但缺点也颇为明显，过多的资金占款可能抑制企业活力，可能产生“劣币驱逐良币”的后果。后一种途径是指资金从国家税收中提取部分比例，即所有资金完全来源于政府的财政预算。这种运转方式由于有政府背书，来源稳定可靠，但以社会公众资金对本该由企业负担的环境债权埋单有失偏颇。至于保护基金的偿付条件，允许权利人直接请求保护基金补偿最为简单易行，但这也可能产生欺诈获赔的风险。设定权利人应当首先向破产企业追偿，并向保护基金出示破产企业无法清偿证据的前置程序，或许是可以考虑的较为稳妥的选项之一。此外，责任人追索法亦是解决破产程序中环境债权清偿的良法。通过追究董事、监事和高级管理人员的责任，可以成功实现企业破产财产的增量，进而实现对环境债权人的适当倾斜。

（四）建构我国企业破产中环境债权之清偿程序

应当建立强制申报与代表人参与申报制度，确保潜在污染受害人能够在破产企业财产分配殆尽后仍获有清偿的机会。《企业破产法》第 8 条规定，债务人提出申请的，除了一些基本事项外，还应当提交财产状况说明、债务清册、债权清册、有关财务会计报告、职工安置等情况，这显然没有针对企业环境污染对潜在受害者造成损失的特殊考量。应当在企业申请破产时，强制要求破产企业向法院提交其环境污染及处理情况概览，并拟定未来环境问题的处置预案。在破产企业被债权人受理的情况下，则应当由破产管理人及时向法院提交上述材料，并受到债权人委员会监督。

代表人参与申报的主体应确定为破产管理人。关于破产管理人法律地位的学说主要有特殊代理说（又分为破产企业代理人说、破产债权人代理人

---

① 比如，比利时、加拿大、丹麦、爱尔兰、冰岛、以色列、意大利、挪威、瑞典、瑞士、英国、澳大利亚、捷克、法国、希腊、匈牙利、日本、韩国、卢森堡、荷兰、波兰、葡萄牙、斯洛文尼亚、斯洛伐克、西班牙、美国、奥地利、爱沙尼亚、芬兰、德国等国家均建立了劳动者保护基金。

说、破产债务人和债权人共同代理人说）、信托关系说、职务说等，通说为财团代表说。[①] 财团代表人说认为破产管理人应当作为破产财团的法定代表人，破产管理人作为破产财团法人代表，享有法律赋予的权利，承担法律规定的义务。[②] 因此，在破产程序中全面接管企业，对破产企业财产状况和内部管理事务有较深了解的破产管理人，能够以较为中立客观的视角，评估或有环境债权。同时，独立于债权人、债务人的破产管理人亦能够代表社会公共利益，秉持信义义务，确保环境债权人享有参与破产程序的权利。除了破产法要承认环境债权包括尚未发生的债权外，还应做出以下完善，以充分发挥代表人参与申报制度：在环境污染发生时即拟定或有债权已经发生；允许破产管理人有权代表或有债权人；建立破产管理人代表或有债权人的信义义务体系和未能履行代表职责的责任追究机制。

结　语

保护债权人的合法利益是破产法最重要的立法宗旨。破产企业在出现环保问题时，对环境债权人的保护变成一个中心议题。在妥善处置破产程序中环境债权的道路上密布荆棘与泥沼，盖因环境法与破产法的理念分歧严重。环境法强调应对造成污染的各相关方施加严苛责任，环境法律责任在污染被清理前不得做任何削减。破产法则以免除债务人责任和赋予其再生为主要目的，环境债权大部分情况下仅能得到有限清偿。立法的滞后性导致美国破产法对环境债权未有特别安排，美国的判例法体制则确保法院可以适时发展处置环境债权的理论体系。鉴于我国没有类似美国破产法院般的专门企业破产审理机构，法院的专业性和独立性等尚待提高，应在我国破产立法中对破产中环境债权的保护作出有力回应，即在债权定义、债权申报以及债权的实现

---

① 参见刘沂江、刘诚：《破产管理人地位研究——以破产重整制度为考察视角》，贵州大学出版社 2012 年版，第 86 ~ 100 页；叶军：《破产管理人制度理论和实务研究》，中国商务出版社 2005 年版，第 34 ~ 97 页。

② 参见付翠英：《破产企业破产的 10 大法律难题》，中国法制出版社 2008 年版，第 108 ~ 110 页。

内容与程序上作出有别于其他一般债权的规定，以贯彻《中共中央关于全面推进依法治国若干重大问题的决定》提出的“要用严格的法律制度保护生态环境，加快建设有效约束开发行为和促进绿色发展……强化生产者环境保护法律责任”以及《中共中央关于全面深化改革若干重大问题的决定》提出的“完善企业破产制度”的要求。

第十三章　破产法与诉讼法：以和解程序与重整程序为视角

第一节　和解程序的改良

一、破产和解程序面临的困境

一般认为，破产和解是指由债务人提出和解申请及和解协议草案，债权人会议讨论通过并经法院许可的，解决债权人、债务人之间的债权债务问题的制度。[①] 自1986年《企业破产法（试行）》确立破产和解程序后，破产和解程序在司法实践并未发挥其预想效果。有专家指出“从我国近几年审结的破产案件看，采用破产和解结案的几乎为零”。[②]

2006年《企业破产法》对破产和解程序进行了较大改进，将非国有企业纳入调整范围，取消了原来按照所有制区分适用不同和解程序的二元立法模式，实现了破产和解立法一体化；《企业破产法》将破产和解程序抽离出来独立成章，使破产和解与破产清算、破产重整形成三足鼎立格局，实现了破产和解地位独立化；《企业破产法》使上级主管部门不能再对和解的启动和后续运转发号施令，法院成为主导破产和解程序的主要角色，实现了破产和解程序去行政化。

《企业破产法》对和解制度的完善使人们看到其即将大展身手的曙光。

---

① 参见李国光等：《正确理解〈关于审理企业破产案件若干问题的规定〉》，中国法制出版社2002年版，第61页。

② 孙应征：《破产法法律原理与实证解析》，人民法院出版社2004年版，第79页。

然而，有学者在《企业破产法》通过伊始便对破产和解程序泼了冷水："预计，除了小型的企业破产案会偶尔引用该程序外，中国的和解程序将是实践中援用最少的程序。"① 果不其然，自《企业破产法》实施以来，破产和解实践寥寥无几。

破产和解程序出了什么问题？为什么它会屡屡被司法实践遗忘？破产和解程序在我国是否还有存在的必要性和制度空间？本章拟从立法历史、立法理念和国际立法动态三个维度，分析我国破产和解程序面临的制度困境，为我国破产和解的制度完善寻找进路。

二、破产和解程序立法环境的变迁

"任何制度都是在特定的条件下发挥其功效的，一旦这种条件不存在时，必然会导致制度的废弃或被替代。"② 因此，如果要彻底检讨破产和解程序，就必须探讨其立法环境的变化。

（一）旧破产法和解制度的确立背景

在1986年以前，中国既没有破产和解的相关司法实践，也缺乏有关破产和解程序的系统性研究。破产和解出现于《企业破产法（试行）》，有其特殊的社会历史背景。

1. 助力破产法顺利出台

在《企业破产法（试行）》制定过程中，人们最为担心的问题之一是：制定和实施破产法后，企业破产现象会不会因此而增加。③《企业破产法（试行）》的适用对象是国有企业，国有企业属于国家所有，过多的国有企业如果因为破产法的实施而大规模倒闭，不仅国有资产流失的事实不能为当时的人们

① 李曙光：《和解制度——李曙光谈破产法》，载《法制日报》2007年2月12日，第11版。

② 韩长印：《破产程序的财产分配规则与价值增值规则——兼与个别执行制度的功能对比》，载《法商研究》2002年第3期。

③ 袁木：《关于制定企业破产法的几点认识》，载《人民日报》1986年12月6日，第24版。

所接受，接踵而来的职工失业也是对职工“铁饭碗”制度的一次冲击。因此，打破“社会主义国家的企业不可能破产”这一根深蒂固的观念，似乎是一件不可能完成的任务，制定破产法在内部酝酿阶段一开始就发生了激烈的争论。①

而和解整顿作为“缓冲阶段”的一项制度在破产法中单列一章出现，卸下了人们的“破产法就是打开企业倒闭便捷之门”思想包袱，为破产法的最终通过营造良好的舆论氛围，夯实坚实的群众基础。为了使破产法得以顺利通过，时任破产法起草工作小组组长的曹思源即刻撰写了《谈谈企业破产法》，向每位全国人大常委会委员寄送。② 曹思源在书中着力论述了制定破产法的必要性，力图说服各位委员同意通过破产法。在谈到为什么要制定和解整顿一章时，曹思源指出：“我们国家三十多年来没有破产法，现在要实行破产法，对于很多企业来说是一个前所未有的严峻考验，对这样一个严峻考验可能有的企业准备不足。因此，需要有一个缓冲阶段，就是既要有压力，又要先打招呼。”③ 其实，破产法最初的名称就是“企业破产整顿法”，并一度改为“企业整顿与破产法”，用以体现和解整顿在《企业破产法（试行）》中的突出作用。只不过后来考虑到“略嫌累赘，且这种整顿与通常的整顿的区别反映不出来，便没有用这个名称”。④ 《企业破产法（试行）》试图将和解整顿突出放大，是为了有力地疏解人们抵制破产法的情绪，让人们了解破产法对于受困企业还有积极的挽救功效。

2. 顺应域外立法潮流

破产法草案规定了和解制度，并可以在短期内通过，其中一个重要原因是顺应了域外破产立法的成功经验。⑤ 当时学者认为，“为了减少破产引起的

---

① 北京思源兼并与破产咨询事务所：《中国企业兼并与破产手册》，经济管理出版社 1993 年版，第 326 页。

② 参见董胜：《大胆突破：中国企业破产成为现实》，吉林出版集团有限责任公司 2010 年版，第 16 页。

③ 曹思源：《谈谈企业破产法》，中国经济出版社 1986 年版，第 69 ~ 70 页。

④ 曹思源：《谈谈企业破产法》，中国经济出版社 1986 年版，第 70 页。

⑤ 参见孙佑海、袁建国：《企业破产法基础知识》，中国经济出版社 1988 年版，第 78 页。

社会震动，现代各国破产法中大都有关于和解的规定”。[①] 大陆法系的多数国家，除破产法外还制定了和解法；欧美各国从19世纪90年代以来相继制定和解法或补充和解条款；社会主义国家的破产法中也大量充斥着和解的规定，比如《苏俄民事诉讼法典》就是社会主义国家第一个包含破产和解程序的法典。[②]

3. 帮助企业复苏成功

当时的学者认为资本主义的和解与整顿制度存在两个弊端。其一，“和解只是为了取代分配程序，而不是为债务人整顿复苏提供机会。”[③] 和解的目的无非是简化清算程序，并不能从根本上挽救陷入破产边缘的债务人。其二，整顿没有与和解相互关联。[④] 导致没有整顿保驾护航的和解，达成和解协议的成功率不高，和解协议缺乏现实性；没有和解成功达成作为先导，企业整顿会面临债权人的诸多挑战，整顿不会顺利展开。

只有将两者结合在一起成为合力，在和解之后立即使债务人进入重建，才能既克服单纯和解制度治标不治本的缺陷，也避免单纯整顿制度忽视债权人利益的不足，体现社会主义的优越性。“这种把调整企业对外债务关系和企业对内经营管理关系结合在一起的法律制度，是破产法上的一个创举”。[⑤]

（二）新破产法和解制度的立法环境

时移世异，孕育《企业破产法（试行）》和解制度的土壤在现今社会已不复存在，破产和解的生存留有变数。

首先，破产法的功能不再为人质疑。从《企业破产法（试行）》颁行直到20多年后的今天，社会主义市场经济改革已取得巨大成功，市场经济的观念早已深入人心，破产法存废的争议早已偃旗息鼓，对于破产法保证企业良

① 曹思源：《国外破产法的一些情况》，载曹思源的新浪博客，http://blog.sina.com.cn/s/blog_616dfae10100tej3.html，最后访问日期：2012年12月25日。

② 顾培东：《破产法教程》，法律出版社1995年版，第96页。

③ 张卫平：《破产程序导论》，中国政法大学出版社1993年版，第127页。

④ 参见柴发邦：《破产法教程》，法律出版社1990年版，第102页。

⑤ 徐德敏、梁增昌：《企业破产法论》，陕西人民出版社1990年版，第169页。

性循环、推动市场经济改革进一步深化的作用业已深信不疑。《企业破产法》的出台不过是为了适应企业组织破产的实际情况，细化破产程序，并固定司法实践取得的成果。① 在这样的形势下，破产和解不再是破产法通过的助力，也不应成为人们质疑破产法合法存在的对策性解决措施。

其次，破产和解程序不再是国际立法趋势。与19世纪和20世纪前半叶的国际破产立法趋势不同，当代各国或地区要么将适用多时的破产和解程序束之高阁或彻底抛弃，转投重整制度的怀抱，要么结合破产和解的替代制度，走出一条多快好省的了结债权债务关系之路。

最后，破产和解不再是挽救企业的首选途径。《企业破产法（试行）》将适用条件和内容迥异的和解与整顿制度生拼硬凑在一起，为行政权的介入创造了可乘之机。因此，《企业破产法》着力拆分和解与整顿，并将整顿升级为重整。但是问题随之而来，《企业破产法》是否可以容得下同属破产预防功能的和解与重整？从《企业破产法》的起草来看，立法者“喜新厌旧”，对新进引入的重整制度倾注极大的热情，将救助企业于危难之中的重任交给重整，而破产和解程序则被边缘化。② 立法对和解的不重视也导致了司法中

---

① 参见贾志杰在第10届全国人大常委会第10次会议上《关于〈中华人民共和国企业破产法（草案）〉的说明》。

② 这可以从以下几个事实中看出。首先，全国人大财经委员会于2000年6月起草完毕的《企业破产法》草案直接命名为《企业破产与重整法》。起草者认为：“需要对那些已濒临破产，但仍有可能挽救的企业予以重整挽救……为此，我们将新草案名称定位《企业破产与重整法》”。［朱少平：《有关〈草案〉的几个问题的说明》，载朱少平、葛毅：《中华人民共和国破产法——立法进程资料汇编（2000年）》，中信出版社2004年版，第24页］和解虽然占据该草案的第四章，但是草案的名称却没有和解的位置，足以显示出与重整相比，和解不受立法者待见。其次，和解在破产法典中的位置一直都在重整前，比如旧破产法第四章的名称是“和解与整顿”，《企业破产与重整法》（草案2000年6月）的第四章是和解，第五章才是重整。但在《企业破产法》却一改惯例，将重整一章置于和解一章前。立法者对重整的重视一览无余，希望在破产实践中优先适用重整制度。最后，《企业破产法》草案表决所依据的重要报告——贾志杰在第10届全国人大常委会第10次会议上《关于〈中华人民共和国企业破产法（草案）〉的说明》，也体现了立法者对重整制度的偏爱。该“说明”提及“重整”的有19次，更是在“关于草案的若干重要问题”中特辟“关于重整”专题，对重整制度的立法背景、适用对象、重整原因等进行了阐释。而同样进行了大刀阔斧立法改革的和解制度却没有受到如此礼遇，“说明”中提及“和解”次数的仅仅有3次，且都是和重整一同出现。

适用破产和解程序的机会远少于重整制度。比如从2007年至2010年三年间，“常熟市人民法院受理的7件破产案件全部是重整案件，其中6件已重整成功。”①

三、破产和解程序的应然定位

关于破产和解的立法目的，理论上有两种不同认识。一种观点认为破产和解是为了拯救企业、防止企业进入破产清算程序，具有破产预防功能。②另一种观点则认为破产程序中的和解，只不过是一种不同于破产分配的偿债方式，和解的目的只在于通过债务人和债权人的谅解让步而了结债权债务关系，并不以债务人的复苏为唯一目标。③ 那么哪种认识更符合破产和解的制度设计？

（一）破产和解难以挽救企业

破产和解程序因为不能限制担保权人的权利、缺乏监督机制、拯救企业措施单一，不能很好地承担挽救企业的重任。

首先，破产和解不能限制别除权的行使。各国均规定，对债务人的特定财产享有担保权的权利人，自法院裁定和解之日起可以行使权利。④ 也就是说，在破产和解程序设计中，担保权人可以即刻行使别除权，第一时间实现自己的权利。但是如果和解一开始便允许担保权人行使权利，就会使资产早已所剩无几的债务人雪上加霜，债务人正常经营都会出现问题，更遑论通过和解恢复生机。缺乏对担保权人的约束，成为破产和解无法履行破产预防功

---

① 张宽明、刘振、陆文洪：《江苏司法之手救活19家濒临破产企业》，载《人民法院报》2010年8月1日，第10版。

② 中国多数学者持此意见，比如李永军：《破产法律制度——清算与再建》，中国法制出版社2000年版，第371页；郑扬、李有荣等：《企业破产》，中国社会科学出版社1996年版，第68页；徐向前：《企业破产法讲话》，法律出版社2006年版，第338页。

③ 参见常敏、邹海林：《中华人民共和国破产法的制定》，载《法学研究》1995年第2期。

④ 如中国《企业破产法》第96条第2款；日本废除前的和议法第43条，参见石川明：《日本破产法》，何勤华、周桂秋译，中国法制出版社2000年版，第6页。

能的命门。比如，在 1992 年前，适用加拿大 1985 年《破产法》（Canadian Bankruptcy Act）的企业寥寥，而《加拿大公司债权人安排法》（Companies' Creditors Arrangement Act）却为债务人青睐。出现差别的主要原因是前者规定了程序启动后，债务人仅可以对抗普通债权人，不能对抗担保权人；而后者却规定了债务人可以对抗包括担保权人在内的所有债权人。①

其次，和解难以建立有效的监督机制。和解在很大程度上体现了债权人和债务人的自由意志，但债务人控制企业的所有资产以及债务人继续经营企业的现状，使债权人与债务人双方存在巨大的信息不对称，和解协议可能不被严格执行，诸如欺诈性转移资产等债务人侵害债权人利益的情况时有发生。法院并不实际参与破产和解程序以及债权人会议的无法经常召开，使和解监督机制呈现消极性和滞后性。

最后，和解缺乏重建企业的丰富措施。和解无非是靠债权人对债务人的让步，给予债务人喘息的机会从而使债权人受偿。这种单一的解决措施在面对企业错综复杂的困境时，便捉襟见肘。

相较而言，重整可以有效地解决上述问题。一方面，重整程序一旦启动，所有的债权人必须停止对债务人的任何诉求；重整中由于多了股东的参与，对债务人的监管多了一份保障，法院能动性增强也使债务人的违法行为无所遁形；重整的措施更为丰富，债务人可以自己经营，既可以将企业整体或部分转让，也可以通过发行股票等方法融资。另一方面，重整真正以拯救企业为己任，是积极地挽救而非消极地防止与避免。② 在重整中，企业再建和清偿债权始终同时进行，伴随债务人再建，债权人得到清偿，清偿的实现主要是通过债务人生产经营的存续进行。债务人涅槃重生的后果是债权人得到清偿，股东、经营者和职工的利益得到保护，避免债务人破产所引发的工人失业及种种社会问题，维护社会稳定。

---

① Lynn. M. Lopucki and George G. Triantis, A Systems Approach to Comparing U. S. and Canadian Reorganization of Financially Distressed Companies, 35 *Harv. Int'l L. J.* 277.

② 参见李永军：《破产重整制度研究》，中国人民公安大学出版社 1996 年版，第 40 页。

（二）破产和解的应然定位：了结债权债务关系

既然拯救受困企业不是破产和解的立法定位和目的，那么了结债权债务关系又是不是破产和解程序的应有之义？破产和解的法律性质或许可以给我们些许提示。

有关破产和解的法律性质主要有特种行为说、判决说、形成行为说、权利说等。多数学者采纳的是和解契约说。[①] 契约说认为和解协议是由债务人提出申请，经债权人同意和法院认定的一种契约。[②] 债务人提出和解协议草案的行为为要约，债权人会议通过和解协议的行为为承诺，债权人与债务人通过彼此妥协、互相谅解形成的意思表示为和解协议成立要件，法院的裁定认可是和解协议的生效要件。破产和解契约的形成是债权人妥协的结果。[③]

破产和解的契约属性清楚地表明破产和解程序了结债权债务关系的立法定位，即破产和解是通过债务的减免或延期偿还，通过恢复债务人的偿还能力以达到清偿债权人的最终目的。契约关系的内容是债权与债务。债权通常表现为一种请求权，债权人可以依据和解协议请求债务人履行债务。在债务人不履行时，债权人可以径直要求债务人进入清算程序。债务人则必须向债权人履行债务，否则将承担不利后果。破产和解立法也正是以债权的保护为立法目标，围绕如何保证债务人按照和解协议偿还债权而设计。债权人会议手握和解协议能否通过的生杀大权，即使和解协议存在损害企业利益、工人福利或导致社会公共利益无法实现的情况，法院也无能为力。债权人并不关心债务人的生死，只关心相比于清算程序，该如何能在和解中得到更多补偿。债务人的存续不过是为了使债权人的债权得到充分实现的工具，是和解协议

---

① 参见谢邦宇：《破产法通论》，湖南大学出版社 1987 年版，第 195 页；陈计男：《破产法论》，台北，三民书局 1991 年版，第 9 页。

② 参见郑远民：《破产法律制度比较研究》，湖南大学出版社 2002 年版，第 45 页。

③ 破产和解契约形成原因如下：债权人如果坚持要求债务人履行债务，资不抵债的债务人只能进入破产清算程序。破产清算中，债务人折价变卖的费用和财产闲置的损失均由债权人埋单，破产免责主义使得债权清偿率进一步缩水，债权人得不偿失。债权人如果让债务人延期清偿或免除债务人部分债务，则可以给债务人带来避免清算的益处，客观上给予债务人重振的机会和时间。于是债权人会以灵活务实的态度选择让步，以合作代替对抗，尽可能与债务人达成和解协议。

执行完毕后的一种客观结果。

四、域外破产和解程序的立法趋势

破产和解的产生后于破产清算，早期的破产法只是单纯的清算法，一切破产都被推定为诈欺性的犯罪。到了中世纪，随着商品经济的发展，不能偿债现象的普遍，清算程序的复杂烦琐以及由此造成的严重财产浪费逐渐受到人们关注，破产和解程序遂应运而生。意大利在13~14世纪出现了破产和解程序：债权人可以选择与债务人签署协议（concordato），通过债务重整或减免债务，让债务人继续经营，法院会确认协议并监督执行；对协议持否定意见的少数债权人必须服从多数债权人。意大利的破产和解程序迅速输出到欧洲和世界上的其他国家。[①] 德国和日本不仅积极吸纳破产和解的精髓，甚至还建立了单行的破产和解法，打破了破产有罪论的束缚，为破产法蓬勃快速发展开辟了新的思路。

但是近年来，由于未能触及债务人的生产经营能力以及难以从根本上解决其清偿能力，破产和解程序受到新兴的重整制度的有力挑战，地位岌岌可危。德国和日本纷纷摒弃实施多年的破产和解程序，转投重整制度的怀抱。

另外，以替代性解决机制和公司自愿安排程序（company voluntary arrangement）为代表的破产和解替代制度在各国遍地开花。其以非正式、非固定程式补充了法院的诉讼程序，因具有灵活、简便、迅速和更能体现当事人意思自治的特点，减少了债权人和债务人在破产和解程序中的时间和金钱成本，节约了司法资源。

（一）域外破产和解程序的改革

1. 德国

德国一直采用的是破产法和破产和解法并行的双立法模式。首部《暂行

---

① See Jérôme Sgard, *Bankruptcy Law, Majority Rule, and Private Ordering in England and France (Seventeenth-Nineteenth Century)*, OXPO Working papers 2009 - 2010, p. 5.

和解法》颁行于1916年12月10日，并经过1924年2月8日和1935年2月26日两次修改成为正式的《和解法》。《德国和解法》在第1条规定了和解的申请，第2条规定了主管和解的法院，此后各条规定了和解的一般程序等内容。但是，德国大多数案件都没有采取和解的办法。“在德国，平均只有0.5%~1%的破产案件曾尝试过进行和解，只有很少的案件最后成功地挽救了企业（在一年之中尝试30,000个案件，只有一两个成功）。”①

鉴于此，联邦德国政府于1978年成立了专家委员会以改革破产法，并于1985年和1986年向联邦德国司法部提交了两个报告，其中一条建议便是应当以统一的破产程序取代破产与和解双轨制，引进“重组程序”以代替和解。② 经过多年的不断商议和拟定，德国的《支付不能法》（Insolvenzordung）于1994年10月5日由议会正式通过，并于1999年1月1日生效。《支付不能法》取代了1877年的《破产法》和1935年的《和解法》，转而实施统一的程序。③《支付不能法》表面上是两个程序的统一，但整个法典里却找不到破产和解的影踪。

2. 日本

日本的《企业破产法（试行）》俗称“倒产五法”，即破产、特别清算、公司更生、和议和公司整理。其中，和议类似于破产和解程序。“和议取代破产程序，作为一种审判上的程序，目的在于使债权者和债务者达成合意，以清偿债务和继续其事业。”④

和议法的颁布在当时为人瞩目，但是已经无法跟上法律思维和现代社会快速变化的步伐。根据日本民间信用调查机关对战后大型倒产企业（排名前80家企业）的统计，只有5%的企业选择了和议程序，在实务上利用该制度

---

① See Stefan Smid, Chapter IV, Section 2-Conclusion of Conciliation，载朱少平、葛毅：《中华人民共和国破产法——立法进程资料汇编（2000年）》，中信出版社2004年版，第341页。

② 参见郑冲：《德国破产法简介》，载李飞：《当代外国破产法》，中国法制出版社2006年版，第3页。

③ 参见杜景林、卢谌译：《德国支付不能法》，法律出版社2002年版，前言部分第3页。

④ 石川明：《日本破产法》，何勤华、周桂秋译，中国法制出版社2000年版，第5页。

的概率可谓甚低。[①] 于是，日本自1998年开始起，着手对倒产五法进行改革，并于2000年4月1日开始施行《民事再生法》。

《民事再生法》取代了和议法，使日本形成了独一无二的民事再生程序和公司更生程序共存的公司重整双轨制。[②] 民事再生程序与公司更生均类似于重整，不同的是，民事再生程序通过经管债务人继续经营的首选手段、担保权消灭请求制度和禁止命令[③]的引入，在吸收和解法理念的基础上，弥补了和解法的功能性缺陷，比公司更生程序具有更强的再建效果。双轨制度可以使受困债务人在衡量公司具体状况时选择较为适合自己的重整制度，避免单一制度造成的弹性缺失。《民事再生法》自施行以来，展现了较强的活力。短短4个月间，申请适用民事再生程序的案件已达284件。[④]

（二）破产和解的替代制度

1. 替代性纠纷解决机制

根据1998年《美国替代性纠纷解决法》（Alternative Dispute Resolution Act），替代性纠纷机制是指除法官主持程序之外的，由中立第三方参与协助解决纠纷的诸如早期评估、和解、微型审理、仲裁等程序。[⑤] 至于破产法中是否留有替代性纠纷解决机制的空间，《美国替代性纠纷解决法》规定，美国的地方初审法院可以将其纳入各个地区的破产规则中。[⑥] 另外，美国破产法典规定，只要一个破产规则没有减损、扩大或修改当事人的实质性权利，就可以被纳入各个地区的破产规则。[⑦] 由此，结合美国一贯的倾向赋予法院制定促进效率规则的权力的立法史，替代性解决机制在大部分情况下都可以

---

① 参见石有为、陈清怡：《论破产之和解——以日本民事再生法为中心》，载《台湾司法研究年报》第24辑第4篇，第149～150页。

② 郑有为：《破产法学的美丽新世界》，台北，元照出版有限公司2006年版，第65、82页。

③ 《民事再生法》第27、148条。

④ 参见石有为、陈清怡：《论破产之和解——以日本民事再生法为中心》，载《台湾司法研究年报》第24辑第4篇，第209页。

⑤ 28 USC § 651（a）.

⑥ 28 USC § 651（b）.

⑦ 28 U. S. C. §2075.

被破产程序的当事人所运用。

2. 公司自愿安排程序

英国1914年《重整契据法》（Deeds of Arrangement Act）规定了一种类似于破产和解的制度——重整契据制度。在重整契据经过登记的前提下，债务人可以将财产移转给债权人指定的人，用以换取债务减免。[①]

重整契据程序被1986年《英国破产法》（Insolvency Act）引入的公司自愿安排程序取代。公司自愿安排程序在经过2000年破产法和2002年企业法等几次细微修改，已成为英国破产法中极有特色的一种程序。依据该程序，债务人的董事、管理人或清算人可以在有资格的破产执业者的监督下，寻求与债权人达成协议。[②] 债务人需要向有资格的破产执业者提交公司的财务报告和免债方案，一旦75%的债权人表决同意免债方案，方案便对所有债权人直接具有约束力。[③] 公司自愿安排与破产和解的最大不同是有资格的破产执业者替代了法院，在债务人陷入困境伊始便以中介角色参与债务整理，尽力促成债权人和债务人达成和解协议，体现了灵活、便利和务实的优点。[④]

五、我国破产和解程序的完善

在我国破产和解立法环境有了时代转换的情势下，在破产和解程序的定位已经厘清的态势下，在世界破产和解立法风向改变的时代背景下，面对理论和实践的困境，我国的破产和解程序不能再保守踯躅，必须改弦易张。

（一）暂时保留破产和解程序

破产和解程序应该废除。立法观念的转变使得我国自《企业破产法（试

① *Deeds of Arrangement Act* 1914, Article 1 (2).

② *Insolvency Act* 1986, Article 1.

③ *Insolvency Act* 1986, Article 2, *Insolvency Rules*, Rule 1. 19.

④ 费奥娜·托米：《英国公司和个人破产法》（第二版），汤维建、刘静译，北京大学出版社2010年版，第86页。

行)》制定就一直存在的破产和解程序失去了赖以存在的历史土壤。面对新兴的重整制度，破产和解遇到了与重整成本重叠，效果却又无法匹敌的尴尬，在实践中无法施展拳脚。德国和日本毅然决然地放弃单行破产和解立法，转投重整的怀抱。有学者指出，我国“既然已有重整制度，就应废除和解制度”。[①]

然而，破产和解程序在现阶段还是难以被轻易舍弃，破产和解仍是解决破产案件的途径之一。一方面，废除破产和解容易引起人们误解。民间“以和为贵”的传统思想、建立和谐社会的诉求以及目前诉讼中强调和解结案等原因，势必使破产和解的废除引发较大争议。此外，“破产和解”这一名词中由于“和解”两字，废止破产和解程序会给当事人造成一种破产法不鼓励当事人达成妥协的错误认知。另一方面，废除破产和解的时机尚未成熟。我国目前破产案件数量稀少，2007～2009 年分别只有 3817 件、3139 件和 3128 件。[②] 将破产和解程序断然取消，无论该制度适用概率有多小，都不利于破产法的实施和司法适用。因此，建议在破产实践较为丰富的前提下，再择机将破产和解程序完全废止。

此外，破产和解程序也不应革新为另一种重整程序。“乱花渐欲迷人眼”，挽救企业的程序并不是越多越好，相近的制度安排在立法时必须要考虑到资源的有效配置问题，制度的简单堆砌并不能解决问题。日本的重整双轨制颇有新意，废除和议法，制定《民事再生法》，用民事再生制度补强公司更生制度，建立二元的破产预防体系，由债务人根据自身实际情况选择。但烦琐的制度设计仍然使当事人在面对民事再生程序和公司更生程序选择时无所适从，该选用民事再生程序还是公司更生程序对企业进行再建，可以说是众说纷纭。[③] 因此，与其挖空心思地为挽救企业开辟新路，不如扎扎实实

---

① 李曙光、王佐发：《中国破产法实施三年的实证分析——立法预期与司法实践的差距及其解决路径》，载李曙光、郑志斌：《公司重整法律评论》（第 1 卷），法律出版社 2011 年版，第 21 页。

② 参见李曙光、王佐发：《中国破产法实施三年的实证分析——立法预期与司法实践的差距及其解决路径》，载李曙光、郑志斌：《公司重整法律评论》（第 1 卷），法律出版社 2011 年版，第 6 页。

③ 参见郑有为：《破产法学的美丽新世界》，台北，元照出版有限公司 2006 年版，第 71 页。

地钻研重整程序，完善现有的和解制度，为破产和解、破产重整制度的有效实施营造良好的环境。

（二）重新定位我国破产和解程序

我国破产和解程序必须审时度势，找到自己的立足点，才能充分发挥自身独特优势，保持生命力，为社会所需。

1. 我国破产和解程序的现实定位

我国当前破产和解的立法目的是什么？《企业破产法》的破产和解一章找不到依据，破产法第一条的立法目的也看不出端倪。考虑到《企业破产法（试行）》将破产和解定位于破产预防，以及贾志杰在第10届全国人大常委会第10次会议上《关于〈中华人民共和国企业破产法（草案）〉的说明》中指出的立法“对陷入困境但有挽救希望的大中型企业要通过……和解程序尽力救助，使其恢复生机”，《企业破产法》仍视破产和解为破产预防的必要手段。

但是破产和解因为自身的制度设计，无法与以使企业涅槃重生为己任的重整制度匹敌；其契约的本质属性也无法与解救企业于水火的能力相适应。有学者便一针见血地指出，我国理论和实务普遍认为破产和解的目的在于避免债务人受破产宣告而使债务人摆脱困境，这是对和解制度的重大误解，难怪我国现行和解制度不能发挥充分的作用。①

2. 我国破产和解程序的再定位

了解债权债务关系是破产和解程序的题中之义。破产和解的本质是一种契约，体现了当事人，特别是债权人的意志，并不以社会公共利益为诉求。债权人的目的无非是按照自己的意志尽快获得清偿。

只有当破产和解专注于了结债权债务关系的功能时，才能适得其所，充分发挥其应有作用。重整的适用以巨大的制度成本为前提，单就重整制度的实施成本而言，就包括申请重整的费用，支付的律师、会计师、评估师费用，

① 参见常敏、邹海林：《中华人民共和国破产法的制定》，载《法学研究》1995年第2期。

以及重整人和重整监督机关获得的报酬。[①] 因此，在有些情况下，适用重整制度耗时费力，时间上的拖延会导致重整成本的不断累积，最终可能会损害债务人的财产价值。[②] 这对于只想尽快受偿，获利离场的债权人极为不利。而破产和解程序简单、时间耗费少、充分尊重当事人的意愿的优势，应该成为债权人快速受偿的较为理想途径。

（三）引入破产和解替代制度

以了结债权债务关系为标准检验我国的破产和解立法，会发现我国的破产和解程序设计颇为烦琐，导致其灵活、简易、低成本的优势丧失殆尽，缺乏效率，无法较好地清偿债权人。依据《企业破产法》第九章的相关规定，破产和解一般需要经过启动破产程序、申请和解、提出和解协议草案、债权人会议表决、法院裁定认可和公告六个阶段。从司法实践来看，从破产程序的启动到和解协议最终生效需要经过至少一年时间。濒临破产的公司的财产本就所剩无几，加上技术快速革新所带来的产业变革，常常使公司的账面资产在短时间内就大幅贬值。此外，漫长的破产和解程序也使破产费用和潜在的共益债务增加，也使债权人获得的清偿数额进一步减少。有学者指出，破产和解“与中国《企业破产法》整体制度架构节约成本、提高效率是不相符的”。[③]

鉴于此，我们应当精简冗长繁复、难以充分实现债权人意志的破产和解程序，考虑引入破产和解替代制度。仅就纠纷解决量的比例而言，代替性纠纷解决方式在功能和效益、效果上早已远远超过了诉讼。[④] 替代制度充分发挥了当事人的自主性和功利主义的合理性，采用常识化的运作程式，争取做出接近情理的裁决，为债权人快速受偿提供了成本低、收益高的制度选择，体现了简便、灵活的特点，完全符合破产和解的立法定位。因此有学者指出，从成

---

① 参见张世君：《破产重整与清算、和解程序相互转换的法律思考——以新〈破产法〉为中心的考察》，载王保树主编：《中国商法年刊2007：和谐社会构建中的商法建设》，北京大学出版社2008年版，第511页。

② 参见宫川知法：《日本倒产法制的现状与课题》，于水译，载《外国法译评》1995年第2期。

③ 李曙光：《和解制度——李曙光谈破产法》，载《法制日报》2007年2月12日，第11版。

④ 参见范愉：《非诉讼纠纷解决机制研究》，中国人民大学出版社2000年版，第17～28页。

立的基础和具体操作层面看，替代制度与破产和解程序具有内在同质关系和外在牵连关系，替代制度可以成为中国破产和解的改革方向。[①] 替代性纠纷解决机制和公司自愿安排程序这两种模式均可资借鉴。替代性纠纷解决机制利用非正式、没有程式化的程序机制，取代了僵硬死板的诉讼程序；公司自愿安排程序则通过在破产法中安排有资格的破产执业者，既使债权人与债务人按照自己的意志达成和解协议，又使债务人的履行和解协议多了一重监督。

结　语

我国破产和解程序面临着其确立时的立法环境不复存在、拯救企业的预期难以达成，以及与国外破产立法趋势相背离等三大困境，其在我国的发展空间越来越狭窄。但基于我国当前社会观念和破产司法实践需要，当前轻易废除破产和解程序不甚明智。我国应当在重新明确破产和解程序立法目的的基础上，借鉴更为灵活、简便、低成本的破产和解替代制度，去除破产和解程序的烦琐和低效之处，充分发挥其快速高效了结债权债务关系之应有功效。

第二节　重整强裁的限缩

重整计划强制批准，即“强裁”，是指破产重整程序中，在部分表决组未能通过重整计划草案但又满足一定条件时，由法院批准通过重整计划草案，终止重整程序。重整程序为利益相关人提供博弈的平台，各债权人和出资人协商表决重整计划草案，意欲破产企业凤凰涅槃。一般情况下，法院尊重当事人的意愿，给予当事人较大的谈判空间，在依法保障债权人和出资人合法

---

① 参见付翠英：《破产法比较研究》，中国人民公安大学2004年版，第246~248页。

权益的前提下，实现对困境企业的拯救。[①] 在利益相关人出现意见分歧致使重整计划未能通过时，法律赋予法院强制批准重整计划草案的权力，避免企业破产清算的后果。

“强裁”处处体现了法院行使自由裁量权的艺术，[②] 但恣意的权力倘被滥用，各利益相关人本已危如累卵的处境更加雪上加霜。2018 年 3 月 4 日，最高人民法院印发的《全国法院破产审判工作会议纪要》指出，人民法院应当审慎适用《企业破产法》第 87 条第 2 款，不得滥用强制批准权。[③] 束缚法院行使“强裁”自由裁量权的一剂良方便是公平原则。[④] 鉴于此，本章拟对我国发生的全部 13 起“强裁”案为分析对象，梳理公平原则运用的规律与缺陷，有的放矢地对担保债权人、普通债权人和出资人的补偿、分组和权益调整问题条分缕析，提出解决之道，希冀为立法者和审判人员提供参考依据，提高当事人对“强裁”结果的可预期性，推进重整程序的有秩序推进。

一、问题的提出：我国企业重整“强裁”程序对公平原则的违反

《企业破产法》实施十周年以降，截至 2018 年 6 月 1 日，共有 53 家上市公司历经破产重整程序的洗礼，其中有法院“强裁”的发生 13 起，占比高

---

① 在各个表决组均按照法定标准通过重整计划草案的情况下，鉴于此时主要涉及各表决组内部利益的冲突，法院主要针对组内投反对票债权人的异议理由，并审查重整计划草案中债务人经营方案的内容是否违反法律、行政法规强制性规定以及是否涉及国家行政许可事项。参见最高人民法院民事审判第二庭编：《企业改制、破产与重整案件审判指导》，法律出版社 2015 年版，第 255 页。

② See Even C. Hollander & Bonnie Alyssa Bolz, S-Till Undesided: The Determination of Interest Rates for the Cram Down of Secured Claims in Chapter 11, 1 *Pratt's Journal of Bankruptcy Law*, 507 (2005 - 2006).

③ 此外，最高人民法院在首次公布企业破产重整及清算十大典型案例时便明确指出，法院应当“慎重适用重整计划强制批准权”。参见罗书臻：《依法审理破产案件推进供给侧结构性改革：最高法院公布企业破产重整及清算十大典型案例》，载《人民法院报》2016 年 6 月 16 日，第 1 版。

④ “强裁”还应当满足最小限度组别通过、可行性标准。《企业破产法》第 87 条第 1 款规定，只有在“部分表决组未通过重整计划草案”的情况下，重整计划草案方能被法院“强裁”，也就是说，若全部表决组均未通过重整计划草案，法院无权“强裁”，这即是最小限度组别通过标准。可行性标准规定在《企业破产法》第 87 条第 2 款第 6 项中，即要求重整计划草案客观上应当具备可操作性，能够有效地实现。限于主题，本章将不会探讨这两个标准。

达24.5%。① 全部“强裁”案件中，只要债务人或管理人提出“强裁”申请，无一例外地通过法院的审查，准予通过。高度乐观之余，回溯案件，发现其中或多或少地存在违背公平原则的情形，未能对担保债权人、普通债权人和出资人的权益妥善保护（见表12）。

表12　上市公司重整计划强制批准案（2007.6.1—2018.6.1）

公司	法院裁定受理重整时间	法院强制批准上市公司重整计划时间	有担保债权人因延期清偿所受的损失是否给予补偿	分组或同组分层	普通债权清偿率	出资人权益调整方案	未通过重整计划组别
S*ST天发	2007.8.13	2007.10.11	否	无	21%	未调整	债权人组
*ST天颐	2007.8.23	2007.10.11	否	无	10.07%	控股股东之外的小额非流通股：1元/股价格出售给重组方	普通债权组
*ST沧化	2007.11.16	2007.12.24	否	分组	大额债权组（债权额超过50万元）：14.28% 小额债权组（债权额50万元以下）：30%	股东中持股超过10万股的股东：每户无偿减持11%	大额普通债权组

① 如无特别说明，上市公司重整案件的重整进程、重整计划草案等来源于上海证券交易所官方网（http：//www.sse.com.cn/）、深圳证券交易所官方网（http：//www.szse.cn/）和巨潮资讯网（http：//www.cninfo.com.cn）。

续表

<table>
<tr><th>公司</th><th>法院裁定受理重整时间</th><th>法院强制批准上市公司重整计划时间</th><th>有担保债权人因延期清偿所受的损失是否给予补偿</th><th>分组或同组分层</th><th>普通债权清偿率</th><th>出资人权益调整方案</th><th>未通过重整计划组别</th></tr>
<tr><td rowspan="5">* ST宝硕</td><td rowspan="5">2008. 1. 3</td><td rowspan="5">2008. 2. 5</td><td rowspan="5">否</td><td rowspan="5">同组分层</td><td rowspan="2">超过10万元部分的债权：按13%比例现金清偿，将出资人让渡的流通股股票按债权比例分配</td><td>持股数量超过2200万股的部分：让渡75%</td><td rowspan="5">普通债权组</td></tr>
<tr><td>持股数量超过300万股至2200万股以下的部分：让渡40%</td></tr>
<tr><td rowspan="3">10万元以下部分的债权：100%</td><td>持股数量超过5万股至300万股以下的部分：让渡30%</td></tr>
<tr><td>持股数量超过1万股至5万股以下的部分：让渡20%</td></tr>
<tr><td>持股数量1万股以下的部分：让渡10%</td></tr>
</table>

续表

公司	法院裁定受理重整时间	法院强制批准上市公司重整计划时间	有担保债权人因延期清偿所受的损失是否给予补偿	分组或同组分层	普通债权清偿率	出资人权益调整方案	未通过重整计划组别
*ST帝贤B	2008.11.10	2008.12.30	否	无	3%	未调整	普通债权组
*ST锦化	2010.3.19	2010.8.2	否	同组分层	超过9万元部分的债权：5% 9万元以下部分的债权：100%	按10:10转增股票后，全体股东让渡其转增股份的60%	普通债权组
S*ST光明	2009.11.9	2010.8.5	否	分组	大额债权组（债权额超过3万元）：18%	控股股东让渡其持有的16%的非流通股票；其他非流通股东让渡10%的非流通股票	大额普通债权组
					小额债权组（债权额3万元）：100%	流通股东持股数量超过5万股的部分：让渡6%；流通股东持股数量5万股以下的部分：不让渡	

续表

公司	法院裁定受理重整时间	法院强制批准上市公司重整计划时间	有担保债权人因延期清偿所受的损失是否给予补偿	分组或同组分层	普通债权清偿率	出资人权益调整方案	未通过重整计划组别
*ST方向	2010.12.7	2011.6.16	否	无	19.68%	按10:12转增股票后，除工会，其他股东让渡10%；北泰集团额外无偿让渡2550万股	普通债权组
*ST广夏	2010.9.16	2011.12.9	否	同组分层	超过1000万元部分的债权：50%	控股股东：让渡70%	普通债权组出资人组
					超过100万元至低于1000万元部分的债权：70%	持股数量超过50万股的部分：让渡18%	
					100万元以下部分的债权：100%	持股数量50万股以下的部分：让渡12%	

续表

公司	法院裁定受理重整时间	法院强制批准上市公司重整计划时间	有担保债权人因延期清偿所受的损失是否给予补偿	分组或同组分层	普通债权清偿率	出资人权益调整方案	未通过重整计划组别
*ST宏盛	2011.10.27	2012.4.23	否	无	12%	按10∶10.5转增股票，用于提高普通债权人的清偿比例	普通债权组
						按10∶12转增股票，用于引入战略投资者	
*ST金城	2012.5.22	2012.10.16	否	同组分层	超过10万元部分的债权：5%	第一大股东：让渡30%	普通债权组出资人组
					10万元以下部分的债权：100%	其他股东：让渡22%	
*ST锌业	2013.1.31	2013.12.6	否	同组分层	超过15万元部分的债权：5%	全体股东：让渡10%	普通债权组
					15万元以下部分的债权：100%	按10∶12.7转增股票，全部用于清偿债务	

续表

公司	法院裁定受理重整时间	法院强制批准上市公司重整计划时间	有担保债权人因延期清偿所受的损失是否给予补偿	分组或同组分层	普通债权清偿率	出资人权益调整方案	未通过重整计划组别
*ST新亿	2015.11.7	2015.12.31	否	无	65.73%	按10∶39.48转增股票，全部由重整投资人受让	出资人组

（一）对担保债权人的不公平补偿

在全部案件中，担保债权的债权调整及受偿方案均规定，担保债权人对设定担保的特定财产享有优先受偿的权利；担保财产处置表现的，对应的担保债权在担保财产表现所得范围内优先受偿；若担保财产的变现价值或者评估的市场价值不足以清偿所对应的担保债权，则该笔担保债权未受清偿的部分转为普通债权，这满足《企业破产法》第109条、第110条的要求。但是，担保债权人组对重整计划草案持否定意见的仍然高达7起，其原因何在？

《企业破产法》第46条第2款明确规定，附利息的债权自破产申请受理时停止计息。这一规则可追溯至清朝的《破产律》，并在之后历部破产法律中均有体现，似乎已经成为破产法处理债权利息问题的“铁律”。[①] 但在“强裁”程序中，《企业破产法》对担保债权人网开一面，特别要求担保债权人因延期清偿所受到的损失给予公平补偿。其原因在于，对担保债权人而言，

① 其原因在于破产程序启动后付利息债权的清偿权利受到法律限制，需待集体破产清偿，即不能立刻、个别地获得清偿。为了统一计算债权的截止时间，要以破产申请受理为时点停止计息。参见贺丹：《企业拯救导向下债权破产止息规则的检讨》，载《法学》2017年第5期；王欣新、宋玉霞：《重整计划强制批准法律问题研究》，载《江汉论坛》2014年第10期。

“强裁”是重整程序的关键议题。[①] 重整程序的优势是与其替代品——清算程序比较得出的。重整能够有效避免企业分崩离析，发挥资产的最大生产效率，稳定职工就业，留存供应链条，促进社区环境的欣欣向荣。[②] 普通债权人急于受偿的欲望虽然得到暂时抑制，却能够分享企业重整成功带来的回报。所有利害关系人均可能因企业重整而获得较清算程序更大的优惠，唯有担保债权人除外。无论企业是否进入重整程序，担保债权人均能就特定的担保物受偿。重整程序并不会提升担保物的价值，漫长的重整程序反倒引发担保物折旧和灭失的风险。担保债权人拒绝企业重整的意愿最为强烈，理由也最为充分。对担保债权人应当给予更多关注，防止其权益因“强裁”程序经过而不当减损。

在我国“强裁”程序中，恰恰普遍存在担保债权人的权利受到实质性损害的情况，主要体现为，所有的重整计划均未对担保债权人因延期清偿所受到的损失给予公平补偿。值得注意的是，债务人对担保债权人不是没有公平补偿，而是毫无补偿。担保债权人反对重整计划草案的数量之多也就不足为奇。

（二）对普通债权人的不公平分组

“强裁”案中，对普通债权人有“同组分层”清偿和“分组”清偿两大模式。有5起“强裁”案将全部普通债权人归入一个组别，并将每个普通债权人持有的债权按照数额划分不同区间，采取逐级递减清偿的模式。比如 *ST 广夏的重整计划草案显示，对普通债权人每笔债权 100 万元以下部分全额清偿，每笔债权 100 万元以上至 1000 万元以下部分清偿比例为 70%，每笔债权 1000 万元以上部分清偿比例为 50%。[③] 该设计有力地提高了债权的总体偿付率，削减了普通债权人对重整计划的质疑，成为近年来重整计划草案调整普通债权权益的普遍模式。《企业破产法》中没有对普通债权人分层清偿

---

① In re Mattson, 210 B. R. 157, 159 (Bankr. D. Minn. 1997).

② H. REP. No. 595, 95th Cong., 1st Sess. 219 - 21 (1977).

③ 此外，*ST 锦华、*ST 金城、*ST 锌业的重整计划草案分别规定，对每家普通债权人 9 万元、10 万元、15 万元以下部分的债权全额清偿，超过部分的债权均按照 5% 清偿。*ST 宝硕的重整计划草案规定，对每家普通债权人 10 万元以下部分的债权，将一次性清偿，超过 10 万元以上部分的债权，按照 13% 比例清偿。

的规定，因其对同一表决组内的成员一视同仁，体现了横向公平的理念，又未见有普通债权人提出异议，当为一种合法有效的自治模式。

在*ST 沧化和*ST 光明的“强裁”案中，持有不同债权数额的普通债权人被划分为大额普通债权人组和小额普通债权人组，分别对重整计划草案进行表决。比如*ST 沧化重整案中，两个普通债权人组的界定标准为 50 万元，对小额普通债权组的全部债权人按照 30% 清偿，对于大额普通债权组中普通债权 50 万元以下的部分按照 30% 的比例清偿，超过 50 万元的部分按照 14.28% 的比例清偿。在破产重整的实务上存在继续细分表决组的内生动力，这源于人们认为这能够在相当程度上有效保护对重整计划持有异议的表决组少数成员应得的法定利益。①

与“同组分层”清偿相比，“分组”清偿模式同样是对组内成员同比例清偿，对超出数额的部分债权差异清偿，这相当于为小额债权创设了一个优先级顺位，造成同类债权人获偿不同的客观结果，导致一组普通债权人对他组债权人的倾轧，违背普通债权人之间的横向公平要求。为何“同组分层”之外还有“分组”模式存在的必要？债权人会议的表决结果或许能够给出些许提示：*ST 沧化和*ST 光明的小额普通债权人组表决通过重整计划草案，而大额债权人组全部对重整计划草案表示反对。“强裁”程序启动的一个重要前提是至少一个表决组能够通过重整计划草案，如果所有表决组拒绝通过重整计划草案，法院将裁定中止重整程序并宣告债务人破产。② 为使重整计划在有诸多债权人反对的情况下仍有机会符合最小组别通过标准，分组便成为一个极佳选择。*ST 光明案中，虽未披露大额债权人组中反对重整计划草案的比例，但根据小额普通债权人组持有的债权数额仅为全部普通债权 0.02% 的事实，推测出倘若未将普通债权人分成两个组别，由于同一表决组的债权人所代表的债权数额难以超过该组债权总额的 2/3 以上，全部普通债权人组将不能通过重整计划草案，重整计划草案将达不到“强裁”启动的最低标准。

---

① 参见邹海林：《法院强制批准重整计划的不确定性》，载《法律适用》2012 年第 11 期。

② 《企业破产法》第 87 条。

（三）对出资人权益的不公平调整

*ST 广夏、*ST 金城、*ST 新亿重整案中，出资人组未能表决通过重整计划草案，主要是由出资人与债权人、重整投资人以及出资人之间的一组或多组矛盾决定的。

首先，出资人与债权人的矛盾。一般情况下，出资人所有权当之无愧是一种处于统治地位的所有权形式，出资人享有企业的控制权并分享企业的利润或剩余价值。[①] 比如 S*ST 天发、*ST 帝贤 B“强裁”案中，两个公司实施重整时资产在偿还负债时尚有剩余，出资人权益自然无须减损。一旦企业资产小于负债，从资产负债率观察，出资人的权益便荡然无存，普通债权人此时成为剩余索取权人。但是，在 11 起企业所有者权益为负的“强裁”案中，有多种权益调整方式，[②] 无论哪种方式均保留了全部股东的些许权益。甚至在保护股东权益理念的强化下，所有“强裁”案以宣称成功防止股东权益蒸发为其显赫功绩，更有诸多文章甚至分析得出应从赋予股东重整计划草案制定权、完善股东重整申请权的法律规定等多方面强化股东权益保护的结论。[③] 在破产公司的资产池极其有限的前提下，重整中本该被“扫地出门”的出资人无一例外地至少对公司还留有部分权利，这毫无疑问是以债权人牺牲自身利益为代价的。在 92.3% 上市公司重整“强裁”案的普通债权人组反对重整计划草案的情势下，是否还强调对出资人进行保护？即使保留出资人权益，又该如何把握重整中股东权益调整界限？

其次，出资人与重整投资人的矛盾。除清偿债务人外，出资人调整的权

---

① 亨利·汉斯曼：《企业所有权论》，于静译，中国政法大学出版社 2001 年版，第 13、75 页。

② 经梳理，股东权益的调整方式有：第一，股东无偿让渡股份，比如*ST 沧化的重整计划草案规定超过 10 万股以上部分，每户无偿减持 11%；第二，股东有偿转让股份，比如*ST 天颐的重整计划草案规定控股股东之外的小额非流通股股东以 1 元/股价格将持有的股份出售给重组方；第三，资本公积转增股份，比如*ST 宏盛的重整计划草案规定以资本公积金按 10 股转增 2 股及 0.5 股的比例，分别用于引入战略投资者和提高普通债权人的清偿比例；第四，资本公积金转增股份与无偿让渡股份并存，比如*ST 方向的重整计划草案规定除工会外的其他股东无偿让渡 10% 股份，控股股东额外无偿让渡 2550 万股，并以资本公积金按 10 股转增 2 股的比例用于引入战略投资者、清偿重整费用和债务。

③ 郭琰：《上市公司重整中股东权益的保护》，载《黑龙江社会科学》2014 年第 4 期。

益很大一部分作为重整投资人拯救受困企业的对价，吸引重组方为公司提供资金用于偿债。若恣由重整投资人在公司复牌后抛售，将致其在短期套利颇丰，损害上市公司和其他股东权益。例如，在*ST新亿破产“强裁”案中，重整计划草案明确按照10∶39.48的比例实施资本公积金转增股票，11名重整投资人总共获取约10亿股的新增股份，占公司总股本的67%。倘若这些股份被全部抛售，对市场的巨大影响可见一斑。

最后，出资人之间的矛盾。在股东权益有调整的“强裁”案中，63.6%的案件出现了重整计划草案对控股股东与非控股股东、持有不同比例的股东等规定了不同的权益调整比例。① 在公司法规定了“同股同权”的基本原则、《企业破产法》中并未区分不同出资人群体②的情况下，围绕属于同一层级、不同类别的出资人权益能否有差异的调整，成为出资人之间争议的焦点。

二、利害关系人博弈的稳定器：公平原则适用的一般法则

“强裁”中广义的公平原则，包括对担保债权人、普通债权人、职工、税务机关、出资人等所有利害关系人的公平对待。③ 狭义的公平原则，仅包括《企业破产法》第87条第2款带有“公平”语汇的条款，具体指第1项的公平补偿有担保债权、第4项的公平调整出资人权益以及第5项的公平对

---

① 其中，S*ST光明、*ST方向、*ST广夏、*ST金城的重整计划草案对控股股东和非控股股东规定了不同的权益调整比例；*ST沧化、*ST宝硕、S*ST光明、*ST广夏的重整计划草案对持有不同比例的股东规定了不同的权益调整比例；*ST方向的重整计划草案对工会和其他股东持有的股份规定了不同的权益调整比例。此外，*ST天颐、S*ST光明的重整计划草案对流通股股东和非流通股股东规定了不同的权益调整比例。因两种股份同股不同价，流通股股东和非流通股股东的让渡比例有所差异具有合理性。随着全部上市公司完成股权分置改革，非流通股渐成历史，本章将不再涉及。

② 《企业破产法》第85条第2款。

③ “强裁”中公平原则的内涵与外延未成定论。有学者将其分为横向公平和纵向公平：前者指同一优先权顺位的参与人之间应该公平对待，后者指不同优先权顺序的参与人之间也应该公平对待，参见王佐发：《上市公司重整中对债权人强裁的公平原则》，载《政治与法律》2013年第2期；有外国学者认为公平原则（fair and equitable）包括对担保债权人、普通债权人和出资人的公平对待，其中对于普通债权人的公平对待又成为绝对优先权原则（absolute priority）。See David G. Epstein, *Bankruptcy and Related Law in a Nutshell*, West, pp. 439 – 443 (2005).

待各表决组内成员。[①] 考虑到在全部 13 起重整“强裁”案中，享有债权的职工和税务机关均得到足额清偿，本章将聚焦狭义上的“强裁”公平原则，探讨有担保债权人、普通债权人和出资人权益在“强裁”中的公平待遇。现阶段，《企业破产法》有关“强裁”中公平原则的操作，既没有相关的法律法规司法解释进行细化，又缺乏明晰的实践评价准则或理论通说指引，导致抽象的原则在落地过程中纷争不断。

传统的破产法私法色彩较浓，任意性规范在破产法中占据较大比例，比如破产法律关系的客体是债务人财产，破产法律关系的内容是债权人和债务人的实体权利与义务，破产法的目标之一是保护主体的私有权利。在契约自由原则的指引下，破产法只需适度调节债权人与债务人之间的利益，为纠纷的解决提供一个框架，弥补债权人与债务人所达成契约的不完备性。从法与经济学的视角来看，“债权人可得到的财产越多，企业家活动的风险就越大；债权人可得到的财产越少，其利息率就越高”。[②] 近代以降，随着周期性经济危机所导致的诸如资源分配不公平等社会问题积重难返，各国法律纷纷对契约自由进行修正，走入 21 世纪的契约自治原则也在公平交易法、侵权法与财产法方面得到改善。[③] 对契约自由的反思同样在破产法领域展开。破产法引入重整制度，“使得企业破产法不仅仅是一个市场退出法、死亡法、淘汰法，还是一个企业更生法、恢复生机法、公司新生法”。[④] 重整制度“并不仅仅着眼于包含在企业关系中的各方当事人，而且着眼于企业在社会经济生活中的

① 《企业破产法》第 87 条是唯一规定“强裁”制度的条款，第 2 款第 1、4、5 项均出现了“公平”的词汇，分别表述为：对债务人的特定财产享有担保权的债权就该特定财产将获得全额清偿，其因延期清偿所受的损失将得到公平补偿，并且其担保权未受到实质性损害，或者该表决组已经通过重整计划草案；重整计划草案对待出资人权益的调整公平、公正，或者出资人组已经通过重整计划草案；重整计划草案公平对待同一表决组的成员，并且所规定的债权清偿顺序不违反本法第 113 条的规定。

② ［美］理查德·A. 波斯纳：《法律的经济分析》，蒋兆康等译，中国大百科全书出版社 1997 年版，第 523 页。

③ 参见苏永钦：《走入新世纪的私法自治》，中国政法大学出版社 2002 年版，自序第 3 页。

④ 李曙光：《新〈企业破产法〉的意义、突破与影响》，载《华东政法学院学报》2006 年第 6 期。

地位以及企业的兴衰存亡对社会生活的影响”。[①] 借由债务清理和企业再建，出售拖累企业部分资产，整合原有部门，吸引新的资本，重整制度使企业获得新生，有效避免破产清算带来的企业解体、有形和无形资产流失、员工失业、债权人投资难以收回、经济可能震荡等消极影响，维护了社会公共利益。重整程序克服了因“破产畏惧症”而生的债务沉淀所导致的交易风险和成本提高和社会经济效率降低，使社会通过效益增长来消化积淀债务的良性循环得以复生。[②] 总之，重整程序通过对当事人利益的再分配，达到了维护社会整体利益的效果，这种以社会利益为本位的制度价值是符合经济与社会发展的时代背景的，是合理的。[③]

重整法高屋建瓴统领各方利益，达到社会效益与整体效用的最优。事实上，多方利益主体的参与决定了破产程序必然出现利益分歧，每个利益主体对自己利益的诉求又导致了各方的斗争不可避免。重整法的使命便是尝试在拉锯的绳索上找到各方能够同意的平衡点。比如美国 1978 年修订后的新破产法典，就是“通过平衡股东在陷入困境企业重整中的经济利益，为债务人和债权人提供博弈的平台。它的通过得到了几乎所有各方——金融界、无担保债权人协会、股东会、破产法官们——一致的积极拥护”。[④]

作为破解多方当事人博弈僵局的利器，“强裁”中公平原则的适用恪守以下两个基本规则。其一，从存量竞争到增量共赢。固有理念下，各方当事人紧盯债务人财产这样尺寸既定的大饼，必然认定谈判是零和博弈，所获数额此消彼长。各方自然寸土不让，纷争难以调和。如果调整思路，把饼摊厚摊大后再行分配，将会缓和利益冲突，纾解不满情绪，降低重整计划草案受到阻挠的可能。因此，“强裁”中的公平原则依赖增量下的分配路径，考虑

---

① 肖金泉、刘红林：《破产重整——中国企业新的再生之路》，上海人民出版社 2007 年版，第 12 页。

② 参见王卫国：《论破产重整》，载《法学研究》1996 年第 1 期。

③ 参见郭毅敏：《破产重整·困境上市公司复兴新视野——以审判实务研究为中心》，人民法院出版社 2010 年版，第 6 页。

④ ［美］哈维·米勒：《破产重整五十年（1960—2010）回溯》，张钦昱译，载《公司重整法律评论》（第 1 卷），法律出版社 2011 年版，第 412 页。

的是如何通过各种途径将债务人财产的蓄水池填满甚至拓宽后，再让利益相关人的小船畅游其中，并行不悖。其二，从形式平等到实质正义。在实现了从身份到契约的转变后，伴随自由观念的勃兴，起跑线上机会均等的形式公平理念逐渐为人们所接受，各国宪法通过确立“人格具有平等性”的基石，进而演进出所有权神圣、契约自由和行为能力的理念。[①] 但是，贫富差距和人与人之间社会、经济方面实际上的不平等，“已经从将人作为自由行动的立法者、平等的法律人格即权利能力者抽象地加以把握的时代，转变为坦率地承认人在各方面的不平等及其结果所产生的某种人享有富者的自由而另一种人遭受穷人、弱者的不自由、根据社会的经济的地位以及职业的差异把握更加具体的人、对弱者加以保护的时代”。[②] 法律的重心也随之转移到了对弱者的保护，即那些在大企业面前是经济、社会力量弱小、仅靠个人的能力最终难以与之对抗而达到自己愿望的人。“强裁”中的公平原则遵守实质正义准则，其并不是简单粗暴地将所有利害关系人等闲视之，平等地分配破产财产，而是关注个案公平，对不同类别的当事人差异化对待，实现有限资源的最大化利用。

出资人权益的差别化调整是实质正义理念的典型代表。股权平等原则在重整程序中受到诸多挑战。有学者认为，依据持股比例差异化调整股东权益是对股权平等原则的矫正，是重整公平原则的体现。[③] 但是，作为公司法的根基之一，决定某一股东权利和义务大小的唯一因素是其出资比例及由此形成的占股比重，不应因其社会地位和身份而生差异。[④] 股权平等不仅要求所有股份代表的权益是平等的，更要求每一股份上负担的义务相等，这就要求在调减权益时，所有股东应当做到同比例调整。另外，中小股东又确有可能

---

① 参见［日］大须贺明：《生存权论》，林浩译，法律出版社2001年版，第33页。

② ［日］星野英一：《私法中的人》，王闯译，中国法制出版社2004年版，第71~72页。

③ 比如丁燕：《上市公司破产重整计划法律问题研究：理念、规则与实证》，法律出版社2014年版，第86~88页；广东省深圳市中级人民法院民七庭课题组：《关于我国上市公司破产重整程序中的法律问题调研》，载最高人民法院民事审判第二庭编：《企业改制、破产与重整案件审判指导》，法律出版社2015年版，第301页。

④ 参见兰宜生：《试论股权平等问题》，载《经济问题探索》1994年第5期。

在与大股东的博弈中受到损害。《企业破产法》第 85 条第 2 款规定了出资人组的设立条件，但没有就其表决机制做出具体设计。实践中多参照《公司法》第 103 条的规定，经出席会议的股东所持表决权的 2/3 以上通过时，视为出资人组通过股东权益调整方案。[①] 与债权人组的“双重表决”机制对中小债权人进行倾斜性保护不同，出资人组仅采用单一表决机制，在“资本多数决”的影响下产生大股东绑架中小股东的不公平现象。针对此问题，有学者提出参照小额债权组模式，对出资人组实施分组表决，以保障各出资人充分表达自身的利益诉求。[②] 本章认为，出资人分组表决的设想在形式上仍然与股权平等原则相悖，并不足取。应当在坚持同股同权的基础上，依据过错原则，在重整计划草案中直接规定出资人权益的特别调整。其法理是，在维护所有出资人的权益同比例调减的前提下，对造成公司经营困境的出资人进行“惩罚”，令其额外承担公司破产的部分责任，而不宜如最高人民法院印发《关于审理上市公司破产重整案件工作座谈会纪要》（法〔2012〕261 号）所示，强行规定有过错的出资人在股权上增加让渡比例，这可能导致其他当事人权益受损的无心之过。[③] 可以灵活地规定各种责任承担方式，比如在大股东占款致使公司破产的境遇下，在重整计划草案中规定大股东以其持有的土地使用权为公司新增贷款提供担保或让大股东直接以现金等清偿债权人。此外，也可尝试建立异议股东回购或相关诉讼制度等，对“强裁”中的中小股东提供多重保护途径。[④]

锁定重整投资人新获股份同时体现了增量共赢和实质正义两个规则。各国法律规定，在重整程序中新获贷款或投资等属于管理费用，由债务人财产

---

① 如 * ST 广夏、* ST 宏盛、* ST 金城、* ST 新亿的重整“强裁”案。

② 如邹海林：《破产法——程序理念与制度结构解析》，中国社会科学出版社 2016 年版，第 424 页。

③ 比如，倘若大股东的股份上负有担保，令大股东较其他股东让渡更多股权时，看似惩罚了大股东，实则损害了担保债权人的权益。

④ 参见广东省深圳市中级人民法院公司清算和破产审判庭编：《企业破产与重整案件法律适用关键词与典型案例指导》，法律出版社 2015 年版，第 225 页；曲冬梅：《新企业破产法疑难问题与实务》，法律出版社 2012 年版，第 154 页。限于篇幅，本章对此问题不做展开。

随时清偿。[①] 这样的制度设计鼓励资本入局受困公司，救债务人于水火之中，体现了做大做强债务人的思路。但是，重整投资人的差别化优待也要受到约束。投资人为助力公司还债而获取的转增股份，类似于定向增发。由于定向增发中出现的上市公司过度融资而引发的脱实向虚等乱象，我国修改了《上市公司非公开发行股票实施细则》，规定发行对象认购的股份自非公开发行结束之日起12个月或36个月内不得转让。[②] 而重整中投资人获得的股份是基于代表公司的管理人与投资人的协议，将包括中小股东在内的所有股东增发后的股份移转至投资人，与非公开发行对象直接认购股份有所不同。因此，重整投资人在当前我国法律框架下，并没有禁售期的限制。不可否认，众多投资人参与重整的目的是看好企业发展潜力，旨在积极帮助企业获得新生进而谋求实业发展，但还有一些投资者通过资本腾挪寄希望于短期内获得超额回报。对这些重整者应当谨慎对待，避免伤及企业的长远利益和其他当事人权益。建议在上市公司重整中，将重整投资人对获得股份的锁定安排纳入重整计划中，约束重整各方短期套利行为，从而达到避免投资人受让股份旋即出售、而不打算扎根公司与公司共患难的倾向。

除上述两例外，下文将以狭义上“强裁”公平原则涉及的担保债权人、普通债权人和出资人为立足点，分述公平原则一般规律的具体适用。其中，程式法和审慎分组体现的是实质正义理念，将运营价值视为重整公司资产贯彻的是增量共赢思维。

三、对担保债权人的公平补偿：程式法作为最优方法

《企业破产法》规定了担保债权能够“因延期清偿所受的损失将得到公平补偿”。纵观我国破产法律法规，尚未有关于重整“强裁”中担保债权延期受偿数额的明文规定，甚至连应该考虑何种因素、历经何种程序规范或者

---

① 比如《美国破产法》第364条。

② 《关于修改〈上市公司非公开发行股票实施细则的决定》（中国证券监督管理委员会公告〔2017〕5号）第9、10条。

排除何种干扰等都未有提及，我国实践中也尚未就此问题形成惯常做法。需要说明的是，由于担保债权人因延期清偿所受到的损失而获得的公平补偿，是基于担保债权数额与特定比率的乘积所生成，而担保债权数额对于每一“强裁”案均为特定数值。为讨论方便，下文将主要探讨该特定比率，即担保债权的“强裁补偿率”。

（一）既有公平补偿方法的检讨

“决定担保债权延期清偿损失的诸多方法，已然不幸地沦落为彼此撞色、难辨真彩的束束烟火。”[①] 甚至有法官断言，“对于担保债权人而言，精准确定尚未发生的补偿数额是从来都不存在的幻象，我们只能提供一种存有误差的估算建议”。[②] 但是，我们仍寄希望于剖析对比国外的常用方法，为担保债权人实现公平受偿提供最佳可能。

考虑担保债权人的公平补偿，首先映入眼帘的便是合同中载明的利率。因体现当事双方的合意，合同中载明的利率似乎拥有充足的理由成为最优决定标准。在美国第一起“强裁”案中，确定担保债权人合理补偿数额的正是合同利率。[③] 但是合同从生效到“强裁”案件的发生之间可能历经数月甚至数年，合同利率难以体现市场的变迁，法院还须结合抵押物状况、市场风险和贷款收益等指标做出调整。显然，经过个案调整后的利率不再等同于初始的合同利率。

受压借贷法和贷款成本法在实践中也广为运用，但又各自存在难以逾越的障碍。受压借贷法假使担保债权人能够拍卖抵押物，并将全部收益以相同期限再借贷给具有同样风险的其他企业，其所获得的收益率可视为担保债权人的强裁补偿率。[④] 比如某小微企业向银行贷款 20 万元购买价值 30 万元的小

---

① In re Computer Optics, 126 B. R. 644, 671 (Bankr. D. N. H. 1991).

② Bruce A. Markell, Fair Equivalents and Market Prices: Bankruptcy Cramdown Interest Rates, 33 *Emory Bankruptcy Developments Journal*, 91, 104 (2016 - 2017).

③ In re Smith, 4 Bankr. 12 (Bankr. E. D. N. Y. 1980).

④ See Monica Hartman, Comment, Selecting the Correct Cramdown Interest Rate in Chapter 11 and Chapter 13 Bankruptcies, 47 *U. C. L. A. Law Review*, 521, 522 (1999).

轿车并以此抵押，小贷公司等市场机构向同类企业的贷款利率为10%，如果小微企业申请重整时小轿车价值为10万元，依据受压借贷法，担保债权人可将通过行使抵押权获得的10万元借贷到类似的小微企业，其获得的回报利率为市场同等贷款利率10%，那么10%即为强裁补偿率。受压借贷法直接适用市场通行利率，体现了特定担保债权人在签订合同时的预期回报，大大缩减了举证和计算成本。不过，假定市场的有效性是受压借贷法被人诟病的主要原因之一，几近相同的贷款是否能在真实市场重现，模拟的利率是否能够代表市场真实利率？不同于一般市场环境，重整程序风险较大，贷款人往往望而却步，利率也自然高得惊人，适用常态下的市场利率或合同利率有欠妥当。此外，一般情况下，为避免抵押物贬值或灭失，债权人会确保抵押物价值显著大于债权数额，在这种对冲风险的举措下，贷款利率将维持在低位。而在受压借贷法语境下，贷款金额即为抵押物的行权数额，随着抵押物价值的萎缩，债权人面临无法受偿的风险将陡然上升，真实的受压贷款利率必然高于常态下的市场利率。

贷款成本法认为，担保债权人在“强裁”程序中被剥夺了出售担保物并利用回笼的资金继续投资获利的机会，倘若担保债权人难以等待漫长的重整程序结束，急需资金回流而不得不向第三方融资，那么其为获得与抵押物所担保债权等价值资金的对价，即为贷款成本，第三方按照市价计息的贷款利率即为强裁补偿率。贷款成本法中，发生其他贷款人愿把款项贷给担保债权人的概率较大，受压借贷法的弊端得以有效避免。但是，贷款成本法忽略了担保债权人再融资的交易成本，对担保债权人提前收回债权而投资其他领域的潜在风险视而不见，面临着对担保债权人保护不足的难题。此外，由于担保债权人一般为银行或实力较为雄厚的实体，其再融资的成本要比其他机构低得多，倘若适用贷款成本法将致债务人偿还更少的贷款利息，这将置债务人于本不存在的优势地位，产生企业申请破产的道德风险。

（二）公平补偿方法的衡量标准

寻求担保债权人最优补偿方法的前提是确立遴选标准。首先需要回答的问题是，强裁补偿率是否应与市场状况息息相关？有效市场假说认为，证券的交易价格能够充分反映与证券相关的全部信息，如果交易价格偏离该证券的实际价值，便会有投机者通过做多或做空交易而获利，客观上促使证券价格回归真实。① 推而广之，当市场上的融资交易未能反映真实贷款利率时，套利机制的存在会修正误差，促使新达成的交易利率向真实值靠拢，因而市场利率能够时刻反映资金的供给需求状况，贷款人获取资金的成本即为市场利率。自1979年美国法院在一起“强裁”案中否决适用合同利率后，各法院纷纷认为强裁补偿率应当体现市场利率。② 但是，市场利率的界定方法充满了弹性。对于市场范围的划定、具体利率的选取以及利率的适用情况，各法院间并无共识，以至于只要法院在认定利率过程中声明该利率体现了“市场”特质，即被认为合理。③ 实际上，以市场利率决定强裁补偿率，存在本质上的缺陷。有效市场假说以股票交易市场为基本背景，股票流动性较好且强调信息公开，其投资收益或许能如实反映市场状况。但对受困企业而言，潜在的债权交易不强调信息披露，交易对象一般也局限于试图通过错误定价而获利的有限专业机构，遑论规模不大的破产企业债权流动性会更差。一项研究表明，“垃圾债券”（junk bonds）的交易规模、价格和活跃度均较评级较佳债券的表现差得多。④ 直至一个受困企业债权交易市场得以搭建且被实践证明有效之前，在“强裁”中考虑市场因素应慎重对待。

其次，强裁补偿率应当为固定数值抑或应逐案调整？倘若采纳诸如国债利率等固定基准，在重整程序开始前补偿率为当事人周知，可预期性的增强使得当事人据此能够判断对深陷困境的企业启动重整程序是不是较优选项，

---

① See Ronald J. Gilson & Reiner H. Kraakman, The Mechanisms of Market Efficiency, 70 *Virginia Law Review*, 549, 49 - 50 (1984).

② General Motors Acceptance Corp. v. Lum (In re Lum), 1 B.R. 186, 188 (Bankr. E.D. Tenn. 1979).

③ John K. Pearson, Dillon Jackson, Tim Nohr, Ending the Judicial Snip Hunt: The Search for the Cramdown Interest Rate, 4 *American Bankruptcy Institution Law Review*, 35, 43 (1996).

④ Chris Downing et al., The Relative Informational Efficiency of Stocks and Bonds: An Intraday Analysis, *Journal of Financial & Quantitative Analysis*, 1081, 1086 (2009).

法院也不必通过举行听证会、聘请专家证人确定强裁补偿率而损耗司法成本。但是，固定标准带来的便利，是以“强裁”公平的偏颇为代价的。一视同仁地对待所有“强裁”案中的担保债权人实则造成了另一种不公平。投资者的回报应当体现对其投资的机会成本、预期通胀和风险的补偿。[①] 投资者必然希望投资于该项目的款项能够至少获得不低于社会平均贷款利润水平。信用货币体系下，各国一般采取温和的通货膨胀策略，促进经济发展，投资成本应当包括投资期间内货币贬值带来的损失。由于特定的社会经济条件下，社会平均利润率和通货膨胀率一般恒定，而受到借贷企业的信用历史、担保物有无及类型、贷款流向及周期等影响，风险则会因不同投资者而有所区分。显然，等量齐观地对待全部投资者有违个案公平。

最后，强裁补偿率是否应当有阈值？强裁补偿率过低意味着担保债权人没有获得担保物时间价值损耗的公平对价，对担保债权人显失公平。因此，通货膨胀率或无风险的银行贷款利率，就因过于保守地计算担保债权人的应得回报，不应入选强裁补偿率的考虑范畴。过犹不及，根据公式得出或者选择的强裁补偿率亦不能过高。破产法对担保债权人提供适当的保护乃是实质正义的正当要求，但是过高的强裁补偿率顾此失彼，一味地强调以担保债权人利益为中心，会忽视优先权人和普通债权人等的合法利益。在特定时点，不同层级债权人的分配份额是此消彼长的关系。倘若企业重整失败而径由担保债权人多得份额，将使早已不够分配的债务人资产池捉襟见肘，过高的强裁补偿率犹如涸泽而渔，亦会加大债务人重整成功的风险。英国大法官肯尼斯·科克（Kenneth Cork）曾指出，“我们相信，关注整个城市或者甚至整个地区经济活力源泉的企业以及谋生和拥有幸福生活的人们，是现代破产法必须考虑的一个立法因素”。[②] 因此，重整法的立法目的是着眼于包括担保债权人在内的全社会根本利益和长远利益的共同提

---

① See Machael Elson, Say “Ahhh!”: A New Approach for Determining the Cram Down Interest Rate after Till v. SCS Credit, 27 *Cardozo Law Review*, 1921, 1925 (2006).

② ［英］费奥娜·托米：《英国公司和个人破产法》（第二版），汤维建、刘静译，北京大学出版社 2010 年版，第 63 页。

升。担保债权人不能贪婪，否则公司重整失败会导致全社会福祉的降低，连带到担保债权人福利的减损。

（三）最优公平补偿方法的确立

综合既有补偿方法的弊端和正确的衡量标准，程式法应被确立为补偿担保债权人的最佳方法。程式法以无风险利率为基准，辅之以逐案确定的风险溢价率。其中，无风险利率一般是贷款基准利率①或国债利率，风险溢价率由法院依据重整计划的实施前景、破产企业的现实处境等综合判断。② 比如，若彼时贷款基准利率为5%，法院经调查确认重整计划草案的风险溢价率为3%，那么该重整案件中担保债权的强裁补偿率即为8%。程式法被美国最高法院在蒂尔案中采纳。③

程式法并不依赖市场环境得出，亦不建立在债权人与债务人过往的交易与信用之上，而是由法院权衡相关因素后径行宣布结果。随着企业信用逐渐恶化，新增贷款变得稀缺，企业越发缺乏对特定市场交易状况进行论证的能力。将市场是否具备有效性、采行何种市场交易利率更能模拟案件真实情形、邀请专家证人的责任交给担保债权人或破产企业，必然导致破产费用飞速增长，债务人有限的资产池被无端浪费。企业经营状况瞬息万变，反复的举证质证过程耗时费力，也可能导致企业延误最佳的重整时机，面临滑向清算程序的泥沼。与此相反，程式法中，法

---

① 依据《中国人民银行法》第23条第1款第2项，贷款基准利率是中央银行发布给商业银行的贷款指导性利率，是货币政策工具的一种。贷款基础利率（Loan Prime Rate，LPR）是商业银行对其最优质客户执行的贷款利率，其他贷款利率可在此基础上加减点生成。我国自2013年10月25日起，实施市场利率定价自律机制和市场化的改革，由指定商业银行集中报价，全国银行间同业拆借中心每日发布贷款基础利率。为确保利率市场化改革平稳有序推进，中国人民银行仍将在一段时间内继续公布贷款基准利率，以引导金融机构合理确定贷款利率，并为贷款基础利率的培育和完善提供过渡期。参见任晓：《贷款基础利率报价发布机制运行：目前银行实际执行贷款利率下浮最大幅度约0.95》，载《中国证券报》2013年10月26日。

② Phillip J. Giese, Till v. SCS Credit Corp.: Can You "Till" Me How to Cram This Down? The Supreme Court Addresses the Proper Approach to Calculating Cram Down Interest Rates, 33 *Pepperdine Law Review*, 133, 157 (2005).

③ Till v. SCS Credit Corp., 541 U.S. 465 (2004).

院会依据既往经验调查获取决定风险溢价的一般因素。鉴于其中大部分因素与法院做出“强裁”的考虑因素重合，程式法能够显著节约当事人与法院的司法成本。

程式法得到的数值在每个案件中并不固定，而是有效考量投资者回报的各组成要素，依据实际情况由法院进行调整，平衡了担保债权人和债务人的利益。程式法也是客观判断和主观判断的统一：程式法的基础是无风险利率，数值较低，反映了预期通胀率，较为客观；风险溢价率由对债务人重整计划草案颇为熟悉且有过类似审判经验的法院做出，但避免了法官主观臆断的武断性：考虑到如若裁定过高的强裁补偿率将致企业重整失败，由法院决定的风险溢价率一般不会超过3%。[①] 与经受压借贷法和贷款成本法计算得出的个案差别较大的强裁补偿率而言，程式法的结果波动区间较小，在保证每个担保债权人在特定情况下得到公正待遇的前提下，具有较强的可预期性，确保债权人能够事先预判企业若进入重整程序的回报情况，以做出是否向企业提供担保贷款的决断。当然，程式法也存在一些弊端。[②] 但毋庸置疑，鉴于企业的信用、资金状况等均为估值，强求“强裁”中担保债权人的准确补偿数额并不切实际，对担保债权人的补偿应避免追求绝对精确的倾向。

四、对普通债权人的公平分组：审慎划分小额债权组

关于在重整计划草案表决时是否允许将同一优先级顺位的普通债权人分

① See Matthew Henschen O'Brien, Tilling the Cram Down Landscape: Using Securitization Data to Expose the Fundamental Fallacies of Till, 59 *Vanderbilt Law Review*, 257, 269 (2006).

② 程式法中，法院需要探究个案的细节事实，依据尚未盖棺定论的公式法则，以微型审判程序决定风险溢价，行使自由裁量权。一些案件中，出现了法院直接以担保债权人和债务人主张的平均值作为风险溢价率的情况，比如在其中一起案件中，担保债权人主张风险溢价率应介于4%～5%，债务人主张1.5%～2.5%，法院径行确定风险溢价率为3%。See in re Oaks Partners, Ltd., 135 B. R. 440, 447 (Bankr. N. D. Ga. 1991).

成多组，有任意型分组说与强行型分组说之争。[①] 本章认为，《企业破产法》采取的是折中分组的规则。考虑到不同优先级顺位的债权人对重整的态度不同，按照人数集中表决将损害优先级在先的债权人权益，按照债权数额集中表决将漠视普通债权人权益，于是破产法强行地将债权性质相同的债权人编为一组，分组表决，不能由当事人协议更改规则。刚性分组的要求外，《企业破产法》第 82 条第 2 款规定，人民法院在必要时可以决定在普通债权组中设小额债权组对重整计划草案进行表决。虽然没有规定具体实施程序，理论上应当是由破产管理人提出小额债权组的分组请求、理由和标准，做出清偿率的特别安排，再经由法院审查批准。小额债权组一旦设立，其表决程序、适用规则、法律地位均应与普通债权组相同。如此划分后，小额债权组的表决结果不能与普通债权组混同，而应与有担保债权组、劳动债权组、税收债权组、普通债权组并列。相应地，重整计划草案的通过条件由 4 个表决组一致通过变成为 5 个债权组的全部通过。作为普通债权须划为同一表决组的例外，小额债权组的设立必须是法院在认为"必要时"。至于具体标准，我国破产法律法规并没有相关规定，司法判例也缺乏通行标准。

重整效率提升说是广为接受的建立小额债权组的"必要"理由。该说认为，设立小额债权组是基于重整实务中提高重整计划表决效率的需要。虽然债权额较小，但小额债权往往人数众多，如果他们反对重整计划，将使表决结果不能满足通过重整计划草案的人数要求，而若将小额债权人单设一组，给予更大比例的清偿，则可保证重整计划草案获得小额债权组的接受，便利

---

① 任意分组说最为自由宽松，认为依据《企业破产法》第 82 条的文义解释，破产法仅规定普通债权是与有担保债权、职工债权和税收债权并列的一组债权，不能与其他债权混同归为一类，但并未强制要求全部普通债权必须作为一个表决组，有学者甚至认为考虑到破产重整可能遇到的各种不同的情形，涉及各种各样的利害关系人，有进一步分组的必要性。参见王欣新：《破产法》（第三版），中国人民大学出版社 2011 年版，第 270 页；汪世虎：《重整计划与债权人利益的保护》，载《法学》2007 年第 1 期。强行型分组说认为表决组别和标准已被法律明文规定，不能被轻易改变。参见范健、王建文：《破产法》，法律出版社 2009 年版，第 218 页；张艳丽：《重整计划比较分析》，载《法学杂志》2009 年第 4 期；郭毅敏主编：《破产重整 · 困境上市公司复兴新视野——以审判实务研究为中心》，人民法院出版社 2010 年版，第 291 页。

重整程序的管理，提高了如果重整计划早日付诸实施所带来的效益。[①] 纵然债权人以削减债权、延缓清偿为代价，换取未来企业重整成功获得的高回报，但是重整程序代价不菲，耗时漫长。比如，* ST 宝硕的普通债权人依据重整计划草案获得清偿的期限长达 3 年，* ST 帝贤、* ST 锦化、* ST 锌业的普通债权人获偿时限亦达 2 年。重整程序累积的破产费用和共益债务不容小觑，比如美国破产案件的直接成本约为债务人资产总额的 17.6% 或普通债权人得到分配金额的 30%。[②] 在拯救企业的同时，重整机制也成为一些债务人拖延逃避债务、剥离优质资产、损害债权人利益的“温床”。

目前，我国上市公司重整的成功率为 100%，尚无一家上市公司因破产清算而退市。对比美国进入重整的上市公司 25% 最终被清算并退出市场，我国的高成功率似乎存在猫腻。[③] 部分原因在于地方政府的“维稳”需要，对受困上市公司实行“输血”救助等预算软约束措施，致使一些“僵尸企业”当退不退，污染市场环境。[④] 应该看到，因为挽救重整价值的目标很难与单一利益关系人的目标契合，规范公司重整的法律制度的目标应是阻止任何试图重整那些本该清算公司的努力。[⑤] 在各组利害关系人经过妥协仍不能对重整计划草案认可的情况下，应当严格限制通过创设不同组别的普通债权人以保证至少一个表决组能够同意重整计划草案，试图利用“强裁”来挽救上市公司命运的做法。应当打破上市公司重整“刚性”成功的惯例，让不再符合重整标准的上市公司直接走向清算。因此，推动重整计划草案有效率地通过难以成为法院额外划分小额表决组的“必要”考虑因素。

---

① 参见王卫国：《破产法精义》，法律出版社 2007 年版，第 249～250 页；李志强：《企业重整程序的正当性基础与规范建构》，中国政法大学出版社 2011 年版，第 204 页。

② 参见 Elizabeth Warren & Jay Westbrook，The Law of Debtors and Creditors：Text，Cases，and Problems，中信出版社 2003 年版（影印版），第 512 页。

③ 参见赵惠妙：《上市公司重整中政府角色的实证研究》，载《兰州学刊》2017 年第 12 期。

④ 参见张钦昱：《软预算约束视角下破产清算程序之反思及重构》，载《法商研究》2016 年第 3 期。

⑤ 李曙光、王佐发：《破产法实施三年的实证分析——立法预期与司法实践的差距及其解决路径》，载《中国政法大学学报》2001 年第 2 期。

中小债权人利益保护说也是成立小额债权组的一个颇为深入人心的观点。该种观点认为，“对债权人实行破产保护是破产法得以萌生的最初动因，是完善债权保护体系的实际需要使然，也是破产法迄今仍具生命力的基础所在”。[①] 普通债权组的债权数额差距过大，小额债权被动依附于大额债权人，其利益易被忽视，为避免小额债权人对重整计划草案的意思表示被大债权人湮没，应设立小额债权组，令小额债权人顺畅地表达诉求。[②] 维护中小债权人利益说满足了小额债权人的意思自治，实现了向弱者倾斜的实质正义理念，贯彻了破产法保护债权人合法权益的立法宗旨。但是，重整计划草案表决过程中小额债权人被其他普通债权人所钳制的弊端，早已被特殊表决规则所治愈。《企业破产法》第84条第2款规定，出席会议的同一表决组的债权人过半数同意重整计划草案，并且其所代表的债权额占该组债权总额的2/3以上的，即为该组通过重整计划草案，其中的债权额通过标准，能够防止中小债权人对大额债权人的“以多欺小”；债权人通过标准，能够防止大额债权人对中小债权人的“以大欺少”。双重表决通过规则下，“即使少数债权人的债权额很大，但无其他债权人附和，也难以左右表决局面”[③]。分组表决机制与双重表决规则的功能重叠，功效却大打折扣。与具有明确比例的双重表决规则相比，由法院行使自由裁量权决定分组的做法并无统一的适用标准，令表决结果缺乏可预期性。

商业理由说是另外一个独立小额债权组的“必要”理由。该说认为，除非清偿债务人拖欠供应商的小额债务，供应商将会切断供应链。为保持债务人持续运营的能力和价值，有东山再起的机会，应将供应商的小额债权单列一组，在造福债务人的同时，更会连带使其他债权人因债务人盈利能力复苏而获得更多回报。[④] 商业理由说预设供应商欠缺风险抵抗能力，对债务人的

---

① 汤维建：《破产程序与破产立法研究》，人民法院出版社2001年版，第47页。

② 参见李永军等：《破产法》（第二版），中国政法大学出版社2017年版，第232页；薄燕娜主编：《破产法教程》，对外贸易大学出版社2009年版，第190页。

③ 李永军：《破产法——理论与规范研究》，中国政法大学出版社2013年版，第371页。

④ 韩长印主编：《破产法学》（第二编），中国政法大学2016年版，第264页。

破产缺乏预期。但在当今社会，破产已经成为一个稀疏平常的事件，将破产风险纳入企业的经营决策范畴乃是每一个供应商的基本功。供应商之所以选择与债务人有贸易往来，是在其权衡各种风险后仍认为有利可图，那么在债务人破产时供应商应承担相应损失自是理所当然。过度保护供应商，会产生供应商与信用不好企业进行交易的道德风险。此外，如果其他普通债权人认为优待供货商能够促进自身福祉，自然会赞同该重整计划，无论是否将供应商单独分组表决。

鉴于重整效率提升说、中小债权人利益保护说和商业理由说均难以为小额债权组的独立提供合理存在的有力依据，我国应对设立小额债权组持谨慎态度。实际上，我国自从《企业破产与重整法》（草案2000年6月）至《企业破产法》（草案二次审议稿）起，均未有小额债权组的组别划分。后因采纳重整效率提升说的缘故，小额债权的分组表述在最后的立法文本始得加入。[①] 当前可从两方面限缩小额债权组的成立：其一，应当明确法院决定设立小额债权组的“必要”条件，并经由债务人或管理人举证，法院审审查判断。比如，美国第二巡回区法院就在实践中发展出“善意测试标准”，经过债务人“诚实目的判断”与“分组不影响重整实施的可预期性”两个步骤，审查小额债权组的分组请求。[②] 其二，严格界定小额债权组的构成标准。*ST沧化、*ST光明的小额债权上限分别为50万元、3万元，这样的测算依据过于随意，也毫无规律可言。划分小额债权组时，应当真正回归“小额”债权的本义。比如，美国曾规定100美元以下的普通债权方能被纳入小额债权组，[③] 以推进破产审理效率、维护小额债权人利益，又不会引发债务人或管理人随意划分小额债权组的弊端。

---

① 参见《中华人民共和国企业破产法》起草组：《〈中华人民共和国企业破产法〉释义》，人民出版社2006年版，第257页。

② See Kane v. Johns-Manville Corp., 843 F. 2d 636, 649 (2d Cir. 1988).

③ H. R. Rep. No. 32, 94th Cong., 1st Sess. § 4 – 708 (1975).

五、对出资人权益的公平调整：将运营价值视为重整公司资产

重整“给予一个诚实但不幸的债务人以重新上岸的机会，而不是任其溺毙”[①]。创立一家企业耗时费力，需要募集启动资金、租赁不动产、建造厂房、购买设备、招募劳动力、与供货商建立稳定联系，并将这些要素有机整合方能产出商品，在市场上累积知名度方得消费者青睐。一旦进入清算程序，这些资产之间有效的组织联系分崩离析，拍卖零碎资产所得之和较出售企业整体逊色不少，企业名誉价值也不复存在、工人失业、社区不再繁荣。重整制度正是建立在维持受困企业正常运转的价值即运营价值，避免企业进入破产清算程序所导致的效率消耗与消极社会影响的基础上。

申请重整的公司即使资不抵债，股东权益也并未一定虚化，其理由正是源于重整中的公司仍然保有运营价值。重整价值由清算价值与增量价值组成，前者为资产负债表价值，即倘若公司申请破产清算时账面资产的零售价；后者则是公司在重整成功后因留存营业而创造的价值增量。股东对公司的剩余所有权暂为负数，但因重整程序保留了公司作为一个整体能够继续运转而盈利，股东对公司还具有预期价值。也正是因为公司还具有增量价值，负债公司进入的是破产重整而非清算程序。中国特色的上市公司实践状况提供了另外一个保留股东权益的注解。截至2017年年底，我国深沪两市上市公司共有3484家，尚有高达470家公司在证监会发审委待审，形成“堰塞湖”。结合我国近2000万个法人的庞大基数，[②] 上市资质在A股市场供不应求，“壳”资源成为上市公司的宝贵财富。[③] 与此相对，我国退市公司寥寥，从2001年

---

① Bankruptcy Abuse Prevention and Consumer Protection Act of 2001：Hearingon H. R. 333 Before the H. Comm. on the Judiciary，107th Cong. 183（2001）.

② 2016年，我国主要行业法人单位数为18，191，382个，其中包括公共管理、社会保障和社会组织法人。参见中华人民共和国国家统计局编：《中国统计年鉴》，载http：//www. stats. gov. cn/tjsj/ndsj/2017/indexch. htm，最后访问日期：2018年1月10日。

③ 即使我国通过设立新三板、加快IPO上市速度等举措试图破除直接融资垄断，但效果并不明显：全国股转公司于12月22日公布新三板的改革细则便是新三板一段时间表现不佳的证明；IPO上市速度加快，但IPO审核标准也日益严苛，2017年全年即有149家IPO排队企业终止审查。

至2017年年底仅有53家公司退市，平均退市率为0.35%，较美国纽约证券交易所6%的平均退市率相距甚巨。[①] 其中一个重要原因是众多亟待上市的公司希冀借“壳”上市，遂收购众多连年亏损本该退市的公司。由于市场对“壳”价值的认可，资不抵债上市公司的股份仍有价值，由此也产生了我国众多投资者热炒重整上市公司股票的异像。至于“壳”资源的归属，有学者认为，“壳”资源源于公司的公开募股，其价值自然属于全体股东。[②] 本章认为，股东投入公司的财产即属公司资产，股东享有基于股权带来的资产收益等权利。上市资质因股东的存在得以延续，但“壳”资源是在公司独立人格的操作下完成并通过管理和运作实现增值的，其价值应当首先归于公司。

从静态的资产负债表计算出的清算价值，进而确定我国上市公司重整中出资人权益是片面的。应将公司置于资本市场环境中，谨记重整中的公司资产还包含运营价值。出资人权益调整的理想状况是由债权人与股东协商，分享公司运营价值经由重整计划实施后产生的重整溢价。在信息披露完全的情况下，理性的当事人会彼此妥协，但“强裁”案件中，股东或债权人无法通过重整计划草案形成僵局，只能另辟他法。[③] 退而求其次，可要求公司在进行资产评估时，以运营价值衡量公司的资产总量。在对企业资产价值进行估算方法的调查中，各有34%、34%、28%的中介机构受访者采取重置成本法、类比市价法和市表面价值法，[④] 这些方法均是以破产清算评估价值为基础，考虑将企业资产快速变现得出的，未能预见企业资产整合所体现的巨大威力。目前仅有财政部印发的《企业破产清算有关会计处理规定》（财会

① 参见刘丁：《上交所发声严格退市壳资源炒作不息》，载《时代周报》2017年8月15日。

② 参见唐旭超：《论上市公司重整中的股东权益》，载《政治与法律》2014年第6期。

③ 有学者指出，即使理性的当事人能够进行协商，也存在搭便车和钳制问题，导致谈判成本较为高昂。参见陈英：《破产重整中的利益分析与制度构造》，山东大学出版社2013年版，第113页。

④ 参见栾甫贵等：《企业破产重整价值评估研究》，立信会计出版社2011年版，第90页。此外，一些学者也采用类似方法，比如胡燕：《上市公司破产重整财务与会计问题研究》，经济科学出版社2015年版，第189页。

〔2016〕23 号），而对重整程序中企业的运营价值尚缺乏公认的估算方法。①

准确得知债务人的运营价值就像“想知道一根火柴在划过火柴盒时是否能被划着一样，只有用过了这根火柴我们才能知道”②。现阶段，较为切实可行的方法是将“壳”资源至少作为运营价值计入公司资产，并据此判断出资人权益调整的公平性。判断破产界限一般有现金流支付不能法、资产负债表支付不能法和未来现金流支付不能法等，③ 依据《企业破产法》第 2 条，我国采取的是资产负债表法，即企业资不抵债或有明显丧失清偿能力的，可以申请重整。“壳”资源在当下并不列为我国上市公司的表内资产，将其纳入重整企业总资产的范畴急需理论的突破。此外，还要明确“壳”资源价值的具体衡量标准。“壳”资源价值可用上市公司市值表示，至少等于每股价格与总股本数之乘积。可借鉴《最高人民法院关于审理证券市场因虚假陈述引发的民事赔偿案件的若干规定》（法释〔2003〕2 号）第 33 条确立的基准日股价规则，也可参考重整程序中将股份直接分配给债权人抵债的定价实践。④ 停牌前的股价存在炒作之嫌，简单地以暂停上市前一交易日收盘价或一段时间的加权平均价作为衡量“壳”资源的标尺并不客观理性，可考虑以评估机构综合市场交易情况、公司暂停上市前状态、特别是公司未来前景等诸多因

---

① 有外国学者提出了折现现金流（discounted cash flows）、市场法（market multiple approaches）和资产法（asset approach）用以评估公司整体。参见［美］爱德华·I. 奥特曼、伊迪丝·霍奇基斯：《公司财务危机与破产——预测并规避破产，分析与投资危机债务》，罗菲译，东北财经大学出版社 2007 年版，第 81 ~ 88 页；Mark S. Scarberry et al. *Business Reorganization in Bankruptcy: Cases and Materials* (3rd edition), West, pp. 689 – 723 (2006). 也有学者指出，美国自 2000 年来的重整案件中，采用给予债权人期权（权证）或者可转换债券等方式让债权人分享重整后的价值，以克服对上市公司价值评估不确定的弊端。参见齐砺杰：《破产重整制度的比较研究——英美视野与中国图景》，中国社会科学出版社 2016 年版，第 259 页。我国实践中没有采纳这些方法的重整案件范本。

② ［美］大卫·G. 爱泼斯坦等：《美国破产法》，韩长印等译，中国政法大学出版社 2003 年版，第 740 页。

③ See Felix Steffek, The History of European Bankruptcy Insolvency (Corporate), in Jurgen Basedow et al., *The Max Planck Encyclopedia of European Private Law*, Oxford Press, pp. 900 – 904 (2012).

④ 比如，*ST 方向重整案、*ST 宏盛重整案分别以公司暂停上市前的停牌价格、评估机构综合分析得到的评估价值作为将股份直接分配给债权人抵债的定价。

素决定的公允价格作为定价标准。在“壳”资源价值固定后，对其分配应当按照优先级顺位，在清偿债权人后方能考虑出资人权益。有观点认为，我国并未确立重整计划应该保证高顺位组的成员得到全额清偿后，低顺位的组别才可以获得清偿的绝对优先权原则，使得在公司资不抵债情形中股东权益保留有了可能。[①] 本章认为，“不论在理论还是实践上，绝对优先权原则都堪称重整的基石”。[②] 纵然我国上市公司重整“强裁”案中无一符合该原理，无非源于我国过于强化股东保护的权宜之计，不能以《企业破产法》未明文规定绝对优先权原则为借口否决其适用的强行性。[③] 适用绝对优先权原则，将包含“壳”资源价值的公司资产首先应当偿付债权人，若扣除全部负债后没有剩余，应坚决不再保留出资人权益；若有剩余，再以此价值应作为股东权益调整的衡量标准。

结　语

我国上市公司的数量本不丰裕，每一起上市公司破产重整案定会成为资本市场的焦点，其中一旦卷入“强裁”情节，跌宕起伏的剧情往往为人津津乐道。[④] 因涉及中小债权人、股东或职工等弱势群体的权益保护以及社会和

---

① 参见周淳：《上市公司破产重整中的股东权异化》，载《证券法苑》（第 13 卷），第 54 页。

② See Bruce A. Markell, Owners, Auctions and Absolute Priority in Bankruptcy Reorganizations, 44 *Stanford Law Review*, 69, 123 (1991).

③ 《企业破产法》第 113 条仅规定了债权人之间的清偿顺序，未明确债权人与股东之间的关系。第 87 条第 2 款第 5 项规定了债权清偿顺序不违反第 113 条的规定，对出资人与债权人的优先级关系同样未予明确。于是一些学者据此认为该立法缺漏导致我国重整案件中对于股东优惠清偿，损害债权人利益，对我国破产重整实践产生消极影响。参见任永青：《绝对优先原则与我国破产法的缺失》，载《河北法学》2011 年第 10 期。本章认为，根据破产法尊重非破产法规则的基本原理，在破产法没有相关规定的情况下，可适用其他法律的有关规定。《公司法》第 186 条第 3 款就规定了公司财产在未清偿分别支付清算费用、职工的工资、社会保险费用和法定补偿金、缴纳所欠税款、清偿公司债务前，不得分配给股东。该款就是绝对优先权的明证。

④ 比如，参与《企业破产法》起草小组的专家学者均对“强裁”问题有所论述。参见李曙光：《中国破产法实施三年的实证分析——立法预期与司法实践的差距及其解决路径》，载《中国政法大学学报》2011 年第 2 期；汤维建：《我国破产法草案在重整程序设计上的若干争议问题之我见》，载《法学家》2005 年第 2 期。

谐稳定等敏感因素，“强裁”一度成为各方当事人口诛笔伐的对象，废除之声不绝于耳，走向另一个极端。应该看到，“强裁”对于解决部分案件中的重整僵局、纾解虎落平阳公司的暂时之困有着重要的制度价值，不应顾此失彼，因噎废食，只是应给其上“紧箍咒”，严苛限缩其适用。于是，公平原则便跃然纸上，在平息人们对“强裁”的质疑中发挥着举足轻重的作用。

党的十九大报告指出，以供给侧结构性改革为主线，坚持去产能、去库存、去杠杆、降成本、补短板，优化存量资源配置，而行之有效的重整制度便是纾解产能过剩的绝佳工具。在公司财产有限、各方矛盾尖锐、盈利前景不明的重整程序中，公平原则又是维系各方利益的平衡器，促使重整结果为当事人接受。与有 40 年重整实践、每年评价 100.9 家上市公司申请破产[①]的美国相比，我国重整制度从无到有历经十年沉浮，仅有 53 起上市公司重整案，样本不甚丰富，如何精准拿捏公平尺度是检验我国破产法学发展水平、把脉司法文明进程和厘清我国经济法治完善发展的“试金石”。明确“强裁”中公平原则的各项标准恰如走在钢索上的艺术，尚须理论演进革新、实例检验推进、经验积淀反思，任重道远。

---

① Kerry A. Mastroianni, *The* 2017 *Bankruptcy Yearbook & Almanac*, New Generation Research, Inc., p. 28 (2017).

第十四章　破产法与司法制度：以破产法院与破产管理局为视角

司法成本与执法成本是法律供给成本的重要构成部分，这意味着司法和执法的水平亦可影响法律的供给程度，影响破产法实施的有效供给区域。在破产法的实施过程中，司法机关和执法机关的作用发挥得尤为明显。特设的破产法院和专业的破产管理局是确保破产法得以顺利实施的重要机构。

一、破产法院与破产法官

（一）特设的破产法院

1. 破产法院的管辖权

为了应对破产法的特殊性，美国特设破产法院专属适用破产法。[①] 破产法院管辖权的历史，是其与区法院管辖权关系的历史。“在破产法体系中，没有其他任何一个主题比破产法院管辖权更受到美国最高法院的关注。”[②] 破产法院由刚开始不具独立的管辖权和有限制的管辖权，到 1978 年享有不受约束的完全管辖权，是一个权力不断扩张膨胀的过程，不过最高法院在 1982 年 Northern Pipeline Constr. Co. v. Marathon Pipeline Co. [③]（以下简称 Marathon

---

① 所有与破产法律制定相关的权力均属于联邦，对破产法的适用自然也归属于联邦法院。美国的联邦法院体系包含三级，最低级是 94 个区法院，破产法院属于区法院的一个部门，中间一级是 12 个巡回法院，最高一级是美国最高法院。需要说明的是美国最高法院有权针对破产程序、动议等制定破产规则，但是这些破产规则不能减损、扩张或更改破产法院拥有的任何实质性权力。美国最高法院需要在每年 5 月 1 日前将变更或新制定的破产规则报国会备案，这些规则将于当年 12 月 1 日前生效。

② Kenneth N. Klee, *Bankruptcy and the Supreme Court* 200（LexisNexis, 2008）.

③ 458 U. S. 50（1982）.

Pipeline 案）中裁定了授予破产法院完全管辖权的《美国司法权与司法程序法案》（Judiciary and Judicial Procedure）部分条款违宪，从而将破产法院重新归属于区法院，再次限制了破产法院的管辖权。破产法院的演变发展经历了以下四个阶段：

首先，19 世纪的三部法案建立了破产法院。在 19 世纪，曾有三部短暂施行的法律赋予联邦法院审理破产案件的权力。第一部法案将破产法院作为区法院的一个纯粹的行政性设置，用以监督每个破产案件中的债务清偿。[①] 第二部法案赋予区法院对与破产程序享有管辖权和制定破产规则的权力。[②] 第三部法案第一次明确了区法院可以组建破产法院，对所有破产案件享有初始管辖权。[③] 至此，破产法院被正式筹建起来，开始审理破产案件。

其次，1898 年《美国破产法案》（Bankruptcy Act of 1898）使破产法院拥有有限的管辖权。1898 年《美国破产法案》具有较大的影响力，效力横跨八十年（从 1898 年到 1978 年）。依据 1898 年《美国破产法案》，破产法院只有有限的管辖权，主要指简易审判权，具体包括：（1）与破产财产管理相关的诉讼；（2）与破产管理人和第三人有关金钱和财产给付争议相关的一些诉讼。至于哪些案件属于第（2）项范畴，有判例指出：在案件开始时，债务人必须实际或拟制占有财产，并且第三人明示或默示同意破产法院的管辖权。由于判断标准较为模糊，实践中争议很大，区法院和破产法院的管辖权之争愈演愈烈。

再次，1978 年《美国司法权与司法程序法案》[④] 确立了破产法院拥有绝对的管辖权。为消弭实践中的不确定性，1978 年《美国司法权与司法程序法案》将破产法院的权力无限放大，认为只要与破产相关的案件，破产法院就享有完全且初始管辖权。[⑤] 通过 1978 年《美国司法权与司法程序法案》，破

---

① 2 Stat. 19（1800 年施行，1803 年废止）。
② 5 Stat. 440（1841 年施行，1843 年废止）。
③ 14 Stat. 517（1867 年施行，1878 年失效）。
④ 28 U. S. C. （1978）.
⑤ 28 U. S. C. § 1334（1978）.

产法院与区法院的管辖权得以明确，破产法院从区法院完全独立出来。

最后，1982 年 Marathon Pipeline 案将破产法院变为区法院的一部分。Marathon Pipeline 案极大地颠覆了破产法院拥有无限权力的事实，形成了今天的破产法院管辖体制。在 Marathon Pipeline 案中，债务人 Northern Pipeline 进入了破产重整程序，并因为债权人违反了合约而起诉债权人 Marathon Pipeline。毫无疑问，依据 1978 年《美国司法权与司法程序法案》，破产法院将享有此案的完全管辖权。但是本案的焦点最后集中于将本该由宪法第 3 条规定的法官行使的权力交由宪法第 1 条规定的法官是否违反了美国宪法。案件一直上诉到美国最高法院。美国最高法院对案件的审理分歧较大，最终，2 名持有保留意见的大法官加入另外 4 名大法官，裁定破产法官不能审理本该由宪法第 3 条规定的法官行使职权的案件。针对该案轰动性的判决，国会并没有在立法层面上将破产法官变成宪法第 3 条规定的法官而平息争议，而是在 1984 年通过修改《美国司法权与司法程序法案》，将破产法院重新变为区法院的一部分，并将审理破产案件的权限在区法院和破产法院之间加以分配，这意味着区法院成为授予破产法院审理破产案件的权力源泉。

2. 破产法院的职权

美国破产法院享有一些固有权力。制定法和判例法也赋予了破产法院审理破产案件的其他权力。首先，破产法院的固有权力。美国最高法院认为破产法院拥有某些固有权力。在 Marrama v. Citizens Bank of Massachusetts① 案中，最高法院认为否决债务人的权利和将案件转化成适用破产清算程序是破产法院的固有权力，不受国会制定法的影响。破产法院的另外一个固有权力是惩罚蔑视破产法院行为的权力。在 Mueller v. Nugent② 案中，法院对于债务人之子拒绝归还债务人财产的行为进行了处罚。

其次，破产法院依据破产法规享有的权力。依据美国破产法，破产法院享有以下权力：为了有效和恰当的行使《美国破产法》的相关条款，破产法

---

① 549 U. S. 365 (2007).

② 184 U. S. 1 (1902).

院可以发布除任命接管人外的任何指令，作出任何判决。[①] 破产法院也可以自行或依当事人的请求，为了快速审理案件而召开审前会议。举例来说，在不违背联邦程序规则的前提下，破产法院可以作出以下命令：

（1）规定破产管理人承担或拒绝未履行双务合同的期限；

（2）规定债务人或破产管理人公布重整计划的时限；

（3）规定债务人或破产管理人寻求重整计划被通过的时限；

（4）规定除债务人之外的利益方公布重整计划的时限；

（5）规定除了债务人之外公布重整计划的利益方寻求重整计划被通过的时限；

（6）确定信息披露声明公告的范围和格式；

（7）规定批准信息披露声明的同时可以批准重整计划。

最后，破产法院依据判例法形成的权力。美国是普通法系国家，破产法院依据多年形成的判例法享有部分权力。比如，通过 Pepper v. Litton[②] 案，破产法院确立了其可以在破产审判中确定一项交易的性质的权力，比如破产法院可以确定该交易是否为对某个债权人的优惠清偿，也可以将一个信托重新确认为不具清偿目的的有担保贷款。通过 Steelman v. All Continent Corp. [③] 案，破产法院确立了其可以禁止某些非破产法上的诉讼，以防止破产欺诈和对破产法院管辖权造成的侵害。破产法院依据判例法形成的权力并非没有疆界，必须不能违背《美国破产法》的规定。在 Callaway v. Benton[④] 案，最高法院就明确了破产法院无权对不属于债务人财产的物品签发禁令。在 Emil v. Hanley[⑤] 案，最高法院认为破产法院无权要求对接管人进行审计。美国最高法院的 Rehnquis 法官曾指出，在考虑是否行使其依据判例法形成的权力时，破产法院必须专注于实现破产法典的最终目标。

---

① 11 U. S. C. §105（1978）.

② 308 U. S. 295（1939）.

③ 301 U. S. 278（1937）.

④ 336 U. S. 132（1949）.

⑤ 318 U. S. 515（1943）.

（二）专业的破产法官

从事破产实践工作的专业人士是维持破产法良性运转的必备条件之一。“高素质的破产执业共同体既是企业破产市场化的产物，也是现代化理念的内在要求。……从广义上讲，破产法执业共同体应该包括法官、律师、会计师等围绕破产理论和实务组成的具有共同理念和专门知识的执业共同体。”① （见表 13）

表 13　美国破产法院、破产法官与区法院、其他区法院法官的分布与数量②

<table>
<tr><th colspan="2">美国各州法院</th><th>破产法官人数</th><th>其他法官人数</th><th colspan="2">美国各州法院</th><th>破产法官人数</th><th>其他法官人数</th></tr>
<tr><td rowspan="3">亚拉巴马州</td><td>北区法院</td><td>5</td><td>7</td><td colspan="2">内布拉斯加州区法院</td><td>2</td><td>3</td></tr>
<tr><td>中区法院</td><td>2</td><td>3</td><td colspan="2">内华达州法院区法院</td><td>3</td><td>7</td></tr>
<tr><td>南区法院</td><td>2</td><td>3</td><td colspan="2">新罕布什尔州区法院</td><td>1</td><td>3</td></tr>
<tr><td colspan="2">阿拉斯加州区法院</td><td>2</td><td>3</td><td colspan="2">新泽西州区法院</td><td>8</td><td>17</td></tr>
<tr><td colspan="2">亚利桑那州区法院</td><td>7</td><td>12</td><td colspan="2">新墨西哥州区法院</td><td>2</td><td>6</td></tr>
<tr><td colspan="2">阿肯色州东区和西区法院</td><td>3</td><td>8</td><td rowspan="4">纽约州</td><td>北区法院</td><td>2</td><td>5</td></tr>
<tr><td rowspan="4">加利福尼亚州</td><td>北区法院</td><td>9</td><td>14</td><td>南区法院</td><td>9</td><td>28</td></tr>
<tr><td>东区法院</td><td>6</td><td>6</td><td>东区法院</td><td>6</td><td>15</td></tr>
<tr><td>中心法院</td><td>21</td><td>27</td><td>西区法院</td><td>3</td><td>4</td></tr>
<tr><td>南区法院</td><td>4</td><td>13</td><td rowspan="3">北卡罗来纳州</td><td>东区法院</td><td>2</td><td>4</td></tr>
<tr><td colspan="2">科罗拉多州区法院</td><td>5</td><td>7</td><td>中区法院</td><td>2</td><td>4</td></tr>
<tr><td colspan="2">康涅狄格州区法院</td><td>3</td><td>8</td><td>西区法院</td><td>2</td><td>4</td></tr>
<tr><td colspan="2">特拉华州区法院</td><td>1</td><td>4</td><td colspan="2">北达科他州区法院</td><td>1</td><td>2</td></tr>
</table>

① 李曙光、王佐发：《中国〈破产法〉实施三年的实证分析——立法预期与司法实践的差距及其解决路径》，载《中国政法大学学报》2011 年第 2 期。

② 依据《美国司法权与司法程序法案》第 133、152 条整理，统计未包括三个属地法院：维尔京群岛法院、关岛法院和北马里亚纳群岛法院。

续表

美国各州法院		破产法官人数	其他法官人数	美国各州法院		破产法官人数	其他法官人数
哥伦比亚特区法院		1	15	俄亥俄州	北区法院	8	11
佛罗里达州	北区法院	1	4		南区法院	7	8
	中区法院	8	15	俄克拉何马州	北区法院	2	3
	南区法院	5	17		东区法院	1	1
佐治亚州	北区法院	8	11		西区法院	3	7
	中区法院	3	4	俄勒冈州区法院		5	6
	南区法院	2	3	宾夕法尼亚州	东区法院	5	22
夏威夷岛区法院		1	3		中区法院	2	6
艾奥瓦州区法院		2	2		西区法院	4	10
伊利诺伊州	北区法院	10	22	波多黎各法院		2	7
	中心法院	3	4	罗得岛州区法院		1	3
	南区法院	1	4	南卡罗来纳州区法院		2	10
印第安纳州	北区法院	3	5	南达科他州区法院		2	3
	南区法院	4	5	田纳西州	东区法院	3	5
艾奥瓦州	北区法院	2	2		中区法院	3	4
	南区法院	2	3		西区法院	4	5
堪萨斯州区法院		4	5	得克萨斯州	北区法院	6	12
肯塔基州	东区法院	2	5		东区法院	2	7
	西区法院	3	5		南区法院	6	19
路易斯安那州	东区法院	2	12		西区法院	4	13
	中区法院	1	3	犹他州区法院		3	5
	西区法院	3	7	佛蒙特州区法院		1	2

续表

美国各州法院		破产法官人数	其他法官人数	美国各州法院		破产法官人数	其他法官人数
缅因州区法院		2	3	弗吉尼亚州	东区法院	5	11
马里兰州区法院		4	10		西区法院	3	4
马萨诸塞州区法院		5	13	华盛顿州	东区法院	2	4
密歇根州	东区法院	4	15		西区法院	5	7
	西区法院	3	4	西弗吉尼亚州	北区法院	1	3
明尼苏达州区法院		4	7		南区法院	1	5
密西西比州	北区法院	1	3	威斯康星州	东区法院	4	5
	南区法院	2	6		西区法院	2	2
密苏里州	东区法院	3	6	怀俄明州区法院		1	3
	西区法院	3	7				
蒙大拿州区法院		1	3	合计		316	666

美国专业的破产法官制度殊值借鉴。观察美国破产法院、破产法官与区法院、其他区法院法官的分布与数量的表格，美国每个破产法院至少会有一名破产法官，最多会有 22 个破产法官（加利福尼亚州中心法院），而且破产法官的数量较多，占有相当大的比例，加利福尼亚州东区法院破产法官和其他法官的比例甚至达到了 1∶1，最少的比例也有 1∶6（路易斯安那州东区法院），美国平均的破产法官与非破产法官的比例也达到了 1∶2 的程度。

破产法官长期审理专业性强、法律关系复杂、牵扯多个领域的大型公司破产案件，比如轰动世界的安然、世通公司、通用、克莱斯勒以及雷曼兄弟公司的破产案均为破产法官审理，这使破产法官在破产领域中具有较高的声誉，为人尊敬。“由于破产法理论与实践水乳交融，破产法官曾多次参与甚至主导破产立法，也用判例法影响了破产法的发展走向。因此，破产法官洋洋洒洒数十页的判决书往往成为破产实践者领会破产法律精髓的绝佳工具。”①

二、破产管理局

有法院院长表示，有些地方党政领导认为本地企业破产是不光彩的事情，不愿运用依法破产制度，是地方政府官员较普遍存在的心态，但是在国际上，很多国家和地区对市场化破产做得比较规范，如1978年《美国破产法》改革中设置了隶属于联邦司法部的联邦托管人，德、日、美、俄等国政府都设有破产管理局等。② 破产案件的逐年递减与政府过度干涉破产案件使得我国大陆有必要借鉴其他国家的破产管理机构，推动我国大陆破产法的实施和发展。

（一）破产管理局的法律地位

破产管理局一般设立在一国的行政部门之下，独立于立法机关和司法机关。这种设置方式便于其作为政策的参谋者，在破产法院之外，向立法机关提出破产法修改和完善建议，提供专业的决策参考，也方便其向破产法院主管的案件派出管理人，改变了由法院在破产案件中既当参加者又做裁判者的困境。

美国破产管理局（The United States Trustee Program）依据1978年《美国破产法》成立，隶属于美国司法部（Department of Justice）。③ 美国破产管理局最开始分布在18个区域，后拓展至21个区域。美国破产管理局依靠美国管理人系统基金（United States Trustee System Fund）运作，资金来源于要求破产保护的利益相关人和其他捐助。美国破产管理局旨在提升破产体系的效率和完整性。为了进一步保障公平、效率和经济的解决破产案件，美国破产管理局有权监督利益各方和管理人，以保障他们遵守破产程序。同时，破产管理局也会与检察官、美国联邦调查局等法律实施部门协作，调查破产欺诈和破产权利滥用的问题。④

---

① 李曙光：《美国破产法院综述》，载《法制资讯》2013年第10期。

② 江耘：《两会速递：浙江高院院长建议加快修订企业破产法》，载中国新闻网2014年3月11日，http：//www. chinanews. com/fz/2014/03-11/5936503. shtml，最后访问日期：2014年3月15日。

③ 11 U. S. C. § 101.

④ 涉及美国破产管理局的内容来自其官方网，http：//www. justice. gov/ust/，最后访问日期：2014年3月15日。

英国破产管理署（Insolvency Service）是英国商业创新和技能部（Department of Business Innovation and Skills）下属机构，负责实施1986年和2000年《英国破产法》、1986年《英国公司董事违法行为法案》（Company Directors Disqualifications Act）、1996年《英国劳动者保护法》（Employment Rights Act）以及1985年和2006年《英国公司法》。英国破产管理署成立于1884年，目前约由2100名职工，分布在35个区域。[①] 英国破产管理署旨在为公司经营失败提供框架性解决方案，并处置其中的违法行为。

香港破产管理署隶属于中国香港特别行政区政府，目标是确保香港能够提供符合国际标准的高水平破产服务，并有效地监察破产程序中从业人员的行为操守。香港破产管理署共有五个部门：个案处理部、法律事务一部、法律事务二部、财务部及行政部[②]（见图6）。

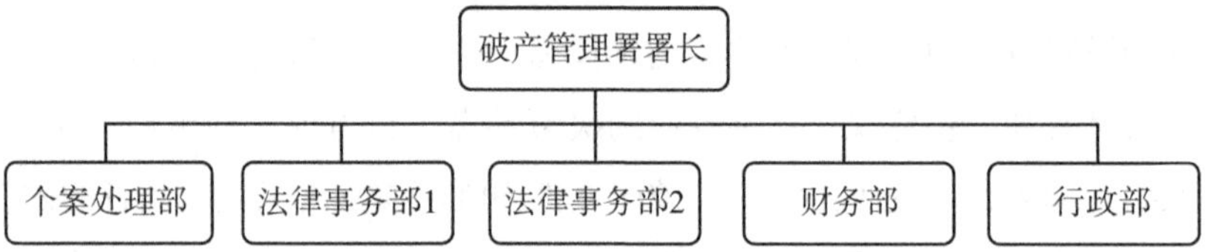

图6　香港破产管理署组织框架[③]

（二）破产管理局的主要职能

破产管理局像"破产程序的看门狗"[④]，为促进破产体系的完整和效率，保护所有股东、债务人、债权人和公众利益而努力。破产管理局的宗旨、目标、策略和预期效果包括以下三个方面：

---

① 涉及英国破产管理署的内容来自其官方网站：http：//www. bis. gov. uk/insolvency，最后访问日期：2014年3月15日。

② 涉及香港破产管理署的内容来自其官方网站：http：//www. oro. gov. hk/sc/aboutus/mission. htm，最后访问日期：2014年3月15日。

③ 个案处理部行使或监督破产管理人的工作，即如果破产管理署署长获委任为管理人，该部会负责破产清盘管理的工作；如果私营机构清盘从业员在强制清盘案或破产案中获委任为管理人，该部会负责监察他们的操守。法律事务部1负责对破产案件提供法律意见，包括出席非正审及最终的法院聆讯，及在复杂的个案中聘任大律师。法律事务部2负责调查及监控在破产程序中违法的行为人。财务部负责破产案的财务及会计调查。行政部负责行政支援、翻译服务等。

④ House Report No. 989，95th Cong.，2d Sess. at 88（reprinted in 1978 U. S. Code Congressional & Admin. News at5787，5963，6049）.

破产管理局的宗旨之一是保护破产法体系的完整性，以实现公众遵守破产法律和规则。为了达到上述宗旨和目标，破产管理局可以对不遵守破产法的个体提出控诉，并在刑事调查中协助识别违法犯罪行为。破产管理局的宗旨之二是促进破产法体系的效率，使破产案件得以及时有效的解决。为了达到上述宗旨和目标，破产管理局可以监督破产管理人并提供信用查询服务等。破产管理局的宗旨之三是实现破产法实施的不断演进，使得破产程序在信息披露、管理、破产方案制定、财产评估等方面与时俱进。为了达到上述宗旨和目标，破产管理局可以改进破产案件的记录系统、提供培训等（见图7）。

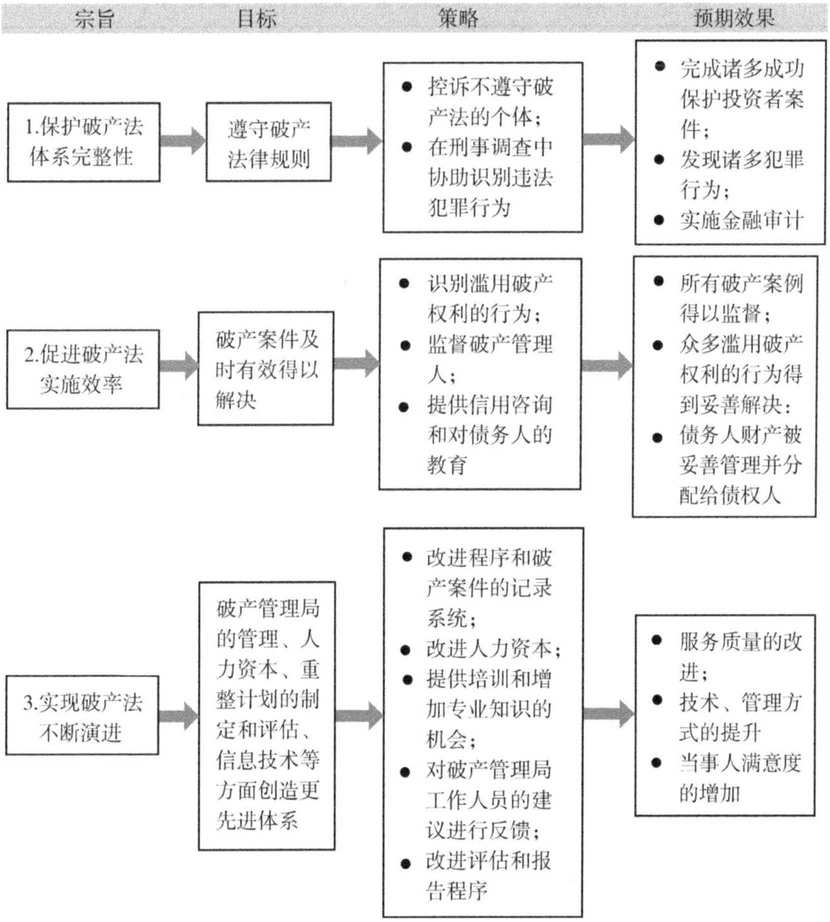

图7　破产管理局的宗旨、目标、策略和预期效果

破产管理局在破产理论研究和实践中发挥重要作用。各国的破产管理局均整理统计出各国的破产案件申请数量、列明破产案件的多种程序、刊登破产法改进报告、为社会公众提供破产案件查询服务。此外，破产管理局还成功履行了其他职责。比如 2012 年度，美国破产管理局就发现了 2120 起较为严重的破产犯罪案件。通过表 14 可以看出，美国破产管理局不仅详细统计出各个犯罪类别对应的案件数量，而且审查之细致、任务之烦琐殊值借鉴与钦佩。

表 14　美国破产管理局发现的破产犯罪行为（2012 年）①

犯罪行为类型	数量	比例（%）
税收欺诈（依据 26 U. S. C. § 7201）	796	37. 5
不实陈述［依据 18 U. S. C. § 152（2）和（3）］	686	32. 4
藏匿［依据 18 U. S. C. § 152（1）和（7）］	530	25. 0
破产欺诈（依据 18 U. S. C. § 157）	480	22. 6
盗窃身份	353	16. 7
房地产欺诈	133	6. 3
电汇欺诈（依据 18 U. S. C. § § 1341 和 1343）	110	5. 2
银行欺诈（依据 18 U. S. C. §1344）	99	4. 7
隐藏、销毁、拒绝交出文件［依据 18 U. S. C. § 152（8）和（9）］	99	4. 7
虚假陈述	89	4. 2
伪造文件	46	2. 2
违反《萨班斯—奥克斯利法案》（Sarbanes-Oxley Act）（依据 18 U. S. C. § 1519）	39	1. 8

① See *Criminal Referrals by the United States Trustee Program*, Fiscal Year 2012, Reports of U. S. Trustee Program to Congress, Mar. , 2013.

续表

犯罪行为类型	数量	比例（%）
侵占、挪用（依据 18 U. S. C. § 153）	35	1.7
在申请破产程序后接收财产［依据 18 U. S. C. § 152（5）］	31	1.5
违反州法	30	1.4
同谋（依据 18 U. S. C. § 371）	23	1.1
申请破产的准备人不遵守破产法（依据 18 U. S. C. § 156）	22	1.0
联邦欺诈	20	<1
洗钱（依据 18 U. S. C. § § 1956 和 1957）	19	<1
连续申请破产	19	<1
投资者欺诈	17	<1
公司欺诈	16	<1
虚假债权［依据 18 U. S. C. § 152（4）］	16	<1
信用卡欺诈	15	<1
刑事蔑视（依据 18 U. S. C. § 402）	14	<1
专业人士欺诈	12	<1
空壳欺诈	11	<1
保险欺诈	8	<1
贿赂［依据 18 U. S. C. § 152（6）］	7	<1
健康保险欺诈	6	<1
滥用法庭印章（依据 18 U. S. C. § § 505 和 506）	6	<1
妨碍司法	5	<1
董事的利益冲突（依据 18 U. S. C. § 154）	4	<1

续表

犯罪行为类型	数量	比例（%）
威胁适用暴力	4	<1
违禁药品	2	<1
违反移民规定	2	<1
结构性	2	<1
对债权人、债务人滥用确认的滥用	1	<1
虐待儿童	1	<1
网络欺诈	1	<1
拒绝支付员工福利计划	1	<1
恐怖主义	1	<1

三、破产法院和破产管理局创设的必要性

《企业破产法》的施行使人们对于我国破产实践的蓬勃展开和社会信用链条的完备怀揣希望，但是在《企业破产法》实施的前十年，其表现令人失望，实施效果远逊于预期，破产程序为“法律产品消费者”所远离，债权人、债务人和其他利害关系人对破产程序的依赖程度在减弱是不争的事实。该结论可以从横向和纵向两个方面得出。

横向方面，企业退出市场的方式有行政上的注销、吊销与司法上的破产两大类。注销、吊销由于成本较低，无须经过债权申报、债权人会议、破产宣告、变价和分配等烦琐程序，成为市场主体选择退出的首选方式，需求旺盛；而作为妥善了结债权债务关系、债权人利益得以充分保障、实现市场经济信用并由法院为公信力背书的破产程序，即使经过2006年的全面修改，被适用的概率也较低。以2012年企业退出市场方式的数据统计为例，我国内资企业注销数量为37.7万家，吊销数量为38.64万家，外资企业注销数量为5406家，吊销数量为10,364家，而我国法院一共审结的破

产案件为 2100 例。[①] 即使到了因供给侧结构性改革，破产法为广为重视的 2019 年和 2020 年，这个数据仍然表现不甚理想。2019 年全年全国注销企业总数为 306.26 万户，因破产原因注销企业数仅为 5233 户。2020 年全年全国注销企业总数为 289.95 万户，因破产原因注销企业数为 3908 户。[②]

纵向分析破产案件结案数量也可以得出类似结论。对比新旧破产法颁布前后的破产案件结案数量，新破产法颁布后破产案件的受理数量在最初阶段呈明显下滑趋势，由《企业破产法》实施前 2002 年的 8615 件，探底到 2012 年的 1521 件。即使到 2019 年，全国破产案件受理数也仅仅 8436 件。[③]

对这一结果的解释众说纷纭，但政府对市场的过度干预以及法院受理案件的专业性和动力不足是学者们较为认同的原因。[④] 关于破产管理人的选任，《企业破产法》规定可以由有关部门、机构的人员组成的清算组或者依法设立的律师事务所、会计师事务所、破产清算事务所等社会中介结构担任。尽管有的法院建立了破产管理人名录并从其中通过摇号方式选取破产管理人，但以政府机构主导的清算组却是实践中的主要模式。政府的介入在个案中或许具有一定的合理性，不过被大范围的采用却意味着破产法的非市场化运作，造成了破产程序的运转专业性不强，挤压了市场中介组织发挥作用的空间。法院监控下平衡协调利益相关人的过程也演变为政府出于维稳和地方政府政绩需要，以及保护劳动者和国家债权的需要。这为将行政力量凌驾于私人利

---

① 参见姜沅伯：《中国破产案件数据统计报告（2012 年）》，载李曙光、郑志斌：《公司重整法律评论》（第 3 卷），法律出版社 2013 年版，第 518 页。

② 数据来源于中国政法大学破产法与企业重组研究中心。

③ 参见中国政法大学破产法与企业重组研究中心整理：《中国破产案件总体数据（2002～2019 年）》，载李曙光、刘延岭主编：《破产法评论（第 2 卷）：营商环境与破产重组》，法律出版社 2021 年版，第 437～438 页。

④ 比如李曙光、王佐发认为制约我国破产法律良性发展的基本因素有行政力量的干涉、高素质破产执业共同体缺乏等因素，参见李曙光、王佐发：《中国〈破产法〉实施三年的实证分析——立法预期与司法实践的差距及其解决路径》，载《中国政法大学学报》2011 年第 2 期；李曙光：《中国迫切需要建立破产管理局》，载《南方周末》2010 年 7 月 1 日，第 F31 版。此外，参见王欣新：《论破产案件受理难问题的解决》，载《法律适用》2011 年第 3 期；霍敏：《破产企业审理精要》，法律出版社 2010 年版，前言第 2 页。

益找到了绝佳的理由，势必造成人们对适用破产程序的远离趋势，也进一步减少了普通债权人获得清偿的比例。

法院处于主导整个破产程序的核心地位，是破产程序中异议的裁判者，是各方利益博弈的平衡者。浙江省高院章恒筑庭长曾形象地比喻破产案件对法院和法官的特殊要求：不仅是开庭，还是开会；不仅是裁判，还是谈判；不仅是办案，还是办事。[①] 法院在破产程序中作用的发挥，依赖于专业性较强的法官和独立审判的保障。而相比于美国破产法官的 14 年任期，我国法官业务审判领域变动较为频繁。由于财政权和人事任免权受制于地方政府，法院受到地方政府较多的牵制，独立性不强。

破产法院和破产管理局的优势体现在以下两个方面：一方面，破产法院和破产管理局实现了破产法的调整需要。破产法的实施是一个动态过程，需要不断调整实施绩效、程度和水平，这就要求有关部门能够将实践中的新问题、新情况、新发展及时反馈给立法机关，以便相关规则得以适时修改。而破产法官和破产管理局在实践方面的优势与生俱来。特设的破产法院和专门的破产法官经验丰富，更能一针见血地抓住问题要害，提出的意见更具针对性；而破产管理局的主要职责便是统计破产数据、发现破产问题、提供政策建议。另一方面，破产法院和破产管理局适应了破产法实施专业性的需要。破产法的实施需要精准计算普通债权人利益与优先权人利益，通过利益平衡和再分配，实现破产法各方当事人利益的均衡。法官和破产管理人需要识别出适格的债权人，挑拣出合适的破产适用程序，估量出较优的清偿数额与清偿期间，难度颇高。一般的法官较难胜任，而破产管理人在实际操作中也难免出现纰漏，需要破产管理局有效监督。

破产管理人和法院在破产优先权限制与补偿制度的实施过程中，亦发挥举足轻重的作用。首先，破产优先权的限制机制的实施需要破产管理人和法官提供反馈意见，以作为立法机关完善破产优先权的参考。破产管理人和法

① 参见郑志斌、张婷：《公司重整：角色与规则》，北京大学出版社 2013 年版，第 5 页。

官作为直接接触破产案件的第一线工作人员，长期积累的经验往往使得他们对破产优先权有着独到且精辟的见解，对破产优先权的现状及问题最有发言权。破产优先权作为债权人实现债权的核心一环，各方当事人博弈激烈，其中的利益关系错综复杂，立法者无法亲历其中，往往无法深谙破产优先权的命门。比如立法者一直秉持公共利益优先的理念，对劳动债权和国家债权慷慨优先清偿，却不去体恤普通债权人，特别是中小企业在现实中遇到的困境。其次，破产优先权的限制制度的实施需要破产管理人和法官判定和识别权利人、优先权类别和数额。比如，破产管理人和法官需要识别“空调”工资现象。“空调”工资是指有的企业已停工很长时间，且工人也长时间放假，但个人工资仍然按盈利企业标准计算，且企业每次都对工资进行正常调级。[①]破产管理人和法官需要判断哪些工资属于“空调”，将其剔除出优先清偿的范围。此外，判定董事、监事、高级管理人员的工资标准，哪些债权属于法律、行政法规规定应当支付给劳动者的补偿金，哪些福利和补偿金可以优先清偿，以及计算破产优先权的限额和期间等也需要专业的破产管理人和法官。最后，破产优先权限制的补偿方法需要法官的运用和创设。一些补偿制度目前在我国并没有明确建立，比如在破产程序中对董事、监事和高级管理人员的追偿。法官可以通过援引《企业破产法》第 6 条和第 125 条，将董事、监事和高级管理人员拖欠劳动债权和税收债权的行为作为他们违反忠实义务、勤勉义务的表现，加以追索。我国虽然不承认类似西方国家的法官造法行为，但是法官可以通过选择法律、解释法律来引导债权人和债务人，让他们在签订合同时即可预期到企业的破产风险以及若企业破产时他们可得到的清偿比例。此外，其他破产优先权限制的补偿方法由于需要谨慎采用，专业性要求较高，需要法院权衡后予以适用，以达到最佳的社会效果。

---

① 参见沈桂明：《破产法学》，郑州大学出版社 2004 年版，第 247 页。

四、破产法院和破产管理局创设的路径

关于破产法院的创建，《法院组织法》允许设立专门的法院，这为破产法院的设立找到了法律依据，而海事法院和曾经的铁路法院已有实例。我国是否设立破产法院取决于市场经济的发展程度、法官职业化和专业化程度以及破产案件数量的增长情况。深化市场经济体制改革要求去除不必要的行政干涉，政府应该简政放权，建设良好的社会信用环境，顺应破产实践领域的市场化趋势。破产法官的职业化和专业化早已是世界的趋势。

破产案件的数量与破产法院之间的关系在我国当前破产法实践中是一个悖论：

一方面，破产案件数量过少会影响破产法院的建立。我国台湾地区在整合清算、重整和其他程序试图建立“债务清理法”时，也有关于破产法院筹备事宜的讨论。尽管对建立破产法院的必要性达成一致意见，但破产案件数量较少的现实使得立法者认为筹建破产法院的成本过高，破产法院的设立不了了之。而美国破产法院之所以在世界上具有较大的影响力，是与其审理大量个人破产案件和巨型企业的破产案件分不开的。

另一方面，不建立破产法院可能会进一步减少破产案件的数量。如果我国不建立破产法院，政府的触角就会继续深入破产案件的审理，破产程序仍然表现出低效率、不透明和可预期性差，导致人们继续不愿选择破产程序，破产案件审理数量继续下滑，陷入一个恶性循环。因此从长远看，为了促进破产法在我国的良好施行，需要拿出破釜沉舟的勇气，设立破产法院。

现阶段，可以先从建立专职破产法庭入手。破产法庭如果设在破产案件较多的基层法院，对当地的小微企业快速破产，解决债权债务关系，不失为一剂良药，但同时也可能出现各基层法院适用法律不统一、法官不够专业等问题，还需要依靠中级人民法院和高级人民法院的指导。破产法庭如果设在中级法院，有利于避免地方政府的干涉，但是对于债务人来说，又会因为管辖问题造成经济、时间成本的增加。特别的，如果借鉴知识产权审判庭的经

验，将专业审判庭集中于全国少数几个中级法院，当事人的成本还会继续增大，这对于本就资不抵债的债务人以及期盼更多清偿的债权人来说更是雪上加霜。因此，在选择设立破产法院和破产法庭时，需要选择几个经济发展较好的基层法院和已有丰富审判破产案件的中级法院先行试点，通过运行效果的比较来最终确定选择何种设立模式。

关于破产管理局的创建，可以考虑将其作为国务院的一个职能机构，负责破产法的实施与破产事务的管理，代表政府推动社会信用的强化和管理。针对破产法的有关实施，应该赋予破产管理局以下职权。其一，搜集破产法的实施现状与问题，为精准实施破产法献计献策。破产管理局作为官方机构，有途径追踪债务人财产的分配情况，了解劳动者债权和税收债权的优先清偿情况，分析整理破产法实施的表现和效用，有能力推动立法领域和司法实践不断实施破产法。其二，考察董事、监事和高级管理人员履行信义义务情况，发现和认定他们违反破产优先权要求的事实，计算违反义务的数额，代表债务人追索董事、监事和高级管理人员的责任，并将追索的数额在债权人之间公平分配。其三，作为破产管理人的管理者，破产管理局可以监督检查破产管理人在分配破产财产时计算数额及破产优先权享有类型等事项，防止破产管理人滥用职权，以确保破产管理人完全按照法律规定清偿适格权利人，提升破产程序的效率。

第十五章　破产法与营商环境法治：以世界银行《营商环境报告》为视角

一、问题的提出：我国破产法实施与营商环境的龃龉

作为优胜劣汰市场机制坚定捍卫者的破产法，在出清病弱企业，优化营商环境方面扮演举足轻重的角色。世界银行每年发布《营商环境报告》，对全球190余个经济体的营商环境法律法规及其执行情况进行客观评估，考察评估世界各国或地区的企业从开办，到运营，再到注销的全生命周期的外部环境，其指标具有评估范围广、指标体系全面、数据结论客观等特点。[①]《营商环境报告》中的“办理破产”指标[②]，旨在通过量化排名，良性地促使各国或地区破产制度日臻完善，最终实现“好”的破产制度。[③] 各国或地区破产法改革均以此为目标，力争提升本国或本地区排名。越来越多的经济体开始以营商环境排名的提升为其经济改革的主要目标。比如，前英国首相大卫·卡梅伦（David Cameron）曾表示，英国志在于2020年时，在世界银行营商环境排名中力争位居欧洲第一和全球前五。纳伦德拉·莫迪（NarendraModi）当选印度总理时，曾明确提出要把在营商环境排名中进入前

---

① 参见常江：《优化营商环境法治保障问题研究》，载《政府法制研究》2018年第9期。

② 在2012年前，《营商环境报告》中衡量破产的指数称为“关闭企业”（closing a business）。自2012年起，改为“办理破产”（resolving insolvency），以更精准地体现该项指标的含义。需要指出的是，该项指标的内容和范围均未有变化。

③ See Simeon Djankov et al. , Debt Enforcement around the World, 116 (6) *Journal of Political Economy*, 1105 - 1106 (2008).

50 的目标，作为他执政的一个基准。[①] 印度从 2016 年新《破产法》出台后持续关注修改破产法律实践，使印度“办理破产”指标分数从 2015 年的 32.6 分直接上涨到 2020 年的 62 分。再如，我国香港特别行政区在 2018 年《营商环境报告》中破产指标评分表现不佳，其发言人曾表示，政府会致力确保我国香港特别行政区的公司破产制度与时并进，并正就设立法定企业拯救程序拟备条例草案，此举将有助增强有关制度[②]。

2020 年《营商环境报告》中，我国“办理破产”指标排名较前一年上升 10 名，但“办理破产”子指标中“破产时间”较前一年下降 2 名，“破产成本”并无提升，回收率单项排名仅上升 1 名。除去“破产时间”与“破产框架力度指数”两项指标外，其他指标排名都远低于“办理破产”总指标排名，我国破产法改革仍没有追赶上世界破产法律制度的优化速度。[③] 近 5 年来，我国“办理破产”指标的分数几无变化，稳定在世界 50 名至 60 名区间。这既有我国破产制度改革欠缺针对性，与“办理破产”指标的相关要求有一定差距，也有世界范围内各个国家或地区纷纷掀起破产制度改革浪潮，排名顺位迎头赶上的影响。“出清的市场是最好的、最干净的市场，是一个没有臃肿赘肉的非常健康的肌体。在出清的市场情况下，便会出现挤出效应，这个挤出是挤出市场泡沫，市场没有闲置的资源，没有信用垃圾。”[④] 随着对市场出清在营造良好营商环境中具有重要作用的深入认知，为达到商品价格具有充分灵活性，市场需求和供给迅速均衡的状态，我国出台了系列破产与市场主体退出制度的完善政策。例如，2019 年 2 月 25 日，最高人民法院通过《关于适用〈中华人民共和国企业破产法〉若干问题的规定（三）》［以下简

---

① Gerard McCormack, Why “Doing Business” with the World Bank May Be Bad for You, 19 *European Business Organization Law Review*, 649 – 676 (2018).

② 参见《港营商环境排名全球第五商界呼吁设破产保护机制》，载大公网，http://hk.zijing.org/2017/1102/745446.shtml，最后访问日期：2020 年 4 月 24 日。

③ 本章的各项数据、指标含义、调查问卷内容，除特殊说明外，均来自历年世界银行《营商环境报告》，载 http://www.doingbusiness.org/en/reports，最后访问日期：2020 年 3 月 4 日。

④ 李曙光：《破产法的宪法性及市场经济价值》，载《北京大学学报》（哲学社会科学版）2019 年第 1 期。

称《破产法司法解释（三）》]，正是为了营造稳定公平透明、可预期的营商环境提供有力的司法服务和保障。① 从2020年世界银行《营商环境报告》中可以看出，《破产法司法解释（三）》为我国“办理破产”总指标排名的提升带来正外部性的同时也没有被世界银行认可其中的全部制度改革。因此，我国政府针对市场主体退出环境持续发力。2019年6月，国家发展和改革委员会、最高人民法院等十一部委联合发布《加快完善市场主体退出制度改革方案》（发改财金〔2019〕1104号），聚焦畅通市场主体退出渠道，降低市场主体退出成本。该方案在破产法的法庭内市场退出渠道外，还就退出甄别和预警机制、注销制度等提出完善建议。该方案强调完善破产法律制度，促进市场主体达到法定破产条件的，积极适用破产程序保护自身权益，同时达到尽快盘活存量资产，释放资源要素的出清目的。陷入财务困境但仍具有经营价值和再生希望的企业，支持债权人、债务人及利益相关方利用各项重整手段保持企业营运价值，恢复生产经营。丧失经营价值和再生无望的企业，则及时通过破产程序实现市场出清。在反思我国破产制度改革政策，对标国际最高标准后，我国破产法改革进程定能收获更大进步驱动力。

深入研究分析“办理破产”指标，有利于革新我国破产法改革理念，强调平衡多元利益主体下的整体破产效益，发挥破产法重整再生的市场经济价值，制定针对性的排名追赶方略，也有助于反思与重构我国破产法的薄弱滞后环节，优化市场主体退出机制与营商环境，保障我国参与世行评估时获得能全面、准确、反映破产优良改革的客观评价。面对总指标中部分指标排名增长乏力，我国部分改革成果未被认可的现实，我们不禁要反思我国在打造良好的破产法治方面还存在哪些不足，尚应当在哪些方面有所作为？本章正是在剖析世界银行《营商环境报告》“办理破产”指标体系的基础上，爬梳我国相关指标的改革成效，检讨既有破产制度与实践短板，并通过借鉴破产排名“优等生”的经验，在宏观理念与微观制度方面双管齐下，为进一步提

① 参见乔文心：《完善民事程序规则规范破产案件审理：最高法发布优化营商环境两个司法解释》，载《人民法院报》2019年3月29日。

升我国“办理破产”指标排名、健全破产制度、完善社会主义市场经济法治体系建言献策。

二、标准解构：各方共益的“办理破产”指标

何为“好”的破产制度，可谓见仁见智。对有担保债权人而言，保障其以最少的成本、最快的速度收回贷款的设计，是有效的破产制度；对普通债权人而言，能够满足其最大限度受偿的机制是受到赞许的；对出资人而言，理想的破产法需要承担企业死里逃生、涅槃重生的重任，以免其投资血本无归的厄运；对雇员而言，失业意味着难以养家糊口，破产法至少应当确保其获得体面补偿或不被扫地出门；对上下游的供销商而言，破产法应当在处置企业破产过程中，保障供销网络的完整性；对税务机关而言，债务人拖欠的税收之债妥善回收，是“好”破产制度的应有之义。

（一）“办理破产”指标的利益均衡

面对纷繁复杂的各方主体利益，《营商环境报告》早期以回收率为其唯一着力点，仅将债权人，特别是有担保债权人的利益诉求是否实现，作为“有效”破产制度的评判标准。2015 年后，评价体系引入“破产框架力度”指标，越发关注其他利益相关方，实现各方主体利益的均衡协调发展。[①]

1. 以偿付结果为导向的回收率评估

稀缺的债务人财产是债权人受偿的唯一源泉。债务人的资产池在其进入破产程序后，一般仅能被动地消耗。债务人财产留存得越多，债权人得到的份额自然越多，即回收的债权比例越高。“办理破产”指标的第一部分设计出破产时间、破产成本及破产结果三个子指标，进而计算得出回收率指标，

---

① 第一份《营商环境报告（2004 年）》包含的破产指标有六项，分别为：破产时间、破产成本、绝对优先权保留、有效结果的实现、破产目标指数、法院权力指数，自 2005 年起，改革为破产时间、破产成本及破产结果。鉴于第一份报告的实验性色彩及与后续年份的非连续性，本章将不予分析《营商环境报告（2004 年）》的破产指标。

以考察一国或地区破产程序运行的成本与收益。回收率指标旨在降低破产程序的运行成本，扩增债务人留存财产，提高债权人回收的债权份额，从破产程序的偿付结果上均衡债务人与债权人的利益。

第一，破产时间。以效率促进公平清偿秩序的实现，是破产法一直追寻的目标。比如，联合国国际贸易法委员会《破产法立法指南》以“确立有效力和高效率的破产法的关键目标和结构”作为第一部分的主题，并将“及时、高效地解决破产事务”作为各国破产法应当确立的关键目标之一。[①] 企业的破产“战线”拉得越长，需要应付的麻烦层出不穷。此时的企业本就鲜有盈利能力，资产池由于只出不进，将随着时间的消逝渐渐枯竭。企业的资产价值也会随着时间流逝而减损。比如在“办理破产”指标的预设前提下，占全部资产 1/4 的债务人所有的家具价值，将以每年 20% 的速度折旧。此外，重整程序拖得越久，案件结果的偿付可预期性越差，这将动摇管理层与职工的信心，致使供货商和消费者为规避重整失败转向破产清算的风险而另寻他处。

第二，破产成本。“办理破产”指标所衡量的破产程序成本，并不等同于程序经过可能发生的全部花费。《企业破产法》第五章规定了两大类成本，破产费用和共益债务。前者是指保证破产程序启动和顺利进行所需支付成本的各项费用的总称，后者是指为全体债权人可获得的偿付利益而由债务人财产负担的债务的总称。[②]“办理破产”指标仅以其中的破产费用为蓝本，以破产程序漫漫征程的重要经常性支出为底线，圈定以下费用为破产成本：法庭费用和政府税费、破产管理费、拍卖费、评估费和律师费，以及其他一切费用和成本。

第三，破产结果。企业资产被拆分出售的总价显然比整体出售低得多，保有盈利潜质的企业对债权人才是最有利的。若企业被整体收购或经过注资

---

① United Nations Commission on International Trade Law, *Legislative Guide on Insolvency Law*, United Nations Publication, 2005, p. 12.

② 参见齐明：《破产法学：基本原理与立法规范》，华中科技大学出版社 2013 年版，第 245 页。

等重组操作，即使所有权人被更替，企业的业务流水线仍可得到维系。因此，“办理破产”指标在调查问卷中专设问题，询问债务人在破产程序彻底结束后企业的境况，并预设前提：假设债务人在破产程序后尚能持续经营，即拥有债务人财产的全部市值，否则，零散出售的破产财产仅等值于债务人财产价值的70%。衡量破产债务偿付状况的落脚点在回收率指标。回收率的计算方法是综合各国通货膨胀情况得出的贷款利率乘的债务人总资产，再用债权人可以回收的债务人财产数额除以前述的乘积的百分比表示。其中，债权人可以回收的债务人财产数额由破产结果减掉破产程序成本和占债务人财产1/4家具的折旧价值得出。如果债务人能够维系运营价值，破产结果等于债务人的财产总额，若债务人财产被拆分出售，该数值要在债务人财产总额基础上打七折。贷款利率经货币基金组织《国际金融统计数据》（International Financial Statistics）、各国中央银行及《经济学人》信息部（Economist Intelligence Unit）公布的数据综合得出。为了计算现实回收率，在计算时会考虑破产程序运行期间各国所出现的通货膨胀情况，以避免最终的回收率计算有所偏差。

通过回收率的计算公式可以发现，回收率指标的确定仅与破产程序的期间、成本、结果及贷款利率有关。考虑到贷款利率为公开信息，回收率只需要发放调查问卷，收集期间、成本、结果三项数据即可，无须考虑其他因素。至于企业的总资产，除破产成本外，均可以在计算中相抵。因此，关于破产成本的数据，可径直收集破产费用占企业总资产的比重。回收率指标也有其局限性。回收率较高国家的破产法，债权人保护必然较强，但这可能是以损害其他各方权益为代价的。稀缺的债务人资产仅能优先偿付有担保债权人，可能无法足额给付职工、税务机关，遑论普通债权人与出资人。为了确保回收率的数值不为零，回收率指标紧盯排在清偿队列最靠前的有担保债权人的债权回收情况，无暇顾及其他利益相关方感受。

2. 以程序民主为要义的破产框架力度

破产带来羞耻感、恐惧和无知，破产法模式变革的具体化进程面临着诸多障碍：严重的破产耻感无疑是关键诱因。① 据调查，企业家将破产置于创办企业恐惧之首，远高于无规律的收入及工作的不稳定性。② 消弭破产的污名化绝非一朝一夕之功，适度照顾债务人等其他利害关系人的利益是重塑破产法良好面貌的开端。破产框架力度指标由破产程序启动、债务人财产管理、重整程序、债权人参与共四类指标构成，占“破产框架力度”指标的比例分别为18.15%、37.5%、18.15%、25%。所有指标均不仅仅反映有担保债权人的权益，而是反映了各类债权人、债务人等的多方利益诉求。

第一，破产程序启动指标。该指标可分为启动主体与程序、启动标准两个部分，重点关注破产程序的“可获性”，即破产程序能否被简便民主地启动。只有债权人和债务人均能启动破产清算或破产重整程序，才是最佳的破产实践。一方面，“办理破产”指标特别强调债务人对破产程序启动的自主选择权，确保其能尽早进入破产保护，避免损失的扩大。另一方面，两类破产程序应由申请人恣意选择提起，确保申请人选择最有利于自身的途径。通常有现金流、资产负债表两种破产程序启动标准，分别指称债务人无法清偿到期债务与债务人资不抵债的情况。鉴于资产负债表以债务人的资产负债表为观察对象，易致破产界限由债务人操控，存在被滥用的可能，现金流标准遂被大多数国家立法采纳。③

第二，债务人财产管理指标。该指标又由“待履行合同”“撤销权”“启动后融资”3大类指标构成。随着企业市场行为的蓬勃展开，作为其财富积累手段的合同成指数性增长。当企业陷入绝境时，如何对待众多尚未完全履行的合同是棘手问题。根据契约神圣理念，合同在一般情况下自然应当得到遵守，否则将丧失提升破产财团总体价值的机会；若强制债务人履行一些负

---

① 参见［匈］蒂伯·塔基提：《破产耻感与再生政策》，李泽民译，载李曙光、刘延岭主编：《破产法评论》（第1卷），法律出版社2018年版，第56～57页。

② See European Commission, Entrepreneurship in the EU and Beyond, 2012, http: //ec. europa. eu/public_ opinion/flash/fl_ 354_ en. pdf, 2019-05-28.

③ 参见王东敏：《新破产法疑难解读与实务操作》（修订版），法律出版社2007年版，第40～41页。

担过重的合同，必然有悖于维系破产财团最大化的破产法基本准则。于是，公认的待履行合同处置规则是赋予管理人选择权，让其从破产财团整体角度，自主判断破产程序启动前债务人与对方当事人均未履行完毕合同的命运。"债权人之间的债权除具有优先受偿权者外，不考虑其发生时间的先后、金额之多寡、债权发生之原因，都应当平等地接受清偿。"[①] 当个别清偿或优惠清偿等规避债权平等性原则的行为能够被破产法撤销时，该国或地区的此类指标方能得到满分。进入破产程序的企业不一定歇业，其或能在"自动中止"[②] 等制度的保护下暂缓债权人追索债权，并通过持续运营熬过寒冬，谋求东山再起的机会。企业面临资金周转的难题，是否允许其获得新资本的注入？更为重要的是，如何对待新的融资，特别是在受困企业的吸引力断崖式下跌、新融资面临难以回收的极大风险的背景下？"办理破产"指标指出，若破产法允许债务人在破产程序启动后获得融资，并给予该融资以优先受偿待遇，则该破产设计是值得赞许的。

第三，重整程序指标。重整程序指标由"表决权主体""分组表决""异议债权人对待"三大类指标组成。仅有在被调整权益的债权人拥有重整计划草案表决权的情况下，表决权主体部分的指标才达到最优。比如，若担保债权人能够全部收回其债权，破产法就应当排除其表决重整计划草案的权利。为平等对待拥有实质相似权利的债权人，一个经济体的破产法应当将债权人被分成若干组别，每组分别表决，并公平对待各组债权人。"异议债权人对待"指标旨在保护少数派权益，保障其不会受到多数债权人的倾轧。该指标的具体要求是遵守"债权人利益最大化"或"清算价值保障"原则，即任何一个反对重整计划草案的利害关系人，依据重整计划草案都可以至少获得其在破产清算程序中原本可得到的清算利益。[③]

---

① 王利明、崔建远：《合同法新论·总则》，中国政法大学出版社 1996 年版，第 15 页。

② 参见［美］大卫·G. 爱泼斯坦等：《美国破产法》，韩长印等译，中国政法大学出版社 2003 年版，第 60 页。

③ 参见王欣新：《破产法理论与实务疑难问题研究》，中国法制出版社 2011 年版，第 355 页。

第四，债权人参与指标。依据契约理论角度分析，剩余索取权和剩余控制权移至债权人，债权人成为破产企业的最终控制者，不过债权人负责具体的财产和营业事务不切实际，一般通过管理人或经管债务人模式管理债务人。[①] 该指标要求债权人应当享有下述四种权利：管理人任命权，即债权人委任管理人或否决其他人任命管理人的权利，借此缩减债务人管理的代理成本；重要事项决策权，即当债务人出售重要资产时债权人的强制批准权，防止债务人资产流失而债权人却不自知；信息获得权，即单个债权人获得债务人财产状况的权利，以弥补债权人与债务人之间信息不对称的“鸿沟”；决议反对权，即债权人对法院或管理人做出的债权确认决议的否决权，以防止因不良债权的混入而稀释债权人的分配数额。

（二）“办理破产”指标的嵌入实效

作为世界银行最为著名的知识产品之一，[②]《营商环境报告》由 190 个经济体的 48,000 多名专业人员协助提供了过去 17 年指标所依据的数据，记录了 3800 多项商业监管改革，用实证研究证明商业法规对驱动国家竞争力的重要性，为世界各国提供对全球良好实践的独特见解的，已然成为可实践的客观数据库。各国政府越来越多地对标《营商环境报告》来改进本国经济制度的外在吸引力与内在活力。[③]

“办理破产”指标的评估方法具有一定的合理性与适应性。[④] 世界银行以各国法律经验为基础设计统一适用的调查问卷，坚持对不同的经济体提出相同的假设性问题，在世界范围收集这些问题的答案，汇总成可复制性强的国际惯例与数据库供各国改革参考。将相同标准匹配适用各国的做法，确保不

① 参见张钦昱：《公司重整中出资人权益的保护——以出资人委员会为视角》，载《政治与法律》2018 年第 11 期。

② Besley Timothy, Law, Regulation, and the Business Climate: The Nature and Influence of the World Bank Doing Business Project, 29 *J. Econ. Perspect*, 99 – 120 (2015).

③ See World Bank Group, Doing Business 2020, 2019, p. 25.

④ “办理破产”指标的测量方法具体参见 Simeon Djankov, Oliver Hart et al., Debt Enforcement Around the World, 116 (6) *Journal of Political Economy*, 1105 – 1149 (2008)。

同经济体之间具有较强的可比性。世界银行认为企业会在规则不太繁重的情况下遵守规则，而复杂的规则往往成为滋生腐败的沃土。[①]“办理破产”指标中提倡缩减破产时间与成本，保障债权人参与监督程序的破产规则更明确便捷，能够减少腐败的可能性，提高法律执行效率。我国《企业破产法》多为原则性规定，地方区域性破产政策又庞杂多样，公民对破产制度的适用有抗拒心理。缺乏对作为市场经济之基的破产制度的正确理解与实践经验、破产法处于转型时期的不稳定性与破产制度普遍且强烈的耻感，中国的企业家通常不惜一切代价避免破产。[②] 我国若能精准对标每年测算“全球最佳实践”的“办理破产”指标，建立一套公平、高效、透明的商业监管体系，引导企业自觉遵守监管，提高企业家申请破产程序助力危困企业重生的积极性，解决我国破产诸多难题指日可待。

确保全球经济体数据的可比性是营商环境指标的核心考虑因素，世界银行在设计假设行问题时均以各经济体最能反应自身经济状况的最大商业城市为基准，但在一个国家，特别是大型经济体内，商业法律及其执行差异并不是两个参考城市所能体现的。截至2019年年底，全国仍只有深圳、北京、上海、天津、广州、温州六城市建立了独立的破产法庭。全国各地总共成立破产管理人协会58家，省级破产管理人协会只有10家，大部分管理人协会位于经济发展较快的南方。在“基础版”《营商环境报告》的评价体系基础上，开发兼顾地区差异、顺应破产需求的中国特色营商环境评价体系势在必行。

三、困境剖析：破产法“软”“硬”实力进阶的梗阻

我国颁布《营商环境条例》，正是受到《营商环境报告》的启发与激励。尽管我国近年来在破产法领域的改革有所建树，但没有抓住破产法理论与实

---

① See Gerard McCormack, Why “Doing Business” with the World Bank May Be Bad for You, 19 *European Business Organization Law Review*, 649 - 676 (2018).

② 参见［匈］蒂伯·塔基提：《破产耻感与再生政策》，李泽民译，载李曙光、刘延岭主编：《破产法评论》（第1卷），法律出版社2018年版，第56~57页。

践的国际新发展，相关措施大多无的放矢，没有针对“办理破产”指标的要求对症下药，致使我国破产法改革成果未得世界银行认可，“破产指标”排名没有大的起色。

（一）破产法改革逻辑反复

自2004年世界银行发布《营商环境报告》以来，我国“办理破产”指标三降三起，其排名演变与我国破产法及市场经济改革逻辑的反复休戚相关。

颁布于1986年的《企业破产法（试行）》因早已与破产实践脱节，难以适应市场经济的步伐，在实践中鲜有用武之地，与之配套的《最高人民法院关于贯彻执行〈中华人民共和国企业破产法（试行）〉若干问题的意见》（已失效）做出部分改良，但扬汤止沸，再加上政策性破产在实践中广为推广，我国“办理破产”指标排名逐年走跌至80名。得益于2007年6月1日起实施的新《企业破产法》，我国“办理破产”指标排名于2008年显著攀升18名。不过，《企业破产法》实施过程中遇到始料未及的困境，比如囿于严重的破产耻辱感，申请破产的企业远远少于退出市场企业，管理人角色定位模糊、专业性不强、中介功效难以发挥等因素，[①] 我国的排名一路探底至第82名。近年来，我国破产法领域颁布了系列法规，比如在2011年《最高人民法院关于适用〈中华人民共和国企业破产法〉若干问题的规定（一）》明确了破产程序启动条件、举证责任分配与法院审查破产申请标准，以提高破产法适用程度，规范企业非法退市行为；2013年出台的《最高人民法院关于适用〈中华人民共和国企业破产法〉若干问题的规定（二）》（已失效）厘清了债务人财产的认定范围；2015年，在“办理破产”指标纳入“破产框架力度”的考核部分后，凭借“破产框架力度”的各子指标表现良好，我国排名实现突围；2016年6月21日，最高人民法院印发了《关于在中级人民法院设立清算与破产审判庭的工作方案》（法2016209号），规范了各地清算与

① 参见李曙光、王佐发：《中国〈破产法〉实施三年的实证分析——立法预期与司法实践的差距及其解决路径》，载《中国政法大学学报》2011年第2期。

破产审判庭的设立、职能范围、管辖、人员配备及配套措施等；2016 年 8 月 1 日，全国企业破产重整案件信息网正式开通，按照案件流程全公开原则，发布破产案件各类信息，促进信息交流互通机制；2017 年 1 月 20 日，最高人民法院印发的《关于执行案件移送破产审查若干问题的指导意见》，疏浚了执行不能案件移送法院进入破产程序的渠道。2018 年 3 月 4 日，最高人民法院印发《全国法院破产审判工作会议纪要》，意在发挥破产审判功能，助推建设现代化经济体系，着力服务构建新的经济体制，完善市场主体救治和退出机制。一些专项改革也如火如荼地开展。遗憾的是，上述对破产法的良好探索没有被世界银行认可，未能录入《营商环境报告》，成效也未显现于排名走势。我国并未对症下药地针对“办理破产”诸指标予以调整，致使资源和精力白白浪费。

在债权人参与指标中，我国对信息取得权的改革得到了世界银行的认可。《企业破产法》通过规定破产申请证据、债务人有关人员的义务、债权人会议的职权、管理人行为的报告义务、重整计划草案的提交、重整计划草案说明及回答询问、破产财产变价方案的载明事项，确保债务人信息得以披露。[①]令人惊异的是，在 2019 年《世界营商环境报告》中我国在“信息获得权”部分居然一分未得。分析个中缘由，我国《企业破产法》的规定不够具体明确，致使债权人会议难以行使知情权，个人债权人也难以据此要求获取债务人的财务信息。为修正这一立法漏洞，《破产法司法解释（三）》明确单个债权人有权查阅参与破产程序所必备的债务人财务和经营信息资料，为我国破产指标得分再下一城。

一国或地区“办理破产”指标的提升，往往伴随破产法的革故鼎新。比如 2018 ~ 2019 年实施破产法改革的 14 个国家和地区，在 2020 年的排名平均提升 10 位。其中，印度因促进重整程序，排名上升 56 位；约旦通过引进重整程序、允许债务人启动重组程序、维持破产企业持续运营等举措，排名上

① 《企业破产法》第 8、15、61、69、79、84、111、115 条。

升 38 位，我国排名提升只取得了平均值成绩。此外，我国被《营商环境报告》录入的“办理破产”改革有两项，但其他存在两项以下破产实践改革的 104 个经济体其改革都晚于中国。也就是说，中国是所有经济体中破产改革较为迟缓的国家之一。“逆水行舟，不进则退”。自 2017 年至 2019 年，我国“办理破产”指标的得分连续 3 年横盘整理，可排名却下降 8 名，盖因其他国家和地区破产法不断精进从而反超我国的缘故。

近年来，多项举措的出台，正是着眼于我国办理破产指标的薄弱环节。在“债务人财产管理”指标中，我国在 2019 年《世界营商环境报告》的唯一失分点在于破产启动后的融资未能获得优先对待，不能吸引新的投资人向奄奄一息的企业注资，企业便因难以获得“活水”而复苏。2019 年 3 月 28 日，《破产法司法解释（三）》颁布实施，其针对性地规定，破产程序启动后为债务人继续营业的借款优先于普通破产债权受偿，这使我国的债务人财产管理指标终补齐短板。对我国破产弱项予以相应改善，这对我国提升办理破产排名起到了立竿见影的效果。在 2020 年《营商环境报告》中，“债务人财产管理”与“债权人参与”指标首次获得满分，我国“办理破产”指标陡增至 51 位，达到指标历史最高位，正是得益于我国破产法卓有成效地改革。

（二）债务人资产利用低效

作为检测一国破产法实践运行情况的“软实力”，回收率指标难以通过一项改革取得立竿见影的效果，一直是各国破产改革中难啃的“硬骨头”。与作为破产基础设施的法律文本较为扎实可靠相比，我国破产法在实践层面表现不佳，占一半比例的回收率指标在 2020 年仅排在第 85 位。

将回收率指标系统拆解，具体而微地观察三个子指标的表现情况。其一，我国破产时间指标表现较优，居世界 190 个经济体的 47 位，是子指标中唯一高于我国“办理破产”总体排名及回收率排名的指标。我国《企业破产法》在程序各阶段对时间均有所约束：在第二章有 5 个条款涉及法院受理阶段的期间、在第六章限定债权人申报债权的期间、在第八章规定重整期间、在第十章规定清算期间。下一步改革的重点，或将围绕进一步缩减各阶段的时限展开。毕竟，我国当前破产程序历经 1.7 年，距离破产时间排名第一爱尔兰的 0.4 年、近邻日本的 0.6 年还有较大差距。其二，我国在破产成本方面表现不佳，位列世界后段，破产成本占债务人财产 22% 的比例也高于世界均值 16.04%、经合组织成员均值 9.3%。具体而言，案件受理费占 0.5%，律师代理费占 5% ~10%，信息通知与公告费占 1%、管理人执行职务的费用、报酬和聘用工作人员的费用占 5% ~10%，会计师、资产评估师、监督者等执业人士报酬占 7%，拍卖费用占 1% ~5%，公共服务支出及税费占 5%。[①] 平心而论，我国司法成本低廉；专业执业人士薪酬与拍卖采市场化运作，收费较高在情理之中；公共服务是企业在运营期间，为破产财团保值增值而不得不付出的对价。于是，值得商榷的是管理人成本与税费。依据《企业破产法》第 25 条，管理人职责的专业性和复杂性并不强于执业人士，甚至诸多管理人就是由执业人士担任，但债务人财产的 5% ~10% 要给付管理人费用，比例较高。税务机关若对破产企业等闲视之，不给予其税收优惠，将不利于奄奄一息的企业涅槃。其三，我国与其他 167 个有破产实践的国家和地区一样，债务人在破产程序结束后将面临肢解的命运。造成这样结局的其中一个原因，在于破产清算而非重整程序是我国最常被用于处置破产企业的法庭内手段，债务人财产一般会经过拍卖而变价出售，鲜有因出售或企业恢复营运而得到整体保存。多数中国人认为破产法是“死亡”法，是孕育结束的文化，“带有一种‘到此为止’的‘结束’刚性”[②]，却忽略破产法还是“再生”法，其中的重整制度具有妙手回春的功能。当然，存在因重整程序设计缺陷，当事人选择更优途径解决纠纷的可能，不过这些问题可归因于破产成本及期间，并非重整程序独有。债务人资产落得被分割出售境地的其他原因，包括兼并重组市场不发达，参与活跃度和市场流动性不足，并购双方匹配困

---

① World Bank Group, Doing Business 2020: Training for Reform (Economy Profile: China), p. 105, http://www.doingbusiness.org/content/dam/doingBusiness/country/c/china/CHN.pdf, 2019-11-03.

② 李曙光、郑志斌主编：《公司重整法律评论》（第 5 卷），法律出版社 2019 年版，序第 2 页。

难；债务人资产利用的理念落后，债权人以尽快回收债权为常态，没有理解整体留存的运营资产反倒实现其更多获益；对收购方的鼓励机制欠缺，受让方盈利面临较大风险的同时还须承受巨额负债，得不偿失。在传统破产理念影响下，债务人资产并未得到充分利用。

世界银行《营商环境报告》中的回收率指标根据办理破产程序的时间、成本与诉讼结果综合得出。回收率越高，表明破产成本越低，资产利用率越高，破产程序越完善。我国破产程序回收率始终徘徊在低位，破产程序呈现高成本、低收益的特征，破产程序对当事人而言并非雪中送炭，只是其面临债务困境的无奈之举。如果破产程序中资产利用现状得不到改善，破产制度对危困企业的吸引力仍然微乎其微，破产法促进社会信用流转、保障企业再生、实现市场主体优胜劣汰的功能便难以充分展现。

（三）债权人监督程序失灵

将破产法律制度比喻为支撑一国破产法治的骨骼系统，只有骨骼够硬，破产法治才能健康发展。从我国“破产框架力度”指标各项得分观察，我国破产法条文并没有实现全副武装到“牙齿”的“硬度”，“重整程序”和“债权人参与”指标在近年改革中仍缺乏适应国际标准的点睛之笔。这两项指标的失分项与我国破产法对债权人的保护程序不够完善息息相关。

“对债权人利益的保护是传统破产法的基本精神和理念，甚至是传统破产法的惟一使命。”[①] 为更好地维护债权人利益，破产法通常会赋予债权人破产管理人任命权、重要事项决策权与重整计划表决权等具体权利，而不是单纯地将破产程序的监督权交给管理人或法院。世界银行专家在评估过程中，倾向于对赋予债权人监督破产程序权利的国家打出高分。我国因没有合理地赋予债权人参与重整计划决策的权利，使债权人无法以投票方式监督重整计划对自身利益的分配，一直没有获得“重整程序”指标中“表决权主体”的分值。此外，我国破产程序中，因为债权人始终无法监督破产管理人的选任

① 李永军：《重申破产法的私法精神》，载《政法论坛》2002年第3期。

和参与重要事项的决策，多年来也与“债权人参与”指标中“管理人任命权”和“重要事项决策权”两项得分无缘。

债权人权益受到调整是其获得表决权的逻辑前提。以无关人士的表决结果观察：若他们表决赞成，花费一定成本去征求他们的意见属于多此一举；若他们表决反对，由于重整计划草案不涉及这些“外部人”的切身利益，他们的表决缺乏合理解释。[①] 切身权益受到现实冲击的债权人，因承担牺牲自我而换取企业重燃转机的后果，赋予这些债权人对重整计划草案说“不”的权利，符合公平原则；与重整计划执行结果毫无关联的债权人，无须顾忌他们的感受，不应当赋予他们干涉他人命运的权利。依据我国《企业破产法》第82条，包括有担保债权人、拖欠工资等的职工、拖欠税款的税务机关、普通债权人，都可以表决重整计划草案。比如，截至2019年年底，我国全部61起上市公司重整案件中，仅有科建股份重整案、中银绒业股份重整案、庞大汽贸集团重整案、莲花健康重整案4起案件因职工债权完全受偿而不设职工债权组，其他案件中只要有职工债权或税务债权，即使这两类债权得到全额清偿，权益没有受到丝毫影响的职工债权人和税务债权人，也享有对全部重整计划草案的表决权。再如，在32起上市公司重整案件中，普通债权人组内出现分段递减式清偿现象，债权人在最低段位的部分清偿比例为100%，这些得到全额受偿的普通债权人仍然对重整计划草案享有表决权。这相较“办理破产”指标中的最优模式，即剥夺权益没有被重整计划草案改变或影响债权人的表决权，还有不少差距。2019年《破产法司法解释（三）》弥补了表决权主体的问题，规定“对重整计划草案进行分组表决时，权益因重整计划草案受到调整或者影响的债权人或者股东，有权参加表决”，却令人惊异的未被世界银行认可。任何人在受到公权力不利行为的影响时，有获得告知、说明理由和提出申辩的权利。世界银行此项评估要求的“权利被设计改变或影响的债权人才有权表决重整计划草案”不仅仅包括表决权的

---

① See Maurice Axelrad, Voting Rights of Creditors and Stockholders in Chapter X Reorganizations, 105 *University of Pennsylvania Law Review*, 692 – 701 (1957).

行使，还应当涵盖债权人的异议权，特别是债权人对重整计划可行性的异议权。重整计划作为实行重整的关键，遗漏对权利人的异议救济途径，将不当剥夺债权人利益，无法对重整程序的顺利展开有效监督。对比在重整单项获得满分的国家，美国在《联邦破产程序规则》第9024条规定，重整计划即使通过，也可由利害关系人在裁定作出后180日内申请撤销；《日本公司更生法》第232条规定，在法院裁定重整计划时，管理人、公司、债权人、股东、因更生而负担债务者或提供担保者等利益相关人，可以就更生计划陈述认可或不认可的意见。早在2000年6月《企业破产与重整法（草案)》中，我国便要求在法院裁定批准重整计划前，应当开庭审理，听取管理人、监督人、当事人及有关部门和专家的意见。[①] 只是在《企业破产法》的正式文本中因为程序的烦琐而删除。面对我国“表决权主体”指标多年来未有提升的窘境，增加表决权主体对重整计划可行性的异议权或能够带来柳暗花明的效果。

我国在破产框架力度指标部分表现最为糟糕的是债权人参与指数，在4项要求中除“决议反对权”“信息获得权”符合要求外，其他2项均失守。理性来看，世界银行“办理破产”所采取的指标体系，更多是破产行业2.0时代的标准，但我们还在1.0时代苦苦跋涉。[②] 在国际破产立法向着更为注重各方利益协同并举的演进趋势下，我国基础性的债权人保护工作做得还不够扎实，实属不该。具体分析之，《企业破产法》第22条明确了管理人应当由法院指定，债权人会议认为管理人不能依法、公正执行职务或者有其他不能胜任职务情形的，可以申请人民法院予以更换。注意，债权人会议对管理人的任命仅享有申请更换权，并没有任命、批准或拒绝的权利，这直接与“办理破产”指标的要求相悖。债权人会议的职权包括通过债务人财产的管理方案、通过破产财产的变价方案以及通过破产财产的分配方案，从中难以

① 《中华人民共和国企业破产与重整法（草案)》第106条。

② 参见陈夏红：《如何看待我国“办理破产”排名的下降?》，载 https：//www.thepaper.cn/newsDetail_ forward_ 2632344 /11/15/2018，最后访问日期：2019年6月8日。

推导出债权人享有对债务人大量重要资产出售的决定权。《破产法司法解释（三）》规定管理人处分债务人重大财产的，应当事先制作财产管理或者变价方案并提交债权人会议表决，债权人会议表决未通过的，管理人不得处分。该规定有效地填补债权人会议职权的纰漏，但成为财产方案的表决主体仅意味着其可以通过或否决变价方案，而无法更改财产方案。毕竟，除对财产方案享有投票权外，债权人重要事项决策权的重要内容还包括参与制定重大决策、对决策内容提出异议及更改的权利。因此，《破产法司法解释（三）》对债权人会议职权的理解尚显片面。当债权人被赋予重整计划制定参与权、异议救济权时，"债权人参与"指标的要求才在我国真正落地，法院主导型的破产监督失灵才能发生质变，作为破产企业新控制者的债权人才能更好地监督破产程序。

四、观念纠偏：以破产效益为本位的理念革新

效益即资源配置价值最大化，是衡量一切法律乃至所有公共政策适当与否的根本标准。[①] 破产法并不直接产生效益，其效益体现在以较低的破产成本获取最大的资产收益。破产成本与资产收益贯穿破产程序始终，是检验破产程序适当性的标尺。我国破产程序成本较高，债务人一般面临肢解的命运，债权人的债权回收率自然较低，破产程序对经济社会的整体效益不佳。破产法的进化应当顺应经济发展规律，提高债务人业务经营收益；以破产效益为核心，提高债权人在破产程序中的参与度，充分发挥债权人参与破产的积极性、主动性，保障债权人的决策权、选任权。破产法的理念革新应当从瓜分债务人剩余资产的落后观念向盘活债务人有效资产的效益观念转变，着力保留破产资产的整体运营，从本源上解决债务人的经营困境，提高债权人的受偿份额。

① 参见［美］波斯纳：《法律的经济分析》（上），蒋兆康译，中国大百科全书出版社1997年版，第13页。

（一）破产法理论的市场化导向

政府与市场的关系是经济治理中永恒的话题，我们一直在不完善的市场和不完善的政府以及二者不尽完善的组合之间艰难抉择。[①]“市场化破产在本质上是指企业是否破产、何时采取破产行动，完全由市场决定。凡市场经济发达国家，都有发达的市场化破产制度保驾护航。”[②] 破产法是保障完全丧失竞争力的市场主体及时退出，尚存生产能力的市场主体得到救济再生的最后一道屏障。我国在2006年制定《企业破产法》时，强调破产法的立法宗旨是“维护社会主义市场经济秩序”，在立法文本上针对市场化做出了大量全新的制度设计。然而，在《企业破产法》实施过程中，我国破产法在市场化的道路上还有较长的路要走。破产程序中行政权与司法权错位，法院行政管理与司法审判职能混淆现象时有发生，政府对企业的“软预算约束”层出不穷。再如围绕有担保债权与劳动者拖欠工资在破产程序中清偿顺位的争议，致使我国《企业破产法》延迟颁布2年。最终，政策性破产时优先对待职工的做法让位于优待有担保债权人，这为有担保债权人提前锁定了风险，激励其大胆为企业提供资金。错位的破产观念与文化累加，致使在处理企业经营失败的外部化问题时，人们往往呼吁政府的大力干预，将为企业职工纾困解困、保障社会秩序的问题置于优先序列。[③] 面对这些破产制度在我国适用中的痛点，回归破产市场化，建立市场化的破产法才是解决正道。

在充分总结实践经验的基础上建立市场化、法治化、常态化的解决机制是破产法实现市场化实施的关键，是深化市场经济体制改革中必须解决的问题。[④] 广东、江苏、浙江等地破产审判庭在破产实践中坚持市场化导向，实

---

① 参见［美］查尔斯·沃尔夫：《市场或政府——权衡两种不完善的选择》，谢旭译，中国发展出版社1994年版，第5页。

② 王福祥：《论市场化破产及其实施机制》，载李曙光、郑志斌主编：《公司重整法律评论》（第1卷），法律出版社2011年版，第27页。

③ 参见张钦昱：《僵尸企业出清新解：强制注销的制度安排》，载《法学杂志》2019年第12期。

④ 参见王新欣：《论破产法的市场化实施》，载《人民法院报》2017年12月6日。

现破产审判从粗放政策导向型向精细型市场导向型的转变。[①] 归纳各地成功经验，破产法实现市场化是我国提升破产回收率，改善营商环境的必由之路。破产法的市场化改革包含监管机关理念的嬗变与破产环境的优化两个维度。当前，我国破产法治实践中，法院和行政机关主导破产进程。公权力规制破产程序中的不法行为时，难免会抑制市场积极性，难以充分发挥破产资产价值。为此，应当推动“府院联动”机制，转变行政机关监管理念，以市场化、法治化手段引导市场主体及时退出，促进重整企业资产盘活，维系企业生产力，激发盈利潜质。破产程序应当适应新技术的发展，比如健全全国性重整网络平台与破产资产网拍平台，弥补投资人与债务人的信息不对称，构建良好的信息传导环境，降低交易成本。需要健全破产财产专业管理的人才市场，利用行业专家的知识、信息优势，迅速对接不同层次主体需求，让资产自由地根据供给与需求流动，最大化实现破产资产价值。

（二）债权人参与监督的常态化思维

伴随《企业破产法》的颁行，破产法理念经历重大变革，从单一的债务集中清偿程序发展成为企业拯救、风险分担与疗治经济创痛的市场经济基本法。[②] 作为债务无法清偿的投资风险最终承担者，债权人一直是破产法保护的重要支点。

按照1990年诺贝尔经济学奖获得者默顿·米勒（Merton Miller）的观点，在企业无力还债时，应当认为企业股东已经丧失了对企业的权益，从而其所有者资格也失去了存在基础，企业的债权人应当成为新的企业控制人：因为股东在公司的净资产低于零后，由于有限责任制度的保护，往往采取高风险投资博取高利益的行为，如果不加以限制，很容易损害债权人的利益；而债权人为了降低回收投资风险，比股东更有动力选择有助于企业实现价值

---

① 参见徐阳光：《关于〈企业破产法〉的回顾与展望——第八届中国破产法论坛暨〈企业破产法〉实施十周年纪念研讨会述评》，载《法律适用》2017年第19期。

② 参见贺丹：《市场化的破产法与破产法的市场化》，载《人民法治》2017年第11期。

的破产解决方案。[①] 激励债权人积极参与监督，将债权人参与监督的思维贯穿于制定破产法律制度全过程，确保债权人享有充足的监督权、参与权，实现程序民主，是破产制度改革中急需的重要当代破产法治理念。破产程序的重要任务是广泛吸收债权人参加破产程序，有效完成破产程序。债权人的公平受偿的目标要求保障利益相关者，尤其是债权人，能够参与到破产程序中来，有效发挥监督作用。[②] 倘若债权人缺乏对破产事务的监督，债权人会议会沦为对事前已经形成的诸如重大资产处置决策的通知，债权人委员会的监督权成为具文，债权人权益便落入任人宰割的境地。破产法追求符合市场经济利益的债务调整方式。当债权人监督权被束之高阁，债权人利益无法在破产程序中得到保障时，投资者为防止债权无法回收，在未来决策中势必更加保守，会将自有资金优先投向具有足够信用背书的大型企业，这使本就融资坎坷的中小企业雪上加霜，而这些最为渴望资金的中小企业恰恰代表新经济的希望。任何削减债权人破产事务监督权、重要信息知情权的法律设计都不适合继续存在破产法律的语境中，保障债权人在破产程序中的监督才是符合破产法效益目标的不二法则。

为推行债权人参与监督的常态化思维，协调债权人、管理人与法院之间的职权配置，重塑债权人控制权，提高破产制度效用，立法机关应当明确厘清债权人会议的职权，健全债权人异议救济制度，确保债权人畅通便捷行使监督权，完善破产管理人对债权人的信义义务，扩充债权人在破产程序中的话语权，将保障债权人参与监督的常态化机制深刻地融入破产法的每一个条文。执法、司法机关须转变思维，允许债权人会议利用现代网络通信技术等形式召开，尽可能地为债权人参与监督创设途径，着力保障债权人的参与权。

（三）运营资产至上的整体化观念

在破产法的理念由刑罚惩戒、建立债权人的有序清偿秩序转换到现代的

---

① 参见许德风：《破产法论——解释与功能比较的视角》，北京大学出版社 2015 年版，第 85 页。

② 参见杨忠孝：《破产法上的利益平衡问题研究》，北京大学出版社 2008 年版，第 97 页。

以企业复兴为导向后，肢解企业资产，将其价值分配给债权人不应再成为唯一选择。破产企业如果能够不拆分出售财产，而是以整体出售等方式维系运营价值，就能够更好地发挥资产组合所带来的远超单独出售的正向协同效应，为债权人带来更高的破产回收率。具体来看《营商环境报告》的要求，“办理破产”指标中的“破产结果”指标只有 0 分和 1 分两个选项，分别对应企业的破产处置结果为分拆销售和持续经营。由此可见，只有最大化地维系企业的运营价值，才是世界银行所认可的“好”破产制度。“办理破产”指标单项成绩优异的国家也大多秉持持续经营的观念。在比中国“办理破产”指标排名更为靠前的 51 个国家中，只有包括中国在内的不到 20% 国家对破产企业的处置结果为分拆销售。

企业从组建到营业需要花费周折。“多证合一，一照一码”、“证照分离”、登记电子化改革如火如荼地展开，企业仍须成功获得融资、购买资产、招募培训员工等前期筹备始得成立。“打江山难，守江山更难。”企业必须持续开拓创新，维系生产供货链条，赢得消费者青睐，积淀商誉，上市公司还要维持昂贵的信息披露等成本。企业的整体运营资产不仅包括厂房、土地、机器等实物样态存在的有形资产，精通企业业务的骨干、多年积累的商誉和既有的商品供销网络等都是企业在市场竞争中的有力武器。倘若公司破产清算，财产被变价出售，供销网络瓦解，有机的企业生态系统分崩离析，将各种要素聚合、打磨、糅合在一起发挥最佳合力的“无形”价值随之消逝。企业的其他隐形财产或也出现减损，比如破产清算企业的应收账款较之正常企业更难回收。① 也就是说，对于同样的资产，零散出售会比持续运营的价值低得多，这就是企业运营资产的魅力。

我国当前已然重视重整程序的价值。最高人民法院主管破产审判的领导即指出“要改变重清算轻重整的观念”②。“重整以企业拯救为首要目标，建

① Mark S. Scarberry et al.，Business Reorganization in Bankruptcy，West Group，2006，p. 1.

② 参见李洪鹏、于忠洋：《最高法：破产重整要改变重清算轻重整的观念》，载《法制晚报》2017 年 11 月 15 日。

立被重整债务人的营业保护机制、维系债务人营业并进行拯救是重整制度的重要内容。”① 如果说重整程序是以重整旗鼓的方式促使企业资产焕发生机，企业资产的整体出售则似改旗易帜，让更有能力的所有权人接管资产，拯救企业的存续业务。在我国破产法实践中也有一些对企业资产整体出售的重整案件，为推广运营资产至上的整体化观念提供了良好的示范效果。在国内第一起“出售式”重整成功案例——山东淄博钜创纺织品有限公司破产重整案中，钜创公司没有选择分拆销售公司资产，而是选择将自身具有活力的高档花式弹力牛仔布、服装等主营业务售让他人，使其核心业务能够完整留存。② 由此，职工利益得到完全保障，银行债权得到较大维护，普通债权人得到相应比例受偿，实现了各方共赢的良好结果。我国应当在持续加大重整程序适用力度的基础上，向债权人宣传整体存留的运营资产会带来更多利益回报的理念，进一步明确在债务人资产处置过程中，留存债务人营业，保持债务人业务的完整，最大限度地实现该资产价值的最大化。

五、重构进路：以点破面的系统化创新

破产法律制度是维护破产参与人合法权益，服务结构性改革，构建高效透明市场化经济的重要保障。作为营商环境的世界性展示，《营商环境报告》是近年来我国破产法改革一直努力对标的方向，人民法院破产审判工作也与优化营商环境中的“办理破产”指标密切相关。③ 在进一步精进破产法律制度的过程中，应当直面《营商环境报告》中我国的特殊问题，结合当前中国改革发展国情，坚持全面统筹与以点破面改革相统一的方法论，双管齐下推动我国企业破产法治环境的优化。

---

① 王卫国：《破产法精义》，法律出版社2007年版，第210页。

② 参见徐阳光、何文慧：《出售式重整模式的司法适用问题研究——基于中美典型案例的比较分析》，载《法律适用》（司法案例）2017年第4期。

③ 参见最高人民法院民事审判第二庭编著：《最高人民法院关于企业破产法司法解释（三）理解与适用》，人民法院出版社2019年版，前言第3页。

（一）“办理破产”指标的内化选择

一国破产环境影响本国企业退出市场的效率和企业涅槃重生的成本。良好的破产环境，在企业生长期有利于市场信用体系的建立，降低企业融资成本；在企业成熟期，有利于企业规划未来发展方向；在企业困境期，能够保障债权人的财产利益，提升债务人对企业重生的信心，减少企业再建的后顾之忧。

在破产法改革上，诸多国家或地区以“办理破产”指标为标准，调整其改革方向，进一步加深了破产法的趋同性。2018～2019 年，14 个国家或地区对标“办理破产”指标，对其破产法体系实施改革。近年来，我国持续优化市场的营商环境，2019 年我国营商环境排名跃升至第 31 位，但“办理破产”指标在 190 个经济体中排名第 51 位，排名落后于营商环境总体排名。我国破产环境并没有为市场经济“创收”，反而拉低了营商环境的整体表现。自 2011 年起，我国破产法领域颁布了系列法规，旨在改善我国破产环境，但一些改革探索并未得到世界银行认可，对破产环境的改善也收效甚微，时常造成破产企业无法可依的局面。比如，我国在 2019 年颁布实施的《破产法司法解释（三）》，其在“重整程序指数”上的改革就未得到世界银行的确认。

我国对标“办理破产”指标的改革具有政策、经验、立法等方面的支持。自 2018 年以来，中央多次在会议上强调需为我国市场经济与行政体制改革营造良好的营商环境，营商环境的建设成为这两年政府工作的重点内容。遗憾的是，当前我国的改革措施多集中于开办企业便利化、压减许可审批、创新监管及政务服务建设，较少涉及“办理破产”指标的优化。我国应在破产法改革中以“办理破产”指标为锚点，补齐营商环境短板。

在各国破产法纷纷对标“办理破产”指标的国际大背景下，我国在破产法修改引入“办理破产”指标，具有丰沛的国际实践经验。“新冠”疫情期间，我国服务业、制造业等行业遭受冲击，可以预见会有更多的危困企业面临债务危机，进入破产程序。因疫情而陷入危机的企业，并非唯有市场出清的唯一路径选择，[①] 破产法需为这类企业提供丰富与多元的制度工具。此外，跨境破产、关联企业破产、金融企业、自然人等特殊主体破产等新问题层出不穷，破产管理人协会制度、预重整制度、执行转破产制度与企业破产专项基金等新制度悄然新生。现行《企业破产法》在原制度上的小修小补不过是扬汤止沸，破产法改革应当对标“办理破产”指标，接受结构性重组。

（二）“办理破产”指标的本土进路

1. 建构高效透明的破产程序

破产程序是处置“僵尸企业”、化解过剩产能、推动经济发展质量变革的利器。[②] 高效透明的破产审理程序无疑是推动破产法治前行的程序之手。

第一，简化破产审理程序，提高审理效率。令全部市场主体不加区分地适用同一套破产程序符合公平原则，却因忽视了企业彼此的区别而产生实质的不公。世界范围内95%的企业是中小企业。[③] 中小企业一般规模不大、财产不多、债权债务关系不复杂、案件审理难度不高，若按部就班地走完破产程序的各个阶段费时耗力，对深陷泥潭的中小企业是一种煎熬，诸多企业甚至出现“跑路”现象，企业债务没有清理，浪费宝贵的司法资源。有学者就曾亲眼见过多个破产案件拖得时间太长，以至于车辆等财产因多年长期露天放置而导致最终全部报废的结果，确实令人痛心。[④]

“小公司破产案件中评判破产制度好坏的基准不是被拯救的企业个数，而是看破产法是否有效并能快速解决问题。”[⑤] 应当设计破产案件简易审理机制，依据案件难易程度实施繁简分流，以全方位提升破产债权的回收率。我

---

① 参见李曙光：《破产审判助推抗击疫情》，载《人民法院报》2020年4月2日，第1版。

② 张钦昱：《论公平原则在重整计划强制批准中的适用》，载《法商研究》2018年第6期。

③ International Bank for Reconstruction and Development & The World Bank, *Report on the Treatment of MSME Insolvency*, World Bank Publications, 2017, p. 5.

④ 参见徐建新主编：《破产案件简化审理程序探究》，人民法院出版社2015年版，第63页。

⑤ ［美］道格拉斯·贝尔德：《破产重整的新思维》，张钦昱译，载李曙光、郑志斌主编：《公司重整法律评论》（第1卷），法律出版社2011年版，第390页。

国早在2000年6月全国人大财政经济委员会形成的破产法修改草案中，即用专章规定了简易程序。只是因为有学者认为简易程序主要适用于自然人而非法人、破产案件与一般民事案件相比仍较为复杂、当事人因一裁终局难获救济等理由，遂在最终的立法文本中被删除。[①] 为提高破产案件审理效率，纾解破产成本高、效益低的弊端，国家发展和改革委员会、最高人民法院等十三部委于2019年6月印发的《加快完善市场主体退出制度改革方案》指出，研究建立主体强制退出制度，完善相关法律法规，对……市场主体，依照法定程序实施强制退出。该方案明确了强制注销制度的法律地位，以“程序正义、行政干预少、实施成本低”理念，为“僵尸企业”的市场出清开辟新思路。[②] 同时，全国各地近来展开破产案件简易审理的改革，比如上海市高级人民法院于2018年印发的《关于简化程序加快推进破产案件审理的办案指引》（以下简称“上海破产指引”），对吊销未注销企业、当事人协商同意、债务人资产较少、债权人数量不多等破产案件采取简化审理程序。破产程序的简化主要体现为缩短时限、精简机构、鼓励信息化等特点。关于破产程序审理时限的缩短，“上海破产指引”规定，简化审理程序的破产案件立案、审查、受理的期限不得延长，一般于裁定受理之日起6个月内审结。江西省高级人民法院于2018年印发的《企业破产案件审理规程（试行）》规定，债务人符合宣告破产条件的，法院应当自收到申请之日起5日内裁定宣告破产；债权申报期限原则为30日，最长一般不超过45日。关于破产程序中有关机构的简化，深圳市中级人民法院于2015年印发的《破产案件审理规程》（以下简称“深圳破产规程”）规定，适用简易程序审理的破产案件一律不设立债权人委员会。

第二，加快破产信息化进程，降低程序成本。“公司破产案件是昂贵的，

① 参见王利明：《关于制定我国破产法的若干问题》，载《中国法学》2002年第5期。

② 张钦昱：《僵尸企业出清新解：强制注销的制度安排》，载《法学杂志》2019年第12期。

甚至可以说，真是太贵了！"[①] 破产程序的成本与债权人的债权回收是此消彼长的关系。不菲的破产成本还会对破产程序的适用产生"挤出"效应，债权人会考虑选择替代解决机制。在重整程序语境下，即使债务人最终顺利走出阴霾，高昂的程序耗费也会成为重整制度广为诟病的原因之一。比如，有学者统计 75 家重整公司，得出破产重整程序的直接成本为债务人资产的 3.93%。[②] 加快破产信息化建设，是解决高昂破产成本与由此带来的挤压回收率上升的有力手段。"深圳破产规程"规定可以采用传真、电子邮件等简便方式送达相关文书；管理人可以通过网络拍卖方式处置破产财产。最高人民法院于 2016 年印发的《关于进一步做好全国企业破产重整案件信息网推广应用工作的办法》（法〔2016〕385 号）规定，人民法院对破产案件信息应以公开为原则，应当告知当事人可以通过破产重整案件信息网行使相关权利，查阅案件信息。《破产法司法解释（三）》规定债权人会议的决议除现场表决外，可以采取通信、网络投票等非现场方式进行表决。我国应当顺应实践需要，健全全国层面的法律法规体系，推动破产程序信息化的正当性、法定性、专业性，从根本上提升债权的回收率。

2. 提升破产企业的营运价值

债务人企业营运价值的保留，是"办理破产"指标评估破产结果的关注焦点，能够维持企业持续运营的国家可以获得破产结果指标的单项满分。营运价值是企业在持续营业状态下的整体价值，是包含无形资产与利益在内的资产组合价值。[③] 提升营运价值是资产再资本化的过程，即在市场交易中发现和实现营运价值，发现企业资产创造价值的潜力并使之具备融资能力，通过引进投资者以赋予困境企业新的信用支持，将困境企业的资产转变成能融资的资产。维持企业资产与就业的重整制度，是营运价值理论的实践成果。

---

① Matthew Adam Bruckner, Crowdsourcing (Bankruptcy) Fee Control, 46 *SetonHall Law Review*, 361 - 362 (2016).

② Brian L. Betker, The Administrative Costs of Debt Restructurings: Some Recent Evidence, 26 (4) *Financial Management*, 56 - 69 (1997).

③ 参见王卫国：《论重整制度》，载《法学研究》1996 年第 1 期。

重整成功的企业自然而然地维持了企业营业状态，企业营运价值高于其净资产通过清算变价所能获得的回收价值。

在营运价值理论推广应用后，各国开始注重持续经营与整体资产对破产企业重整再生的影响，以重整程序提升营运价值成为各国提高破产回收率，完善破产制度与营商环境之路的不可或缺环节。2020 年《营商环境报告》记录了各经济体进行的 15 次使解决破产问题变得更加容易的改革。这些改革的一个共同特点是采用维持企业运营的重整程序作为现有清算程序的替代程序，重整程序可以防止面临财务困境却有偿付能力企业被清算退市。2018 年 3 月，最高人民法院发布的《全国法院破产审判工作会议纪要》也强调，破产重整的对象应当是具有挽救价值和可能的困境企业，人民法院参考债务人的资产状况、技术工艺、生产销售、行业前景等因素评估债务人的拯救价值与可能性。重整成功的破产企业能够恢复自身财务状况与生存能力，重生为具有市场竞争力的健康企业。

为提升破产企业运营价值，拯救具有存续经营能力的困境企业，除重视重整程序价值与宣传业务持续运营会带来更多利益回报的理念外，建立健全以保障企业继续运营为目标的破产重整法律制度也必不可少。近年来面对许多资产专用性较强或特殊资质的破产企业，为使这类优质资产能再生活力，避免拆分带来的效益减损，我国破产司法实践出现了多起以山东淄博钜创纺织品有限公司破产重整案为首的，将传统存续型重整制度与破产清算内容相结合的出售式重整案例。这一新重整形式通过出售破产企业整体或部分资产营业的方式助力企业业务经营延续，提高了破产企业重整成功率。因缺乏相关具体法律制度支撑，出售式重整能否成功实现业务经营的存续这一目标，在司法实践中仍是未知数。因我国特殊监管规则，重整投资人为了企业壳资源，会收购已没有任何营运能力却拥有金融牌照等特殊资质的破产企业，原破产企业则通过子公司或设立分公司的方式清算债务。[①] 企业营运价值并不

① 参见徐阳光、何文慧：《出售式重整模式的司法适用问题研究——基于中美典型案例的比较分析》，载《法律适用》（司法案例）2017 年第 4 期。

等于保留债务人的“壳价值”[①]，这种重整并没有实现原企业的持续经营，于运营价值提升意义不大。有些以持续运营为目标的出售型重整在重整计划执行期间因不良信用记录，税费负担和各类债权人利益平衡等问题而履行不能，从而导致企业出现二次重整或破产清算。[②]

针对出售式重整司法实践中的持续经营困境，建立一套实际可行的完整法律保障，使出售式重整实质性地维持破产企业优质经营业务，整合优化破产企业的各种优质经济关系与资源是我国优化企业破产法治环境的创新选择。明确出售式重整的适用条件，筛选真正拥有整体或相对独立优质资产的破产企业，评估适格重整投资人。科学民主协商资产出售的合理价格，以公开透明的信息披露制度吸引多位投资人竞争，提升破产企业的再生价值。引入府院联动机制确保业务后续衔接，在行政司法与个人的合力推进下，扫清重整计划执行的企业不良信用，税费成本，职工安置等难题。

3. 多维保障债权人的参与权

第一，扩充债权人在破产程序中的参与度。

与《营商环境报告》要求各国赋予债权人重要事项的决策权不同，我国当前破产法律体系仅明确债权人享有表决财产管理或变价方案的权利，致使债权人参与重要事项决策低效，债权人最终控制权落空。将债权人重要事项决策权具体落实在法律文本中，应当规定管理人制定出售重大资产决策前须通知债权人会议等相关主体，在制定重整计划草案时应当保障利害债权人广泛参与、协商讨论，监督程序，以提高债权人会议决策通过率，有效维护债权人对破产财产的支配权。由于破产资产价值评估方法多样、市场环境多变、企业品牌价值浮动等因素，破产程序的当事人对企业重大资产的估值难以达成一致意见，债务人也会利用与债权人的信息不对称大量隐匿变卖破产财产，我国破产法应当在债务人出售重大资产前规定债权人有权请求中立的独立专

---

① 张艳丽：《破产重整制度有效运行的问题与出路》，载《法学杂志》2016 年第 6 期。

② 参见郭娅丽：《出售型破产重整司法适用的现实困境与突破思路》，载《兰州学刊》2020 年第 2 期。

业人员评估重大资产，阻止债务人与潜在投标人之间串通，以保障管理人提交的财产管理或变价方案公平合理，避免变价方案损害债权人合法利益。在更为重要的，《企业破产法》应当扩充债权人参与权的内容，囊括债权人对财产管理或变价方案异议的异议权，给予债权人在符合人数、程序等有关要件下享有更改方案的申请权，充分保障异议债权人的救济权利。

第二，加大破产管理人选任的自由度。

管理人需要决定债务人的内部管理事务，决定债务人的日常开支和其他必要开支，在第一次债权人会议召开之前决定继续或者停止债务人的营业，并且管理和处分债务人的财产。[①] 管理人在行使这些职权的过程中会涉及商业判断，存在犯错的空间，由其承担相应的责任当在情理之中。“在破产程序中法院起主导作用……管理人履行职责的终极目标，就是协助人民法院做好案件相关工作。”[②] 鉴于管理人执行职务应当向法院报告工作，[③] 法院成为管理人执业行为的背书人，法院将不得不卷入商业交易与安排。倘若发生决断错误，中立的法院该如何承担责任？

破产事务繁杂，挑战众多，应当由专业人士大展拳脚。破产案件的适格管理人，远非考取资格证书那般简单，也并非法院“按照管理人名册所列名单采取轮候、抽签、摇号等随机方式”[④] 就可以“草率”决定，管理人应当具有与该案特殊需求匹配的专业技能、辉煌的执业经历与较佳的信誉口碑。事实上，2004 年的《企业破产法（草案）》曾规定，对法院指定的管理人，债权人委员会可以确认或另行选任。但是，基于每个债权人都想指定自己中意的管理人，有时会相持不下，难以及时选任出管理人，以及选任的管理人被大债权人操纵，在破产案件中不能保持公正地位等理由，正式文本还是在

---

① 《企业破产法》第 25 条第 3～6 项。

② 《中华人民共和国企业破产法》起草组：《〈中华人民共和国企业破产法〉释义》，人民法院出版社 2006 年版，第 104 页。

③ 《企业破产法》第 23 条第 1 款。

④ 《最高人民法院关于审理企业破产案件指定管理人的规定》（法释 20078 号）第 20 条。

最终改为法院享有独家任命管理人的职权。[①]《全国法院破产审判工作会议纪要》提出要完善管理人队伍结构、探索管理人跨区域执业、实行管理人分级管理、建立竞争选定管理人工作机制等措施提升管理人职业素养和执业能力，尚未在管理人选任方面有所突破。未来在修改破产法时应当赋予债权人委员会依据案件具体情况自主选择管理人的权利，实现作为受托人的管理人为作为受益人的债权人管理债务人财产，达到受益人利益最大化的目的。

第三，加强债务人财务信息披露的透明度。

为彰显我国对债权人信息获取权利的保护，《破产法司法解释（三）》增加下述规定，单个债权人有权查阅债务人财产状况报告、债权人会议决议、债权人委员会决议、管理人监督报告等参与破产程序所必需的债务人财务和经营信息资料。管理人无正当理由不予提供的，债权人可以请求人民法院作出决定；人民法院应当在5日内作出决定。该条直面“办理破产”调查问卷的问题，连“单个”债权人的表述都别无二致。

调查问卷关于“信息获得权”设计的问题具有两面性。“单个债权人有权获得有关债务人财务信息”不仅仅针对债务人、管理人等依申请公开信息的情形，还应当包括义务人主动披露信息的要求。比如，“办理破产”指标所依赖的基础性文件——联合国国际贸易法委员会《破产法立法指南》指出，“债务人在相当长的期间内而不仅仅是破产程序启动伊始，就其营业和财务信息具有持续披露的义务”。[②] 因此，《企业破产法》应当在第15条、第25条关于债务人义务、管理人职责的规定中，增加要求其向法院、债权人等真实、准确、持续、完整地披露相关信息的规定。重整程序中也须健全信息披露规则。特别地，在重整计划草案起草期间，应当给予债权人及时获取信息或参与其中的权利。否则，若债权人对重整计划草案不甚满意，其只能待

---

① 参见最高人民法院民事审判第二庭编著：《最高人民法院关于企业破产法司法解释理解与适用：破产管理人制度·新旧破产法衔接》，人民法院出版社2007年版，第37～38页。

② United Nations Commission on International Trade Law, *Legislative Guide on Insolvency Law*, United Nations Publication, 2005, p. 168.

表决时行使否决权，致使企业重整失败，债权人为重整程序的既有投入成为明日黄花，造成两败俱伤的局面。

4. 全面减轻企业的破产成本

我国在破产成本方面表现欠佳，拉低“办理破产”指标排名。通过对指标的解构，在我国市场环境之下，影响我国破产成本偏高的主要因素在于居高不下的管理人成本和税收费用。

在管理人报酬方面，我国破产管理人报酬占债务人财产5%～10%，而排名第三的日本，管理人报酬仅占债务人财产1%。据我国《企业破产法》与《最高人民法院关于审理企业破产案件确定管理人报酬的规定》，破产管理人的报酬由法院在0.5%～15%的范围内，按照超率累退法确定或调整破产管理人报酬。我国破产程序以法院主导，法官在确定管理人报酬时拥有较大的自由裁量权，法官更倾向于在法定比例内顶格确定管理人报酬，[①] 这助推了高昂破产成本的产生。为规范法官合理确定管理人报酬，可以考虑适度缩小法官确定管理人报酬的区间，降低区间最大值，提高区间最低值，使管理人报酬尽可能趋近于中位值。限制法官自由裁量权也应当量化自由裁量标准。我国破产法修改可制定管理人工作量化分析机制，以客观数据为依据，合理确定管理人报酬，建立管理人动态报酬机制。此外，我国税收法律制度并未对破产企业优待，在某些情况下，破产企业甚至会因税负过高而耗费大量时间、人力协调税收，降低了破产效率。以重整程序中出售不动产为例，债权人可以免征契税，而债务人可能因为不动产增值产生高额的土地增值税。我国税收法律制度不能及时适应破产法的需要，债务人税负较重，使本就因资产不足而面临经营危机的债务人企业雪上加霜。为降低企业税收负担，建议针对破产的不同程序，在一定程度上予以税收返还，并将返还部分用于清偿企业债务。加强府院联动，地方政府、法院与税务机关应建立信息共享机制，加强沟通协调，合理调整破

---

① 参见李帅：《论我国破产司法能力的优化——以中日营商环境破产指标的对比为视角》，载《中国应用法学》2018年第5期。

产企业涉税问题。

结 语

“办理破产”指标并不展现一个商业领域营商状况的全貌，难免有以偏概全之嫌。[①] 但是，在该指标运转16年，已然成为世界各国和地区营商环境可比性权威依据的背景下，可以预见在较近的未来都难以有更为科学的指标能够对其取而代之。面对畅通企业退出市场通道的使命感、提升“办理破产”指标排名的压迫感，持续改善营商环境的迫切感，我们当前所能做的就是洞悉指标含义，比照考核要求排查我国破产立法与实践的不足，对症下药地逐一完善，尽快提升我国的排名。在这一场指标排名的游戏中，各国或地区都是务实者，会瞄准目标精准打击，避免胡乱打枪浪费立法资源。

2019年10月，我国出台《优化营商环境条例》，明确要持续优化市场经济活动“软环境”，对标国际先进水平，符合中国特色实践。2020年5月，中共中央、国务院出台了《关于新时代加快完善社会主义市场经济体制的意见》，强调健全破产制度，实现市场主体有序退出，为社会主义市场经济体制改革强化法治保障。把破产指标纳入法治化轨道，以法治降成本、护自由、促效率，已经成为当前完善市场化退出机制，优化企业破产法治环境的良方。以系统性改革增强我国破产法律制度与社会主义市场经济体制的关联性与耦合性，主动创新强化新时代下的市场主体全生命周期法治保障，有利于推动包括破产法律法规在内的社会主义市场经济法治体系的整体协调施力，实现经济活力、创新力与竞争力整体高质量发展。

---

① See Gerard McCormack, Why "Doing Business" with the World Bank may Be Bad for You, 19 *European Business Organization Law Review*, 649－676 (2018).

后　记

研习破产法已逾10年，是时候做个小结了。

初识破产法是在中国政法大学本科2005－2006学年秋季学期“商法（三）”的课堂上。出于已学习过“商法（一）”（商法总论与公司法）与“商法（二）”（证券法与票据法）的惯性思维，“商法（三）”（保险法与破产法）成为必选课程当在情理之中。“商法（三）”是一门选修课，其中破产法部分仅有寥寥几个课时，我对其投入的精力自然不足。又恰逢我国新破产法颁布前夕，课堂上仍以旧破产法为主讲授。依稀记得老师不断痛斥旧破产法弊端，强调诸多知识已然过时，无须讲解，而对新破产法的内容又所谈不多。再加上缺乏体系性的素材和抓手，破产法知识在我的脑中凌乱铺陈着，令我对这门课提不起兴趣。获得一个平平无奇的期末考试分数后，破产法很快被我束之高阁。除短暂地在司法考试中与破产法略有交集外，直至研究生学涯开启前，我对破产法并无特别偏好。

研究生阶段伊始，幸运地跟随导师李曙光先生，想必将醍醐灌顶地领略破产法风采。孰料大量必修课与限选课袭来。研究生阶段的课程多以研讨为主，学生课堂展示，老师间或点评。本着积极融入课堂、锻炼表达能力、以演讲促进学习的宗旨，我每天坚持晚睡早起，撰写展示讲稿，制作演示幻灯片，过着比本科阶段还要辛苦的生活，这倒是我之前始料未及的。在繁忙而充实的学业中，破产法似乎与我渐行渐远：没有破产法选修课开设，缺乏破产法的学习氛围，导师推荐的阅读书目主要是法理学、经济法基本理论与公司法，参与的课题主要是国有资产法方面。除了导师每月一次组织的“精典沙龙”偶有与破产法相关主题，令我沐破产法之春风外，我对破产法缺乏较为深入的研习，当然也无深入研习的兴趣。

触电破产法的契机发生在研一下学期。在与导师熟络起来后，我有幸成为导师的科研小秘书，处理破产法相关的资料文件。这倒逼我一个一个主题地学习破产法。色彩斑斓的破产法画卷终于向我徐徐展开。研二时，《公司重整法律评论》创办，我接到《破产重整的新思维》与《破产重整五十年（1960～2010）回溯》的翻译任务。对于一个还未正式踏入学术大门的学生而言，能忝列于国内外知名学者之列，对我而言真是莫大的鼓励。彼时，我的英文，特别是破产法专业词汇尚不精通，翻译的又是破产法顶级学者写的宏观概览性文章，难度自不待言。为了完成任务，我求助于孙建波、杨兴、岳红池、张锴、孙帆、杜丹等好友，我的窘迫程度可见一斑。顺带提及，从《公司重整法律评论》第 1 卷、第 2 卷的文章翻译，第 3 卷独著《欧洲银行统一监管机制综述》，到第 4 卷成为执行主编，第 5 卷成为副主编，再到《破产法评论》第 1 至 3 卷成为执行主编，这一系列成果见证了我的成长。

出国学习坚定了我的破产法学术志向。与主流的求助中介不同，我坚持自己准备全套申请材料。虽然不得要领、几经周折、往返奔波，却使我愈发清晰明了未来的学术方向。出国申请中，最考验申请人的就是自我陈述，也就是要向目标院校阐释学习目标，为实现目标达成的成绩，以及实现目标的方法能力。写作自我陈述的过程，就是一次追寻心路之旅：我为什么要耗费 1 年时间，远赴异国他乡？几易其稿，我在自我陈述中写到：

1, 623 articles! With eyes still heavy, I glanced at numbers of posts I had to update in China Insolvency Website. With gratification, I finally finished the routine of the website and fell asleep in the midnight. Every little plot about Bankruptcy Law began to haunt my mind.

……

For the obsession of Bankruptcy Law, I became the administrator and chief editor of China Insolvency Website, which is growing up as the largest one in the field of Bankruptcy Law and getting well-known among Bankruptcy Law practitioners in China.

……

Without any doubt, it is tedious, time-consuming and trivial work of maintaining the Website, updating the news and editing the texts. Nevertheless, I love it too much to extricate myself. Two hours on it does pay off: I can keep up with first-hand information, digest and improve my academic accomplishment out of it. More importantly, I develop innovative spirit, perseverance and the courage to take responsibility, which is definitely beneficial for my future academic road.

……

One of Germany renowned jurists, Arthur Kaufmann, once remarked that "It is thorny ahead. If we insist on moving on, we will be covered with scratch." His word, albeit short and pithy, is perfect annotation to economic situation in China, especially in the Bankruptcy Law area. Now, I choose to insist on going forward, dedicating my specializing on Bankruptcy Law, researching more complicated cases in practice, utilizing my enthusiasm, talent and knowledge to promote the evolution of Bankruptcy Law.

在个人陈述中围绕破产法直抒胸襟，大胆冒险。要感谢纽约大学，在我托福成绩刚过100分的情况下，将我录取。彼时，我尚未能完全领会到这份幸运，直至在求学的一年过程中方才领悟，纽约市因商业林立，公司“劣汰”是家常便饭，破产法实践颇为丰富，纽约南区法院更是美国破产案件司法审判的重镇。纽约大学特设公司法方向，其中破产法研究实力尤为雄厚。没有比在纽约大学学习破产法更为美妙的体验了。

践行承诺，在纽约大学攻读LL. M. 学位的24个学分课程中，有9学分课程直接与破产法相关，分别是：破产法（Bankruptcy）、重整法概论（Introduction to Corporate Reorganization under the Bankruptcy Code）、跨境破产案例与法律研习（A Study of Cross-Border Insolvency Cases and Relevant Law），还有公司法（Corporations）、并购重组（Mergers & Acquisitions）共7

学分课程与破产法间接相关。面临语言、法律思维、破产法专业知识的挑战，我竟囫囵吞枣地通过诸门考试，算是对美国破产法体系有了基本了解。回国时，我携带并邮寄了所有教材和打印资料，珍藏至今。书本上密密麻麻的勾画痕迹、整整齐齐分类装订的资料、与教授不时交流问题的邮件，尘封着满满的回忆。时至今日，我常常感慨当时自己像打鸡血般对破产法的执着：自我介绍时总是非常自豪的加上“I major on Bankruptcy Law”，每天挑灯夜战读完 100 页的预习资料，只身前往纽约南区破产法院旁听案件。可能是冥冥之中自有天意吧，在纽约大学法学院毕业典礼上，院长在为我拨穗时，向我说“You are a scholar now”。400 多毕业生中，院长与我并不相识。这句无心插柳之叮咛，恰巧暗合了我的学术轨迹。

回国已然是博二开学，导师组织的“精典沙龙”要求每名博士必须主讲一期。作为回国后的首次正式亮相，我铆足精力将留学积累学以致用。结合肇始于 2008 年的次贷危机大背景，我在不到一个月的时间里赶出一篇论文《论破产财产出售与绝对优先权原则的冲突及其解决——以克莱斯勒破产案为例》，并在此基础上于 2012 年 9 月 25 日展示汇报。这篇论文后经修改发表于《法学杂志》，这是我的第一篇 CSSCI 期刊论文。当时还不甚清楚 CSSCI 期刊论文的份量，只是觉得自己用心雕琢的文章竟成功发表，还是一件引以为豪之事。在渡过归国后较为顺利的短暂时期后，瓶颈期接踵而至：该如何选择一个好的主题，铺陈文章结构，铺陈文章内容？在随手翻看外文资料时，我碰巧发现融资租赁的法律性质具有形式主义与实质主义两种理论。想着这两个理论能够显著增强文章的学理基础，而我又有破产法的基础知识，我便尝试研究破产法能否与融资租赁制度碰撞出火花，随后撰写的《论融资租赁中的破产》发表于《政法论坛》，成为了我的代表作之一。《论融资租赁中的破产》取得的小小荣耀，点燃了我对破产法与其他法律交叉这一主题的兴趣。

作为企业退出市场的最后一道闸门，破产法一劳永逸地纾解了企业在出生与运营阶段长期积累的复杂社会经济关系，不可避免地与知识产权法、环境法、税法等部门法打交道。破产法好似“八爪鱼”，与各个部门法交汇相容，在各个部门法间闪转腾挪，游刃有余地处置着五花八门地矛盾纠纷。或许可以致力于研究“破产法 +”，看看在破产法传统理论框架的主干上，嫁接其他部门法的枝蔓，能够结出哪些丰硕果实。沿着这个旨趣，我又尝试写作发表了《论许可人破产时对知识产权许可协议的处理》《论非经营资产在企业破产时的处理》等文章。特别的，发表于《政治与法律》的《企业破产中环境债权之保护》一文，给我打了一针给强心针，更使我笃定研究破产法与其他学科的“结合部”是一条康庄大道。后续，我又接连发表《软预算约束视角下破产清算程序之反思及重构》《大规模侵权纠纷之破产重整解决路径》《区块链时代破产法的机遇与挑战》《破产法与反垄断法的异化与共生》等文章，在财政法、侵权责任法、反垄断法等领域找寻“破产法 +”的真谛。在走马观花十余部门法后，我又发表《破产歧视与反歧视》，从最高一级的宪法层面，探讨破产法与宪法的关联。可以说，破产法与其他法律的关系是贯穿我 10 年破产法研究的主线。事实证明，这条主线大有用武之地。2021 年，全国人民代表大会财政经济委员会启动《企业破产法》修改工作，特设破产法及相关法律法规联动修改课题，研究破产立法与相关法律法规的衔接协调。希冀本书的成果恰能对《企业破产法》的修改有所裨益。

本书是我 10 年来撰写的破产法相关文章的归集。一些内容在相关作品中已有呈现，一些文章只能说勉强与全书主题有所关联，它们是否应纳入本书，我思忖良久。最终，我还是将它们编入其中，以尽可能地体现破产法的拓展领域，作为我 10 年破产法研究生涯的小结。本书还存在些许遗憾，特别是欠缺一个总论，以宏观概览破产法与相关部门法相处的理念、原则与规则，梳理出它们互动的基本逻辑。本书对相关部门法的研究范围并不周延，比如缺乏刑法、行政法等重要部门法。不过，遗憾也是一种美，它将成为未来 10 年推动我不断精进本书的动因。10 年来，我在破产法疆域的边缘持续发力，取得一些成果。破产法的外围明确后，我将能够从容地关注破产法的本源问题，夯实破产法研究的理论根基。

我要感谢我的导师李曙光先生。先生是破产法学界的一面旗帜，怀揣经世济民的破产法理想，拥有高屋建瓴的学术视野，娴熟拿捏破产法理论与实践。先生不仅睿智，还非常勤奋，这更加提醒我绝不能懈怠，要紧跟先生步伐，推动中国破产法持续向纵深处发展。每当有破产法的困惑不得解，有破产法选题不确知，有破产法文章待打磨时，我都会第一时间找到先生，哪怕听到只言片语也觉得无比安心。感谢贺丹、王斐民、常健、王佐发、陈夏红、刘颖、封延会、武卓、赵天书、申林平、刘冰、岳红池等同门，能够与这些最优秀的破产法学者和一线实务者畅心所欲地交流探讨，真乃人生一大幸事。感谢大家对我一直以来的鼓励与支持，你们是我一直勤奋努力的坚强后盾。

感谢我的挚友贾东明、孙建波、谷嘉诚、邵波、曾令、杨兴、徐超、王储、吴燕妮、陈雨萌，对我文章的批判指正。你们在大部分时候是我文章的第一读者，好消息的第一分享者，奇思妙想观点和宝贵资料的第一贡献者。谢谢你们对我的不吝批评、强力支持与耐心包容。你们是我人生的宝贵财富。

感谢 10 年来刊登文章的期刊编辑们。破产法的热度、关注度、被引率都不高，你们能够赏识破产法文章，给予我如此大的抬爱和关照，引领我学术能力进化升级，真是对孤独奔跑在学术之路上的我莫大的慰勉与激励。

感谢法律出版社法商分社社长薛晗、田浩编辑，您们日以继夜地帮忙校对修改，提出令人激赏的编排建议，忍受我的拖延迟钝，令书稿能在如此短暂的时间里付梓刊印，属实不易。您们兢兢业业、专业高效、锐意进取，令人钦佩。

感谢我的部分学生：周钰莹、赵智慧、李吉鹏、马健、裴驿菲、项丽环、李思、魏斯晗、章佳瑜、黄芮琪、陈菁、杨箐妍、钟柳青、王淑瑶、刘旭远、杨雪晓、陈仁凤、马群芬、李诗雯、王佳燕、翟筱涵、张小尘等，谢谢他们对本书部分内容的校对、资料核实以及其他建议。

感谢我的父亲母亲，我取得的每一点进步都归功于你们的无私奉献。感谢二姨夫和二姨，每当我在迷茫与困顿之时，总会在你们那里得到慰藉，伴我轻装前行。

我自觉愚钝，时间花费甚巨而研究进度不佳，常黯然神伤，遂决定除授课任务与必要会议外，躲进小屋成一统，秉持日拱一卒，功不唐捐。2021年，中国政法大学破产法与企业重组研究中心承接全国人民代表大会财政经济委员会委托的“企业破产法的修法研究”项目，作为课题组成员，我参与全程。课题组召开了四场大型专题研讨会，基本邀请到了国内破产法学与实务界的全部权威与新锐。参会的韩长印、杨忠孝、张善斌、郭雳、齐明、高丝敏、刘静、齐砺杰等教授，直言读过我的文章，对我欣赏有佳，鞭策我再接再厉。作为混迹破产圈多年的“新面孔”，被这么多名家大腕“点赞”，我颇感意外，但更多的是一份充满感激的温暖。此外，在中国政法大学校内研究破产法的李永军、陈景善、胡利玲、朱晓娟、张玲、苏洁澈、葛平亮等教授，校友赵惠妙教授，以及之前相识的王欣新、许德风、徐阳光教授，也多次对我无微不至地关心，在此一并致谢。我忽而感受到，破产法学界百花齐放，百家争鸣的春天已悄然到来，破产法学术共同体已然宣告形成，正欣欣向荣地蓬勃发展。我国破产法的修改恰逢中国与世界经济大变局，正需要破产法学术共同体发出最强音，齐心协力直面经济结构调整如潮涌来的大挑战，迎接中国破产与重组的体制性大转型，促进破产法迸发新的生机与活力。

立志不定，终不济事；行稳致远，进而有为。是为记。

张钦昱

2021 年 8 月於北京昌平军都山下